Victor Klemperer
Das Tagebuch 1945–1949

AF198409

atb aufbau taschenbuch

VICTOR KLEMPERER wurde 1881 in Landsberg/Warthe als achtes Kind eines Rabbiners geboren.1891 übersiedelte die Familie nach Berlin, wo der Vater zweiter Prediger einer Reformgemeinde wurde. Nach dem Besuch verschiedener Gymnasien, unterbrochen durch eine Kaufmannslehre, studierte Klemperer von 1902 bis 1905 Philosophie, Romanistik und Germanistik in München, Genf, Paris, Berlin. Bis er 1912 das Studium in München wieder aufnahm, lebte er in Berlin als Journalist und Schriftsteller. 1912 konvertierte er zum Protestantismus. 1913 erfolgte die Promotion, 1914 bei Karl Vossler Habilitation. Weitere Stationen: 1914/15 Lektor an der Universität Neapel. Als Kriegsfreiwilliger zunächst an der Front, dann als Zensor am Buchprüfungsamt in Kowno und Leipzig. 1919 a. o. Professor an der Universität München. 1920 erhielt er ein Lehramt für Romanistik an der Technischen Hochschule in Dresden, aus dem er 1935 wegen seiner jüdischen Herkunft entlassen wurde. Nachdem ihm durch Benutzungsverbot von Bibliotheken wissenschaftliches Arbeiten unmöglich gemacht wurde, begann Klemperer 1939 mit der Niederschrift seiner Lebensgeschichte »Curriculum vitae«. Ab 1940 Zwangseinweisung in verschiedene Dresdener »Judenhäuser«. Die mit sechzehn Jahren begonnene Gewohnheit des Tagebuchschreibens intensivierte Klemperer zur minutiösen Aufzeichnung der Judenverfolgung im Alltag einer deutschen Großstadt. Nach seiner Flucht aus Dresden im Februar 1945 kehrte Klemperer im Juni aus Bayern nach Dresden zurück. Im November wurde er zum Professor an der Technischen Universität Dresden ernannt. Eintritt in die KPD. 1947 erschien die Sprachanalyse des Dritten Reiches »LTI« (Lingua Tertii Imperii). Von 1947 lehrte Klemperer an den Universitäten Greifswald, Halle und Berlin. 1950 Abgeordneter des Kulturbundes in der Volkskammer der DDR, 1953 Mitglied der Akademie der Wissenschaften in Berlin. Victor Klemperer starb 1960 in Dresden.

Postum erschienen »Curriculum vitae. Erinnerungen eines Philologen. 1881-1918«; »Ich will Zeugnis ablegen bis zum letzten. Tagebücher 1933-1945«; »Leben sammeln, nicht fragen wozu und warum. Tagebücher 1918-1932«; »So sitze ich denn zwischen allen Stühlen. Tagebücher 1945-1959«.

Harald Roth, geboren 1950, unterrichtet an einer Realschule Deutsch, Geschichte, Politische Bildung. Herausgeber mehrerer Hefte für den Unterricht und Anthologien zum Thema Drittes Reich. Lebt in Herrenburg.

Hermann Weber, (1928-2014), Dr. Dr. h. c., em. Prof. für Politische Wissenschaft und Zeitgeschichte. Verfasser und Herausgeber zahlreicher Werke zur Kommunismusforschung und DDR-Geschichte

Victor Klemperer

Das Tagebuch
1945–1949

Eine Auswahl
Bearbeitet von Harald Roth
Mit Anregungen für den Unterricht

Mit einem Nachwort von Hermann Weber

aufbau taschenbuch

MIX
Papier aus verantwor-
tungsvollen Quellen
FSC® C083411

ISBN 978-3-7466-5517-8

Aufbau Taschenbuch ist eine Marke
der Aufbau Verlage GmbH & Co. KG

2. Auflage 2022
© Aufbau Verlage GmbH & Co. KG, Berlin, 2003; 2008
Alle Rechte an den Tagebüchern von Victor Klemperer
Aufbau Verlage GmbH & Co. KG, Berlin 1999; 2008
Umschlaggestaltung Preuße & Hülpüsch Grafik Design
unter Verwendung eines Fotos aus dem Archiv von Hadwig Klemperer
Satz LVD GmbH, Berlin
Druck und Binden CPI books GmbH, Leck, Germany
Printed in Germany

www.aufbau-verlage.de

Inhalt

Das Tagebuch

Anhang

Das Tagebuch

1945

Dölzschen[1], Sonntag, 17. Juni 45
Kapitel Uhr
Bei jeder Sendung, dutzendemale täglich, gibt Radio Berlin die Zeit an, und das ist ein Segen. Aber wenn Berlin 20 h[2]. sagt, ist es bei uns 19 h. und in Bremen 21 h.: die Russen haben in Berlin Moskauer, in Dresden Sommerzeit, die Engländer in ihrem Rayon[3] mitteleuropäische.
Ich frage unterwegs immer wieder: wieviel Uhr? Antwort regelmäßig: ich habe auch keine mehr. Einmal: die werd' ich doch nicht bei mir tragen!
Kapitel Verkehr
Die Isoliertheit des Einzelnen und der Gruppe, der Mangel der Verkehrs- und Verständigungsmittel ist in buchstäblich allem, im Physischen und Geistigen, das Grundübel, das alle andern Leiden nach sich zieht. Katz[4] sagt, er habe einen der dreissig freigegebenen Wagen, aber er bekomme kein Benzin dafür. Seine Frau wütet: wenn Du Schnaps hast, geben Dir die Russen unter der Hand, soviel Du willst! Katz weiss nicht, dass Telephon für »lebenswichtige Betriebe« schon freigegeben ist. (Ich erfuhr es durch die Prüfstelle, die

1 In dem zu Dresden-Plauen gehörenden Ort begann das Ehepaar Kl. trotz finanzieller Schwierigkeiten im März 1933 mit dem Bau eines Hauses, das sich besonders Eva Kl. wünschte. 1934 zogen die Kl.s in das Haus Am Kirschberg 19 ein. Im Mai 1940 wurden sie daraus vertrieben und in das »Judenhaus« in der Caspar-David-Friedrich-Straße 15b eingewiesen. 1942 und 1943 wurden sie erneut zwangsumgesiedelt. Nach der Flucht aus dem zerstörten Dresden kehrten sie am 10. 6. 1945 in ihr Haus zurück.
2 Am 20. 5. 1945 wurde in Berlin auf Weisung der sowjet. Militärbehörden die Moskauer Zeit eingeführt; im Vergleich zur MEZ, die in den fünf Ländern der Sowjetischen Besatzungszone weiterhin galt, wurden in Berlin die Uhren zwei Stunden vorgestellt. Die brit. Besatzungsbehörden führten in ihrer Zone offenbar die Westeuropäische Sommerzeit ein; wenn es in Berlin 20 Uhr war, zeigten die Uhren in Dresden 18 Uhr, in Bremen jedoch 19 Uhr.
3 (frz.) Bereich.
4 Willy Katz (1878–1947), praktischer Arzt, Chirurg, Geburtshelfer, während des Krieges der einzige in Dresden zugelassene jüdische sogen. »Krankenbehandler«.

den flüchtigen Berger[1] anrief.) Post – mit geschwärztem Hitlerkopf auf den Marken! – gibt es nur im Grossdresdener Umkreis, doch war hier ein Brief Neumarks[2] an mich, von der Reickerstr. zum Kirschberg, drei Tage unterwegs, und Wolf fand, das sei schnell gegangen. Behörden anzurufen ist unmöglich, weil sie ihre Nummer nicht bekanntgeben.Telegraphie scheint noch völlig zu fehlen. Strassenbahnen, wie in München, nur von den Aussenbezirken her bis an den Rand der Stadt, ich wandere stundenlang – das Wort buchstäblich genommen – die erschütternden Wege durch absolute, nicht nur Münchnerische Zerstörung[3].

Ich weiss von vielen unserer Freunde und Bekannten gar nichts – überall fehlt die Möglichkeit einer Verbindung oder Nachforschung, nur von Mund zu Mund, von Zufall zu Zufall taucht da und dort etwas auf, lüftet sich da und dort ein Zipfelchen. (So wohnt bei Katz' Sprechstundenhilfe das ausgebombte Frl. May[4].)

Ein beinahe trostloses Chaos, über das ein ganz kleiner Firnis des Tröstlichen durch Nachrichtenblatt und Radio gepinselt wird. Aber vielleicht ist das auch unbescheiden und ungerecht geurteilt. Zu Katz nach der Borsberg-, zu Neumark nach der Reickerstr. wanderte ich endlos durch ganz zerstörte, ganz verödete Strassen, auf dem Plauener Bahnhof[5] sah ich die Flüchtlinge mit ihrem Gepäck so elend kauern wie hundertmal unterwegs, aber ich sehe doch auch durchaus vergnügte und ruhige Menschen jeden Alters, sie haben beinahe satt zu essen, sie fürchten keine Bomben mehr, und das Plündern etc. der Russen hat im Wesentlichen aufgehört.

Es ist ein sehr geschickter allgemeiner Aufruf der allgemeinen KPD in der Berliner Volkszeitung[6] erschienen, der ersten annähernd wirklichen Zeitung, er spricht von einem demokratischen Block der

1 Dölzschener Lebensmittelhändler; 1940 nach der Vertreibung der Kl.s aus ihrem Haus von den örtlichen NS-Behörden als Mieter eingesetzt.

2 Ernst Neumark, Rechtsanwalt; war von den NS-Behörden als Vertrauensmann der »Reichsvereinigung der Juden in Deutschland« eingesetzt.

3 Nach dem Luftangriff auf Dresden im Februar 1945 flohen E. und V. Kl. nach Bayern. Ihr Fluchtweg führte sie am 8. 4. in das zerstörte München. Auf dem Rückmarsch machten sie am 22. 5. in München Station.

4 Anna May (Mey?), Angestellte der TH in den zwanziger und dreißiger Jahren, mit Kl.s befreundet.

5 Bahnhof des Stadtteils Dresden-Plauen.

6 Gründungsaufruf der KPD vom 13. 6. 1945, in dem sie sich für die Errichtung einer »parlamentarisch-demokratischen« Republik einsetzte und zugleich die Zusammenarbeit aller demokratischen Kräfte in einem antifaschistischen Parteienblock forderte. – Gemeint ist die Juni 1945 bis April 1946 in Berlin herausgegebene »Deutsche Volkszeitung«, Zentralorgan der KPD.

antifaschistischen Parteien und stützt sich auf den »Befehl 2« des russischen Oberkommandos, das Wahlen freigibt – aber wieweit wird diese Freiheit reichen und was wird der etwa gewählte Körper zu entscheiden haben?? In diesem Block sollen bürgerliche Parteien bis zum Centrum vertreten sein. In erklärenden Artikeln wird immer wieder dagegen geeifert, dass man eine kommunistische Parteidiktatur, dass man reinen Bolschewismus für Deutschland anstrebe. Aber es wird doch auch immer wieder (und summo jure[1]!!) darauf hingewiesen, dass erst einmal ausgemistet werden müsse, und dass man die Befreiung Rußland danke, und dass der natürliche Treuhänder und Verbindungsoffizier den Russen gegenüber die KPD sei. Und so ist alles schwankend. Im Radio hören wir auch nur russische, russisch gefärbte u. Russland interessierende Nachrichten. Dazu immerfort Aufrufe und Antreibungen zum Ausrotten der Nazis, Berichte über ihre Greuel, über Gefangennahme von versteckten Bonzen, über Verhöre. All das ist bestimmt richtig, unübertrieben und notwendig – aber wie wird es auf die Dauer wirken? Und wie – das bewegt mich am meisten – wird es auf die künftige Stellung der Juden in Deutschland wirken? Es wird sehr bald heissen: sie drängen sich vor, sie rächen sich, sie sind die Gewinner: Hitler u. Göbbels[2] haben recht gehabt.

Dienstag 19. Juni 45, Dölzschen
Am Sonntag d. 10. sind wir hier angekommen, die erste Nacht schliefen wir beim braven Kalau, die zweite schon in *unserm* Haus, ein noch immer unbeschreibliches Gefühl, noch immer wie ein Wachtraum, wir leben seitdem in einer Märchenwelt, einer komischen, imaginären und doch höchst realen aber etwas unsicheren Welt, einem komischen, manchmal rührenden, manchmal ein bisschen verächtlichen Paradiese, und noch immer bin ich zu keiner Arbeitsruhe gekommen, mein Tagebuch liegt im Argen, die Reisetage[3] sind noch nicht nach den dürftigen Stichworten ergänzt, die grosse Fülle dieser Woche ist nicht festgelegt, ich habe mich noch nicht um das Schicksal meiner Mss in Pirna[4] gekümmert.

1 (lat.) mit höchstem Recht.
2 Joseph Goebbels (1897–1945), 1926 NSDAP-Gauleiter von Berlin-Brandenburg, 1929 »Reichspropagandaleiter«, 1933 Reichsminister für Volksaufklärung und Propaganda; Organisator der NS-Propaganda, beging am 29. 4. 1945 Selbstmord.
3 Das Tagebuch der zumeist in Fußmärschen bewältigten Rückkehr von Unterbernbach in Bayern über München nach Dresden vom 25. 5. bis 10. 6. 1945.
4 Die Chirurgin Annemarie Köhler (1892–1948), mit den Kl.s seit den frühen zwanziger Jahren befreundet, Assistenzärztin am Johanniter-Krankenhaus Hei-

Ich bin zu allem und jedem zu müde, der Tag vergeht mit Essen und wieder Essen, mit Dösen und Schlafen, mit Besuchen, die ich zahlreich empfange und mache, mit Plaudern, mit Plänen und Skepsis, mit Staunen, mit Freude und wieder und wieder mit Skepsis, mit Müdigkeit, Warten, Treibenlassen und wieder mit Müdigkeit. Umschichtig schwimme ich in erstaunter Seligkeit, in skeptischer Verwunderung über diesen vollkommenen Märchenumschlag unseres Schicksals, und in der dunklen Angst, es möchte alles zu spät kommen, das Herz, die Vergreisung des Denkens, auch das blosse Eingerostetsein meiner Kenntnisse – ich kann ja keine zehn Worte mehr französisch – möchten mir einen vernichtenden Streich spielen. Alles dies aber, Hoffnung, Furcht, Skepsis, Angst, ist gedämpft durch Müdigkeit und animalisch träges Wohlbehagen: immerfort essen, immerfort schlafen, dazwischen ein bisschen Radiohören.

Wir hatten uns oft ausgemalt, wie es sein würde, wenn wir wirklich einmal hierhin zurückkehren sollten. Mir war es eigentlich ein widerwärtiges Gefühl, noch einmal mit diesen Menschen hier etwas zu tun haben zu sollen. E.[1], die anders diesem Hause verbunden ist als ich (und deren ständige Beglücktheit vom Morgen bis zum Abend, deren geradezu stündliches Aufblühen mir das grösste Glück in dieser ganzen Angelegenheit bedeutet), E. sagte, wir würden uns um niemanden kümmern und ganz eingesponnen in unserm Garten leben. Stattdessen stehen wir all diese Zeit über und vom ersten Augenblick an in einem triumphalen Mittelpunkt u. schwanken immerfort zwischen Gerührtheit und Menschenverachtung. Einige sind bestimmt ehrlich, andere?? Es begann gleich beim Heraufkommen, gestern Nachmittag vor acht Tagen. Eine junge Frau lief uns nach: Wir haben so oft, wir haben noch gestern von Ihnen gesprochen! Wir kannten sie beide nicht, Frau Dr. König, Frau eines Dr. med und med. dent. Wir mussten bei ihr Kaffee trinken, wir wurden mit Cigaretten und sonstigen Aufmerksamkeiten überhäuft, sie hat uns inzwischen besucht, hat uns Marmelade und andere Esswaren gebracht, wir haben auch ihren Mann kennen gelernt. Sie macht keinen bösartigen Eindruck – aber, aber. Der Bürgermeister war nicht anzutreffen, sie selber hatte uns an Kalau empfohlen als einen Mächtigen Mann, den Gatten der Hebamme in der Pesterwitzerstr. Wir trafen den Mann auf seinem gepachteten Feld beim Pflügen hin-

---

denau, seit 1937 zusammen mit Friedrich Dreßel in einer gemeinsamen Privatklinik in Pirna tätig, verwahrte ab 1939 Manuskripte und Tagebücher V. Kl. s.

1 Eva Klemperer, geb. Schlemmer (1882–1951), Pianistin; seit 16. 5. 1906 verheiratet mit V. Kl.

ter zwei Pferden. Ich rief ihm zu, ich käme von Dr. König, er antwortete schroff, er sei jetzt dienstlich nicht zu sprechen. Sobald er aber meinen Namen, und worum es sich handle, erfahren hatte, wurde er nicht nur sehr höflich, sondern von einer Herzlichkeit, die sich bisher als dauerhaft und echt erwiesen hat. Der Irrtum klärte sich auf: Kalau ist der Mann, der den Arbeitseinsatz, d. h. die Schipperei unter den Pg.'s[1] verteilt und hierbei mit ständigen Reklamationen und Bitten überlaufen wird. Jeder will nur zwangsweise Pg. gewesen sein. Unter den an diesem Tag zum erstenmal Eingestellten befand sich auch der Dr. König, wovon ich natürlich nichts ahnen konnte, und was mir die seitdem massenhaft erwiesene Freundlichkeit der Familie natürlich etwas fragwürdig macht. Doch hatte ich von dem Mann durchaus den Eindruck eines politisch Unbeteiligten, der wirklich nur, um seinen Beruf weiter ausüben zu können, kaum viel anders als etwa Johannes Köhler, in die Partei eintrat. (Aber die Millionen Dr. König und Studienrat Köhler[2] – sind sie nicht doch die Schuldigen??)

Mittwoch, 20. Juni 45
Wir waren erschöpft und ausgehungert: Kalau sagte sofort, wir seien jetzt seine Gäste und nahm uns zu sich nach Haus. Eine kleine tadellos saubere und gar nicht ärmlich eingerichtete Wohnung. Die Frau mit ihrem Doppelexamen als Schwester und Hebamme nicht ohne eine gewisse Bildung und mit einem tadellosen Benehmen, übrigens durchaus nicht eine dicke Frau Wehmut, sondern schlank und jugendlich, nette Kinder. Wir bekamen ein Abendessen, wir mussten, mussten wirklich, im Ehezimmer der Leute schlafen. Am nächsten Morgen begann das Märchen, das nun noch immer, allmählich in einer bedrücklichen Weise – der unvermeidlich neu erwachende Antisemitismus! – anhält und gerade in diesem Moment einen sehr peinlichen Höhepunkt erreicht hat: zur Beseitigung des Bunkers im Garten hat uns Kalau vier Männer geschickt, darunter einen ehemaligen Ortsbürgermeister Darre, die nun natürlich schändende Fronarbeit für den rachsüchtigen Juden tun.

Wir kamen zum Bürgermeister Scholz, der nun, seit vorgestern, schon wieder aus seinem Amt ist – Dölzschen ist einem grösseren Dresdener Bezirk angeschlossen und wird von Dr.-Plauen her ver-

1 Pg., auch PG., geläufige Abkürzung für Parteigenosse, Mitglied der NSDAP.
2 Geschichts- und Religionslehrer in Dresden; er und seine Frau Ellen gehörten seit Ende der zwanziger Jahre zu Kl.s Freundeskreis, hatten aber Ende 1937 die Verbindung abreißen lassen.

waltet, wo Scholz jetzt als Beamter der Wohnungsstelle arbeitet. Aber meine erste Woche hier war er der Machthaber. Er begrüsste uns mit feierlicher Ansprache: das uns angetane Unrecht müsse sofort und gänzlich gutgemacht werden, das Haus sei nun wieder unser freies Eigentum, wir allein hätten darüber zu bestimmen. Berger sei vor den Russen geflohen, wir sollten in seinen beschlagnahmten Möbeln hausen, bis sich für uns andere beschaffen liessen, wir sollten mit dem Mann, der ein Schieber gewesen und schlecht an uns gehandelt habe, nun unsererseits kein Mitleid haben. Zur Zeit säße eine Familie Wolf im Hause, Halbjuden, denen bereits eine andere Wohnung zugewiesen sei, und mit denen wir uns vielleicht wenige Tage vertragen könnten – aber wenn wir auf sofortiger Räumung bestünden, so müsse eben sofort geräumt werden. Ebenso läge ganz bei uns die Entscheidung über das künftige Schicksal des von Berger in unser Musikzimmer eingebauten Ladens. Die Gemeinde wolle hier einen Consumverein einrichten. Aber natürlich: wenn ich darauf bestünde, würde das Haus sofort gänzlich geräumt, und der Laden bliebe unbenutzt. Ich habe ebenso natürlicherweise den Laden sofort zu unentgeltlicher Benutzung dem gemeinnützigen Consumverein freigegeben – es war mir zum Heil, denn so bekommt mein Haus Telephon, das nur den »lebenswichtigen Betrieben« freigegeben wird, von den übrigen Vorteilen und nun gar dem guten Behördenwetter ganz zu schweigen. Ich habe mich mit Wolfs vertragen, die erst im Laufe dieser Woche ausziehen – es war und ist mir erst recht zum Heil, denn wir sind bei W.'s in kostenloser Pension, sie kochen für uns, halten die Wohnung in Ordnung und versehen uns mit vielen guten Dingen, sodass wir fast ein bisschen Angst vor ihrem Fortzug haben. Wir wurden dann in die Begerburg geführt, den ehemaligen Hochsitz der Partei, um dort mit beschlagnahmten Sachen ausstaffiert zu werden. An Kleidung für mich fand sich nur das wenigste, aber es war rührend, wie sich alle Welt Mühe gab uns zu helfen und Freude zu machen. Mit Cigaretten wurden wir geradezu überhäuft, man steckte uns Lebensmittel und echten Kaffee zu. Diese Hilfsbereitschaft, dieses durchaus Schenken-, Erfreuen-, Wiedergutmachenwollen hielt und hält noch an, und vieles davon scheint wirklich aus gutem Herzen und Rechtsgefühl zu kommen. Neben Scholz und Kalau ist es besonders ein älterer Mensch, Michel, der sich gar nicht genug tun kann. Er hat mir einen eigenen Anzug geliehen, damit ich auf Stadtwegen und vor hohen Behörden nicht allzu schäbig erscheine. In der Begerburg gaben sie mir einen sehr anständigen imprägnierten Sommermantel, »um die Schande zu verdecken«. Inzwischen hat man mir die Mottenlöcher in einer sonst sehr passablen Hose gestopft und lässt mir aus einem Gehrock – die Schneiderin war eben zum Anproben hier – ein Jackett machen, für die wunden Füße (der rechte ist dick verschwollen) habe ich als Hausschuhe ein Paar ganz weiche und neue Lacktanzschuhe bekommen, und von Lehrer Forbrich[1] ein Paar tadellos passende Kalblederstiefel. Man erweist mir auch andere Dienste. Nach Sowjetordnung (höchst charakteristisch!) erhalte ich als Gelehrter Schwerarbeiterkarte (4 Stufen: Schw.-karte, Arbeiter-, Angestellten-, Nichtarbeiterkarte, Abstufung von 450–200 gr. Brod, entsprechend in Fleisch und Fett). Die gleiche Karte hat E. erhalten, weil sie Entbehrungen u. Gefahren mit mir geteilt habe. Sodann ist es jetzt eine äusserste Schwierigkeit, zu einer Schreibmaschine zu kommen: nach wenigen Tagen brachte mir ein Herr Ludwig, Direktor der Felsenkellerbrauerei, aushilfsweise eine Torpedo-Reisemaschine, auf der die Russen beim Plündern nur einmal herumgetrampelt hatten, und fast unmittelbar darauf bekam ich aus dem beschlagnahmten Besitz eines Landgerichtsrates die tadellose Continental-Reisemaschine que voici[2] dauernd geliehen.

Im Geliehenen, im Beschlagnahmten, im Nichteigenen sitze ich ja vollkommen: alles, Möbel, Wäsche, Geschirr, jeder Löffel, jedes Glas gehört Berger. Der Mann muss Schiebergeschäfte gemacht haben, er hat eine, übrigens nicht geschmacklose, Neureicheinrichtung. Polstersessel (schwere Fauteuils) mit Rauchtisch auf der Diele, Buffet aus feinpoliertem schwerem Holz, zwei Couchs, die eine ein Doppelbett, guten Schreibtisch in meinem ehemaligen Zimmer, ein (plumpes aber richtiges) Ölgemälde, ein Tischbillard, einen grossen teuren Radioapparat, dazu reichliches und geschmackvolles Geschirr. Er ist bei mir gewesen, hat gebarmt, ich möge ihm die Sachen herausgeben, er sei jetzt heimat- u. brodlos. Man hat mir aber auf der Gemeinde und auch sonst (so Forbrich) erzählt, wie sehr sich B. durch Verbindung mit den Nazis bereichert, wie sehr er die Bevölkerung begaunert habe, und weiter, was für falsche Gerüchte er über uns Totgeglaubte verbreitet habe. Er will unser Beschützer gewesen sein, uns mit Lebensmitteln versorgt, uns die neue Hypothek verschafft haben. In Wahrheit hat er alles versucht, mir das Haus abzutreiben (er wollte Hypothek übernehmen und für diese 12 000 M. das Haus an sich bringen), in Wahrheit hat er mir nie auch nur eine Kirsche zukommen lassen, dagegen unkontrollierbare u. falsche Rechnungen über Schuttabfuhr ausgestellt. Ich habe keinen Anlass, übrigens auch kaum eine

1 Robert Forbrig.
2 (frz.) diese hier.

Möglichkeit, ihn sehr schonungsvoll zu behandeln. Ich mag nur nicht als jüdischer Rachegeist und Triumphator erscheinen. Als er zu mir kam, sagte ich ihm: das Ganze ist beschlagnahmt und mir nur erlaubt Ihnen nach meinem Ermessen Einzelnes herauszugeben. Das will ich tun, das Übrige behalte ich vorläufig (bis man neue Möbel baut und ich sie kaufen kann), ein Teil davon soll mir auch als Pfand dienen, da ich voraussichtlich Forderungen an Sie habe. Er ging recht erbittert fort, und mir ist wenig wohl bei dieser Sache – aber was tun?

Der Zustand des Hauses nun. Im Ganzen steht es wohlbehalten. Hier oben sind nur ganz wenige Häuser getroffen worden, und an unserm nur ganz wenige Scheiben zerbrochen. Dagegen haben plündernde Russen die Tür zu unserm ehemaligen Esszimmerchen neben der Küche, das Berger zum Kellerraum diente, und in dem wohl Wein vermutet wurde, stark demoliert. Auch fehlt ein Stückchen Schornstein, und Verschmierungen und Schutzanstrich des Hauses, des Zauns sind natürlich notwendig zu erneuern. Aber wiegesagt: als Ganzes steht das Haus unversehrt (»unverzehrt«, sagt Frau Wolf.) Den Schönheitsfehler des eingebauten Ladens wird man später beseitigen müssen. Auch, und das geht auf Bergers Kosten, muss wieder ein Abzugsrohr in die Garage, deren Entlüftung durch die von Berger angelegte Treppe zur Terrasse, d. h. zum Ladenaufgang verstopft wurde. Und ausserdem muss der widerwärtige Bunker vor dem Seitenfenster der Diele weg, da ist der Schwamm drin, eine böse Gefahr für das Holzhaus! Auch nimmt er uns ein schönes Stück Anbaufläche – dort stand im ersten Jahr unser Kartoffelacker. An diesem Bunker haben nun heute schon vier Mann ziemlich lust- und erfolglos herumgemuddelt. Immerhin wieder ein Zeichen, wie sehr man sich hier um uns bemüht, dass mir senz'altro[1] Schipper vom Arbeitseinsatz gestellt werden.

Erschütternder als das Haus selber berührte und berührt mich der Garten. Es ist ein fruchtbarer Urwald geworden, all die winzigen Bäumchen von damals sind nun grosse Stämme, die sich gegenseitig beengen. Clou des Ganzen, schönster Schmuck und sozusagen unsere Devisen sind neun Kirschbäume, die unbeschreiblich übervoll mit Früchten hängen. Peter Kalau pflückt und pflückt, wir alle essen beinahe Tag und Nacht davon, unsere Freunde sind mit Tüten und Körben reichlich beschenkt worden (Königs, Michel, Kalau), und bisher ist erst einer von den neunen erledigt. Dann die große breite Eibe, die nun eine ganze, alle Grenzen überschreitende

1 (ital.) ohne weiteres.

Pflanzung geworden ist. Dann die einst zierlich kleine Ölweide, jetzt ein ausgebreiteter mächtiger Olivenstamm. Die Birken, Ahorne, Blutpflaumen, Kastanien – alles was Stämmchen war, ist jetzt stattlicher Baum, das Ganze eine grüne Wildnis. Johannis- und Stachelbeersträucher hängen grün und rot dickvoll, grosse Erdbeeren wachsen dazwischen. E. geht planend, bessernd, auch Obst essend den ganzen Tag darin herum, arbeitet schon an der Freilegung der Wege, hat auch schon Tabak- und Tomatenpflanzen neu gesetzt, ist endlich wieder in ihrem Esse[1], dirigiert auch in leidlichem Einvernehmen die Bunkerschipper, vor denen ich mich nicht sehen lasse.

Eigentümliche, nicht ganz durchsichtige Menschen, in den Wirrwarr der Zeit passend, sind unsere Mitbewohner Wolf. Der Mann, Anfang Vierzig, Volljude, hat sich aber die längste Zeit als Vierteljude od. Arier durchgeschlagen, hat in der Hitlerzeit eine zweite Arierehe geschlossen, ist von der Gestapo viel verfolgt worden, ihr lange entgangen, hat aber zwischendurch das Arbeitslager kennen gelernt, war in verschiedenen Städten Hotelportier – wir mussten immer wieder *verblühen,* sagt die Frau – war in Königsberg, in Bromberg, ist mit allen Wassern gewaschen, ist immer wieder aufgetaucht und hat hier – wie kam er gerade hierher? wie kam er an die Macht? wie weit reichte, wie lange hielt diese Macht? lauter dunkle Fragen – hat hier, als die Russen einrückten, einen Moment lang, zusammen mit einem sehr fragwürdigen jungen Schweizer Techniker, den ich einen Moment lang kennen lernte, und der schon verschwunden ist, eine dominierende Rolle gespielt, irgendwie als Unterhändler mit den Russen und gut bei ihnen angeschrieben, ohne Russisch zu kennen, irgendwie Führer der Radikalen, Haussucher etc. All das ist tintenfischig. Er spricht mit einiger Rancüne[2] von dem Bürgermeister Scholz, der ihm nicht radikal genug ist od. war, mit einiger Verachtung von Bräuer, der den Consumverein leiten soll, mit gutmütiger leise verächtlicher Leutseligkeit von Michel. Tatsächlich ist Scholz Tankwart, Bräuer Tischler, Michel arbeitet als Invalide des ersten Weltkriegs an einer Strickmaschine, Kalau ist Feinmechaniker – von Verwaltung und Regieren verstehen sie alle nichts, sind nur brave und überzeugte KPDer, nur Arbeiter der ersten Stunde, u. Wolf ist natürlich gerissener als sie. Ich glaube natürlich nicht, daß W. *nur* um mir die Wohnung zu halten hier eingezogen sei, er hat fraglos auch mit meinem Tode und seiner Dauererbschaft ge-

1 (lat.) Dasein.
2 Ranküne (aus dem Frz.) Rachsucht.

rechnet, aber er erkannte sofort meinen Anspruch an und machte uns das Zusammenwohnen so bequem, dass wir große Vorteile davon haben. Die gesamte Wirtschaft, Kochen und Reinemachen, ist uns abgenommen, wir werden ausgezeichnet verpflegt, und das zum grossen Teil aus den Beständen der Familie W., die Meyerhöfisch[1] gute Verbindungen hat. (Das Hotelgewerbe, die Beschlagnahmen, usw.!) Ich bin mir nicht recht im Klaren, warum uns W.'s so sehr verwöhnen, denn ich weiss nicht, wo ich ihm behilflich sein könnte und mache auch aus diesem Nichtwissen u. Nichtkönnen kein Hehl. Ist doch irgendwelche Berechnung im Spiel, oder ein bisschen Protzerei, oder wirkliche Herzlichkeit? Vielleicht von allem etwas. W. sagt, wir seien die einzigen Juden hier oben und müssten zusammenhalten. Ganz abgesehen von ihrer Dienstwilligkeit und ihren Esswohltaten sind alle W.'s umgängliche u. nicht uninteressante Leute. Übrigens habe ich ihm mehrfach Zurückhaltung gepredigt u. er hat mir mehrfach versichert, dass er meinen Rat für richtig halte und sich politisch nicht mehr vordrängen wolle. Ich weiss nicht, an welchem Tage W.'s uns nun wirklich verlassen werden, und wie sich dann unser weiteres Verhältnis gestalten wird, aber bisher sind wir mit den Leuten sehr gut gefahren, und wir haben wirklich einige Sympathieen für sie. Arme Schlucker, Abenteurer, Deklassierte, gewiss keine harmlosen Engel, aber in vielem Menschlichen anständige Leute und offenherzige – er macht aus dem Hotelportier durchaus kein Hehl. Und um das Ganze ein Meyerhöfischer Hauch, den wir nun einmal lieben.

Donnerstag, 21. Juni.
Gestern Abend kam u. blieb lange der junge Schmidt vom Nachbarhaus hinter uns. Aus dem kleinen Jungen ist ein junger Mann mit bestem Benehmen geworden, er ist eben vom Heer zurück, war Sanitäter bei der Marine, will Medizin studieren. Sein Vater, der Steuerbeamte (zwangsweiser Pg.) hat in mehrjähriger sibirischer Gefangenschaft russisch gelernt und soll jetzt hier einen russischen Kurs einrichten. (Jeder Pg. und Pg.'s-Sohn ist natürlich froh, wenn ich ihm offiziell od. inoffiziell ein gutes Zeugnis ausstelle.) Der Besuch kostete mindestens eine Stunde Tippzeit. Nähere Beziehung hier im Dorf, ein bisschen kollegialer Art, habe ich zu Forbrich, der gemassregelt war und nun schon wieder als Schulleiter im Amt ist. Er hat mir

---

1 Hans Meyerhof (1881–1951) Freund Kl.s aus der gemeinsamen Lehrlingszeit bei der Berliner Exportfirma Löwenstein & Hecht 1897–1899; emigrierte 1919 nach Italien, dort während des Krieges zeitweilig in Lagerhaft.

Volksschulbücher des dritten Reichs geliehen, dazu »Mein Kampf«[1], ich verdanke ihm aber auch Pfeife u. Tabak u. Stiefel.

Verbindung mit der versunkenen Judenwelt fand ich zuerst bei Neumark. Von ihm erfuhr ich, dass die Leute der Sporergasse[2], Riegers und Feders, tot sind (es ist sündhaft, aber um Feder traure ich nicht sehr), dass aus der Zeughausstr[3]. der fast gelähmte Kornblum umgekommen, dass sonst wohl alles am Leben aber noch nicht aufgetaucht sei. Später wurden Zweifel daran geäussert, ob Steinitz[4] gerettet sei. (In allem und jedem die Verbindungslosigkeit, die Unmöglichkeit, etwas zu erkunden.) Die Frau Kornblum u. ihre Tochter, sehr kleine und sehr wenig sympathische Leute (cf.[5] Tagebuch der Zeughausstr.) sind inzwischen, ebenfalls zeitraubend, hier oben gewesen. In Neumarks Vorzimmer sass ein jüngerer Herr mit gepflegtem Vollbärtchen, den ich erst nicht erkannte. Er stellte sich vor: Adolf Bauer[6]. Er arbeite mit Conrad[7] zusammen, er wolle, obschon nicht Verleger, meine Tagebücher veröffentlichen. Nachher warnte mich Neumark sehr, der Mann sei nicht seriös, außerdem als SS-Mann ungut angeschrieben. Widerum hat uns Konrad, der einen langen Besuch hier oben machte, dies erzählt: Bauer hat tatsächlich seine zum Abtransport des 16. Februars bestimmten Juden der Gestapo, das Stück für fünfhundert Mark, abgekauft, und nun werden jüdische Unterschriften zu seinen Gunsten gesammelt. K. betreibt für sich selber, vorläufig noch erfolglos, die Wiederaufnahme seiner Tätigkeit auf dem Schlachthof: vorläufig werden nur Arbeiter, nicht Kaufleute zugelassen. Er sprach sich recht düster über die Russen aus: sie schlachteten rücksichtslos das letzte Vieh des Bauern, unser deutscher Vieh-

1 Programmschrift Adolf Hitlers (1924/27).

2 Seit 1940 wurden in Dresden jüdische Familien zwangsweise auf engstem Raum in sogenannten »Judenhäusern« untergebracht. Die Bewohner des »Judenhauses« in der Sporergasse waren beim Luftangriff am 13. 2. 1945 ums Leben gekommen, unter ihnen das Ehepaar Rieger und ihre Tochter Ruth sowie der ehemalige Landgerichtsrat Hans Feder und seine Frau. – Feder, mit Kl. seit Herbst 1939 bekannt, war 1943 sein Arbeitskollege während des Zwangseinsatzes bei der Firma Schlütertee; Rieger arbeitete mit ihm bei Schlüter und bei der Firma Thiemig & Möbius zusammen.

3 Ab 13. 12. 1943 bis zum Luftangriff am 13. 2. 1945 wohnten die Kl.s im »Judenhaus« Zeughausstr. 1, wo u. a. auch die Familie Kornblum untergebracht war.

4 Ehemals Vertreter einer Kohlenfirma; arbeitete in den letzten Kriegsjahren auf dem Jüdischen Friedhof.

5 confer (lat.) vergleiche.

6 Inhaber einer Kartonagenfirma; seit 1. 11. 1943 war Kl. hier zwangsweise als »Hilfsarbeiter« angestellt, wurde jedoch »ausgeliehen« an Thiemig & Möbius.

7 Albert Konrad, ehemals Kaufmann auf dem Dresdener Schlachthof, Obmann der jüdischen Arbeitskräfte bei Schlüter.

bestand werde ausgerottet. Ebenso unbarmherzig und nur auf ihren
eigenen Wiederaufbau bedacht sollen – das hörte ich von verschiedenen Seiten gleichartig – die Russen auch auf andern Gebieten vorgehen: sie verpflanzen ganze Fabriken mit allen Maschinen (»keine
Schraube bleibt zurück!«) nach Rußland, transportieren auch die
Facharbeiter dorthin ab, sie reissen auf wichtigsten Bahnstrecken die
Schienen heraus, die ebenfalls nach Russland wandern, und lassen
diese Strecken, z.B. Dresden Berlin, nur noch eingleisig im Betrieb.
Sie holen, wenn es ihnen passt, z.B. gestern in der Stadt, die Leute
aus der Trambahn, Männer und Frauen jeden Alters, und setzen sie
zum Schippen an. Sie sind die erbarmungslosen Sieger. Im Radio
klingt es anders. Und ich fürchte, man macht hier genau den Fehler
der Gegner: man verprellt, stumpft ab, langweilt, setzt sich ins Unrecht durch den Fluch des Superlativs und durch die unendliche Wiederholung und Einseitigkeit. Bestimmt, alles [was] von den Verbrechen der Hitlerei gesagt wird, ist absolut richtig, und alles, was von
russischen Aufbaubemühungen und Humanitäten gesagt wird, ist zu
90 % richtig, aber die fehlenden 10 % und die monotone und aus-
schliessliche Wiederholung – warum fehlen alle andern Nachrichten
und Themen, warum ist alles politisiert u. alles andere versunken? –
richten bestimmt Schaden an. Und weil ich dies alles am dritten Reich
beobachtet habe, und weil ich nun alles, ich mag wollen oder nicht,
sub specie Judaeorum[1] betrachten muss, so ist mir peinlich zumut.

Mein zweiter Weg galt Katz. Er ist schmal u. blass und sehr viel
ermüdeter als in der Hitlerzeit. Er sei »der Sklave seiner Befreier«
geworden. Er hat einen Assistenzarzt und anstelle der toten Ruth
Rieger[2] eine Medizinstudentin im dritten Semester. Blondes Bür-
germädchen, das sich an der Proletarisierung aller Ämter stösst, das
gewiss nicht überschwänglich nazistisch war, aber von den Greueln
des dritten Reichs wenig gemerkt hat und von den gegenwärtigen
guai[3] der Russen- und Kommunistenherrschaft peinlich berührt ist.
Hier liegt die Gefahr, hier der Nährboden neuer Reaction, neuer
chauvinistischer und selbst nazistischer Strömungen … Bei dieser
Studentin wohnt das ausgebombte Frl. May, noch immer an der
Hochschule tätig. Ich habe ihr sagen lassen, sie solle baldmöglich
zu mir heraufkommen, erwarte sie aber bis jetzt, bald eine ganze Woche, vergeblich … Katz ist ohne sein Zutun Vertrauensarzt und Ober-
gutachter aller antifaschistischen Verbände (der *Antifa*) geworden

1 (lat.) unter dem Gesichtspunkt der Juden.
2 1944/45 Laborantin bei Willy Katz.
3 von: guaio (ital.) Unglück, Unheil, Mißgeschick.

und arbeitet von 7–23 h., sein gesamter Privathaushalt ist von dem übermässigen Betrieb rein räumlich überschwemmt – ich wurde zwischendurch im Schlafzimmer verarztet – die Nerven seiner lebhaften Frau haben ebenso gelitten wie die seinen. Ich forderte ihn auf, uns mit seiner Frau am Sonnabend oder Sonntag Nachmittag zu besuchen. Ja, man habe ihm einen der 30 an Civilisten ausgegebenen Wagen zur Verfügung gestellt, und wenn er Benzin bekomme ... Seine Frau fuhr wild dazwischen: Wir werden nicht kommen, wir brauchen Ruhe ... Und Benzin bekommst Du doch nicht ... Ja wenn Du eine Flasche Schnaps zum Tauschen hättest, und wenn Du im Kz. gesessen hättest ... aber das Wichtigste ist Schnaps, dafür gibt es unter der Hand jedes Quantum Benzin, sonst keinen Tropfen! ... Auf dem Hinweg im Angesicht der halb zerstörten neuen Hochschule war es mir plötzlich eingefallen: jetzt müsse Dresden Universität werden, jetzt oder nie. Denn die Russen, die kulturell glänzen wollen, brauchen vor allem die Technik, die hier an der T.H.[1], aber nicht in Leipzig beheimatet ist, sie können gross dastehen, wenn sie hier via kulturwissenschaftliche Abteilung eine philosophische Fakultät, eine Universität aufmachen – Leipzig ist nicht so geeignet, zu klein, weil die Technik fehlt, zu gross als Universität.

Sonnabend, 23. Juni
Ich bin trotz Koddrigkeit[2] und wankenden Bodens so übervoll von Plänen u. Arbeitslust. Nur immer alles unterwühlt und gleichzeitig aufgereizt vom Wie lange noch? (Nur davon und nicht ein bisschen von der doch so klar erkannten vanitatum vanitas.[3]) Was freilich der Arbeitslust die Waage hält, ist die ganz gemeine Genusssucht. Noch einmal gut essen, gut trinken, gut Autofahren, gut am Meer sein, gut im Kino sitzen ... Kein 20jähriger kann halb so lebenshungrig sein ... Und bei allem beglückt mich, dass E. vom Morgen bis zum Abend an *ihrem* Haus, an *ihrem* Garten arbeitet und dabei neu auflebt.

Montag 25. Juni 45, gegen 19 h.
Ich muss allmählich anfangen, systematisch auf die Sprache des *vierten Reiches* zu achten. Sie scheint mir manchmal weniger von

---

1 Technische Hochschule Dresden; ab 1963 Technische Universität.
2 (norddt.) Übelkeit, Schäbigkeit.
3 Vanitas vanitatum, et omnia vanitas (lat.) Eitelkeit der Eitelkeiten, und alles ist eitel (Altes Testament, Prediger Salomon 1,2 und 12,8); bei Kl. oft in der Form zitiert, wie sie im Titel des Goetheschen Liedes »Ich hab mein Sach' auf nichts gestellt« erscheint: »Vanitas! vanitatum vanitas!«

der des *dritten* unterschieden als etwa das Dresdener Sächsische vom Leipziger. Wenn etwa Marschall Stalin der Grösste der derzeit Lebenden ist, der genialste Stratege usw. Oder wenn Stalin in einer Rede aus dem Anfang des Krieges von Hitler, natürlich mit allergrößtem Recht, als von dem »Kannibalen Hitler« spricht. Jedenfalls will ich unser Nachrichtenblatt und die *Deutsche Volkszeitung,* die mir jetzt zugestellt wird, genau sub specie *LQI*[1] studieren.

Seit gestern Mittag fehlt in ganz Dresden der Strom, Eva baute aus Ziegeln und einem Rost einen Behelfsherd im Freien, so wie wir das hauptsächlich bei den Flüchtlingen in Schönheider Hammer gesehen haben. Sie machte Schule damit, sie musste Jungs[2] einen gleichen Herd bauen.

Mittwoch Nachm. 27. Juni
Wolfs sind noch immer nicht in ihrer neuen Wohnung. Ewiges Hin u. Her; die Wirrnis um so größer, als die Stromsperre seit Sonntag Mittag mit geringen Unterbrechungen anhält – es heißt jetzt, weil die Russen einen Teil des Elektrizitätswerks abmontieren u. nach Rußland schaffen – u. z. T. behelfsmäßig, z. T. bei Nachbarn gekocht wird.

Daß Wolf noch immer nicht in seine neue Wohnung hinüberkann, hat besonderen politischen Grund: es handelt sich um Beschlagnahme eines nazistischen Haushalts. Und die KPD hier unterstützt den Juden nicht so eifrig wie etwa den Parteigenossen – sie wittert im Juden offenbar mit Mißtrauen den Kaufmann, Nicht-Arbeiter, Kapitalisten.

Bemerkungen zum Zwischenreich der LTI[3] *u. LQI.*

1) Alle Welt sagt nach wie vor *der* Russe.

2) Man spricht in der Volksztg. von einer *Verlautbarung.* Das ist oesterreichische Militärsprache u. wird nun, trotzdem von Hitler eingeschleppt, trotzdem es mehrere deutsche Ausdrücke wie Anordnung, Befehl, Heeresbericht, Kundgebung … zusammenmantscht, stur beibehalten.

3) Marschall Stalin beim großen Armeefest auf den Gemeinen Mann trinkend, nannte ihn wiederholt »Die Schrauben« des ganzen Werkes. Also der technischste der Ausdrücke. Cf. Gleichschalten.

1 Lingua Quarti Imperii (lat.) Sprache des vierten Reiches.
2 Erwin Jung und seine Frau, Nachbarn der Kl.s.
3 Lingua Tertii Imperii (lat.) Sprache des dritten Reiches; in Kl.s Tagebüchern 1933–1945 Code für Notizen über den das NS-Regime kennzeichnenden und entlarvenden Sprachgebrauch.

Samstag gegen Abend 30. Juni
Kleine Befriedigung der Eitelkeit: Auf der Gemeinde steht eine lange Schlange nach Lebensmittelkarten, ich habe einen Ausweis, bevorzugt abgefertigt zu werden (als Jude und wegen meines hohen Alters!) u. bin sofort fertig. Ich erhalte auch Schwerarbeiterkarte für E., wenigstens diesmal noch. – Von Grohmann[1] kam eine Bescheinigung des »Kulturamtes der Stadt Dresden«, die mich als »einen der prominentesten Hochschulprofessoren« um meiner Arbeit u. ihrer Vorbereitung willen vor allem Schipperdienst schützt. – Aber diesen Befriedigungen der Eitelkeit steht nach wie vor die absolute Ungewißheit gegenüber. Die Landesverwaltung existiert noch immer nicht. Keine Position, kein Geld.

Auch geht mir allmählich das Unken über die bevorstehende Hungersnot auf die Nerven. Heute ziehen Wolfs endgiltig aus – sie wollen sich weiter unserer Ernährung u. Bekochung annehmen – sie sammeln peinlich und allzuviel feurige Kohlen auf unsere Häupter. Wie das vergelten? Es sind doch arme Teufel.

Zur Katastrophe wächst sich allmählich unsere Kirschernte aus: alle Welt bittet u. bettelt um Anteil, Kinder durchtoben Garten u. Haus, es fehlt an Ruhe, es läßt sich auch kaum genügend viel zum Einkochen für Wolfs u. uns erübrigen. Das Pflücken u. übermäßige Essen auch meinerseits nimmt kein Ende. Diese übermäßige Kirschernte wird – auf alle Sinne wirkend, optisch, akustisch usw., das Erinnerungsbild an den ersten Monat in Dölzschen bestimmen.

Heute zeigte mir Kalau, der verärgert seine Leitung des Arbeitseinsatzes niederlegt, Papiere, die er in Polizeiakten über sich gefunden hat. Hier in Dölzschen liegt er in Zwist mit Scholz, dem communistischen Principienreiter u. allzu schlechten Bürgermeister (wie Kalau u. Wolf sagen). Es geht da besonders um den Fall des Richters Kluge, dessen Klavier jetzt bei uns steht, u. in dessen Haus Wolfs ziehen. Scholz scheint da mit der Beschlagnahme nicht schroff genug durchgegriffen zu haben, der Schwiegersohn des Geflüchteten sitzt noch in der Wohnung u. macht Wolfs das Leben schwer. *Ich* predige: Seid gegen Richter unbarmherzig, sie sind genau so schuldig wie ⚡ u. Gestapo.

---

1 Will Grohmann (1887–1968), Kunsthistoriker und Schriftsteller; 1945 Stadtrat für Kultur, Ende 1945 Ministerialdirektor, 1946–Februar 1948 Rektor der Hochschule für Werkkunst in Dresden; 1948 Professor an der Hochschule für Bildende Künste in Berlin/West.

Dienstag 3. Juli 45 Vorm.
Auf dem Rückweg gestern rief mich ein schmaler Herr mit grauem
Schnurrbärtchen sehr herzlich beim Namen an, mir ganz unbekannt.
Verzeihen – mit wem habe ich die Ehre? – Sie erkennen mich nicht?
Menke-Glückert[1]. – Sie sind sehr schmal geworden. – Ich habe 70
Pfund abgenommen … Er begann mitten auf der Strasse mit grosser
Verbitterung und sehr deprimiert zu erzählen. Drei Söhne sind ihm
gefallen, er ist fast ganz ausgebombt, das dritte Reich hatte ihm nach
der Entlassung ein Disciplinarverfahren wegen Begünstigung von
Juden angehängt, ihm in den letzten Jahren alle Pension gestrichen,
jetzt gehen seine Rechtsansprüche genau wie meine an die nicht-
existente Landesverwaltung, er hat grosse Familie und keine Mittel.
M.-Gl. war in der Ebertzeit[2] Ministerialrat, Dezernent des sächs.
Mittelschulwesens, Honorarprof. der T. H., auch, soviel mir bekannt,
längere Zeit demokratischer Landtagsabgeordneter. Er war in Ver-
waltungshinsicht mir übergeordnet, und durch ihn erhielt ich meine
Aufträge als Prüfungskommissar. Er war für mich immer der mäch-
tige und wohlwollende »Herr Geheimrat«. Das war mir gestern in
den Minuten unserer Unterhaltung gar nicht mehr gegenwärtig, vielleicht deshalb nicht, weil er äusserlich und innerlich so sehr zusam-
mengeschmolzen war (nicht eingeschrumpft, er hielt sich gut).
Warum man ihn denn jetzt noch nicht herangezogen habe, er gehöre
doch in eine Aufbauregierung? »Das habe ich mich auch gefragt,
aber es hat sich noch niemand um mich gekümmert!« Hier lag ganz
offenbar der eigentliche Kernpunkt seiner Verbitterung, das schien
ihn mehr zu kränken als der Verlust der Söhne – (er soll einen grossen Haufen Kinder gehabt haben) … Ich forderte ihn auf, uns einmal
zu besuchen, und wir trennten uns wie zwei Freunde, die ungefähr
unter dem gleichen Schicksal leiden.

Seit gestern Abend sind wir ohne Wolfs, es ist sehr schwer, die
Wirtschaft, die sie uns ganz abgenommen hatten, nun allein zu
führen. Es ist verabredet worden, dass wir mehrmals die Woche bei
ihnen essen oder von ihnen bei uns bekocht werden sollen (gegen
Bezahlung, 1 M. pro Kopf und Mittag – das haben wir auch für die
vergangenen Wochen nachgezahlt). Aber trotz dieser Arbeits- und
Materialhilfe sind wir doch in ziemlich schwieriger Lage.

---

1 Emil Menke-Glückert (1878–1948), Historiker; 1933 nach politischer Überprü-
fung entlassen; 1945 Staatssekretär in der Landesverwaltg. Sachsen.
2 Friedrich Ebert (1871–1925); 1913–1919 Vors. der SPD, erster dt. Reichspräsident
1919–1925.

Mittwoch Vorm. 4. Juli.

LTI weiterlebend: Im Sportbericht der jetzigen Ztg. finde ich *kämpferisch*. – Im Radiovortrag eines Berliner Stadtrates über den Neuaufbau der Feuerwehr, die im dritten Reich Polizei mit Nahkampfwaffen gewesen, also in einem wild antifaschistischen Vortrag, war heute Morgen buchstäblich das dritte Wort *Einsatz, Einsatzwilligkeit, einsatzbereit*. Man sollte ein antifaschistisches Sprachamt einsetzen. – Analogieen der nazistischen und bolschewistischen Sprache: In Stalins Reden, aus denen regelmässig Stücke erscheinen, sind Hitler und Ribbentrop[1]: Ungeheuer und Kannibalen. In den Artikeln über Stalin ist der Generalissimus der Sowjetunion der genialste Feldherr aller Zeiten und der genialste aller lebenden Menschen.

Gestern nachm. kamen die überlebenden Sachen aus Pirna. Sie haben ihre besonderen Engel gehabt: Die Russen haben die Koffer aufgeschnitten und angehackt, haben Einzelnes herausgezerrt und es wieder hineingesteckt, nichts scheint zu fehlen, unglaubliche Schätze, jetzt absolut unschätzbar, an Wollsachen, Wäsche, Tischtüchern, Kunstarbeiten E.'s kommt zutage. Was sind wir überreich gewesen, wenn das alles einen winzigen Bruchteil, kaum ein Prozent unseres einstigen Besitzes bedeutet ... Meine riesige Markensammlung ist vorhanden. Wir wollen versuchen sie zu verkaufen. Nur Land hat mir noch Besitzwert, nur Lexika jeder Art, nur einen Wagen, nur ein gutes Radio möchte ich noch haben.

Vor allem: die Mss. sind erhalten. Welche Unsumme von Arbeit! Ich muss ordnen, ich muss überlegen, wohinein ich mich zuerst kniee – es scheint mir gar nicht mehr so wichtig, wann nun der Hochschulbetrieb beginnen soll, ich habe genug für mich zu tun. Ich kann mich nun auch wieder ins Französ. einarbeiten, selbst wenn ich keine Bücher zur Hand bekomme: im 18ième[2] und in Kollegmss. (und in der druckfertigen Arbeit von 34: Das deutsche Frankreich-

---

1 Joachim von Ribbentrop (1883–1946), Diplomat, Politiker; nach 1933 wichtigster außenpolitischer Berater Hitlers, 1936–1938 Botschafter in Großbritannien, danach Außenminister; in Nürnberg als Kriegsverbrecher verurteilt und hingerichtet.

2 18ième, auch 18e, von Kl. häufig gebrauchtes Kürzel für sein Werk »Geschichte der französischen Literatur im 18. Jahrhundert«. – Seit 1934 bis zum Verbot der Benutzung öffentlicher Bibliotheken (2. 12. 1938) schrieb Kl. an seiner »Geschichte der französischen Literatur im 18. Jahrhundert«; das Manuskript konnte kurz vor der Vertreibung aus seinem Haus (Mai 1940) Annemarie Köhler in Verwahrung gegeben werden. Der Anfang Mai 1936 fertiggestellte Bd. I, »Das Jahrhundert Voltaires«, erschien 1954, der Bd. II, »Das Jahrhundert Rousseaus«, postum 1966.

bild[1]) steckt genug Material. Aber vorderhand geht mir noch alles wirr und unruhig durcheinander, ich greife nach dem und jenem, blättere, lege unentschlossen beiseite, bin zugleich bedrückt und glücklich – was von alledem werde ich noch zur Reife bringen?

Das Radio nimmt viel Zeit weg, ist dabei sehr interessant. Obwohl im Wesentlichen nur Berlin zu fassen, und nur abends gut zu fassen ist, und obwohl nur manchmal hübsche, oft belangloseste Musik gemacht wird. Aber die Berliner Nachrichten zeigen die entsetzliche Zerrüttung und den jämmerlich mühseligen Aufbau im Einzelnen. Sie geben Zugverbindungen durch, dass man etwa schon bis Oranienburg 2mal täglich fahren kann, dass an »geraden Tagen« ein Zug etwa bis beinahe nach Magdeburg geht, dass ein Güterzug schon bis Dresden vordringt usw., usw. Der Oberbürgermeister von Brandenburg wird »Auf diesem Wege« (durch Radio also, weil Post fehlt) dringend ersucht, zu einer wichtigen Beratung nach Berlin zu kommen. Jeden Abend werden lange Listen: Es grüssen ... durchgegeben, d. h. Name und Wohnung von Leuten, die sich ihrem Kreis als lebend und wieder anwesend vorstellen.

Mittwoch Abend 11. Juli 45

Gestern das endgiltige Erwachen aus dem allzuschönen Märchen. Erst schien es sich noch fortzusetzen. »Der Oberbürgermeister der Stadt Dresden gibt sich die Ehre, Herrn und Frau Professor Dr. Kl. zur Eröffnung des Interimstheaters Dresdner Bühnen am 10. Juli 45 in der Tonhalle, Glacisstr., einzuladen. Zur Aufführung gelangt ›Nathan der Weise‹.« Dann unter den Gästen zu meinem höchsten Erstaunen und mich begrüssend, als wären wir gestern das letzte Mal zusammengewesen und dieses Zusammentreffen das allerselbstverständlichste, das Ehepaar Kühn. Und neben mir völlig ergraut mit noch größerer Selbstverständlichkeit Janentzky. Und: kommen Sie doch einmal zu uns, wir (Wir!) beraten in einem Studentenhaus der Mommsenstr. den Neuaufbau der Kulturwissenschaftlichen Abteilung ... Janentzky fand es ganz seltsam, dass ich etwas gegen diese Wiederaufbauer einzuwenden hätte. Es soll also offenbar so weitergehen wie 1918: man läßt die Feinde des neuen Régimes ruhig an der Arbeit, die natürlich zur Wühlarbeit wird. Ich sagte J. sehr unverhohlen meine abweichendste Meinung. Die Sache war sehr er-

---

1　Kl.s Ende 1932 begonnene, im Juni 1933 beendete Studie erschien erst 1961/63 postum unter dem Titel »Das neue deutsche Frankreichbild (1914–1933). Ein historischer Überblick« in der Ztschr. »Beiträge zur Romanischen Philologie«

bitternd. Von Winde erfuhr ich dann heute, dass man tatsächlich Kühn[1] und Janentzky[2] im Amt lassen wollte.

Neumark hat mich aufgefordert, wegen meiner Geldansprüche mit ihm zu beraten, das will ich morgen tun, und dabei mag sich auch über das andere einige Klarheit ergeben. Aber das Märchen ist zuende, und die beruflichen Bitterkeiten der zwanziger und dreissiger Jahre werden sich wiederholen, als sei nicht das Ungeheuerliche inzwischen geschehen. Ich bin furchtbar pessimistisch geworden, and Eva too, im Punkte Änderung des deutschen Sumpfes, des Friedens, der Menschheit überhaupt. All diese schönen Phrasen und Gelöbnisse aus Deutschland, USA und Russland, alles das habe ich schon 1918 gehört. Und dann kamen die Freicorps[3] und all das andere innen und aussen, das schliesslich zur Katastrophe führte. Und es wird diesmal nicht anders werden. Und ist der Unterschied zwischen Sprache und Wahrheitsgehalt Stalinice ein so sehr viel anderer als Hitlerice? Und wenn ich nun wirklich jetzt zum Publicieren käme – wäre ich frei im Schreiben?? Freiheit, die ich meine! Kurzum das Märchen ist völlig aus, und ich rechne nur noch, ob man mir halbwegs genug zu engem Leben zahlen wird. Es sieht nicht einmal danach aus.

Sonnabend Morgen, 14. Juli.
Sobald man mit der Politik zu tun bekommt, kann man nur noch das kleinere Übel wählen, jede reine Entscheidung hat ein Ende. Forbrich wirbt erbittert für die Einheitsschule – die gesamten Fachleute seien reactionär für zeitige Absonderung der höheren Schule. Ich werde mich über die Sache informieren, ich halte es für sehr möglich, dass die Fachleute fachlich besseres Recht haben, ich werde aber wahrscheinlich trotzdem mich auf Forbrichs Seite stellen müssen. – Forbrich brachte mir einen hanebüchenen Schulwandkalender des Jahres 38, eine Herrlichkeit für meine LTI. Es müssen nun bei schwerer Strafe alle nazistischen Bücher bis zum 15. Juli abgeliefert werden! (semper idem[4] – wo ist Freiheit?) Ich will mir irgendeine Bescheinigung verschaffen, daß ich diese Bücher zu wissenschaftl. Zweck brauche.

---

1 Johannes Kühn (1887–1973), Historiker; 1928–1946 Prof. an der TH Dresden, 1947 in Leipzig, ab 1949 in Heidelberg; 1943 Mitglied der Sächs. Akademie der Wissenschaften. – Kühn hatte in Publikationen nach 1933 mehrfach die NS-Ideologie bedient. (S. a. Kl.s. Tagebuchnotizen vom 16. 8. 1936 und vom 16. 7. 1941.)
2 Christian Janentzky (1886–1968), Germanist; 1922–1952 Professor an der TH Dresden, 1945–1948 Direktor der Hochschulbibliothek.
3 Als Freikorps bezeichneten sich nach dem 1. Weltkrieg die republikfeindl. Einheiten ehem. Soldaten, die 1918/19 die Revolution bekämpften.
4 (lat.) immer das gleiche.

Die Essnot wird immer katastrophaler, reichlich haben wir nur Brod (Steininger, Schwarz, Schwerarbeiterkarten), aber wir leben auch beinahe ausschliesslich von trockenem Brod. Fett u. Fleisch fehlen fast ganz, genauer ganz – entsetzliche Misere des Schlangenstehens – woher die Zeit nehmen. E. pflanzt, E. hat keine Schuhe, E. hat kaputten Fuss – ich komme eh schon zu keiner ruhigen Arbeitsstunde. Viel Ärger um alles das. Das Mittagessen bei Wolffs (sic) wird immer jämmerlicher und unzulänglicher: aber zuhaus würden wir nicht einmal diese paar Kartoffeln haben.

Die Nerven lassen sehr nach, das Glücksgefühl ist sehr, sehr zurückgedrängt.

Sonntag Morgen 15. Juli 45.
Seit gestern Abend »Moskauer Zeit«: von 20 auf 21 h gerückt; ich kam neulich eine Stunde zu früh ins Theater, weil man in Dölzschen die M.-Zeit schon allgemein eingeführt glaubte, während sie nur erst für die Reichsbahn eingeführt war. Unsicherheit in allem.

Seit gestern geht – bekränzt, rotes Tuch mit Inschrift: »Wieder einen Schritt weiter!« – die 22 wieder, unsere beste Stadtverbindung, solange 16 fehlt.

Montag Morgen 16. Juli 45
E. sagt: kam früher ein eiliger Brief, war er von der Gestapo. Jetzt: »Der Oberbürgermeister gibt sich die Ehre ...« Er gab sie sich »durch Boten zu bestellen – eilig« vorgestern schon wieder, uns für heute Abend zum ersten Konzert der Staatskapelle ins Kurhaus Bühlau einzuladen. – Sehr schmeichelhaft – aber die Reise dorthin! Widerum: man muß sich sehen lassen, man muß Leute sprechen, muß ins Spiel kommen oder im Spiel bleiben ... Erst schien es, als könne E. so wenig mit wie neulich zum Nathan[1]. Sie ist buchstäblich ohne Schuhe, ihr einziges Paar seit dem 13. II. absatzschief, ihr Fuß wund – sie geht zum Wolffmittag barbeinig in Hausschuhen hinüber, so wie sie sich im Garten bewegt. Ein Flickschuster ist nicht aufzutreiben. Gestern nun fand Frau Wolff ein Paar Schuhe ihrer Schwiegermutter, u. auch Frau Steininger grub Schuhe aus – beide Paare zwar N° 38 statt 36 – aber verwendbar.

Jetzt ist bei schwerer Strafe, Schlußtermin heute jedes nat. soc.[2]

1 Das Drama »Nathan der Weise« (1779) von Gotthold Ephraim Lessing (1729 bis 1781) gibt dem Toleranzgedanken der Aufklärung seinen reifsten theatral. Ausdruck.
2 nationalsozialistisch.

Buch abzuliefern. Eine Liste der verbotenen Sachen – ich habe sie
noch nicht gesehen – ist erschienen. Ich selber sammle diese Sachen
für LTI, habe schon manches von Forbrich erhalten. Ich werde mir
eine besondere Erlaubnis verschaffen.

Umkehrung der früheren Verhältnisse. Nicht nur diese Bücherbe-
schlagnahme. Wolff will Wohnung für sich haben, will den Nazi-
Mitbewohner entfernen. Neumark schreibt an das Wohnungsamt –
Leiter Scholz, mit Wolff leider verfeindet: es könne dem Mischling
u. von der Naziregierung verfolgten W. »nicht zugemutet werden,
die Küche mit einem Natsoc. zu teilen« u. selber mit seiner Frau auf
einem Sopha zu schlafen, während die Wittigs Betten hätten. Haargenau *LTI*!

Ich bin so sehr müde u. so sehr faul u. so sehr abgelenkt. Mein in-
nerliches ständig wiederholtes Motto: »Ich will sie nutzen, diese
kurze Spanne.« Aber ich nutze sie nicht. Ich liege im plumpen Fauteuil auf der Diele, sehe ins Grüne, in *meinen* Garten u. lasse das Radio an mir vorüberspielen. Blödsinnige Musik, schöne Musik, zeit-
charakteristischste Nachrichten. Es ist je eine Schachtel Zündhölzer
an Berliner Haushalte verteilt worden … es sind »Schiffbrücken«
USA-England zur Fliegerhilfe eingerichtet, jeden Abend (Sendung:
»Es grüßen«) werden eine Reihe Namen u. Adressen Heimgekehrter durchgegeben, etc. etc.

Dienstag Morgen 17. Juli 45
Glaser[1], beglückt, einen Posten im Justizministerium erwischt zu
haben (übrigens sehr klapprig u. senil) sagte mir, *alle* meine (durch
Neumark angemeldeteten) Ansprüche schwebten in der Luft: der
neue Staat, der *kein* Staat ist u. ein völliges erstmaliges Novum bedeutet, braucht Forderungen an das vorhergehende Régime nicht
anzuerkennen. Mein Einwand, die Alliierten hätten sich zu Trägern
der jüdischen Schadensansprüche erklärt, wurde höhnisch als ganz
unjuristisch zurückgewiesen.

Ohne Notizen, nur mit Blaustiftkreuzen, lese ich meine Tagebücher. Ich finde keinen Zugriff, keine Lösung der Schwierigkeiten. Was ist zu intim, was zu allgemein? Wo soll man LTI u. Vita[2]
trennen? Wen soll man bei seinem Namen nennen? Wie soll ich das

---

1 Fritz Salo Glaser (1876–1956), Rechtsanwalt; vor 1933 vielfach Verteidiger von
  Dresdener Kommunisten, bedeutender Kunstsammler; gehörte während der NS-
  Zeit zu Kl.s Bekanntenkreis. Seine Frau war Nichtjüdin; da beider Kinder evange-
  lisch erzogen wurden, gehörte Glaser zu den sogenannten »privilegierten« Juden.
2 (lat.) Lebensbeschreibung.

damals Geschriebene commentieren? Wieweit von der Tgb.-Form abgehen?? Ich tue nun seit Wochen nichts anderes als das Tagebuch lesen. Ich fühle mich sehr leer.

Ich muß mir ein bisschen oft sagen: du bist jetzt im Paradiese, verglichen mit dem vergangenen Zustand. Es ist so, aber ich merke es gar zu selten – E.'s Abmagerung, das ständige trockene Brod, das Chaos im Hause, die Ungewißheit meiner Lage, meine Sterilität, Mattigkeit u. Herzbeschwerden: es wächst ein bisschen allzuviel Unkraut im Paradiesgarten. Trotzdem, wir leben in ihm, u. die Hoffnung, ihn auszujäten besteht ja. – Diese ausgesponnene Metapher ist keine, sondern Realität für E., sie arbeitet den ganzen Tag im Garten, hauptsächlich Gemüse pflanzend, sie hat für *nichts,* buchstäblich für nichts anderes Sinn, als für den Garten. Pereat mundus, fiat hortus[1].

Donnerstag 19/7 45 Morgens
Im Radio eine Berliner Rede: »Ein Ziegelstein macht auf sich aufmerksam«. Beginnt sehr hübsch sachlich. Um einen Ziegelstein so abzuputzen, daß er wieder zum Bau benutzt werden kann, braucht man 30 Minuten. Gerät, Methode, vor allem aber Unlust sind im Spiel – es müßte sonst möglich sein, *vier* Steine in 30 Minuten fertig zu machen. Das bedeutet: *ein* Haus, statt vier, *40* Jahre Aufbau statt 10, vierfache Steuer etc. … Ich rufe E. herauf: »ein hübscher Vortrag!« Indem beginnt u. dauert nun eine Viertelstunde, bis zum Schluß des Vortrags das Abhaspeln der üblichen allgemeinen Phrasen, die wir bis zum Brechreiz oft u. gleichförmig in allen Reden hören, in allen Artikeln lesen, vom Aufbau, vom Naziverbrechen, vom Wiedergutmachen, von moralischer Pflicht, usw. usw. Mit diesen Phrasen werden wir immer-immerfort gemästet, stumpf gemacht, betäubt. Dabei bedient man sich sämtlicher nazistischer Schlagworte, die wie Leichengift wirken. Der Ziegelredner hatte sogar den *Garanten* der Zukunft übernommen.

Der sehr schlechte Zustand meines Herzens läßt mich natürlich alles *noch* trostloser ansehen, als es eh schon ist.

Freitag Morgen 20. Juli 45
Gestern am 19/7 brachte der Ungar längst versprochenermaßen den ersehnten Kater. Ich brauche nicht zu notieren, was alles an under-

---

1   (lat.) Möge die Welt zugrunde gehen, der Garten soll geschaffen werden; Paraphrase auf die Devise Kaiser Ferdinands I. (1503–1564): »Pereat mundus, fiat justitia«.

leineten Gefühlen[1] dies für mich bedeutet. Die Frage der Ernährung ist um kein Atom leichter als zu Mujels Zeiten[2]. Der neue, weiß mit grauen Flecken, ist leider schon ein Jahr alt u. die volle Freiheit gewöhnt. Er stammt aus der Gegend von Moritzburg, heißt Moritz u. wird wohl Moische genannt werden. – Das Haus u. den Kater bin ich E. schuldig.

Überall stehen russische Posten, die Russen treiben das Vieh fort, es herrscht Hunger, schon hört man: unter Hitler habe jeder wenigstens bekommen, was auf den Marken versprochen war, ein bißchen Fett, ein bißchen Wurst, u. jetzt verfallen die Marken! Es *muß* sich ja die Gegenströmung entwickeln: wir haben Hunger, die Juden sind wieder da, die Russen sind da – das ist der Segen des Pazifismus. – Mir graust auch vor dem militärischen u. sonstigen Triumphieren in Berlin u. vor den ständigen Kotaus[3] u. Schuldbekenntnissen des Berliner Senders. – Und während man so geradezu *für* den Natsoc. Stimmung macht, tut man, mindestens hier in Dresden, nichts, um sie wirklich zu vertreiben.

Ich sehe die Situation sehr düster. Man macht alle früheren Fehler wieder u. in verstärktem Maß. Man beschimpft die Gegner u. läßt sie in manchem Besitz. Man predigt einseitigsten Pazifismus inmitten der gegnerischen Machtentfaltung. Man fordert wieder den Titel »Judenrepublik« heraus. Und bei alledem wird täglich mehr gehungert. Man rühmt stündlich im Radio die großen Fortschritte, man rühmt die Güte der Alliierten, u. beides stimmt doch nur teilweise, u. jeder fühlt dies »nur teilweise«. – Und das Volk ist so rettungslos dumm u. gedächtnislos. Es denkt jetzt nur: »vorher haben wir weniger gehungert«, u. alles andere ist vergessen. Es wird sehr bald denken: all diese Hitlergreuel sind erfundene Propaganda.

Ich stehe so hilflos der Übermasse meiner Tagebücher gegenüber, daß ich mich gar nicht entschließen kann, in alter Breite fortzufahren. Auch scheint mir alles Wiederholung: der Hunger, die Jämmerlichkeit der Tagesinteressen (10 gr. Butter mehr oder weniger), die Fehler der Regierenden, meine Herzbeschwerden, meine letzten u. trivialsten Gedanken dem Tod gegenüber, meine gemischten Gefühle im Punkte des Katers u. der Tierliebe E's etc. etc. – Ich bin zu alt geworden, u. alles ist schon einmal dagewesen.

---

1 underleinen (mhd.) stützen, unterstützen; hier im Sinne von: (mit Bitterkeit) unterlegt.
2 Am 15. 5. 1942 wurde Juden das Halten von Haustieren verboten. Kl.s ließen ihren Kater Muschel töten.
3 Kotau (chin.) Demütige Ehrerweisung.

Sonnabend Morgen 21. Juli 45

Berliner Conferenz der »*drei* Großmächte«[1]. Immer die »Großen Drei«, immer die *drei Großmächte*. Frankreich hat genau so ausgespielt wie Italien. Das ist der Punkt, den ich im Auge behalten muß. Das *Selbstgefühl* der Völker.

Jung sagte: »Die Russen schleppen unsere Maschinen weg, die Amerikaner *sprengen* sie einfach«. Dies Sprengen war mir neu. Man will also deutsche Industrie endgiltig vernichten. Hierzu stimmt das Fortnehmen der Eisenbahnschienen durch die Russen. Folge muß sein: *Arbeitslosigkeit*. Ich war früher der Meinung, nach diesem Krieg werde es keine Arbeitslosigkeit geben, *alles* sei ja wiederherzustellen. Aber wenn man nun eben keine Neuproduktion zuläßt? Das momentane Heranziehen aller Kräfte gilt nur dem Schuttfortschippen u. der Ernte – damit ist noch nichts Dauerndes produziert. Ich sehe von Tag zu Tag düsterer in die Zukunft.

Am Abend ließ mich dann *Jung* (s. o.) mit analoger Bitte »an den Zaun« rufen. Es gebe jetzt eine »Nichtigkeitserklärung« für solche, die zum Parteieintritt gezwungen worden seien. Dieser Weg führe aber nur über die KPD. Ihn, Jung, habe Sonntag gepreßt, der flüchtige Ortsgruppenleiter u. Tyrann, der Mann mit dem imposanten Vollbart, mit dem auch ich 1934 zu tun hatte … Was Scholz für ein Mann sei, ob ich helfen könnte. Mir ist bei dieser Sache nicht gut zu Mute, weder äußerlich noch innerlich. Nach außen hin: ich mag meine Unterschrift nicht entwerten lassen, mag nicht als allgemeiner Nazifreund gelten. Es kann auch zu leicht heißen: er läßt sich bestechen. Und hier setzt der innere Widerstand ein. Habe ich Jung gegenüber ein reines Gewissen? Er war E. immer sympathisch – mir *nicht*. Er ging mir aus dem Weg, war mindestens sehr vorsichtig. Und jetzt werden wir sehr umworben. Fahrt nach Pirna etc., Kaffee-Einladung, u. neulich gar der kostbare blaue Anzugstoff. Ich sollte ihn ganz umsonst »geliehen« bekommen, ich drängte der Frau 100 M. auf – was natürlich unter den heutigen Umständen keine wirkliche Bezahlung ist. Bin ich bestochen? Ich fühle mich innerlich nicht ganz frei. Ich sagte zu Jung: Erklären Sie Scholz, den ich für einen humanen Menschen halte, Ihre Lage. Berufen Sie sich auf mich, insofern ich Sie in den Jahren 1934 – 40 als freundlichen u. keineswegs nazistisch feindlichen Nachbarn gekannt habe u. bestätigen kann. Aber diese Bestätigung hat nur Wert, wenn ich die doppelte Ein-

---

1 Die Potsdamer Konferenz der führenden Staatsmänner der USA, der UdSSR und Großbritanniens, Harry S. Truman, Josef W. Stalin und Sir Winston Churchill (ab Ende Juli Clement R. Attlee), vom 17. 7. bis 2. 8. 1945.

schränkung des Datums u. des außerberuflichen Kennens mache.
So eingeschränkt kann ich sie auch schriftlich geben, aber vielleicht
ist das gar nicht nötig.

Zur Sprache: Jung sagt nicht: »wenn man den Deutschen wieder
arbeiten ließe, käme er wieder hoch«, sondern: wenn man *den deut-*
schen Menschen ... Er gebraucht diesen »deutschen Menschen« in
jedem Satz, gestern Abend gewiß ein dutzendmal. Er weiß nicht, daß
er LTI spricht.

Jung rühmte sich, er habe zu Anfang des 3. Reichs einmal *14 Tage*
gefangen gesessen, wegen angeblicher Bestochenheit. »Danach kann
man doch kein Freund der Partei gewesen sein!« Immer wieder »Fragebogen des vierten Reichs«.

In meiner eigenen Menschenverachtung u. *Nicht*eitelkeit werde
ich immer mehr bestärkt. Man hat mich mehr mißachtet als einen
Hund, man bewirbt sich jetzt mit allen Mitteln um mich – was wird
morgen sein? Und Mißachtung u. Schätzung gelten ja gar nicht mir
als Persönlichkeit, sondern nur mir als einem Atom oder Partikel-
chen oder einer Billardkugel – diese Dinge haben keinen Wert oder
Unwert an sich, sondern ihre Virtus[1] hängt von ihrer jeweiligen Situation ab.

Dienstag Abend 24 Juli 45
Wir haben *seit Wochen* kein Fett bekommen – was nutzen die
Schwerarbeiterkarten? Ich fragte die alten Vogels[2] – oben bei Pfeifer wohnend – ob man bei Anmeldung am Chemnitzerplatz etwa
besser daran sei. – Nein, ganz Dresden sei unbeliefert. Angst vor
Hungersnot, Stimmung den Russen gegenüber sehr schlecht. Törichte Meinung, bei den »Amys« sei es besser, törichte Gerüchte,
die »Amis« würden doch noch zu uns kommen. Vogel sen. erzählte
als »verbürgt«, was fraglos falsch ist: seit wenigen Tagen sei[en] die
Amerik. wieder in Leipzig, das von den abziehenden Russen noch
einmal geplündert worden sei. Komischerweise auch noch dies: die
Amerikaner hätten ein ⚡-Regiment aufgestellt!!

– Aus der Gärtnerei hinter dem zerstörten Häuserblock am Dorfplatz holte ich einige 100 Gemüsepflanzen für den Garten, bekam
dort auch ein paar junge Kohlrabis zugesteckt, die uns die Abendsuppe verschönern sollen.

Die Essnot ist bei uns u. allen eine ungemeine – wir leben zu 90 %

---

1 (lat.) Kraft, Stärke.
2 Kleinhändler; unterstützte Kl.s in den ersten Kriegsjahren gelegentlich mit Lebensmitteln.

von trockenem Brod, das wir zum Glück reichlich haben – u. sie wird von der Bevölkerung den Russen zur Last gelegt. Das kann starke politische Folgen haben. Über unsere eigene Essmisère mag ich nicht mehr im Einzelnen schreiben, denn ich sehe im Durchackern meiner Tagebücher, wie ich dies Thema seit Jahren immer wieder variiere. Diesmal ist das Eigentümliche, daß wir Brod in Fülle haben – aber von *allem* andern, vor allem von Fett, noch weniger als in den schlimmsten Zeiten. Arme Eva.

Donnerstag Morgen 26. Juli 45
Wenn ich jetzt sterbe, u. mein Herz ist elend genug dazu, bekomme ich eine schöne Leiche. Jeder kennt mich hier, begrüßt mich, unterwegs u. zuhaus, drückt mir seine Freude über unsere Rückkehr aus. Wieviel Prozent davon sind Herzlichkeit, wieviel Berechnung? Nie mehr werde ich unbefangen sein.

Schulz macht guten Eindruck, er ist offenbar wirklich beides, Techniker *u.* Kaufmann, war gehobener Angestellter oder Vertreter einer amerikan. Schreibmaschinenfabrik, hat als Techniker ein Meisterexamen ablegen wollen u. ist als »politisch unzuverlässig« gefallen, weil er vom 9. Nov. 23 auf Befragen antwortete: *das war der Hitlerputsch*[1], statt die *erste nationale Erhebung* ... Was ist Bildung? Schulz würde mir sofort das Radio erklären, dem ich ahnungslos gegenüberstehe. Aber *mir* gibt es einen hochmütigen Stich durchs Herz, wenn er »Alíbi« paroxytonisch[2] ausspricht. – Ich will eine Art ostensible[3] Vorrede zu meinem Tgb+LTI-Buch schreiben; vielleicht fällt mir dabei eine Dispositionsmöglichkeit ein.

Schulz fühlt sich durchaus wie ich der KPD gegenüber schwankend u. gefangen. Sie muß ausmisten; aber es fehlt ihr an intellektuellen Mitgliedern, u. wie wird sie sich den Intellektuellen u. Gebildeten gegenüber verhalten? *Ihre* u. *unsere* Schicksalsfrage. Ich will nicht nach – schwankendem – Gefühl, ich will nicht rein idealistisch entscheiden, sondern kalt berechnend, was für *meine* Situation, *meine* Freiheit, *mein noch zu leistendes Werk* das beste ist, u. damit *doch meiner idealen Aufgabe dienend,* auf das richtige Pferd setzen. Welches ist das richtige? Noch dreht sich die Scheibe der petits chevaux[4] immerfort. Rußland? USA? Demokratie? Communismus?

---

1 Gescheiterter Versuch Hitlers und Ludendorffs, am 8./9. Nov. 1923 zunächst in München, dann im ganzen Reich die Macht an sich zu reißen.
2 auf der vorletzten Silbe betont.
3 ostensibel: zum Vorzeigen geeignet.
4 (frz.) kleine Pferde; Glücksspiel: Pferdchen auf sich drehender Scheibe.

Professor im Amt? Emeritiert? Unpolitisch? Politisch festgelegt? Fragezeichen über Fragezeichen. Aber vielleicht habe ich schon Position bezogen, als ich meine Gegnerschaft zu Kühn offenbar gemacht habe. – Schulz sagt: *es muß jetzt eine neue KPD entstehen.* Ich: es muß eine einheitliche Arbeiterpartei sein (mit rechtem u. linkem Flügel wie das Centrum), in der auch der geistige Arbeiter sein Recht hat. Womit man freilich beim Programm der NSDAP anlangt. –

Abends

Vorm. war der Professor *Winde*[1] hier. Auch er erbittert über das allgemeine Nicht-Durchgreifen. Er erzählte: Johst[2], der nazissime[3] Rektor der T. H., guter Architekt, (mir bekannt 33–35), habe riesige Summen unter dem 3. Reich verdient, war auch gleichzeitig Rektor der T. H. Linz, wo er eine Universität bauen sollte, u. besitzt eine prunkvolle Villa auf dem Weißen Hirsch. Er sollte sie jetzt hergeben u. irgendwo in die Enge ziehen. Es gelang ihm, die Villa für sich zu behaupten u. von der Stadt Dresden einen Auftrag, Bau von Kleinsthäusern, zu erhalten. Der jetzige Rektor, Hahn[4], von den Russen bestätigt, war Bataillonscommandeur im Volkssturm. – Winde sagt: man fordert jetzt ein allgemeines Opfer, eine Art Fortsetzung des natsoc. WHW[5]. Von uns, den Ausgebombten! Warum beschlagnahmt man nicht nazistische Vermögen? – Ich: man muß zur KPD. – Er: Sie nannten sich neulich Demokrat! – Ich: Ja, aber KPD tut not!

Freitag Morgen 27. Juli 45.

Durch das Radio immerfort Aufrufe zur *Erntearbeit.* In *anderem* Ton als im 3. Reich. Immer der dunkle Ton auf dem drohenden Hunger. Der Hunger droht nicht – er ist wirklich da. Seit Wochen ist uns, ist aller Welt keine Fett-, keine Fleisch-, kaum eine Nährmittelmarke eingelöst. Immer die Not der Zerstörung u. Ausraubung: wo es nottut, »muß mit Sense u. Sichel geerntet, mit Menschenkraft eingefahren werden«.

---

1 Arthur Winde (1886–1965), Holzbildhauer; 1918–1934 Professor an der Hochschule für Werkkunst Dresden, aus politischen Gründen entlassen; 1945–1949 an der Kunstgewerbeakademie Dresden, später in Münster.
2 Wilhelm Jost (1887–1949), Architekt; 1928–1945 an der TH Dresden (1937 bis 1945 Rektor, seit 1943 zugleich Rektor der TH Linz).
3 (aus dem Lat. bzw. Italien. hergeleitete Steigerung): übernazistisch.
4 Karl Hahn (1899–1960), Physiker; ab 1934 Lehrtätigkeit an der Universität Shanghai, 1939–1945 und ab 1950 Professor für Strömungslehre an der TH Dresden, ab 1953 an der TH München.
5 Winterhilfswerk, NS-Spenden- und Sammelaktion.

Das Radio gibt bekannt: In England (391 von 640 Stimmen) zum erstenmal Labour-Party allein regierend, Atlee Churchills Nachfolger[1]. Zum erstenmal 23 Frauen (21 Labour-Party) im Parlament.

Die ganze Spannung dieser Zeit: das Radio sagt uns, was in jedem Augenblick in aller Welt, ganz drüben, geschieht – u. mit Leipzig gibt es keine Postverbindung.

Sonnabend Vorm 4. August
Morgens wurde das Potsdamer Communiqué[2] im Radio verlesen. Erschütternd, ganz egoistisch erschütternd. Deutschland wird so castriert, so arm – ein kleiner Ackerstaat – so ausgestoßen, daß wir zwei nie wieder hochkommen werden. Das fettlos trockene Brod, von dem wir buchstäblich seit Wochen leben, wird uns durch den Rest des Lebens begleiten. Wer soll mir meine Forderungen, meinen Verlust zahlen? (Nichts im Communiqué deutet darauf hin, daß die Alliierten sich der deutschen Juden annehmen wollen.) Ich werde ein winziges Gehalt oder Altersgeld bekommen, das wird alles sein. Professor an der T. H. oder der Universität? Höchstens kleiner Lektor am Technikum Dresden. Bücher drucken, für Zeitschriften publicieren?? Es wird an allem fehlen, an Verlegern, Druckereien etc. etc. Das geschrumpfte Kleinstdeutschland wird ein armseliger Agrarstaat ohne Selbständigkeit, ohne Möglichkeit, zu neuen Kräften zu kommen.

Mittwoch, 8. VIII 45 Morgens
Aus dem Potsdam-Communiqué, das durch Radio u. Rundfunk noch immer als über Erwarten human gepriesen wird, wobei man die Abtrennung der ostdeutschen Provinzen totschweigt, müßte man eigentlich ersehen, daß nicht Rußland allein, sondern daß die Gesamtheit der Alliierten Deutschland »büßen« läßt.

Für meine Person bin ich in stetigem Dilemma. Ich möchte an den linkesten Flügel der KPD, ich möchte für Rußland sein. Und andrerseits: Freiheit, die ich meine! –

1 Clement Richard Attlee (1883–1967), brit. Politiker; 1935–1955 Führer der Labour-Party im Unterhaus, löste nach dem Wahlsieg von Labour im Sommer 1945 den Führer der Konservativen, Sir Winston Churchill (1974–1965), als Premierminister ab; Churchill hatte seit 1940 eine Koalitionsregierung (mit Attlee als Vizepremier) geführt und den Widerstand Englands gegen Hitler organisiert.
2 Zum Abschluß der Potsdamer Konferenz verabschiedetes Kommuniqué über die Behandlung des besiegten Deutschland, dem Frankreich am 7. 8. unter Vorbehalt zustimmte; später allgemein als »Potsdamer Abkommen« bezeichnet.

Heute ist das Radio ganz voll von der *Atombombe*[1], die gestern zuerst genannt wurde.

Sonntag Nachmittag 12. August 45
Am 10. 8. suchten wir beide den neuen Mann in der Begerburg (der Kleiderkammer) auf – er scheint gleichzeitig der Gruppenführer der KPD hier oben zu sein, *Seidemann*[2]. Er machte den besten Eindruck auf uns beide. Etwa Mitte Dreißig, Buchhalter u. kommun. Funktionär, jahrelang in Zuchthaus u. KZ gewesen. Ein sehr ruhiger u. nicht ungebildeter Mann. Das Gespräch ging schnell über unsere Kleider-etc.-Bitten auf die politische Situation über. Unser A u. O war: Ihr seid zu sanft! Mit Euren Sammetpfötchen gewinnt ihr *keinen* bürgerlichen Gegner, verprellt Euch aber die eigenen Anhänger. S. lud uns zum ersten (halb improvisierten) antifaschistischen Nachmittag für heute in der Begerburg ein, dem früheren Hochsitz der NSDAP.

Den Vormittag des 11., des gestrigen Sonnabends verbrachte ich oben in Dölzschen. Kohlenanmeldung – um Koks werde ich Antrag an oberster Stelle vorbringen müssen (Notwendigkeit des Berufs) – u. Bemühung um neuen Regenschirm, den mir die Kassiererin der Girokasse, Frau Börner, aus eigenem Besitz zusagte. Auch bekam ich Bezugsscheine, mit denen wir (skeptisch!) unser weiteres Glück versuchen. Es macht mir immer wieder eine Art Märchenfreude, wie freundlich ich dort oben behandelt werde. Und alle Freundlichkeit ist schließlich doch nicht, oder nicht bloß interessierte Mantelhängerei; da u. dort ist wirkliche Sympathie im Spiel.

Mir geht jetzt täglich durch den Kopf: Dies ist der größte Sieg des Judentums. Aber mit wieviel Millionen Toten erkauft! Und hinterher wird er noch einmal bezahlt werden müssen. –

Im Centrum des Rundfunks u. des Interesses steht *Japan*[3]. Man behandelt es immerhin ein bißchen besser als Deutschland. –

Seidemann sagte, es sei so schlimm für die KPD, daß uns die Rus-

---

1 Am 6. 8. 1945 warf die US-Luftwaffe über der japanischen Stadt Hiroshima die erste Atombombe ab; dabei starben etwa 110 000 Menschen; rund 80 % der Stadt wurden völlig zerstört.
2 Erich Seidemann (geb.1908), 1929 Sekretär Herbert Wehners, 1931–1933 Redakteur der »Arbeiterstimme«, 1934 zu 4 Jahren Zuchthaus verurteilt; Haft in Waldheim, danach KZ Buchenwald, Dachau und Mauthausen; nach 1945 Neulehrer und Dozent.
3 Nach dem Abwurf einer weiteren Atombombe am 9. 8. 1945 auf Nagasaki unterbreitete die japanische Regierung am folgenden Tag den Alliierten ein Kapitulationsangebot.

sen so sehr enttäuschten. Tatsächlich geht das Aushungern, das Abbauen der Maschinen u. wohl auch das Plündern immer weiter. –

Dienstag Vorm. 14. 8. 45
Immerfort Besucher, bisweilen (gestern) Gang in die Stadt notwen-
dig; der Rest ist Radio, alles andere stockt, der weitere u. stärkste
Rest ist Schlafsucht.

Forbrig klagte bitter über die *Russen* (von denen sich gestern auch
Seidemann enttäuscht gezeigt hatte). Die Besatzung erhalte über-
viel Fleisch, die Bevölkerung seit Wochen weder Fleisch noch Fett,
es herrsche Kartoffelnot und die Russen beschlagnahmten Kartoffeln für Brennereien, es gebe immer wieder Plünderungen u. Ausschreitungen, u. die deutsche Polizei dürfe nichts dagegen tun, Flücht-
lingszüge aus Schlesien würden täglich von polnischen Leuten
ausgeraubt u. die Russen ließen das zu.

Donnerstag Morgen 16. 8. 45
Der ungarische Friseur, der uns das Katerchen brachte, kam gestern
Abend u. schnitt uns beiden die Haare. Er ist Kommunist. Er klagte
geradezu verzweifelt über die Russen: sie lassen uns hungern, nehmen selbst den Arbeitern aus der Fabrikkantine die letzten Kartoffeln weg, hindern *jeden* Neuaufbau, indem sie auch friedlichste
Kleinbetriebe plündernd mattsetzen, es kommen immer wieder
Räubereien der Soldaten vor. Und alles das wird der KPD zur Last
gelegt u. kommt dem Nazismus zugute u. steht im schädlichsten Gegensatz zu dem, was Radio u. Zeitungen predigen. *Die* lügen genauso, wie sie unter Hitler logen … Der Friseur ist nun wirklich vox
populi[1], spricht wirklich die communis opinio[2] aus – verschiedene
voces populi[3] gibt es in diesem entscheidenden Punkt bestimmt
nicht. Immer u. immer wieder auch: bei den Amerikanern u. Engländern ist es besser. –

Im übrigen Einförmigkeit; mühseligstes Lesen in den engstbe-
schriebenen Tgbs. Viel Müdigkeit, viele Herzbeschwerden, sehr
dumpfe Stimmung.

Die Hauptereignisse in politicis: Japan-Capitulation[4] u. Todesur-

1 (lat.) Stimme des Volkes.
2 (lat.) allgemeine Meinung.
3 (lat.) Stimmen des Volkes.
4 Nachdem am 14. 8. 1945 die japanische Regierung die Kapitulationsbedingungen
   der Alliierten angenommen hatte, forderte Kaiser Hirohito am Tag darauf in einer
   Rundfunkansprache die Streitkräfte seines Landes zur sofortigen Feuereinstel-
   lung auf.

teil gegen Pétain[1] (nicht vollstreckt, weil er 89 Jahre alt sei). Es fehlt eine wirkliche Zeitung, das communist. Nachrichtenblatt, das täglich für 20 Pf gebracht wird, enthält nichts als die Nachrichten u. die fragwürdigen Phrasen, die ständig, mindestens 3 x täglich, durch den Funk gehen. Freiheit, die ich meine – ich sehe keinen Unterschied (außer dem Vorzeichen) zwischen *LTI* u. *LQI*.

Freitag Morgen, 17/8 45
Wir leben *buchstäblich* von trockenem Brod. Ohne die Schwerarbeiterkarten, ohne Steininger u. Schwarz-Braune, ohne Wolffs müßten wir hungern. Gestern sagte mir Dr König, der mich viel quält: »Gut, daß wir noch kein Gas haben; es gäbe sonst viele Selbstmorde.« Ich: *wir* seien hart im Nehmen u. hätten schon noch ganz anders gehungert. Ich erzählte ihm auch das Gestapowort: »Kauf dir doch für 10 Pf Gas!« Immerhin: auch wir leiden sehr unter der Essnot. Aber bedrücklicher als sie ist die Gesamtsituation.

Sonntag gegen Abend, 19. 8. 45
Gestern Vorm., 18. 8. 45 sind wir – trockene Formalität – auf dem Standesamt am Chemnitzer Platz (Rathaus) beide aus der evangelisch-lutherischen Landeskirche ausgetreten[2]. Sie hat uns in der Nazizeit zu sehr im Stich gelassen, zu sehr enttäuscht. Es ließe sich sehr viel darüber sagen – gefühlsmäßig ist die Sache sehr compliziert u. underleinet. Die Zeit fehlt.

Kaum hatten wir gegessen, erschien Seidemann (der neue Gruppenleiter der KPD) mit seiner Frau u. blieb bis Mitternacht. Zuletzt brachte E. Tee u. trockenes Brod dazu auf den Tisch. S. 37 Jahre, Augen u. Haare farblos blond, stilles entschiedenes Wesen, eine gewisse Härte u. Kürze im Auftreten – man merkt dann, daß dahinter Gefühl, Nachdenken, Idealismus, Erfahrung, Selbsterziehung, auch Unsicherheit steckt, seine Frau rötlich blaß, eingefallen, sehr still.

---

1 Philippe Pétain (1856–1951), frz. Marschall und Politiker; 1916/17 Verteidiger von Verdun; setzte im Juni 1940 als Nachfolger des zurückgetretenen Ministerpräsidenten Reynaud den Waffenstillstand mit Deutschland und Italien durch; als »Chef des Staates« 1940–1944 verantwortlich für die Kollaboration der sogenannten Vichy-Regierung mit Hitlerdeutschland, am 15. 8. 1945 wegen Hoch- und Landesverrats zum Tode verurteilt, zugleich zu lebenslänglicher Haft begnadigt und auf die Insel Yeu verbannt.
2 1906 war der Rabbinersohn zur evang. Kirche übergetreten. V. Kl. – nach den Nürnberger Rassegesetzen »jüdischen Blutes« – hatte 1941 den Eindruck gewonnen, die Bekennende Kirche verleugne die »nichtarischen Christen« und gewähre ihren Mitgliedern zu wenig Unterstützung.

Die Leute haben eine Tochter von 6 Jahren. S. hat das Kind erst wieder kennen lernen müssen, er hat mit Unterbrechung vor dem Krieg u. während des Krieges in Zuchthaus u. KZ gesessen. Er ist Ortsgruppenleiter der KPD. Ich fragte ihn nach seinem Privatberuf, seiner Vorbildung. Volksschule, Autodidakt, Idealist, Sucher, Schwärmer – nicht Fanatiker, bildungshungrig. Er sei Buchhalter bei seinem Bruder gewesen, er habe dies u. das versucht, er habe sich jetzt zur Ausbildung als Lehrer gemeldet. Wovon er bisher gelebt u. seine Ehe bestritten, ist mir dunkel. *Sie* hat fraglos gearbeitet. *Er* war offenbar zeitlebens im Hauptberuf Sucher, Kommunist, Funktionär. Aber ohne die Verbohrtheit u. geläufige Schulung des Vaters Wollschläger. Es fiel mir schon neulich bei seinen Einleitungsworten zu Heine auf, wie er sich besinnt u. sucht. Dabei fehlt alle Verschwommenheit, Enge, auch alle Aufmachung. Der Mann ist einfach u., ich glaube, echt.

Mittwoch Vorm. 22. August 45
Brief von »Staatssekretär Menke-Glückert« (offizieller Briefkopf), er werde meine Lehrtätigkeit an der Univ. Leipzig veranlassen, sobald ich hier wieder zum Professor ernannt sei. Und wenn nun die T. H. mich nicht wieder vorschlägt? –
Brief von Nestler[1], er möchte selber mein Tgb. veröffentlichen; außerdem sei Publikation der Volkshochschul-Vorträge geplant. Dies alles noch sehr vage gehalten. Ich habe geringstes Vertrauen in diese Pläne, aber natürlich schmeicheln sie doch meiner Eitelkeit, u. jedenfalls arbeite ich weiter am Durchackern des Tagebuches.
Gegen Abend.
Alttestamentarisch: als ich zum Dorfplatz zu Haubold hinaufging – ein Abflußrohr der Dachrinne hat sich gelöst, u. es regnet u. gewittert täglich – traf ich Frau Dr Eichler u. ihren Jungen. Sie gingen zum *Ährenlesen,* Bekannte täten es auch, ein bißchen Korn bringe man schon zusammen. Die Not ist eben ungemein. Gestern hat mir unsere Bäckerin hier oben eine 2 000 gr Marke erlassen; dazu kommen die Gaben von Steininger u. Schwarz (wie lange noch bei der steigenden Not?), u. die Schwerarbeiterkarte für Eva (wie lange noch??), u. mit alledem werden wir nur eben bis zum nächsten Termin knapp heranreichen. Freilich hatten wir ständig essende Gäste in diesen Tagen.
Und heute um die Kaffeezeit gab es eine Katastrophe. Auf unserm

---

1 Arthur Wilhelm Nestler (1896–1997); seine »Wehrmacht-Buchhandlung« war im Kriege ein illegaler Treffpunkt der KPD.

Gartenzaun saß – verlaufen? nein sicher dorthin ausgesetzt – ein ganz junger schwarzer Kater. Was tun mit dem Tierchen? Wir können kaum das Moritzchen ernähren. Wir sind wirklich beide schwer deprimiert.

Freitag Vorm. 24. 8. 45
Einladung vom *demokratischen Kulturbund*[1] seinen Aufruf zu unterzeichnen, in seiner Wissenschaftlergruppe mitzuwirken. Analogie zum Berliner u. Leipziger Unternehmen, Zusammenfassung aller Dresdener »Prominenten« (Νεββιχ[2], ausgenommen Ponto[3] wirklich sehr armselig). Dies ist nun kein geheimes Klüngelchen, u. hier muß ich mitmachen.

Ich ging zu Pfeifers auf das Gut herauf, ob sie das schwarze Katerchen nehmen könnten. Ablehnung: jetzt geborene Katzen seien keine Jäger, sondern säßen im Winter in der Stube! Aber sie gaben mir (*verkauften* mir, u. das ist angenehmer!) eine Tasche voll Kartoffeln u. wollen noch weiter damit aushelfen. So bessert sich die Ernährungslage, u. damit ist dann aller Welt geholfen, den Tieren, an denen E. schon im Plural hängt (er soll Micha heißen) – u. uns.

Besuch macht mich tot. Gestern die schöne Maria Kube[4], die z. Zt. in Räckelwitz wohnt – der Mann noch in Gefangenschaft, die Jungen sollen hier aufs Gymnasium – u. Steiningers, die uns eine Brodmarke brachten, aber auch düster in die Brodzukunft sehen. Dazu immer noch die Zahnarztquälerei. Er sagte, das fürchterliche Bohren dauere buchstäblich doppelte Zeit gegen früher, weil kein harter Stahl mehr zu haben sei.

Montag Vorm. 27/8 45
Am Sonntag ißt man bei Wolffs um 12 statt um 1 Uhr (unendlich kümmerlich u. hungrig, einen armseligsten Teller Suppe). Als wir hinübergehen wollten, erschien Elsa Kreidl[5] mit der Gärtnersfrau Mickley, unserem Vis-à-Vis in der KDF-Str. Die Frau u. ihre Tochter

---

1 »Kulturbund zur demokratischen Erneuerung Deutschlands« (KB), gegr. am 4. 7. 1945 in Berlin auf Initiative von KPD und SPD sowie von antifaschist. Intellektuellen und Künstlern; Präsident war seit dem 8. 8. 1945 Johannes R. Becher.
2 nebbich (jidd. in griech. Buchstaben), hier im Sinne von: nicht der Rede wert.
3 Erich Ponto (1884–1957), Schauspieler; 1914–1947 am Dresdener Schauspielhaus (ab 1945 als Intendant), danach bis zu seinem Tod in Stuttgart, auch in Göttingen.
4 Sorbin, 1929–1931 Hausgehilfin bei Kl.s; bewahrte auch während der NS-Zeit Kontakt zu ihnen.
5 Nichtjüd. Mitbewohnerin des »Judenhauses« Caspar-David-Friedrich-Str. 15 b.

brachten uns Blumen u. ein paar Tomaten, versprachen Gemüse-
hilfe, wenn wir sie besuchten – reine rührende Anhänglichkeit – aber
zeitraubend. (Der Mann, als Soldat in Preßburg von den Russen gefangen, sitzt in einem Gefangenenlager in Reick, also fast vor der
Tür seiner Familie u. seiner Gärtnerei, u. kann noch nicht heraus.
Solamen miserum[1]: alles muß warten, nichts kommt in normalen
Gang.) Elsa Kreidl, durchaus gut u. gütig, zeigte doch wieder ihre
engstirnige Kleinbürgerlichkeit u. Tendenz zum Natsoc. Alles in ihr
ist Angst u. Antipathie den Communisten u. Russen gegenüber. Ich
werde aber auch, in quanto[2] Russen, bald der einzige in ganz Dresden sein, der noch ein halbwegs oder viertelwegs verteidigendes
Wort findet: die Not ist zu groß, u. alles fühlt sich ausgeraubt u.
schonungslos dem Hunger ausgeliefert.

Dienstag Vorm 28. 8. 45
Ich bin jetzt hier für manche Leute ein großes Tier. Wie klein wäre
ich, wenn der Musiker Otto Klemperer[3] noch lebte! Das geht mir oft
durch den Kopf, wenn das Radio die rückkehrenden jüdischen Diri-
genten etc. preist. Welches Brimborium wäre um Otto Kl. entstanden!
Jetzt ist er für die Allgemeinheit nichtexistent.

Donnerstag Vorm. 30. 8. 45
Gestern früh fing ich einen schon einmal gelaufenen Vortrag über
Johannes Becher[4] ab, den man jetzt immerfort von kommunistischer
Seite überschwänglich feiert u. zum größten deutschen Dichter er-
hebt. Ich hörte schon wiederholt als Zusammenstellung der Größten: Goethe, Heine, Thomas Mann, Becher. Gestern ging das Super-
lativieren noch weiter, die Reihe der Größten hieß: Dante, Goethe,
Heine, Becher. Ich entnahm dem schwülstigen Gerede, daß Becher
(wohl Anfang der 90er Jahre geboren) als Expressionist im Weltkrieg begann. Ich hörte zwei recht gute Sonette von ihm.

1 (lat.) Elender Trost.
2   (ital.) in Hinsicht auf; was betrifft, angeht.
3 Otto Klemperer (1885–1973), Dirigent und Komponist; Cousin V. Kl.s, die Väter
   waren Brüder; 1927–1931 Leiter der Krolloper, bis 1933 an der Staatsoper Berlin; Emigration in die Schweiz, 1935 in die USA, bis 1939 Leiter des Los Angeles Philharmonic Orchestra; 1946 Rückkehr nach Europa, 1947 Chef der Budapester Oper, ab 1950 Leiter des Philharmonic Orchestra, ab 1964 des New
   Philharmonic Orchestra London; 1970 Übersiedlung nach Jerusalem.
4 Johannes R. Becher (1891–1958), Schriftsteller; schloß sich 1919 der KPD an,
   1933 Emigration in die UdSSR; nach der Rückkehr 1945 Mitbegründer des KB,
   1954–1956 Minister für Kultur der DDR.

Fr. 31/8.
Immer wieder das Volksgerücht: die Russen tauschen Dresden gegen Hamburg ab, u. hier kommen Engländer od. Amerikaner her, u. dann wird alles besser. Gegen dieses Gerücht ist so wenig anzukommen, wie im letzten Kriegsstadium gegen die Gerüchte von der neuen Waffe u. von dem Zusammengehen der Deutschen u. der Amerikaner gegen die Russen.

Mittwoch Nachm 5 September
Die Tage zersplittern sich, sie sind gefüllt, ohne daß ich zu eigentlicher Arbeit komme. – Eben waren in zweimaligem Karren 2 Ctr Briketts heranzurollen, nur bergab, u. nur die paar Schritt von der Marienburger Str her: aber Herz u. Hände rebellieren, u. darüber ist es ¾ 7 geworden u. um ½ 8 soll ich in der Begerburg über Auserwählte Völker eine Stunde lang sprechen. Ich habe mir das Thema am Vorm. noch einmal durch den Kopf gehen lassen – notiert ist nichts. Weitere diverse vergebliche Gänge nach Brod. Ständige Ausverkauftheit, Schlangen u. Verzweiflungen hier oben u. unten in Plauen. Mal ein ganz warmer Vierpfünder, mal Kartoffeln von Wolffs, mal von Jungs. Misère von Tag zu Tag.

Aber der Hauptverlust an Zeit entsteht durch die ständige Inanspruchnahme des einflußreichen Juden. Aller Welt soll ich helfen – u. bin selbst noch immer ohne Amt u. Geld.

Donnerstag Vorm 6/9 45
Einmal traf ich unterwegs *Schnauder,* den durchaus freundlichen Prokuristen der Firma Schlüter, er arbeitet jetzt in irgendeiner Chokoladen- etc. -Fabrik u. schenkte mir eine Tüte Puddingmehl. Gestern schickte er seinen Sohn zu mir mit der Bitte um ein Attest, daß er trotz seines Hakenkreuzes judenfreundlich gewesen. (Jeder Pg, der freikommen möchte, braucht 2 oder 3 solcher Leumundszeugnisse.) Ich schrieb das Zeugnis. – Einmal erschien Rößner, der Meister bei Schlüter gewesen u. uns schon einmal hier oben begrüßt hat. Diesmal brachte er eine 15jährige Verwandte mit, Gisela Banitz, ein schmächtiges kindliches Ding, das einen aus üblichen demokratischen Clichés[1] bestehenden, für eine 15jährige aber passablen Artikel in die Volkszeitung geschrieben hat, über die Enttäuschung der Hitler-erzogenen Jugend, die nun alles zusammenbrechen sieht, was man ihr als ewigen Wert bezeichnet hat. Die kleine Banitz möchte

---

1 Klischee (aus dem Frz.) Abgegriffene, verbrauchte Wendung.

gern ihre unterbrochene Schulbildung zuende bringen, sie möchte Lehrerin werden, sie möchte vom körperlichen Arbeitseinsatz befreit sein. Ich setzte mich mit Forbrig in Verbindung, der in allen Schulsachen Rat weiß, u. schrieb dem Mädel. Zeitverlust! –

Es ist neue Sorge bei den Vogels entstanden. Ein Laden war ihnen bewilligt worden, er sollte am 15. 9. dicht am Bahnhof Plauen eröffnet werden. Einspruch des Bürgermeisters vel[1] Bezirksleiters: als Nazis erhalten V.'s keine Waren – sie sind also wieder mattgesetzt. Der Vater V. brach hier gestern in Thränen aus: 40 Jahre Arbeit, Vermögen u. Haus verloren, die armen Kinder u. Enkelkinder – was habe er denn verbrochen? Ich werde mit dem Bezirksbürgermeister persönlich sprechen. – Klagen des Nachbars *Jung,* der sich andauernd wirklich sehr um uns bemüht, u. dem ich schon vor einiger Zeit ein Attest gab. Sein Pg.-tum soll »nichtig« erklärt werden. Aber nun wird er dazu gedrängt, in die »Freie Gewerkschaft« u. (voire[2]!) in die KPD einzutreten. »Ich bin Techniker, ich bin kein Politiker, ich bin [in] die naz. Partei hineingezwungen worden, ich habe die Nase voll, ich möchte nicht wieder ...« Ich werde über Jung mit Seidemann sprechen.

Gestern Abend, am Mi. 5. 9. also, hielt ich meinen Vortrag oben in der Begerburg, genau dort also wo die Nazis residiert haben, meinen ersten Vortrag nach mehr als zehn Jahren. Es ließe sich über den Umschwung meiner Situation, über das Auf u. Nieder meines Lebens eine gefühlvolle Betrachtung anstellen. Ich behalte sie dem Cur.[3] vor. Hier nur die nackten Tatsachen. Der Saal soll 130 Leute fassen, es mußten noch Stühle hineingestellt werden, Überfülle, drückende Hitze, mäuschenstilles Publikum. Wieweit es mitgehen konnte, weiß ich nicht. Ich hatte keine Notizen bei mir, vorher auch nur Dispositions-Stichworte aufgeschrieben – ich sprach ganz frei, ¾ Stunden lang. Jeder hält das andere Volk für minderwertig, das seine für auserwählt. Allgemeinmenschliche

---

1 (lat.) oder.
2 (frz.) wahrhaftig!
3 Curriculum vitae (lat.) Lebenslauf. – Nachdem Kl. wegen des Verbots der Bibliotheksbenutzung im Dezember 1938 die Arbeit an seiner »Geschichte der französischen Literatur im 18. Jahrhundert« abbrechen mußte, begann er im Februar 1939 seine Lebensgeschichte zu schreiben; im März 1942 mußte er wegen ständiger Haussuchungen durch die Gestapo auch diese nunmehr lebensgefährlich gewordene Arbeit kurz vor Abschluß des zweiten Buches (1912–1918) aufgeben. Das Manuskript brachte Eva Kl. zu Annemarie Köhler nach Pirna, die es verwahrte. Als Buch Anfang 1989 erschienen: »Curriculum vitae. Erinnerungen eines Philologen 1881–1918«, 2 Bde., hrsg. von Walter Nowojski, Verlag Rütten & Loening, Berlin.

Schwäche. – Aber durch die deutsche Gründlichkeit ist sie zum Verbrechen geworden.

Freitag Morgen, 7/Sept 45
Im Punkte Kohlen haben wir für alle Fälle durch Jungs Vermittlung einen kleinen Dauerbrandofen aufgetrieben, der Briketts frißt. Nur leider: er kostete 64 M, u. eine große Stromrechnung droht u. eine große Zahnarztrechnung, u. ich habe noch immer keinerlei Geld vom Staat erhalten – doch! einmal aus Grohmanns Künstlerfonds 200 M! –, u. bin noch immer nicht in meinem Amt bestätigt. Aber um Geldsachen sorge ich mich principiell u. wirklich nicht mehr, wahrhaftig sie belasten mich nicht mehr, sie sind mir unwichtig geworden. Irgendwie wird sich das schon regeln. –
Vor einigen Wochen war *Theodor Plievier*[1] der aktuellste Name. Sein »Stalingrad« erschien in der Berliner Volkszeitung, er las Capitel daraus im Funk vor, mit einer merkwürdig gehemmten, etwas fremdländischen – E. sagt: versoffenen Stimme. Ich zerbrach mir den Kopf, woher mir der Name bekannt war, obschon ich nie etwas von dem Mann gelesen habe. Gestern, erlösend, ein kleines Feuilleton über ihn u. anschließend eine Skizze von ihm, Matrosenaufstand Kiel 1918. »Der Kaiser ging, die Generale blieben« – dieser Titel ist mir eine Schlagwort-Reminiscenz von damals. Der Mann ist deutscher Barbusse[2], er hat in Rußland gelebt, ist nun auferstanden. Er hat, sagt das Feuilleton, ein Arbeiter- u. Abenteurerleben geführt, ist auch Seefahrer gewesen. Da könnte die »versoffene Stimme« herstammen.

Montag Vorm. 10 Sept 45.
Gestern Nachm. zu Steiningers geladen, dazu Windes u. die gemeinsamen Freunde der Steiningers u. Windes: das Ehepaar *Professor Hanusch*[3]. Er 65 Jahre, sehr grau u. klapprig, Maler, bis 33 an

---

1 Theodor Plievier (1892–1955), Romanautor, Erzähler, Publizist; 1918 Teilnahme am Matrosenaufstand in Wilhelmshaven, 1933 bis 1945 im Exil, zuletzt in der UdSSR; nach 1945 KB-Landesvors. in Thüringen; verließ 1947 die Sowjetische Besatzungszone und distanzierte sich vom Kommunismus. – Der erste Band seiner Kriegstrilogie, »Stalingrad«, erschien 1945, der Roman »Der Kaiser ging, die Generäle blieben« 1932.
2 Henri Barbusse (1873–1935), frz. Schriftsteller; schrieb 1916 mit »Le feu« (»Das Feuer«; dt. 1918) den wirkungsvollsten Antikriegsroman der frz. Literatur.
3 Karl Hanusch (1881–1969), Maler und Graphiker; 1909–1922 Lehrtätigkeit an der Kunstakademie Breslau, 1922 bis 1933 Direktor der Staatlichen Kunstschule für Textilindustrie Plauen i. V., 1947 Professor an der Akademie für Bildende Künste Dresden.

der Kunstschule Plauen Professor, dann entlassen als zu modern.
Seine Frau, altersverkrümmt, aber das verschrumpfte Gesicht sehr
fein geschnitten, große blaugraue Augen, bedeutende Stirn, *Jüdin*.
Sie befand sich während des Heydrichmordes[1] bei Verwandten in
Böhmen u. kam von dortaus trotz ihrer Mischehe u. trotz aller
Bemühungen ihres Mannes für ganze 40 Monate nach *Theresienstadt*[2]. Sie sagt, sie selber habe es von Hunger u. Arbeit (in einem
Maleratelier) abgesehen, nicht allzu schlecht gehabt, aber es seien
zahllose Leute, besonders Alte u. Kinder, alles was nicht arbeitsfähig
war, zur Vergasung nach Auschwitz gebracht worden, es seien auch
überviele an Hunger gestorben. Am 8. Mai kamen die Russen als
Befreier u. umjubelt. Sie warfen sofort Cigaretten, Chokolade, Tee
usw. unter die noch hinter Barrieren Wartenden, sie sorgten dann für
bessere Kost. Ein paar Tage zuvor hätte die *SS* die Lagerleitung schon
an das Rote Kreuz übergeben – aus Angst, u. um sich zu retten. –
Hanuschs sind seit langem die ersten, von denen wir Gutes über die
Russen hören. – Unten am Chemnitzer Platz u. am Plauenschen
Ring klebt ein Plakat:»Frau Müller, haben Sie schon gehört? Die
Amerikaner kommen her. – Zwei Jahre lang darf niemand heiraten. –
Hätten wir nur einen Tag länger ausgehalten, dann hätten *wir* die erste Atombombe geworfen, u. dann wären *wir* die Sieger geblieben! … Frau Müller, sind Sie denn *so* dumm, daß Sie nicht merken,
wie diese Gerüchte von den Nazis ausgestreut werden, um Beunruhigung zu schaffen?!« … Dieser Aufruf ist nur insofern verkehrt, als
er die Gerüchte bloß auf die Nazis zurückführt. Die Gerüchte entstehen *überall* als Wunschträume u. werden *überall* geglaubt: selbst
Windes meinen, es komme noch einmal zum Zwist zwischen USA
u. Rußland, u. die Russen würden Sachsen aufgeben. Dabei aber
rechnen Windes u. neuerdings auch andere Leute auf *englische* Besatzung für Dresden (Austausch: Dresden englisch, Hamburg rus-

1 Reinhard Heydrich (1904–1942), SS-Obergruppenführer, seit 1939 Leiter des
   Reichssicherheitshauptamtes, Stellv.»Reichsprotektor für Böhmen und Mähren«,
   einer der Hauptverantwortlichen des Genozids an den im dt. Machtbereich lebenden Juden; am 27. 5. 1942 bei einem von der Londoner tschechoslowakischen
   Exilregierung vorbereiteten Attentat in Prag schwer verletzt, starb am 4. 7. 1942.
2 In der nordböhm. Festung Theresienstadt (tschech. Terezín) bestand neben dem
   Gestapogefängnis seit November 1941 ein KZ, das der SS zunächst als Sammel-
   lager für Juden aus dem»Protektorat Böhmen und Mähren« diente, ab Anfang
   1942 als Ghetto für Juden über 65 Jahre und»privilegierte« Juden aus Deutschland, Österreich und dem»Protektorat« sowie als Sammelstelle und Durch-
   gangslager für Deportationen in die Vernichtungslager. Bis 1945 wurden rd.
   141 000 Menschen nach Th. verschleppt, rd. 35 000 starben in Th. selbst, nur
   14 000 überlebten.

sisch!). Die Amerikaner seien rücksichtslos, hochmütig u. kaum besser als die Russen – die Engländer dagegen erwiesen sich als wahre Menschenfreunde. Das ist die neueste Auffassung hier.

Seidemann schickte uns aus beschlagnahmten Vorräten Haferflocken, Mehl u. Obstconserven. Als Honorar für den Vortrag!

Freitag 14. Sept. 45 Vorm.
Am Dienstag Vorm 11/9. holte ich mir den Russenstempel auf dem Einwohnerschein, ohne welchen Stempel man bei Militärcontrolle auf der Straße oder in der Tram sistiert wird. In der Coschützer hoch oben zur Rechten eine Wiese mit weitem Fernblick. Hier an einem Tischchen vier russische Schreibersoldaten, davor eine Schlange. Da man meinen deutschen Vorzugsschein nicht lesen konnte, mußte ich in die Schlange. Aber die Abfertigung ging blitzschnell vonstatten.

Sonnabend Vorm. 15/9. 45
Für Donnerstag Nachm. war eine Conzert-Generalprobe oben in der Begerburg angesetzt. Ich ließ E. allein gehen u. arbeitete an meinen Tgb's, solange die ständig entzündeten Augen es zuließen. Dann gegen Abend ging ich hinauf. Ich fand einen neuen Mann oben, den Pfarrer Just, Mitte 30, blond, groß, kräftig, schwer an Krücken gehend. Mit Just bahnte sich ein ernsteres Gespräch an, E. drängte, nachhause zum Essen zu kommen, ich lud Just ein, mich einmal zu besuchen, aus dem »einmal« u. »gelegentlich« machte er ein Sofort, erschien gleich nach unserm Abendbrod um ½10 u. blieb bis ½1. Die Folge davon war unsere gänzliche Zerschlagenheit am gestrigen Freitag, wo es wieder von Besuchern wimmelte.

Pfarrer Just ist in jeder Beziehung eine seltsame Mischung. Er philosophiert u. theologisiert (lutherisch) stundenlang so tiefsinnig, daß ich ihn absolut nicht verstehe u. mein Nichtverstehen nur hinter teilnahmsvollem Schweigen verbergen kann. Dazwischen kommt immer wieder sein offenbar ganz echter u. selbstverständlicher Gott- u. Christusglaube zutage, den er als eine Selbstverständlichkeit auch bei andern voraussetzt. Viel eigentümlicher noch sein politisches Verhalten. Die Nazis haben ihn von Anfang an belästigt u. verfolgt, er hatte wiederholt mit der Gestapo zu tun. Aber er ist gern in den Krieg gegangen. Für die Rückeroberung des Corridors[1] – er ist Königsber-

---

1 Der Polnische Korridor, ein 30 bis 90 km breiter Landstreifen zwischen Pommern und dem Unterlauf der Weichsel, im Versailler Vertrag Polen zugesprochen; die »Korridorfrage« spielte 1939 die entscheidende Rolle bei der propagandistischen Vorbereitung des dt. Überfalls auf Polen.

ger, jetzt nur hierher verschlagen oder hier aushilfs-beamtet. Warum er nicht als Pfarrer ins Feld gezogen sei? – Als Soldat habe er es innerlich leichter gehabt! Er sei erst spät Leutnant geworden u. seiner schlechten Gesinnungsnot halber durch 4 Jahre Leutnant geblieben. Als Christ u. Soldat habe er bei der Sache bleiben müssen, u. *wie* schlecht diese Sache war, sei ihm erst spät u. nie völlig klar geworden. Die Oberschenkel sind ihm von den Russen zerschossen worden. Daß der Krieg völlig verloren sei, habe er nie recht geglaubt. Und die Atombombe – (Volk!! Volksschicht in jedem Menschen!) habe Deutschland gefunden u. *fast* fertig gehabt, als die Amerikaner unser Lager fanden u. für sich verwendeten. Wären wir früher damit fertig geworden, dann hätten wir trotz alledem gesiegt! – »Und haben Sie sich nie gesagt, welch namenloses Unglück für Deutschland selber ein deutscher Sieg bedeutet hätte?« … Darauf blieb Just die Antwort schuldig. Dem Christen sei im Grunde die Politik nicht wesentlich; aber Gehorsam gegen die Obrigkeit u. Ordnung werde von ihm gefordert.

Dienstag Vorm 18/Sept 45
Berliner Radiovortrag: Neuaufbau der Junkerswerke, demokratisch-friedlich-denazisiert. Man hat u. a. 45 Lehrlinge, die an zwei Nachmittagen der Woche »*weltanschaulich geschult*« werden. Wie oft ich »Ausrichtung«, »Einsatz«, »kämpferisch« zu hören bekomme, ist gar nicht zu sagen. Jetzt fehlt nur noch »fanatisch«. – Wenn Dr. König gestern betrübt zu mir sagte: »Sie haben meinen Vetter […] ›geholt‹ u. den Russen übergeben, trotzdem sie doch niemanden verhaften wollten, der bloß Pg. war, ohne sich aktiv hervorzutun – wir wissen nicht, was vorliegt u. was aus meinem Vetter geworden ist«: so ist hier das Überleben des schmählichen LTI-Ausdrucks doppelt begreiflich, 1) im Munde eines alten Pg's u. 2) weil die Sache selber die gleiche geblieben ist. (König erzählte, sein Vetter sei seit 1929 in der Partei gewesen, man habe ihn mit 6 anderen Ärzten u. Zahnärzten zusammen »geholt«, also wahrscheinlich die hiesigen ärztlichen Gruppenbegründer und Stammväter.

Moskau kündigt *Kutusow*feiern[1] an. Gewiß, K. wird als Befreier Rußlands u. somit als Vorläufer Generalissimi Stalin gefeiert werden – aber doch als zaristischer Marschall u. Heerführer. Man nehme dazu – woran sich Seidemann ärgerte, Stalins Bild in Uniform mit Orden, wie es riesengroß am Albertplatz paradiert, weiter

---

1 Michail Kutusow (1745–1813), russ. Feldmarschall, Sieger über Napoleon I. 1812; die Feiern fanden anläßlich seines 200. Geburtstages statt.

die ständigen Paraden u. das sonstige militärische Brimborium der Alliierten in Zeitung u. Rundfunk: so lebt man den Deutschen Antimilitarismus vor, so bewerkstelligt man ihre »Umerziehung«. (LQI)

Gestern Vorm. war lange der Geheimrat von Loeben[1] bei mir, der närrische Leiter u. Tröster der Dresdener nichtarischen Christen, über dessen billiges Trösten ich mich oft geärgert habe. Er war sehr mager geworden u. sehr deprimiert. Er tat mir leid, ich mußte ihm auch in einigem Recht geben, aber wir stießen doch im Wesentlichen zusammen, u. ich ging ziemlich energisch aus mir heraus. Der Mann (66 Jahre, stark gealtert, jüdische Großmutter, frommer Protestant, Deutsch-Nationaler u. Monarchist bei gemäßigten Anschauungen) sitzt zwischen allen Stühlen. Die Weimarer Republik hat ihn als Amtmann (etwa Landrat) u. dann als Mitarbeiter im Justizministerium entlassen, er war dann auf hohem privatem Bankposten (Girocentrale), da verdrängten ihn die Nazis, er kann jetzt als ehemaliger Deutsch-Nationaler wieder nicht an die Krippe, obschon er widerwillig zur christlichen Union gegangen ist, sich also auch (mit Verzweiflung) zur Antifa bekennt. Er ist erbittert gegen die Russen, erbitterter gegen die Communisten, er spricht sich leidenschaftlich gegen die Enteignung aus, nennt einzelne große Ungerechtigkeiten des Gesetzes, er will durchaus *Versöhnung,* Vergessen – alles andere schaffe Reaction; er sieht alle Nazisünder, selbst die Richter, als beinahe schuldlose Opfer an, soweit sie nicht die eigentlichen Führer waren – die außerhalb der Partei Gebliebenen hätten ja nur den Anschluß verpasst, seien auch nicht besser gewesen als die Eingetretenen. Auch könne man für all die Entlassenen keinen Ersatz finden etc. etc. etc. Hier widersprach ich erbittert. Lieber die Schulen noch eine Zeitlang geschlossen lassen u. alles andere auch – erst ausrotten. »Es genügt, wenn man in Deutschland erst einmal die zehn Gebote lernt, u. dazu braucht man keine gelernten Lehrer! Erst ausrotten, niemals paktieren u. verzeihen, niemals! Wen, Herr Geheimrat haben Sie sterben sehen, welche Grausamkeiten haben Sie am eigenen Leib erlebt?!« Usw. usw. – Loeben hat ein Buch über die Monarchie geschrieben, ich soll das Ms. lesen u. ihm sagen, was ich daran für gegenwärtig »untragbar« halte ...

Widerwärtig, dieses Winseln um Zeugnisse. Und irgendwann wird den Juden einmal die Rechnung dafür praesentiert; ich sehe einen neuen Hitlerismus kommen, ich fühle mich durchaus nicht in

---

1 Max Georg von Loeben, Mitgl. der Bekennenden Kirche, versuchte zusammen mit Martin Richter, gefährdete Juden zu unterstützen; 1946 CDU-Stadtverordneter und Stadtrat in Dresden.

Sicherheit. – Ist übrigens die Landenteignung[1] *nur* in der russischen Occupationszone dekretiert??

Donnerstag Morgen 20. Sept.
Am Dienstag Abend kam wieder Pfarrer Just zu uns. Früher, um nicht über die Sperrstunde, 11 h, zu bleiben. Aß die Abendsuppe mit uns u. blieb doch bis nach Mitternacht. Er ist ein zutunlicher u. ganz offenbar kindlich gottgläubiger Mensch bei großer philosophischer Bildung. Cela existe, cela est.[2] Er ist 38 Jahre alt, hat drei Kinder, weiß seit einem Jahr nicht, wohin Frau u. Kinder gekommen, hat Pfarre, Pfarrhaus, Landbesitz in Ostpreußen verloren, ist lebenslang auf die Krücke angewiesen. Er hat unter der Gestapo zu leiden gehabt, er ist Geistlicher u. hat doch den Krieg mit der Waffe mitgemacht, wo er ihn als Geistlicher hätte mitmachen können. Er sagt zur Entschuldigung von Grausamkeiten: beim Sturm, wenn man neben sich fallen sehe u. schreien höre, sei man in solcher Nervenspannung, daß jede Zurechnungsfähigkeit fortfalle. Und das macht er als Pfarrer mit!

Montag, morgens u. später 24/9 45.
Das Alliiertengesetz »zwecks Unterbindung u. Vorbeugung der militärischen Ausbildung in jeder Form auf dem Territorium von Deutschland« ist ebenso hart wie fürchterlich dehnbar. Ein Paragraph lautet, verboten seien: »Vorlesungen, Filme, Theaterstücke u. Rundfunksendungen über Kriegshandlungen, welche die kriegerischen u. ähnlichen Eigenschaften des deutschen Volkes, einzelner Truppenteile oder Einzelpersonen (sic) verherrlichen.« Damit ist *alles* anzufangen. Und das Verbrechen »unterliegt jeder beliebigen Strafe, einschließlich der Todesstrafe, nach dem Ermessen des Gerichts« (eines alliierten Militärgerichts).

Freitag Vorm. 28 Sept. 45.
In den letzten Jahren war oft von einem Farbfilm die Rede, der großen technischen Fortschritt aufweise: »*Die Frau meiner Träume*«[3]. Eva mochte ihn gern sehen, aber sie wollte nie allein hin, da mir der

---

1 Zwischen dem 3. und dem 12. 9. 1945 verfügten die 5 Länder der Sowjetischen Besatzungszone Erlasse über die Bodenreform, wodurch etwa 7000 Eigentümer von mehr als 100 ha Grundbesitz entschädigungslos enteignet wurden; der Boden wurde vornehmlich Landarbeitern, Umsiedlern und Kleinbauern übergeben.
2 (frz.) So etwas gibt es tatsächlich.
3 Ufa-Film (1943/44; R.: Georg Jacoby).

Zutritt verboten war. Jetzt geistert dieser Film schon lange wieder, aber nun fehlte uns immer die Zeit dazu. So etwas kostet jetzt einen ganzen Nachmittag. Schließlich sagte E mit einiger Rührung, da jetzt die Feiern für die »Opfer des Faschismus« toben, diesen Film zu sehen, werde unsere Privatfeier sein: das erstemal wieder gemeinsam in einem Dresdener Kino. So fuhren wir am Mittwoch zum Freitaler Capitol – auch die Großmuttel u. Sonja (ich nenne sie einfach »Wolffs«) waren dort, u. Frau W. hatte gesagt, sie habe diesen schönsten Film schon 3 x gesehen. Die Farben waren wirklich sehr fein u. diskret. Aber der Film selbst enttäuschte. Eine leere u. abgelatschte Ausstattungsrevue u. Operette. Die Heldin, Gesangs- u. akrobatischer Tanzstar, copierte Zara Leander, war aber ordinär. Maria Röck. Die Hochgebirgsdekoration offenkundige Pappe. Tänze im Stil des Monopoltheaters vor 1914 (Cancan), Abenteuer im Cirkus- u. USA-Stil. Kein Fortschritt. Kein Inhalt, keine schauspielerische Leistung.

Mittags. Ich schrieb einen langen Brief an Trude Öhlmann, die uns Kissenbezüge u. Hemden u. Strümpfe von ihrem Claus für mich geschickt hat. – Am Nachmittag will ich zu Neumark, um wieder einmal durch ihn die Regierung in die Kniekehlen stoßen zu lassen. Damit ist dann der ganze Tag für mich besetzt.

Wir frieren bei sehr herbstlichem Wetter ungemein u. rettungslos: das Kohlenamt hat sich noch immer nicht zu unserem Koksantrag geäußert, u. der für Notfälle gekaufte kleine Eisenofen ist noch unangeschlossen.

Alles stockt, ist unentschieden, chaotisch – im Haus, im Beruf, in jeder Hinsicht.

Sonntag 30. September 45 Morgens
Gestern abend 7 – ½ 10 fehlte der Strom einmal 2 ½ Stunden, während das sonst übliche Guaio sich auf 1 ½ Stunden beläuft. Wir hatten nicht rechtzeitig den Zigeunerherd im Garten in Gebrauch gesetzt, das Gas fehlte natürlich auch. Wir saßen im Dunkeln, hungerten u. warteten. *Diesen* Arbeitsverlust haben wir wie gesagt fast täglich.

Gestern Mittag ½ 1 Abmarsch des Gruppenzuges Dölzschen mit roter Fahne vom Gasthaus oben. Zur Feier für die »Opfer des Faschismus« am Karl Marxplatz (già[1] Wilhelmplatz; – ich hörte an der Trambahn ein junges Mädel entrüstet sagen: »wenn er noch Hitlerplatz geheißen hätte! Aber was hat ihnen Wilhelm[2] getan?« Vox po-

---

1 (ital.) ehemals.
2 Wilhelm I. (1797–1888), Deutscher Kaiser (seit 1871) und König von Preußen (seit 1861).

puli – voces populi). Wir beide gingen verabredetermaßen bis zum Plauenschen Ring mit, wo schon ein paar Hundert Leute anderer Gruppen Aufstellung genommen hatten. *Ich* (nicht E.) das *erstemal* in meinem Leben in solchem Zuge. Neben mir der Ingenieur (*nicht* Dipl. ing.) Schlegel, älterer Herr, der hier die Liberaldemokraten vertritt, heftigst auf die KPD schimpfend, die unsaubere Politik treibe, u. mich für die Demokraten werbend, denen eine Zeitung von den Russen erst dann bewilligt wird, wenn sie genügend Mitglieder haben. Ich sagte, der Gesinnung nach sei ich Demokrat, aber erst müsse gesäubert werden.

Das Ernährungsamt hat die Schwerarbeiterkarte für E. abgelehnt. Jetzt hat Seidemann, den ich vorgestern in der üblichen Abendstrompause aufsuchte, mir ein paar Zeilen an das Bureau geschrieben, in dem die »Opfer des Faschismus« [registriert sind]. Werden wir darunter aufgenommen, u. Seidemann sagt, das geschehe mit Selbstverständlichkeit, dann erhalten wir Vergünstigungen. Übrigens wird von Berlin her im Funk mit großen Tönen für die Wiedergutmachung an dem kleinen geretteten Judenrest (sie sagen: 5 % Gerettete von einer halben Million) geworben. Vielleicht, daß mir das nützlich wird. Ich gehe in den nächsten Tagen zu Neumark.

Freitag Vorm. 5. X. 45
Gestern endlich ein ungestörter (oder nur von der furchtbaren Kälte der ungeheizten Wohnung gestörter) Tipptag. Ich excerpiere jetzt die LTI aus den Tgbs; vielleicht hilft das weiter – mindestens liefert es mir Stoff zu Vorträgen u. Bagatellen.

Am 1. X. Montags begann das mit der communalen Hilfsstelle für die Opfer des Faschismus. (Bautzenerstr am Albertplatz.) Gegenüber dann die »Kreisleitung der KPD« (LQI!). Seidemann hatte mir eine Zeile an den ihm eng befreundeten Leiter mitgegeben. Ich sollte »registriert« werden, das würde mir E's entzogene Schwerarbeiterkarte, dazu allerhand Vergünstigungen eintragen. Typisch: die Leitung hatte gewechselt; die neue Herrin, eine Frau Fröhlich, geruhte gar nicht, mich zu empfangen, ließ mir durch einen Sekretär sagen, »Opfer« seien *nur* politische KZler u. Aktivisten, ich möge mich an die »soziale Fürsorge« wenden oder auf die noch zu gründende Judenhilfsstelle [warten]. (Inzwischen hat Seidemann eine Arbeiterkarte für E beschafft.)

Am Spätnachm. desselben Montag suchte ich dann noch Neumark auf. Es war ein Leidensweg. Schwerer unablässiger Regen, u. als ich um ½8 zurückwollte, war Stromstörung, ich mußte von der Reickerstr bis fast zur Bürgerwiese zu Fuß. Dann kam eine Tram; aber in tiefster Finsternis durch den Bienertpark bedeutete einen Ansturm auf das immer wieder rebellierende Herz. Neumark, dessen Frau ich kennenlernte, u. mit dem ich eine Weile bei Kerzenlicht sprach, sieht die Lage im allgemeinen, die der sächsischen Juden im besonderen u. meine im ganz speciellen sehr ungünstig an. Forderungen an den Hitlerstaat werden nicht anerkannt. Um Beschlüsse der Alliierten den Juden zu helfen, kümmern sich die Russen nicht, u. unsere sächs. Landesverwaltung ist geradezu judenfeindlich; Neumark hat die bösesten Erfahrungen gemacht. Es kommt bei ihm persönliche Erbitterung hinzu. Eine Stadträtin Fenske[1] (soziale Fürsorge) sagte ihm, er sei »Mittelsmann zwischen Juden u. Gestapo« gewesen, ein solcher Mittelsmann zwischen Juden u. Verwaltung sei jetzt nicht mehr nötig. (Es muß da eine jüdische Denunziation oder Rancune zugrunde liegen.) In meiner Sache will N. noch einmal persönlich zu Menke-Gl. u. zu Friedrichs. –

Die Russen! Das Stalinbild auf dem Albertplatz könnte auch »Hermann«[2] darstellen. Uniform mit Orden! Dazu passt, was Neumark via Stiefsohn berichtet: Zuckmayers »Hauptmann v. Köpenick«[3] wurde nach der Einstudierung verboten u. erst einen Tag vor der Première wieder freigegeben. Begründung des Verbots: das Stück verspotte das Militär!!

Inzwischen ist es auf der Londoner Conferenz[4] zu offenem Zwist

1 Elsa Fenske (1899–1946), KPD, 1938 wegen »Vorbereitung zum Hochverrat« zu lebenslängl. Haft verurteilt, KZ; nach der Befreiung Dresdener Stadträtin für Soziales.
2 Hermann Göring (1893–1946), seit dem gescheiterten Putsch 1923 in engem Kontakt zu Hitler, organisierte G. 1932/33 als Reichstagspräsident in Verhandlungen mit Industriellen und Reichspräsident Hindenburg die Machtübergabe an die Nationalsozialisten. Als preuß. Ministerpräsident (1933–1945) und Innenminister (1933/34) schuf er die Gestapo als Instrument des Terrors und errichtete die ersten Konzentrationslager. Als Reichsluftfahrtminister (ab 1933) baute er die Luftwaffe auf. G. war einer der Hauptverantwortlichen für den Einsatz ausländ. Zwangsarbeiter und für die Maßnahmen zur Vernichtung der Juden. Beging nach der Verurteilung zum Tod durch den Strang in den Nürnberger Prozessen Selbstmord.
3 Carl Zuckmayer (1896–1977), Dramatiker und Erzähler, auch Lyriker; mit dem Stück »Der Hauptmann von Köpenick« (1930) erzielte er einen seiner größten Erfolge.
4 Am 2. 10. 1945 endete die erste Tagung des Rates der Außenminister der 5 Großmächte USA, UdSSR, Großbritannien, Frankreich und China, ohne daß man sich auf ein Schlußprotokoll verständigen konnte; während es Einigung über wesentliche Fragen wie z. B. die dt. Wiedergutmachungsleistungen gab, blieb die Geschäftsordnung des Rates für die Vorbereitung der Friedensverträge mit den Satelliten Hitlerdeutschlands noch strittig.

zwischen den Russen u. den Westmächten gekommen. Um so abge-
schlossener werden wir hier von den übrigen Alliierten sein. An russischer *Willkür* zweifelt allmählich niemand mehr. Ein großes
Unglück, denn daraus liest mancher eine späte Rechtfertigung Hitlers.

10. Oktober 45 Mittwoch Morgen.
Ich gab mir alle Mühe, den gestrigen Geburtstag mit erhobenem
Herzen zu feiern. Ganz gelang es mir nicht – meine Situation riecht
allzu sehr nach altem Eisen, u. mein Herz ist allzu rebellisch. Dennoch, es war schon anders als in den letzten 12 Jahren.

Trude[1] überhäufte mich teils durch die Post teils via Wolffs, die gerade gestern aus Leipzig zurückkamen, mit Briefen, Wünschen, Ge-
schenken aus dem Nachlaß ihres Jungen, auf dessen Rückkehr sie
noch immer hofft – sie schickte u.a. sein Bild in Fliegerdress mit Fall-
schirm vor der Maschine. (Er ist vor 2 Jahren in Murmansk abge-
stürzt u. verschollen.) Sie schickte Hemden, Schlafanzug etc. Sie
schickte, was sie zurückerhält, 100 M. Sie scheint mit einiger Verzweiflung an uns zu hängen. – Wolffs brachten von ihrer Fahrt eine
Gans mit, die es bei ihnen als mein Geburtstagsessen gab, sie schenk-
ten mir Confekt, zwei Dosen fette Russen-Leberwurst, ein Paar
Handschuhe. Sie stifteten den Kuchen zu dem Kaffee, den sie am
Nachm. hier tranken. Die peinliche Gegenrechnung freilich: am dunklen Abend fuhr ein Lieferauto hier ein, es wurden 3 Sack Zucker
– verschobene Schwarzware – auf unsern Boden geschafft. Sie sollen nächster Tage z.T. in Mehl umgetauscht werden, wir sollen an
allem Anteil haben – aber wir haben doch auch fraglos Anteil an der
Gefahr dieses Handels.

Sonnabend Morgen 13. X 45
Gestern kam Neubert[2], der Bibliotheksdirector zu mir. Ein sehr jam-
mervoller Eindruck. Dünn, mit dünnem grauem Haar, einarmig, tief
bedrückt – es war Dämmerung, er stand demütig in schlecht be-
wahrter Haltung auf der Diele, plötzlich vor mir ohne Klingeln. Man
hat ihn als Director bereits entlassen, es scheint als müßte er auch
als Bibliothekar gehen, pensionslos. Er ist 53 alt, sieht älter aus als

---

1 Gertud (Trude) Öhlmann, Mitarbeiterin der Deutschen Bücherei Leipzig; Freundin der Kl.s aus ihrer Leipziger Zeit 1917/18.
2 Hermann Neubert (1892–1980), 1929–1934 Direktor der Bibliothek der TH
Dresden; 1934 Leitender Bibliothekar, 1939 bis 1945 Direktor der Sächs. Landesbibliothek Dresden, 1950–1958 der Bibliothek der TU Berlin.

ich. Ich versprach bei Menke-Gl. für ihn zu plädieren. – Tue ich
recht, bin ich sentimental?

Abends. Nachmittags kam erst Nestler zu mir. Wachs[1] als Leiter
der Volkshochschule plötzlich unmöglich geworden. Man denunziert ihn, Pg gewesen zu sein u. der ⚡ nahe gestanden zu haben. Auch
wenn das nicht zutreffe, so sei sein nervenzerrüttetes Wesen »untragbar«. Ob ich sein Nachfolger werden wolle? Ich sei Nestlers
Candidat. Es handle sich um akademische Repraesentation. Es seien
auch andere Candidaten da. Das ganze »groß aufgezogen«. Position
eines städtischen Oberstudiendirectors. Ich sagte geschmeichelt zu,
glaube aber nicht daß die Wahl auf mich fällt.

Dann kam Kussy[2], zutunlich wie immer. Ich möchte ihm einen
Lehrauftrag an der T. H. verschaffen.

Montag Morgen 15/X 45
Wunderschöne Herbstfarben im Garten, besonders der zarte japanische Ahorn in tiefem rosarot – absoluter Friedensort hier, wenn
man aus der Ruinenstadt u. dem Gedränge der Tram kommt. Im
Haus freilich Kälte u. Chaos – der Laden noch immer nicht ausge-
räumt.

LQI übernimmt LTI mit Haut u. Haaren. Sogar Becher – höher
geht's jetzt nimmer – schreibt andauernd »kämpferisch«. Frau Kreisler war erstaunt, als ich »charakterlich« beanstandete. In einem Aufsatz, der die Humanität der jetzigen Straflager (Kommandohaft)
rühmt, werden die Häftlinge zu »einsatzfreudigen« Menschen erzogen.

Dienstag 16. X 45
Gestern morgen feierliche Eröffnung des *Schulfunks*. Er soll täglich
eine halbe Stunde an allen Schulen Berlins gesendet werden. Die
Rede des Leiters (who?) war ausgezeichnet, bestimmt Kindern von
12–15 verständlich, dabei dem Erwachsenen interessant, ohne süß-
lich, ohne kindisch zu sein. Humanität, Weltweite: andere Völker,
andere Rassen, überall Menschen. Ihr sollt Indianer kennenlernen,
ihr wirkliches Sein! Der heutige Schulfunk brachte dann Hans im
Glück, das Märchen, als Hörspiel. Die Feier gestern schloß leider
mit einem dünnen Sprechchor.

1 Horst Wachs (1888–1956), Ornithologe; bis 1945 Direktor des Naturkundemu-
   seums Stettin.
2 Werner Kussi, Ingenieur; Überlebender des KZ Auschwitz, 1949 im Vorstand der
   Jüdischen Gemeinde Dresden; ging später in die USA.

Mittwoch morgens (u. später) 17. 10. 45
Sehr deprimiert. Das Herz versagt so häufig, daß ich den Tod in dichter Nähe sehe. Mein Arbeiten ist gleich Null. Ich höre stundenlang dem Radio zu u. schlafe dabei ein; ich lese gar nichts mehr, ich mache nur ein paar LTI-Excerpte, u. der Stoff schmilzt immer mehr zusammen. Und endlich: meine berufliche Position wird immer aussichtsloser.

Mit Erbitterung redete Kretzschmar von den regierenden Communisten; sie breiteten schamlos offen ihre persönlichen Bereicherungen aus, Autos, Villen, Essen … Dazu ihre Unbildung. Es sei abstoßend u. tief deprimierend. Er selber habe sich jetzt – ein Wagnis, mit schwerem Herzen! – bei den Liberaldemokraten eingeschrieben. Es ist sehr möglich, daß ich seinem Beispiel folge.

Freitag Morgen, 19. Oktober 45.
Menke-Glückert ließ mir durch Botin sagen, er sei Donnerstag (gestern) Mittag (außerhalb seiner Sprechstunde) für mich zu haben. Er nahm mich sehr freundlich auf; Ergebnis durchwachsen. Ich bin nun also wieder Ordinarius, budgetmäßig an Stelle eines Volkswirtschaftlers. Ich erhalte wie alle Beamten vorderhand einen monatlichen Abschlag von 200, für Oktober vielleicht von 400 M, ich kann wie die anderen Professoren wahrscheinlich im November anfangen. Damit habe ich dann festen Boden unter den Füßen. Dagegen: über sonstige Entschädigung könne er, M.-Gl., nichts verfügen. Ich bleibe also verschuldet u. finanziell unbeweglich wie zuvor. Und der Leipziger Traum ist verflogen.

Montag Morgen 22 Okt. 45
Abends. Die Sache »Opfer des Faschismus« verlief kaum anders als das erstemal. Ein Herr Löwenhaupt[1] nahm mich sehr höflich auf u. wies mich im Wesentlichen ab. Ich sei weder im KZ gewesen noch politischer Aktivist. Die Judenfrage sei noch nicht geregelt. Immerhin: ich soll »berücksichtigt« werden – wahrscheinlich mit einem Weihnachts-Eßpacket. Aber die Schwerarbeiterkarte für E. wurde wieder abgeschlagen. Und unser Brod geht zuende. –

Trude Oehlmann schreibt, in Halle sei die roman. Professur frei,

---

1 Leon Löwenkopf (1892–1966), 1908 SPD, 1940 ins Warschauer Ghetto deportiert, 1942–1945 KZ Auschwitz, Majdanek und Sachsenhausen; 1945 KPD, 1945–1953 Vors. der Jüdischen Gemeinde Dresden, 1948–1952 Präsident der Sächs. Notenbank; August – November 1952 unter falschen Anschuldigungen inhaftiert, Januar 1953 Flucht nach Westberlin.

Mulert[1] †, ich möge mich bewerben. Ich gab zur Antwort: ich möchte dort eine Honorarprofessur für roman. Lit.-Gesch., könnte mich aber nicht selber bewerben.

Freitag Morgen, 26. Oktober 45
Ärger, Ablenkung, Stagnation, Depression. –
Neuordnung der Lebensmittelkarten stellt uns wesentlich schlechter. Bis jetzt als Professor Schwerarbeiter, also primo loco. Von nun an gibt es Schwerstarbeiter, Schwerarb. u. Arbeiter, u. der Professor steht als Arbeiter tertio loco[2]. – Ärger auch um Kohlen mit einem Funktionär Wustmann hier oben, von dessen Gnade es außerdem abhängt, ob Eva eine erhöhte Karte erhält.

Im Radio aus Berlin vorgestern ein *erbittertster* (Superlativ) Vortrag gegen deutsche Separationsgelüste, gegen Bayern. Ich weiß nicht, worauf das ging – aber es war ein so heftiger deutsch-patriotischer Aufschrei, eine so selbständige Leistung, daß wir beide aufs überraschteste aufhorchten. Denn sonst ist es im Radio immer u. immer die gleiche Leier: man erzählt, wie uns die Alliierten helfen, u. welche Wirtschaftseinheit Deutschland bilde. Man erzählt, wie sehr wir alle Antifaschisten u. Demokraten geworden sind, wie sehr »gesäubert«, umgekehrt, besser gemacht wird. Man predigt gegen jeden Militarismus – u. man schlägt mit alledem genau, ganz haargenau so kraß aller Wahrheit u. Realität ins Gesicht, wie es, andersherum, aber mit gleichen, ganz gleichen Worten – LTI = LQI!! ausrichten, kämpferisch, wahre Demokratie etc. etc. –, wie das die Nazis taten. Ist es mein Alterspessimismus, der so urteilt? Aber, ob ich alt bin oder jung – die Dinge liegen doch wirklich u. von sich aus so.

Montag, 29. Oktober 45
Inzwischen ist die Postsperre zwischen den Besatzungszonen aufgehoben worden, der Weg nach Bayern also frei geworden. Da habe ich, u. das ist meine ganze Arbeitsleistung in zwei Tagen, zwei lange Briefe an Voßler[3] u. an Leo Ritter[4] geschrieben.

1 Werner Mulert (1892–1945), Romanist; ab 1927 Professor in Halle, Danzig, Innsbruck, ab 1936 wieder in Halle.
2 (lat.) an erster ... an dritter Stelle.
3 Karl Vossler (1872–1949), Romanist; Professor in Heidelberg, Würzburg, seit 1911 in München, Lehrer Kl.s; von 1937 bis 1945 aus politischen Gründen seines Amtes enthoben, 1945 Rektor der Universität München; vertrat eine ästhetische Betrachtung der Sprache unter Einbeziehung von Philosophie und Kulturgeschichte; wirkte auch als Übersetzer (u. a. Dante, »Die Göttliche Komödie«, 1942).
4 Leo Ritter (1890–1979), Chirurg und Gynäkologe; bekannt mit Kl.s seit ihrer

Mittwoch morgens 31. X. 45.

Ein mir ganz unbekannter, durchaus biederer Fleischermeister Jentsch, aus dem Dorfe oben, kam zu mir: er verliere seinen Laden, seit 33 Pg, »sie haben mir so zugesetzt u. gedroht, da bin ich hereingelatscht« – wenn man einem Verfolgten geholfen habe, solle das jetzt retten, er habe doch neulich dem Herrn Professor ein Bett bringen lassen … Ich sagte ihm freundlich, ich hätte Sachen von der Gemeinde oder durch deren Vermittlung bekommen, kennte ihn, Jentsch, gar nicht persönlich, auch hätte die Verfolgtenhilfe, um ihm helfen zu können, *früher* kommen müssen. Er zog demütig ab, nachdem er Eva, der Frau Hoppe u. mir die Hand geschüttelt. Jämmerlich.

Donnerstag Abend 1. November.

Schwarz war heute Vormittag bei uns, sehr verbittert. Der communistische Betriebsrat der Firma sei für einen Pg eingetreten, den er, Schwarz, bekämpft habe, er selber sei als commissarischer Leiter entlassen worden, auch die Eigentümerin, Frau Braune, mit der er Privatvertrag gehabt, sei mattgesetzt. Ganz so schien es mir nicht zu liegen: immerhin die Willkür, Macht u. Unberechenbarkeit der KPD scheint Faktum. Und jedenfalls ist eine unserer Brodquellen verstopft. Schwarz sagt, die Russen seien nicht imstande, uns gut zu verwalten, sie seien kulturell allzuweit zurück – das von ihnen okkupierte, der communistischen Dictatur verfallene Gebiet gehe zugrunde. Man müsse sehen, nach Westen hinüberzukommen. (Dabei immer noch der Wunschtraum, die Amerikaner möchten zu uns kommen. Auch bei König, der gestern mit Gattin unser Nachmittagsgast war.)

Sonntag Vorm. 4. November 45.

Am Freitag ging ich endlich zur T. H. Zum erstenmal in den Häusern der Neuen Hochschule an der George Bährstraße. Riesige Baulichkeiten, riesiges Terrain, eine ganze Stadt – aber sehr zerstört. Heydebroek[1] nahm mich freundlich auf u. machte mir wieder einen guten Eindruck, er ist sachlich unpathetisch. Er telephonierte sogleich mit Menke-Glückert, der aus den Wolken fiel: mein längst

letzten Münchener Zeit 1919; unterstützte sie im Mai/Juni 1945 bei ihrer Rückwanderung nach Dresden.

1 Enno Heidebroek (1876–1955), 1912 Professor an der TH Darmstadt, 1931–1951 an der TH Dresden (Lehrstuhl für allgemeine Maschinenkunde); Juni 1945–1947 Rektor der TH Dresden.

erledigter Akt ist irgendwo im chaotischen Beamtenapparat der LV.[1] hängengeblieben: ich soll nun in den allernächsten Tagen Dekret u. Abschlagszahlung auf mein neu festzusetzendes Gehalt bekommen. Wann die Vorlesungen beginnen, ob morgen, ob in 4 Wochen, ist ganz ungewiß. Der Rector der Univ. Leipzig[2] hat irgendwie bei den Russen angeeckt. Es scheinen dort erst zu wenig Leute entlassen worden zu sein, u. als die Russen eine Säuberungscommission hinschickten, scheint der Rector gewehklagt zu haben. Jedenfalls wurde die angesagte Eröffnungsfeier wieder abgesagt, u. da also Leipzig noch geschlossen bleibt, darf die »kleine Schwester« in Dresden auch nicht anfangen. So etwa berichtete Heydebroek. Auch in Jena, dessen Eröffnung pathetisch mitgeteilt wurde, wurde russischer Anstoß erregt, ähnlich wie in Leipzig, u. das Haus wieder zugemacht. So ist nach wie vor alles in Schwebe.

Dazwischen war wieder ein Bittsteller da, dem ich nicht helfen konnte: der Sohn der Fleischerwitwe Ulbrig, die mich in dieser Sache schon wiederholt besucht hat. Der Mann, gegen 40, Studienrat an einer Ingenieur-Fachschule, ist eben entlassen u. zum Bauarbeiter degradiert. Er war seit 33 Pg, davon 2½ Jahre SA-Mann. Er war all die Jahre im Feld, er hat Frau u. Kind. Er machte mir keinen schlechten Eindruck, er sagte ganz offen, 33 habe er an die Nazis geglaubt u. nachher nicht Märtyrer sein wollen … Ich war freundlich zu ihm, sprach ihm Mut zu, machte ihm aber keine Aussicht auf Wiederanstellung. Er solle sehen zur »Umschulung« zu kommen. Er antwortete, das werde ihm finanziell kaum möglich sein. – Einer von Millionen. Wenn morgen ein neuer Hitler kommt …

Donnerstag 8. Nov 45 Vorm.
Seidemann bat um einen Vortrag in der Begerburg am 18/XI. über die Sprache des dritten Reichs; das wird also sozusagen die Première der LTI werden.

Die Revolutionsfeier der Russen, 7 Oktober 1917, erfüllte den Berlin-Leipziger Sender. Die Deutschen kriechen den Russen tief in den A., bisweilen (Rede der christlichen Union!) auf komisch gewundene Weise. Vieles, vielleicht das Meiste, was Gutes über die Russen gesagt wird, mag wahr sein: die Humanität, das Recht, der Erfolg der bolschew. Grundgesinnung. Aber uns hier wird doch

1 Landesverwaltung (Sachsen).
2 Am 16. 5. 1945 wurde der Archäologe Bernhard Schweizer (1882–1966) zum Rektor gewählt, mußte aber unter dem Druck der KPD und der sowjet. Besatzungsbehörden am 5. 1. 1946 zurücktreten.

durch Not, Verwaltungschaos, tägliche Ausschreitungen, Willkür-
akte einzelner Kommandanten, amtliche Plünderungen andauernd
demonstriert, daß faktisch die Dinge ganz anders als im Radio beschaffen sind. Woraus große Bitterkeit u. Gefahr für die Zukunft entsteht. – Hamburg brachte heute morgen sehr bittere u. enttäuschte
Worte des Außenministers Bevin[1] (Labour-Party!) gegen das impe-
rialistische Rußland. Churchill sprach besänftigende Worte. Ich war
schon seit Tagen hinter dem Hamburger Programm her, weil mich
neulich ihr Englisch-Unterricht aus London entzückt hat. (Switch
on, switch off the current!) Vielleicht lerne ich doch noch einmal ein
wenig Englisch! – Schauderhaft die Identität der LTI u. LQI, des sowjetischen u. des nazistischen, des neudemokratischen u. des Hit-
lerischen Liedes! Das drängt sich von Morgen bis Mitternacht überall auf u. durch! In jedem Wort, jedem Satz, jedem Gedanken …
Unverhülltester Imperialismus der Russen!

Sonntag Nacht 11 Nov 45
E. schläft nach langem Abwasch. – Kaltes Schlackerwetter – zer-
splitterte Tage – immer neue Besucher, meist Hilfesucher.

Beiliegender Brief, nach langer Überlegung geschrieben, beant-
wortet recht hart ein rührend plump antastendes Anbandeln der Frau
Hirche[2] aus Oberlößnitz i/Erzgebirge. Sie hätten meinen Namen unter dem Kulturbund gelesen u. sich *so* gefreut u. *so* oft an uns gedacht, u. ich sei doch der Bürge ihres Hans, der noch in englischer
Gefangenschaft lebe. Wüßte ich nicht zufällig, daß er Major im
Generalstab war, u. wäre nicht vor ganz kurzer Zeit durchs Radio
gekommen, daß die Angehörigen des Generalstabs unter die Kriegsschuldigen zählen, so wäre ich vielleicht halbwegs auf die An-
biederung hereingefallen. Die Antwort ist gewiß hart, aber sie ist
von meiner Seite aus auch Notwehr. Wenn der junge Hirche es zum
Major im Generalstab gebracht hat, dann *muß* er politisch ein
Musterknabe gewesen sein u. *muß* auch gewußt haben, wem er seine
Seele verkaufte.

Ungleich mehr Mitleid habe ich mit dem Sekretär Lehmann, der

1 Ernest Bevin (1881–1951), brit. Gewerkschaftsführer und Politiker; im Kabinett
   von W. Churchill war er Arbeitsminister (1940–1945), nach dem Krieg als Außenminister (1945–1951) an der Ausarbeitung der Brüsseler Verträge (1948) und der
   Gründung der NATO (1949) beteiligt.
2 Hirches waren 1920 bis 1928 unmittelbare Nachbarn der Kl.s im Mietshaus Hol-
   beinstraße 131 in Dresden-Striesen. Kl. hatte Ende 1931 durch entsprechende
   Verbindungen, u. a. zur Offiziersfamilie Gertrud von Rüdigers und zu Kollegen
   der TH, dem Abiturienten Hans Hirche jun. den Weg zur Reichswehr geebnet.

mir jetzt, wie neulich verabredet, seinen Lebenslauf brachte – Abkommandierung ins braune Haus! Pechvogel in allem: er hatte russische Kommandantur-Erlaubnis, sich Gepäck aus München zu holen u. wurde doch an der Grenze von den Russen verhaftet u. 14 Tage gefangen gehalten. (Hier kümmert sich keine Kommandostelle um die andere.) Ich möchte dem Mann, der fraglos unschuldig ist, gern helfen; ich sprach schon neulich deßwegen mit Heydebroek; der sagt: absolut unmöglich.

Als Dritter kam heute – wir wollten gerade zum Geburtstagskaffee der Muttel Wollenschläger, E. ging allein u. brachte mir nachher Kaffee u. Kuchen mit – der uns beiden sehr sympathische Zahnarzt Eichler[1]. Ihm konnte ich ohne weiteres bescheinigen, daß er mich noch im Kriege, als es schon längst verboten war, sorgfältig behandelt hat; das, sagte er, rette ihm die Praxis. Er gefiel uns so gut, daß wir ihn mit seiner inzwischen zugelegten Frau zum Tee baten.

Schon beim Frühstück, mich um den Funkunterricht im Englischen bringend, erschien vorgestern Vater Wollenschläger mit roter Armbinde u. Sowjetstern wie einen Parteiknopf auf dem Jackett. Er ist politischer Funktionär im Gußstahlwerk in Freithal u. noch immer begeisterter Russenanhänger u. vollkommener Optimist.

Ein Besucher zwischen rechts u. links war der Studiosus Schönherr, der einäugige Kriegsinvalide, den Konrad mir empfohlen hat, u. der sich inzwischen in Jena immatrikuliert hat u. nur auf kurze Visite zu den Eltern zurückgekommen ist. Er erzählte von Jena: Grund der Schließung nach der Eröffnungsfeier: Ein quidam[2] Dr. h. c. Schneider sagte in seiner Aularede, die deutsche Armee sei ein Heer von Räubern u. Plünderern gewesen – die vielen Kriegsteilnehmer unter den Studenten machen Zwischenrufe … Von etwa 3 000 Studenten lasse man 1 100 oder 1 200 zu. Primo loco Opfer des Faschismus oder Söhne solcher Opfer, secundo loco: Studenten, die mitgeschippt haben, tert. l.: Schwerkriegsbeschädigte. Diese seien wiederum in 3 Gruppen geteilt, u. darunter falle er, Schönherr, mit seiner Einäugigkeit u. dem notwendigen Krückstock erst an zweite Stelle, weßwegen er denn nur als Hospitant in der jur. Fakultät zugelassen sei mit dem Versprechen auf »Vielleicht«-Anrechnung des Semesters. Welch eine Summe von Elend in dieser Jenanotiz. Und fraglos kann man für Jena jede Universitätsstadt in Deutschland setzen; das entnehme ich aus Rundfunk u. Zeitung.

---

1 Eberhard Eichler; übernahm im Juli 1936 bei der Auswanderung von Erich Isakowitz nach England dessen Praxis.
2 (lat.) ein gewisser.

Dienstag Vorm. 13./XI 45

Am Morgen, wir saßen noch beim Frühstück, erschien mit 2 schweren Mappen Kuntzsch. Sein Vater vor wenigen Wochen gestorben – meine Größe – er erlaube sich: ein schöner schwarzer Anzug, 3 P. Strümpfe, richtig passende Stiefel, Kravatten, 2 Oberhemden u. viele gesteifte Kragen dazu, diese beiden letzten Posten freilich für mich zu groß – aber vielleicht als Tauschware nützlich. Dazu die Parallelausgabe des Zoozmann-Dante u. – dies das Allerbeste – ein 1941 in Brescia erschienenes italienisches Lexikon mit fascistischen u. technischen Wörtern der letzten Zeit. (Judenfrage – questione antisemitica![1] Sinn fürs Wesentliche!!) – Ich war sehr gerührt, denn Kuntzsch, mit dem ich nie sonderlich intim gewesen, braucht mich jetzt gar nicht; er war nie Pg, u. seinen Vater haben die Nazis herausgeworfen.

Nachm. Heute zerrinnt wieder der ganze Tag. Gleich nach Vogel sen. erschien Frl. Berndt u. blieb zum Frühstück u. bis gegen 12 h. Sie ist nun endgiltig, aber »bis auf weiteres« endgiltig entlassen; d. h. man hat jetzt sämtliche Pg-Lehrer verabschiedet – Jung jun. erzählt mir: an seiner Plauener Oberschule 26 von 42, wodurch der Betrieb stocke – will aber nach beendetem radikalem Durchgriff noch einmal überprüfen.

Samstag Abend 17. November 45

Seidemann, vorgestern Abend eine Weile bei uns, warb mich dringend für die KPD. Meine Lage ist insofern grundlegend verändert, als ich einer der vier Parteien[2] beitreten *muß,* wenn ich als Opfer des Faschismus als Rasseverfolgter aufgenommen werden soll. Diese neue Bestimmung hatte mir tags zuvor *Schwarz* mitgeteilt. Noch brauchen wir dazu je 3 Bescheinigungen, daß wir Sternträger[3] gewesen sind. Schwarz u. ich testierten sich's gegenseitig. Weitere Zeugen sollen uns Neumark u. Katz sein. Schwarz, der große Stücke auf von Loeben hält u. von ihm Hilfe erhalten hat, der außerdem schroffer Gegner der Russen ist u. immer wieder auf Einmarsch der Amerikaner hofft, ist der Christl. Union beigetreten.

---

1 (ital.) wörtlich: antisemitische Frage.
2 In den Ländern der Sowjetischen Zone waren 1945 KPD, SPD, CDU und LDPD zugelassen.
3 Ab 19. 9. 1941 mußten die Juden in Deutschland, z. T. auch im deutschen Machtbereich, auf der linken Brustseite deutlich sichtbar einen gelben Davidstern tragen.

Sonntag Abend 18 Nov.
Ich hielt heute Nachm. von ¼6 – ½7 auf der Begerburg vor etwa 100
Leuten den Premièren-Vortrag Die Sprache des 3. Reiches, der mich
alle (freilich recht wenige) freien Stunden seit Freitag gekostet hat.
Wir hatten vor dem Vortrag Besuch von den Schwestern Cohn[1], im
letzten Augenblick kam noch, von mir nicht erkannt, auf eine einstige Welt unerfreulich zurückweisend, die Schwester Marta Wiech-
manns[2]. Ich ging danach abgespannt u. deprimiert zur Begerburg
hinauf unter schweren Herzbeschwerden. Trotzdem glückte der Vortrag – von zwei Seiten wurde ich aufgefordert ihn vor größerem Publikum zu wiederholen: von Forbrig vor der Gewerkschaft der Lehrer, von einem mir unbekannten Herrn vor der KPD eines Dresdener
Bezirks; ich bat später verhandeln zu dürfen, im Augenblick wäre
ich zu müde. Das stimmte, ich war u. bin völlig ausgepumpt.
   Nach dem Vortrag ließ ich mir von Seidemann Formulare zum
Eintritt in die KPD geben.

Dienstag Abend 20. Nov.
Den tiefsten Eindruck machte mir ein Bericht von der Münchener
Universitäts-Auflehnung gegen Hitler in den Stalingradtagen 1943.
Die Aufrufe an den Häusern, die Flugblätter; der Kreis um den Phi-
losophieprofessor Huber[3]; der Pedell als Spitzel u. Denunziant[4].
Huber u. Sophie Scholl hingerichtet. (Ihr letztes Wort: Vertrauen auf
Gott.) Gemeinste Torturen an der Cousine Scholl[5]; ihre Standhaf-
tigkeit u. ihr Überleben. –

1 Die Eheleute Cohn, wie Kl.s in »Mischehe« lebend, waren Mitbewohner im »Judenhaus« Zeughausstr. 1. Der Mann, Angestellter der Jüdischen Gemeinde, war
   im November 1944 an einem Mandelabszeß gestorben.
2 Martha Wiechmann, eine Meißener Lehrerin, hatten Kl.s im Sommer 1925 bei
   ihrer Überfahrt nach Südamerika als Mitreisende auf der »Monte Olivia« kennengelernt; der freundschaftliche Kontakt riß Mitte der dreißiger Jahre ab.
3 Kurt Huber (1893–1943), Musikwissenschaftler und Psychologe; am 13. 7. 1943
   wegen seiner Beteiligung an der Münchener studentischen Widerstandsgruppe
   »Weiße Rose« hingerichtet.
4 Der Hausmeister Jakob Schmid hatte die Geschwister Hans und Sophie Scholl
   (geb. 1918 bzw. 1921) am 18. 2. 1943 dabei überrascht, wie sie antinazistische
   Flugblätter in den Lichthof der Universität warfen, und sie der Gestapo übergeben. Sie wurden zusammen mit Christoph Probst (geb. 1919), Alexander Schmo-
   rell (geb. 1917) und Willi Graf (geb. 1918) am 22. 2. 1943 vom Volksgerichtshof
   zum Tode verurteilt und am gleichen Tage hingerichtet. – Die Spruchkammer
   München verurteilte Schmid am 15. 6. 1946 zu 5 Jahren Arbeitslager.
5 Offenbar eine Verwechslung mit Inge Scholl, der Schwester von Hans und Sophie
   Scholl; sie wurde zusammen mit ihren Eltern im Februar 1943 in Haft genommen.

Die Antragsformulare zur Aufnahme in die KPD liegen auf dem Schreibtisch. Bin ich feige, wenn ich *nicht* eintrete – (Seidemann behauptet es); bin ich feige, wenn ich eintrete? Habe ich zum Eintritt ausschließlich egoistische Gründe? Nein! Wenn ich schon in eine Partei muß, dann ist diese das kleinste Übel. Gegenwärtig zum mindesten. Sie allein drängt wirklich auf radikale Ausschaltung der Nazis. Aber sie setzt neue Unfreiheit an die Stelle der alten! Aber das ist im Augenblick nicht zu vermeiden. – Aber vielleicht setze ich persönlich auf das falscheste Pferd? Ganz unbegreiflich ist mir nicht, was so viele Pg's sagen: »bloß in keine Partei mehr! Einmal hereingefallen zu sein, genügt …« Aber ich muß nun wohl Farbe bekennen. – E. tendiert zum Eintritt, u. ich bin eigentlich dafür entschieden. Aber es kommt mir wie eine Komoedie vor: Genosse Kl.! Wessen Genosse?

Freitag Morgen 23. Nov. 45
Heydebroek schreibt unter dem 16. Nov., der Brief war aber erst vorgestern hier: »Die Urkunde Ihrer Ernennung ist bei mir eingegangen. Ich bitte Sie, dieselbe bei mir in Empfang zu nehmen, damit ich Sie in den Lehrkörper aufnehmen u. in Ihre Tätigkeit einweisen kann.« –
Ich gehe heute hin. Gleichzeitig gebe ich heute meinen Antrag auf Aufnahme in die KPD ab. Der sehr kurze Lebenslauf schließt nach wenigen Daten mit diesen Sätzen: »Ich habe nie einer Partei angehört, mich aber gesinnungsmäßig u. als Wähler zu den Freisinnigen gehalten; man kann das auch aus all meinen Publikationen herauslesen. Wenn ich ohne eine Änderung dieser Tendenz, was die philosophische u. besonders geschichtsphilosophische Grundanschauung anlangt, dennoch um Aufnahme in die Kommunistische Partei bitte, so geschieht das aus folgenden Gründen: ich glaube, daß Parteilosbleiben heute einen Luxus bedeutet, den man mit einigem Recht als Feigheit oder mindestens allzugroße Bequemlichkeit auslegen könnte. Und ich glaube, daß wir nur durch allerentschiedenste Linksrichtung aus dem gegenwärtigen Elend hinausgelangen u. vor seiner Wiederkehr bewahrt werden können. Ich habe als Hochschullehrer aus nächster [Nähe] mit ansehen müssen, wie die geistige Reaction immer weiter um sich griff. Man muß sie wirklich u. von Grund aus zu beseitigen suchen. Und den ganz unverklausulierten Willen hierzu sehe ich nur bei der KPD.«
Das habe ich gestern Abend bis ½ 1 formuliert u. getippt. Und das kann mein schwarzes u. mein weißes Loos bedeuten. Sicher steht es in kurzem in der Zeitung.

Freitag früh 30. XI 45

Als ich vorgestern Abend Seidemann unsere Anträge auf Beitritt zur KPD übergab, sagte er mehr ernst- als scherzhaft: »Wollen Sie Ihre Frau nicht lieber draußen lassen, als Rückversicherung, wenn es wieder schief geht?« Mir ist es beinahe eine Erleichterung, daß mir niemand vorwerfen kann, ich liefe zur Siegerpartei; denn die Stimmung ist weithin antikommunistisch, u. in Oesterreich hat die KPD eben den allererstaunlichsten Mißerfolg (nur 4 Parlamentssitze[1]). Im übrigen ist es vollkommen dunkel, wie dieser Schritt sich für uns auswirken wird. Und es ist mir in egoistischer wie ideeller Beziehung gleich fraglich, ob ich mich richtig entschieden habe. E. für ihren Teil glaubt bestimmt, daß KPD heute kleinstes Übel u. *Notwendigkeit* bedeute.

Sonnabend Nacht, 1. XII. (eigentlich schon 2. Dez. 0.30)

Vorgestern kam zu mir ein alter Schüler, den ich gleich wiedererkannte: *Lubich.* Vierziger u. noch immer das etwas dümmliche gutartige blonde Jungengesicht von damals. Ich gewann Anfang der 20er Jahre sein Herz durch einen ernsthaft väterlichen Anschnauzer im Seminar. Nachher traf ich ihn ein paarmal, er wurde ein sehr begeisterter Studienrat. Kein Kirchenlicht, mehr strammer Paedagoge als Wissenschaftler. Jetzt also: »Herr Studienrat, nicht wahr?« »Gewesen, Herr Professor.« Jung verheiratet, sein Kind hat er nie gesehen. Mutter u. halbjähriges Kind wurden in Leipzig bei Bombenangriff verschüttet, das Kleine erstickte. Er selber Leutnant, »sehr gern Soldat« (immer von »meinen Männern« redend). Zwei Jahre Studienrat an einer Heeresschule (? what's?). »Pg gewesen« – »Nu klar, mit dem Stahlhelm[2] übernommen.« – »SA?« – »Reitersturm der ⚡⚡, da konnte ich reiten.« (Da war weniger Kreti u. Pleti[3]) … »Aber ich

---

1 Bei den Wahlen zum Österreichischen Nationalrat am 25. 11. 1945, an denen die früheren Mitglieder von NSDAP, SA und SS nicht teilnehmen durften, gewann die ÖVP 85, die SPÖ 76 und die KPÖ 4 Abgeordnete. Der am 20. 12. 1945 zum Bundeskanzler gewählte Leopold Figl bildete eine Allparteienregierung, aus der die kommunistischen Minister Ende 1947 (bei der Annahme des Marshallplans durch Österreich) ausschieden.

2 »Stahlhelm, Bund der Frontsoldaten«, 1918 gegründeter deutschnationaler Frontkämpferbund, beteiligte sich 1931 an der Harzburger Front, dem Zusammenschluß mit den Nationalsozialisten, Deutschnationalen und Alldeutschen gegen die Reichsregierung Brüning und die preuß. Regierung Braun, sowie am 30. 1. 1933 an der Regierungsbildung unter Hitler als Reichskanzler; im Juli 1933 wurden die bis 35 Jahre alten Mitglieder des Stahlhelm in die SA eingegliedert, die verbliebene Organisation wurde 1935 aufgelöst.

3 Krethi und Plethi, alle möglichen Leute, jedermann.

bin aus der ⚡ schon 43, aus der Partei 44 ausgetreten. Die Leute mit dem goldenen Parteiabzeichen wurden bei der Beförderung vorgezogen, das paßte mir nicht.« – »Haben Sie Papiere, haben Sie Zeugen für Ihren Austritt?« – »Nein, alles verbrannt, alle tot oder unerreichbar … Jetzt kann ich schippen gehn.« – »Geben Sie mir Ihr Ehrenwort, daß Sie ausgetreten sind?« – »Ja, Herr Prof.« – »Machen Sie noch eine Eingabe, geben Sie für Ihre Glaubwürdigkeit mich als Referenz an.« – Ich weiß nicht, ob ihm das nutzen wird; ich weiß auch nicht, ob es ihm nutzen *sollte*. Mein Herz ist zwiespältig. Ich kenne L. als anständigen Menschen (non è un aquila[1] aber ein braver Kerl.) Immerhin: er muß, er *muß* doch gewußt haben, wie verlogen u. wie mörderisch die Judenhetze y todo[2] war.

Freitag 7. 12. 45 vorm.
Vorwegzunehmen als autobiographisches Datum: gestern, am 6. Dez. hat mir die Stadt Dresden die wissenschaftliche Leitung der Volkshochschule angeboten. Vorwegzunehmen: es wird eine antisemitische Welle wiederkommen, noch größer als die erste, u. diesmal wirklich spontan vom ganzen Volk ausgehend. Denn hier in Dresden hat es vor 33 eine Judengemeinde von 4stelliger Zahl[3] gegeben, sie ist ausgerottet, es werden heute keine 100 Juden mehr hier leben. Aber wieviele von diesen wenigen sitzen auf leitenden Posten! Lang ist Minister[4], Katz oberster Arztgutachter, Glaser Landgerichtsdirektor, Neumark in dem Juristencolleg, das neue Gesetze berät, der Handwerker Berger kommandiert die Cripo in Heidenau, und ich habe nun die zwei großen Ämter nebeneinander!

Sonnabend Vorm. 8. 12. 45
Sehr viel Erleben u. Zeitnot, sehr klamme Finger – heute sind 10° Frost u. die Kohlen gehen zuende.

Freitag 14. 12. 45. Morgens (u. später)
Ich saß mit Frau Hoppe in der Küche u. sie informierte mich über Dinge u. Menschen. Natürlich kommt für mich alles auf Diplomatie an. Ich will der KPD begreiflich machen, daß ich in *ihrem* Inte-

1 (ital.) er ist kein Adler; d. h. ohne Höhenflug.
2 (span.) und alles.
3 1925: 5140 (nicht alle religiös gebunden); Ende 1941: 1265; am 13. 2. 1945: 174 (meist in Ehen mit nichtjüdischen Partnern lebend); Ende 1945: 145, darunter viele ursprünglich Nicht-Dresdener.
4 Werner Lang, seit Mai 1945 Präsident der Wirtschaftskammer, wurde zum Staatssekretär in der Sächs. Landesverwaltg. berufen.

resse Humanismus u. *Nichtpolitik* ins Centrum stellen möchte. Ich will Antigone[1] an den Arbeiter heranbringen, ich *will* im Centrum *unpraktisch* sein. Im schroffsten Gegensatz zu den Principien meines Vorgängers Riedel, wohl auch der Mehrzahl der KPD.

Frau Hoppe übernahm es auch, den etwas sturen Loewenkopf, den Leiter der »Opfer des Faschismus«stelle für mich zu bearbeiten. Von dort übrigens erhielt ich eine Anweisung auf 1 Ctr Kartoffeln u. 2 Ctr Briketts, wohl das mir damals zugesagte Weihnachtsgeschenk – die Adresse lautete »Herrn Vi*ck*tor Kl.« Die Kohlen sind vom Alberthafen, die Kartoffeln aus Reick zu holen! Aber dafür will Seidemann sorgen.

Montag, 17. 12. Vorm.
Gestern Nachm. 17–20 h im Luftbad (das ich nie vorher betreten) die Weihnachtsfeier der SPD u. KPD Dölzschen. Ein sehr großer Saal, überheiß u. übervoll, man saß an langen Tischen, in einer Ecke stand ein geputzter Weihnachtsbaum, ohne Lichter – doch brannten Einzelkerzchen auf den Tischen.

Ansprachen des SPD-Mannes u. Seidemanns – warum stört es mich, wenn der SPD-Mann »Tombóhla« sagt? Eine Jugendgruppe brachte allerlei bescheiden harmlose Späße, Conférencier, »Sketch«, ein Chor sang Weihnachtslieder (mit den christlichen Texten trotz Forbrig!). Hauptsache war die ganz ungemeine Verpflegung, zu der man doch nur 10 gr Fettmarken u. »einen Eßlöffel Zucker« beigesteuert hatte. Es lagen offenbar Spenden, insbesondere der Brodfabrik Braune vor. Jeder bekam zu einem Töpfchen Kaffee einen ausgewachsenen Stollen u. allerhand Küchelei, sodaß wir noch viel nach Haus brachten, u. später dann den angekündigten Kartoffelsalat, zu dem man Teller u. Besteck von sich aus hingeben mußte. Sehr nett alles, aber doch ein bißchen öde u. sehr strapaziös.

22. Dezember 45 Sonnabend Mittag.
Den Ausweis als »anerkanntes u. registriertes Opfer des Faschismus« habe ich jetzt erhalten u. daraufhin einen Riesenstollen u. eine Büchse fettes Fleisch als Weihnachtsgabe. Das holte mir Frau Seidemann heran, aber vorher war ich einmal selbst bei den Leuten; auf gleichem Wege in der Kreisleitung der KPD am Albertplatz, wo ich

---

1 Titelgestalt eines der 7 erhaltenen Dramen des griech. Tragikers Sophokles (497/496–406/405) aus dem Jahr 442 v. u. Z.; mit ihrer die Ansprüche des einzelnen gegenüber dem hergebrachten Gesetz einfordernden Haltung Sinnbild der Humanität und eines ihr entsprechenden Bildungsideals.

Frau Schwarz (die mit der geflickten Hose) verfehlte, u. bei Nestler.

Den schönen blauen Stoff, den ich im Sommer von Jung für 100 M kaufte, wird mir jetzt der junge Anders, Nachbar u. Schneider Seidemanns, für 75 M zum Anzug arbeiten. Das wird der teuerste Anzug meines Lebens.

Abends. Gestern Abend war ich längere Zeit bei Vogels. Die ganze große Familie haust jetzt tagüber im Wesentlichen in dem Waschküchenkeller des zerstörten Hauses am Chemnitzer Platz. Dort spielt sich in Enge u. Elend ihr Leben ab. Vogel jr. arbeitet auf einem Bau, ist schmal u. elend geworden – zuckerkrank; seine Frau noch schmaler als er, seine Eltern zerknittert, verbittert. – Vor wenigen Tagen fast gebrochen der Drogist *Weisbach* bei mir. Man hat ihm nun doch seinen Laden genommen – Bauarbeiten. Hier leiden fraglos Unschuldige … Gingen die Russen, wir hätten fraglos Bürgerkrieg.

Mittwoch Morgen 26. Dezember 45
Zum erstenmal seit Jahren konnte ich E etwas schenken. Die beiden Radierungen von Hanusch, zwei schwere Hämmer, eine qualvoll schwere Brechstange (mühselig von der Dorfschmiede heruntergeschleppt – mein Herz accompagniert[1] alle meine Freuden sehr wehmütig). Dazu kommen noch Rhododendren. Dann waren wir zum späten Abendessen bei Wolffs zu Gast. Ein Bäumchen ohne Kerzen bei uns, ein Baum mit Kerzen u. Schmuck bei ihnen. Eva schenkte Wollsachen – sie entblößt sich ganz von ihrem freilich großen Vorrat aus den geretteten Koffern – ich die schwere Kassette, die ich von Vater geerbt u. die mit der Markensammlung nach Pirna gekommen war. E bekam einen Morgenrock, ich ein Hemd, beide bekamen wir Serviettenringe, silbern u. oval, einen Riesenstollen, Süßigkeiten. Im Lauf dieses Abends trank ich elf Schnäpse u. vertrug sie merkwürdig gut u. ohne Nachwirkung. (Worauf alles man stolz sein kann!) – W.'s sind arme Teufel. Er *muß* einer Partei angehören, sonst kann er weder als Opfer des Faschismus registriert werden, noch ein Hôtel kaufen oder Kino pachten. Er will das auf jeden Fall, um sein als bares Geld ganz unsicheres Vermögen aus dem Strumpf weg in Sicherheit zu bringen. Wo hat er dies Vermögen her, wovon lebt er? »Von den Russen« sagt er. Aber welche Geschäfte macht er mit ihnen? Dunkel! Nun hat er im Mai in der KPD hier oben eine führende Rolle gespielt, dabei die Genossen, insbe-

---

1 von: accompagner (frz.) begleiten.

sondere Scholz, unter Zuhilfenahme der Russen brutalisiert. Jetzt machen sie ihm die Gegenrechnung auf, verweigern ihm die Aufnahme in die Partei, verweigern ihm den Alleinbesitz der umkämpften Wohnung. Ich hatte Seidemann für diesen Ausweg gewonnen: man nehme Wolff in die KPD auf, verschaffe ihm eine Wohnung weit außerhalb Dölzschens, nehme ihm das Versprechen ab (das er bestimmt gern gäbe!), sich nicht mehr aktiv in Dölzschener KPD-Politik einzumischen. Diese Lösung wäre für uns beide schmerzlich aber doch gut gewesen. Weil wir eben allzu liiert mit dem allzu anrüchigen W. sind. Wir sind dort sehr gut beköstigt – wo hat er's her?! –, die Frau nimmt uns x Haushaltwege ab usw. usw. Das ist sehr erfreulich für uns u. sehr bedenklich. Auf unserm Boden lagert schwarzer Wolffischer Zucker! ... Die Dölzschener KPD hat Wolffs Aufnahme abgelehnt, u. wir haben es uns bei W.'s am heiligen Abend u. gestern Mittag *und* Nachmittag doch wieder wohl sein lassen. Und Wolff will nun (in seinem u. meinem Interesse) die Hypothek auf unser Haus für 3½% übernehmen. So ist dieses ganze Capitel Wolff einigermaßen peinlich u. bedrückt mich u. ist mir eine ständige Versuchung, der ich mit unruhigem Gewissen erliege.

Zahnarzt Eichler teilt den Tod seines Kindes mit. –

Das Radio bringt in ungemeinster Häufung fromme Weihnachtsmusik u. evangelische u. katholische Gottesdienste. Rußland kann sich offenbar nicht genug tun im Betonen seiner Religionstoleranz. – Dagegen fallen nun schon seit Wochen die Morgengymnastiken fort. Und als ich neulich Dr Katz für Sporthygiene an die VH haben wollte, sagte mir Dölitzsch, *aller* Sport sei neuerdings von den Alliierten verboten. Ich frage mich immer wieder ob man auf solche Weise, bei eigener Steigerung des Militarismus, die wirkliche, geistige Abrüstung Deutschlands erreichen könne.

Hierdurch u. durch die schematische Brutalität des »Säuberns« fühle ich den Boden schwanken. Eines Tages haben wir Aufruhr nach außen u. Bürgerkrieg im Innern. –

Peinlicher als je ist mein Verhältnis zum lieben Gott. *Mir* hat er unglaublich geholfen. Aber den Millionen andern? Dankbarkeit ist Egoismus ... Aber Millionen fühlen sich doch durch die kirchliche Confession beglückt.

Montag 19 h. 31. XII 45
Gestern Nachm. vollzogen dann 4 starke Genossen unsern inneren Umzug: wir hausen nun im Musikzimmer, u. das Arbeitszimmer ist Schlafraum geworden.

Ich sagte heute zu Frl Berndt, *heute* hätte ich eine gewisse Macht, aber ob ich sie morgen noch hätte, sei zweifelhaft, ich empfände den Boden als allzu schwankend unter mir. Und das ist schließlich mein Sylvester-Grundgefühl.

Immerhin: dieses Jahr! Doch wohl das märchenhafteste meines Lebens. –

Wir sollen bei Wolffs Sylvester feiern.

1946

Donnerstag Abend 20 h³⁰ 1 Januar

E. hat sich schon hingelegt, nachdem sie Nachmittags schon lange geschlafen, u. ich mache auch sehr bald Schluß. Gestern die Sylvesterfeier bei Wollfs dauerte immerhin bis 3 h Nachts u. war stark alkoholisch, dabei weder allzu langweilig noch sonderlich anregend.

Schon von früh an herrschte gestern Schnee- u. Frostwetter, das nun auch anhält. Es passt schlecht zu unserer Kohlen- u. Wohnnot. Wir leben uns etwas mühselig in das eine Zimmer [ein], der kleine Eisenofen frißt viel u. kommt doch gegen die Größe des Raums u. die Frostgrade nur zeitweise auf. Mein Schreibtisch steht am Terrassenfenster u. [an] der außer Betrieb gesetzten Centralheizung. Die Küche unten ist eiskalt, u. Gott weiß, wann nun der geplante Herd gesetzt wird.

Ein junger Mensch (18 Jahre) kam zu mir. Abiturient der Plauener Oberschule, vorher bei der Marine. Er könne mit dem Aufsatzthema »Demokratie« nichts anfangen, ich möge helfen. Ich fing eine Besprechung mit ihm an, will sie morgen Nachm. fortsetzen. Ich werde allmählich der Patriarch von Dölzschen. Und ich werde der Mittler zwischen KPD u. Intelligenz u. Bourgeoisie. Der bildhübsche Junge, Wirt, stellte sich vor als Gruppenleiter eines unpolitischen Jugendvereins, der sich über ganz Deutschland ausbreiten solle.

Freitag 4. Januar 1946 Morgens

Erstaunlich, wie stark KPD u. SPD Deutschtum, deutsche Einheit, geradezu Nationalismus ins Centrum stellen. Gestern Berliner Kundgebung für den 70jährigen Wilhelm Pieck[1] (Ehrenbürger v. Berlin – 1918 Spartacusmann u. -gründer!!) Alle, er selber auch,

1 Wilhelm Pieck (1876–1960), Politiker; 1895 SPD, 1917 Mitbegründer des Spartakusbundes und 1918 der KPD, seither in deren Führung; 1928–1933 Mitgl. des Reichstags, 1933 Emigration nach Frankreich, später in die UdSSR; 1935 Vors. der KPD; 1945 Vors. der KPD in der Sowjetischen Besatzungszone, betrieb maßgeblich den Zusammenschluß von KPD und SPD zur SED (April 1946), deren Vorsitz er mit Otto Grotewohl bis 1954 innehatte; ab Oktober 1949 Präsident der DDR.

sprachen als nationale Patrioten, der SPD-Mann Dahrendorf[1] sogar – entgleisend! – von der »Einheit des Blutes«, feu[2] Adolf Hitler
wäre zufrieden gewesen.

Für LTI kommt nachträglich ans Licht: Ein Aussager in Nürnberg
spricht immer wieder von der *ENDLÖSUNG,* der die Juden entge-
gengeführt wurden u. meint damit den Gasofen. Linie Menschen-
material, Stück. Der Berichterstatter sagt: »das fürchterliche Wort«
werde immerfort angewandt. Einer der zur Ausführung Befohlenen,
heißt es in der Aussage, habe sich entsetzt. »Werden Sie nicht sentimental!« sei ihm entgegnet worden. Hier die Grundhaltung: »hart
werden!« u. zwar aus Rasseprinzip, also aus nordischer Sittlichkeit.
LTI.

Hinzukommt der Fall *Laue.* Der Mann hat sich bittend an mich
gewandt. Ich habe jetzt seinen Fragebogen u. seine Zeugnisse ein-
gesehen. Er hat in Jahrzehnten die Privatpresse[3] Abendgymnasium
aufgebaut, die gut gewesen sein soll u. die ihm am 13/II ausgebombt
u. jetzt als Privatschule geschlossen wurde. Er hat eine Menge Zeugnisse von Halbjuden etc., die aus öffentlichen Schulen abgehen
mußten u. von ihm gut behandelt wurden. Aber er wurde zuletzt in
die Partei gezwungen.

(Der Name »Reich« ist natürlich in allen Zusammensetzungen
verpönt. Aber für das Reich wirbt die offizielle KPD wie die offizielle SPD. Teile dieser Parteien wollen anders. Im Westen opponiert
die SPD der Fusion mit der KPD., und hier möchte *Wollenschläger,*
der gewiß nicht allein steht, sondern für die KPD-Linke spricht, aus
Sachsen einen Sowjet-Bundesstaat machen.)

Der junge Wirt erzählte: Jetzt Ortsgruppenleiter der *unpolitischen*
deutschen Jugend, die als einzige Jugendorganisation in Deutschland zugelassen. Vorher *gläubiger* HJ-Führer (»ich habe doch nichts
anderes gewußt, ich mußte das glauben«), als Flakhelfer im Feuer,
sollte als Kampfschwimmer ausgebildet werden. Klage um die Eltern.
Vater Prokurist, 54 Jahre, unfreiwilliger PG, jetzt Bauarbeiter; Mutter über dem Kummer herzkrank. Im Haus am Kirschberg Zwangs-
mieter, die den Pg-Wirten bösartig schroff u. renitent begegnen. Der
bildhübsche Junge, der alle Gedankengänge spontan ins Ethisch-

---

1 Gustav Dahrendorf (1901–1954), SPD-Funktionär; 1932/33 Mitgl. des Reichstags; 1944 zu 7 Jahren Zuchthaus verurteilt; Mitgl. des Zentralausschusses der
   SPD für die Sowjetische Zone; März 1946 Rückkehr nach Hamburg, 1948 Vize-
   präsident des Wirtschaftsrates der Bizone.
2 (frz.) verstorben.
3 Kommerziell arbeitendes Institut, in dem Schüler bzw. Studenten in Schnellkur-
   sen auf Prüfungen vorbereitet wurden.

Idealistische kehrt, macht besten Eindruck. Ich muß mit Seidemann über ihn sprechen, er selber übrigens äußert sich schwärmerisch über Seidemann. –

Sympathien für Nazis: Wollenschläger (Frau Wolffs Vater u. sturer KPD-Funktionär im großen Stahlwerk in Freital) schrieb mir heute, er habe mir von einer dortigen Grube 5 ½ Ctr Steinkohlen verschafft, ich müßte nur – (nur! *das* ist in allem die difficulté) – sie abholen lassen. Haubold, der an unserem Herd- u. Heizplan arbeitet – der auf Wollenschläger zurückgeht u. durchaus nicht vom Fleck kommt, es fehlt an dem u. jenem – Haubold nannte mir einen Hurban, Ecke Residenz- u. Luftbad- (già Hitlerstr.) Ich glaubte: ein kleiner Fuhrmann u. fand einen Steinbruchbesitzer u. Spediteur in eigener Villa, der mich freundschaftlich aufnahm, als kennten wir uns längst, nach Dember fragte u. dann nach RA Katz[1], der seit Jahren in Riga verschollen. Gleich war am Tage, daß Hurban Pg gewesen – kein Radio mehr![2] – u. so in seiner Chefstellung bedroht ist, gleich mußte ich Zeugnisse sehen, in denen Arbeiter u. KZ-Leute für ihn eintraten. Semper idem, u. ich bete auch immer den gleichen Spruch her u. ernte zuvorkommende Behandlung. Es ist ziemlich jämmerlich, von den anderen u. von mir auch. Von Hurban hörte ich wiedermal den alten Spruch: Die Ostjuden, die während des ersten Weltkrieges eingewanderten, waren schuld.

Sonntag 20 Januar 46 Nachm.
All die Zeit über Kampf mit Frost, Schnee, Glätte, Herzbeschwerden bei rauhem Wind, Handwerkern, Transportwesen, Kohlennot. Endlich ist der Herdbau fast vollendet, die Heizanlage soll nun beginnen. (Maurermeister Berger, dick u. herzkrank, vom Dorfplatz – Haubold.) Endlich sind 6 Ctr Steinkohle heran. Hurban ließ mich im Stich; ich ging nach der Chemnitzer Str zur »Fahrbereitschaft«. Leiter: Genosse Gersdorf, von der Begerburg her mir bekannt. Dem Pg. habe man nichts bewilligen mögen – für mich aber …! Sofort fuhr ein Auto nach Freital. Dort wurde die Kohle an mich ganz kostenlos ausgegeben; aber für Transport u. Trinkgeld zahlte ich 23 M. – Ich erhielt auch durch den Kohlenhändler des Dorfes 6 Ctr. Briketts. Mit alledem ist der Vorrat knapp, das Frieren u. die diesbezügliche Sorge groß. Mit alledem war auch viel Zeitverlust verbunden. –

1 Ludwig Katz, Rechtsanwalt; vermutlich im Januar 1942 ins Ghetto von Riga deportiert, später dort ermordet.
2 In der Sowjetischen Besatzungszone wurden die Rundfunkgeräte aller Mitglieder der NSDAP beschlagnahmt.

Der Schneidermeister Anders, Parteigenosse mit dem ich folglich mich duze, lieferte den Anzug. Mein erster neuer Anzug seit 1935 oder 36 – o fast ungetragen verbrannter brauner Anzug! – der erste Anzug, den ich auf eigene Rechnung nach Maß anfertigen ließ. Als ich mich 1912 für das Studium in München ausrüstete, ließ ich auf Bertholds[1] Kosten Gehrock u. Frack nach Maß anfertigen. Seitdem von der Stange.

Edith Aulhorn[2], neu aufgetaucht, war unser Gast gewesen, wenig verändert, schon 56 Jahre, ganz vereinsamt (Bruder in Bayern, Mutter †) ausgebombt u. verarmt. Ich bringe sie wahrscheinlich in den höheren Schuldienst. – Mit ihr zusammen bei uns *Kreislerin* u. eine Schülerin, die sie uns vorführen wollte, u. deren Namen ich nicht verstand. Eine jugendlich u. jüdisch aussehende Frau von 43 Jahren, die mit großer Stimme u. großer Verve ernste u. heitere Lieder bildschön singt. Sie war Rundfunksängerin, sie ist jetzt mattgesetzt, weil ihr Mann Untersturmführer der ⚡⚡ war. *Ich* soll helfen. Wie?? Ihr Sohn mit 18 Jahren gefallen, ihr Mann stellungslos unter Polizeicontrolle, Schipper beim Brückenbau. – Auch Neubert, der einarmige abgesetzte Director der Landesbibliothek besuchte mich dieser Tage; er müsse »ein paar Pfennige verdienen«, ob ich nicht »irgendeine untergeordnete Arbeit« für ihn hätte oder wüßte. Ich kann nicht helfen. Dabei sind meine Gefühle geteilt.

Am letzten Mittwoch Abend – Frost, großer Mond, glitzernde Schneelandschaft, phantastischer Blick auf das Tal u. die Höhen von der Begerburg weg in die Tiefe – politische Versammlung auf der Begerburg. Genosse Liebermann von der Nachrichtenstelle. Gegen die Gerüchtemacher, die den Russen Böses anhängen, vom Westen Besseres erwarten, von Krieg zwischen USA u. Russen faseln.

Denselben Tag hatte ich von Frau Schmidt gehört: »Ist es wahr – ich habe solche Angst um unseren Jungen in Jena! –, daß in Jena Aufruhr herrscht u. die Amerikaner schon in der Stadt sind?« In der Discussion nachher (die Leute sprechen falsches Deutsch, aber sie sprechen alle ungeniert – »alle«, das waren übrigens höchstens 30 Leute im Kreis um den Redner, frierend im ungeheizten Saal) wiederholte Frage nach Krieg; einer wußte von Panzer-Ansammlung auf engli-

---

1 Berthold Klemperer (1871–1931), Rechtsanwalt in Berlin; drittältester Bruder V. Kl.s, unterstützte ihn bis in die beginnenden zwanziger Jahre vielfach.
2 Edith Aulhorn (1889–1947), Germanistin; Assistentin am Germanischen Seminar der TH Dresden, 1924 Zusammenarbeit mit Kl. bei der Herausgabe der Festschrift für Oskar Walzel, ab 1925 mehrere Jahre Assistentin an der Universität Edinburgh; unterstützte mittels ihrer engl. Verbindungen Juden bei der Emigration.

schem Gebiet; einer hatte hier an der Weißeritz eine Art »Schützen-graben« gesehen, der sich dann als Kanalanlage explicierte. – Lieber-mann sprach weiter für die einige Arbeiterpartei, wie sie am gleichen Tage hier Matern u. Buchholz[1] (richtig?) in Massenversammlung ge-fordert hatten. Ich habe den Eindruck, als wolle *nur* der Norden diese Einheit, Westen nicht, Süden erst recht nicht. Liebermann, ein ruhi-ger, sympathischer (jüngerer) Mensch sagte sehr ruhig u. selbstver-ständlich: wenn sie drüben – gemeint war speziell Hannover[2] – nicht mitmachten, würden *»wir«* eventuell mehr tun müssen, als bloß un-seren Beitrag zu zahlen u. Versammlungen abzuhalten. In der großen Sanftheit des Tons klang die Bürgerkriegsdrohung besonders schlimm.

Inzwischen haben hessische Wahlen[3] (Centrum u. SPD – nur 3% KPD) auch gezeigt, daß man dort anders will als hier. Noch machte L. darauf aufmerksam, daß Enteignung oder schwere Besteuerung der Hypotheken[4] bevorstehe. –

Einmal, am 7. schon war ich 2 Stunden lang Hospitant in der Volks-schule oben im Dorf, die Forbrig leitet u. in der Seydemann ausge-bildet wird. Eine Klasse von etwa 25 Jungen, Elfjährigen. Eine Stunde lang wurde ihnen Orthographie, das Dehnungs-H beige-bracht. Sie müssen das ohne historische Stütze lernen, als etwas ganz Willkürliches, mit x Ausnahmen. Eine Verdummungssache, die sie gar nicht richtig behalten *können*. Besser gefiel mir die Rechenstunde mit ihrer ganz konkreten Erklärung der »Brüche«, des »Teilers« – der Name Nenner kommt später. Am interessantesten war mir: das Im-Chor-sprechen-lassen. Problem u. Ursprung des Sprechchors. *LTI!* (Nicht den FEUERSTURM vergessen, den ich neulich in der Illu-strierten fand, wo sie Bilder u. Witze des 3. Reichs sammeln!)

---

1 Gemeint ist Otto Buchwitz (1879–1964), 1898 SPD; 1921 Mitgl. des Preuß. Landtags, 1924 des Reichstags; 1933 Emigration nach Dänemark, 1940–1945 Gestapohaft; 1945 Vors. des Landesverbandes Sachsen der SPD; seit der von ihm wesentlich unterstützten Vereinigung von KPD und SPD im April 1946 Mitgl. des Parteivorst. bzw. des ZK der SED, 1946–52 Mitgl., bis 1948 Präsident des Sächs. Landtags, ab 1949 Mitgl. und Alterspräsident der Volkskammer der DDR.

2 Seit der Konferenz von Wennigsen am 5./6. 10. 1945 war das unter Leitung von Kurt Schumacher stehende Büro der SPD in Hannover Sprecher der Sozialde-mokratischen Partei in den drei Westzonen; Schumacher war erklärter Gegner einer Vereinigung von KPD und SPD.

3 In der Amerikanischen Besatzungszone wurden im Januar 1946 in Gemeinden unter 20 000 Einwohnern die Kommunalparlamente gewählt. Die Wahlen in Hes-sen fanden am 20. 1. statt; die SPD erhielt 485 000, die CDU 341 000, die KPD 61 000 und die LDP 25 000 Stimmen.

4 Maßnahmen dieser Art wurden in der Sowjetischen Besatzungszone erwogen, aber nicht verwirklicht.

Sonntag Nachm. 27. I 46.

Manchmal sehr down: Müdigkeit, das Herz, Unsicherheit der Situation, stärkstes Gefühl der vanitas vanitatum. Dann wieder großer Auftrieb u. Glücksgefühl des Wirkens, des Anerkanntwerdens.

Ich kam mit Gute[1] ins Gespräch (u. ins Du!), und er übergab mir eine Einladung zur »Zentralen Kulturtagung« der KPD in Berlin für den 4.–6. II. Es geht vor dem Zentralcomité mindestens der KPD des Sowjetgebietes um die gesamten Schulfragen. Dies könnte in jeder Hinsicht *meine* Stunde werden, und auf alle Fälle wird es vielfach interessant sein. Doch liegt mir jetzt schon auf der Seele: alles was mich an Berlin gekettet hat, ist fort oder tot, zumeist tot.

An diesem Vormittag machte das *»Du«* Fortschritte. Außer Gute wurde seine angejahrte Sekretärin Mattausch (?) einbezogen u. *Frau Blanke,* die ich beim Hinfahren traf. Sie ist SPDerin, Hennigs rechte Hand, Schülerin Gehrigs, Halbjüdin. Wir freundeten uns an. Sie ist auch neu in der Arbeiterpartei u. hat (mit ihrem Mann, dem mir unbekannten) wie wir zwischen den Parteien der Linken geschwankt. Sie sagte, sie habe auch immer Du-Hemmungen, den KPDern gegenüber gelinge es ihr leichter als innerhalb der eigenen Partei. Sie war sehr erleichtert, als ich den Anfang machte … Ein bisschen komoedienhaft kommt mir diese Du-Ausbreitung immer wieder vor. Ich sagte neulich, ganz heimlich: *Prolete rechts, Prolete links, das Weltkind in der Mitte*[2]. Ich sage laut immer wieder: Das oesterreichische Offizierscorps duzt sich, u. im ungarischen Adel hat das Sie statt des üblichen Du diffamierende Bedeutung u. ein Duell zur Folge. Und ich citiere immer wieder: das *Du* der Arbeiter habe mich beglückt, das der Gestapo rasend gemacht.

Hat man den Einzeleintritt am Torhaus der LV mit vielem Warten u. Begründen u. Legitimieren erkämpft, so muß er am besonderen Polizeischalter gestempelt werden. Dort saß neulich eine lockige u. kesse Polizistin. »Erkennen Sie mich nicht, Herr Professor?« Es war die junge Frischmann[3] aus der Zeughausstr., die ins Gefängnis kam,

1 Herbert Gute (1905–1975), Kunsterzieher, Schriftsteller; 1928 KPD, nach 1933 mehrfach in Haft, zuletzt KZ Buchenwald, ab Ende 1945 Ministerialdirektor bzw. Staatssekretär in der Landesverwaltg. bzw -regierung Sachsen, Ministerialdirektor in der Deutschen Zentralverwaltung (DZV) für Volksbildung Berlin, Stellv. Direktor der Kunsthochschule Berlin-Weißensee, 1952 Professor an der Humboldt-Universität Berlin, 1958–1961 OB von Dresden.
2 Paraphrase auf die Schlußverse von Goethes Gedicht »Diner zu Koblenz« (1774): »Prophete rechts, Prophete links, / Das Weltkind in der Mitten.«
3 Ilse Frischmann; hatte Informationen an sowjet. Kriegsgefangene weitergegeben, wurde 1944 verhaftet und nach Auschwitz deportiert; die Mutter Elsa Fr. wurde

auch ihre Eltern wurden verhaftet. Das Mädchen u. seine arische
Mutter haben überlebt; der jüdische Vater ist verschollen, fraglos
tot. –

Eine hübsche Du-Sache: ich rief in der KPD-Bezirksleitung die
Schwarz an, die mir in der VH[1]-Gehaltssache beigestanden hat, u.
die in Bühlau Grüttners Nachbarin ist. Ich siezte sie. Antwort: »Für
mich bist Du Genosse Klemperer, wenn Du auch Professor bist!«
Ich: »Das ist mir das Allerliebste.«

Haubold, ganz aufgeklärt u. durchaus antinazistisch, fragte mich:
»Nicht wahr die Sächs. Landesbank gehört Arnhold? Er soll ja hier
sein u. die Prager Str. gekauft haben. *Sie* sagen, es werde alles mit
jüdischem Kapital gemacht.« Ich redete es ihm aus. Das Arnhold-
Gerücht erhält sich nun schon ein halbes Jahr. Vox populi. Was
würde aus uns paar Juden, wenn die Alliierten abzögen?!

Vorgestern Abend durchs Radio: die Amerikaner haben die Aufstellung einer bayrischen Königspartei[2] erlaubt, die auf ein bay Kö-
nigtum nach englischem Muster hinauswill. Diese Partei wird die
mächtigste in Bayern werden, zusammen mit dem bay. Centrum[3].
Und das bedeutet dann das Ende der Reichseinheit. Seltsam, daß
sich hier bisher noch niemand dazu geäußert hat. Nur daß SPD u.
KPD ständig Patriotismus u. Reichseinheit betonen. – Peinlich
scheint mir bei uns die Christl. Union. Hier ist sie nicht Centrum[4],
sondern fraglos Aufnahmestellung der Reaktionäre.

Dienstag 29. I 46 Morgens
Gute sagte neulich, ich solle einen Artikel für die Sächs. Volksztg
zur Kulturtagung schreiben; *er* werde dafür sorgen, daß nichts geändert werde, u. daß ich Correctur erhielte. – Frau Wolff erzählte gläubig von der Lehrerin, die Perso*h*n mit *h* geschrieben habe. Frau
Blanke sagte dazu: »Flüsterpropaganda.« – Gegen Selbstverwaltung
der Univ. schalt im Anfang unserer Bekanntschaft Wildführ. (»Drei
Reaktionsstützen: Junker, Armee, Universität!«) *So* u. mit ein paar
wörtlichen Anlehnungen an die große Studie »Dresdener VH 1946«
schrieb ich gestern den Artikel »Persohn mit H.« Immerhin eine

---

1944 zu zweieinhalb Jahren Zuchthaus verurteilt, der Vater Georg Fr. ins Arbeitslager Radeberg verschleppt, wo er ums Leben kam.
1 Volkshochschule
2 Bayerische Heimat- und Königspartei, setzte sich für eine Wiederherstellung der
  Monarchie ein; von der US-Militärbehörde am 23. 1. 1946 zugelassen.
3 Christlich-Soziale Union (CSU), gegr. im November 1945.
4 Für Kl. verband sich mit der 1933 verbotenen Zentrumspartei ein katholisch fun-
  dierter Widerstand gegen den Nationalsozialismus.

ganz hübsche Tagesleistung. Zumal von 17–21 h Stromstörung u.
also Arbeitsruhe war.

Sonntag Vorm 3. Februar 46
Sehr schwer erkältet, sehr böse Herzbeschwerden, tief verärgert über
die Volkszeitung: sie verlangte Castration der Persohn mit H, worauf
ich den Artikel zurückzog. Keine feste Stütze an Gute, der die Blätter in seiner Jacketttasche vergessen hatte, u. der bei der Redaktion
nicht fest genug auf völligen Abdruck gedrungen hat. Ich mag mich
nicht als kleinen Mann behandeln lassen. Und die Herzbeschwerden
predigen bei jedem Schritt: Vanitas! – So ist auch die anfänglich
große u. hoffnungsvolle Freude über Berlin ganz abgeklungen, u.
am liebsten drückte ich mich ganz. Gute übergab mir eine Einladung zur »Großen Kulturtagung« des Zentralcomités der KPD in
Berlin am 4, 5, 6 Februar. Es fahren außer Gute u. mir noch 4 mir
unbekannte Leute; der Wagen holt mich morgen früh vor 6 h ab.
   Politisch beherrscht auf der Sowjetseite alles der Gedanke der
deutschen Einheit, der Antifa-Blockeinheit u. der SPD-KPD-Union.
Sehr interessant sprach in Berlin Jakob Kaiser[1] als CDU-Führer von
der durch Berlin verkörperten Synthese von Ost u. West. Es sieht
mir aber nicht so aus, als sollte irgend etwas von diesen drei Einig-
keiten Dauer haben bzw. zustande kommen. Via Hoppe bekam ich
Zeitung aus der amerikanischen Zone zu Gesicht. Dort will die SPD
z. T. sich entmarxen, zum sehr großen Teil nichts von der KPD wissen. Und der bay Königspartei lege ich größte Bedeutung bei. Und
die CDU mag im Westen als Centrumspartei gut sein – *hier* ist sie
Cloaca maxima[2], refugium[3] nazisticum u. geht eines Tages hoch.
   Die Wandlung in mir! Als mir Wollschläger vor einer Zeit sagte,
er wünschte, wir hier würden Sowjet-Bundesstaat, war ich erschüttert. Jetzt wünsche ich's selber. Ich glaube nicht mehr an die einige
deutsche Patria. Ich glaube, wir könnten sehr wohl deutsche Kultur
pflegen als sowjetischer Staat unter russischer Führung.

1 Jakob Kaiser (1888–1961), 1924–1933 Mitgl. des Reichsvorstandes der christl.
   Gewerkschaften, arbeitete bis 1945 im antifaschist. Widerstand; 1945 Mitbegründer der Einheitsgewerkschaft und der CDU in Berlin, Ende 1945 deren Vors. für
   Berlin und die Sowjetische Zone; entgegen Adenauers Politik der Westintegra-
   tion verfocht er eine Konzeption von Deutschland als Brücke zwischen Ost und
   West; Dezember 1947 von der SMAD seiner Funktion enthoben, ging nach Westdeutschland; 1949–1957 Mitgl. des Bundestages, Bundesminister für gesamtdeutsche Fragen, Stellv. CDU-Vors.
2 (lat.) Hauptsammelkanal für die Abwässer im antiken Rom.
3 (lat.) Zuflucht, Zufluchtsort.

Berlin-Fahrt zur KPD-Tagung 4–6/II 46 (notiert 7–10 II)
Die fünf Schicksale im Wagen: Der Fahrer sehr jung, sehr umsichtig, behutsam in jeder Beziehung (dabei immerfort rauchend); durch Kopfschuß (deutliches Schläfenloch) als Flieger in Sizilien abgeschossen. Neben ihm *Gute,* Anfang 40. Ursprünglich Graphiker, im Wesentlichen wohl Autodidakt. Sehr gebildet, sehr energisch. Dreimal mit Intervallen »geholt« u. wegen »Vorbereitung zum Hochverrat« Zuchthausstrafen erhalten u. abgesessen. Jetzt Ministerialdirector, faktisch nach einer eben erfolgten Neuordnung in vielen Punkten mächtiger als Menke-Glückert, da viele Entschließungen via Fischer[1] (2. Praesident, KPD), Gute an M.-Gl. vorbeigehen (der aber immerhin die sächs. Hochschulen noch in Händen hält). Im hinteren Wagen, gequetscht: Klemperer, Grundig, Laux[2], Gr. als Überzähliger in die Mitte gekeilt. Mein Schicksal bekannt. *Grundig*[3]: Maler, 45 Jahre, eisgrau. Alter KPDer, Gefängnis, KZ. Seine Frau, Lea Langner-Grundig, ebenfalls malend, Jüdin. Darf emigrieren, nachdem schon in Gefängnis, wenn sie sich scheiden lassen. Tun es, sie nach Tel-a-Vif. Er liest in einem deutschen Nachrichtenblatt, das im Juli in London erschienen, daß Lea Grundig mit einer Ausstellung Erfolg hatte. Er erwartet sie, u. die Ehe wird weiter gültig sein – Scheidung erpreßt! – aber noch kann sie nicht wissen, daß er lebt. Er war im KZ. Ende 44 macht man aus KZlern ein Bataillon, das in wenigen Wochen militärisch ausgebildet u. degradierten Wehrmachtsoffizieren unterstellt wird. Es soll gegen Partisanen eingesetzt werden, knüpft durch Vermittlung der Dorfbewohner – »sie spürten das sofort!« – mit den Banden an, wird aber plötzlich an die russische Front bei Budapest geworfen u. läuft sofort mit allen Waffen über. (»Ein paar Offiziere haben sich verdrückt«) Grundig kommt nach

---

1 Kurt Fischer (1900–1950), 1919 KPD, 1924–1945 in der UdSSR, wurde bei der Bildung der Landesverwaltg. Sachsen Stellv. des Präsidenten Rudolf Friedrichs (SPD).
2 Karl Laux (1896–1976), Musikwissenschaftler; seit 1922 Dozent (1936–1948 am Dresdener Konservatorium) und Musikkritiker; 1945–1948 Referent für Musik und Theater der Landesverwaltg. bzw. -regierung Sachsen; Mitbegründer des KB in Sachsen; ab 1951 Chefred. von »Musik und Gesellschaft« sowie Professor und Direktor der Akademie für Musik und Theater in Dresden, unter seiner Leitung Ausbau zur Hochschule für Musik, 1957–1963 deren Rektor.
3 Hans Grundig (1901–1958), Maler und Graphiker; 1926 KPD, 1934 Berufsverbot; 1940–1944 KZ Sachsenhausen; ab 1946 Professor an der Akademie für bildende Künste Dresden, 1946–1948 deren Rektor. – Lea Grundig-Langner (1906 bis 1977), Graphikerin; seit 1928 mit Hans Grundig verheiratet, 1926 KPD, 1936 und 1938/39 in Haft, 1940 Emigration nach Palästina, 1949 Rückkehr nach Deutschland; 1950 Professorin an der Hochschule für bildende Künste Dresden, 1964 bis 1970 Präsidentin des Verbandes bildender Künstler der DDR.

Moskau, in ein Klubhaus – Freiheit, bestes Essen, beste Eindrücke, darf malen. Jetzt zum Rektor der Akademie bestimmt. (Rector der Hochschule für Werkkunst, zu der Winde gehört, ist Grohmann geworden, nach ausgespielter ministerieller Rolle.) Am Simpelsten ist Laux' Schicksal. 50 Jahre etwa. Musikjournalist in Darmstadt, fällt dort als antinazistisch auf, weil allzu modern, Hindemith-Anhänger[1], kommt nach Dresden, an die Dresdener NN., behauptet sich hier all die Jahre hindurch an der Ztg., ohne Pg zu werden. Am 13. II mit seiner Frau so schwer verbrannt, daß beide bis zum Juni im Krankenhaus lagen. Jetzt Referent für Musik u. Theater unter Gute, ähnlich wie Kretzschmar.

Im langen u. engen Zusammensein habe ich mich mit diesen Leuten angefreundet; das communistische Du – das ich Laux versehentlich gab, denn er ist *noch* nicht in der Partei, weil er den Vorwurf des Opportunismus fürchtet – tat manches dazu.

Eine Kolonne von 4 Wagen kam zusammen, im ganzen also wohl 16 Teilnehmer ohne die Fahrer, darunter auch ein paar Auswärtige. (Dazu stießen in Berlin einige mit der Bahn gekommene Chemnitzer.) Die Fahrt ging über die Autobahn. »Zu vieren kann man es wagen, sonst nicht, es kommen zu viele Überfälle mit Erschießungen vor.« Die Autostraße an sich reizlos u. halbwegs in Ordnung. Nur gelegentlich aufgerissene Stellen oder eingestürzte Überführungen, auch noch zerstörte Wagen, friedliche u. militärische, am Rand.

Im Haus der KPD in Pankow bekam jeder einen Quartierzettel u. ein großes Eßpacket (zwei große Portionen Brod, etwas Butter, Wurst, Käse u. *20* Cigaretten, die ich E mitbrachte), dazu zwei Mittagsmarken. Dann fuhren wir gleich in das Conferenzlokal: Aula der Listschule in Niederschönhausen. Ein sehr großer Saal, auf Stühlen u. Bänken saßen gewiß an 300 Leute. Vor ihnen, von Schmalseite zu Schmalseite auf einem Podium, an zwei langen Tischen hintereinander, rotbedeckten Tischen!, saß das Praesidium, in der Mitte die massige Gestalt Wilhelm Piecks. Es war gegen ½12, man war mitten im Reden – man war schon am 2. Tage, die Tagung hatte mit dem unvermeidlichen Nathan u. einem Vortrag Piecks schon tags zuvor begonnen, jetzt aber war der eigentliche Arbeitstag. Ich hatte meine Leute verloren u. setzte mich ganz hinten im Saal. Da sagte Pieck: »wir begrüßen unsere eben eingetroffenen auswärtigen Gäste aus Mecklenburg, Thüringen u. Sachsen. Wir bitten bei uns im Praesi-

---

1 Paul Hindemith (1895–1963), Komponist, einer der Bahnbrecher der Moderne in der Musik; seine Werke wurden in der NS-Zeit boykottiert; legte 1937 seine Professur an der Berliner Hochschule für Musik nieder und ging 1940 in die USA.

dium Platz zu nehmen für Thüringen den Herrn Praesidenten ... für Mecklenburg ... für Sachsen« – Gute war wohl schon als Regierungsmann oben: »Genossen Klemperer, Professor der romanischen Kulturen (sic), Dr Laux ...« Ich sagte zu meinem Nebenmann: »Was sollen die Aufgerufenen tun? ich bin nämlich einer von ihnen.« – »Sie müssen da hinaufgehen.« Ich ging also. Auf den Stufen begegnete mir Pieck. Gar nicht größer als ich – aber wie eine Mauer, nicht fett, aber durchweg massig, hindenburgisch. Ich versank in seiner Flosse. Am nächsten Tag habe ich noch ein paar Worte mit ihm gewechselt. Ein mächtiger bedeutender Kopf, volles zurückgebürstetes graues Haar. Man gibt ihm höchstens 60 Jahre, keineswegs 70. Ich saß nun bis etwa 5 h. auf meinem Ehrenplatz in der zweiten Reihe, schwerst erkältet, mit platzendem Kopf, vielen Schmerzen u. elend.

Dienstag 5. II war Tag der »freien Aussprache«. Man meldete sich zu Wort u. bekam 15 Minuten Zeit. Es wurde kreuz u. quer über dies u. das geredet. Viele hatten sich ganze Reden ausgearbeitet, clichierte, machten übliche Phrasen, kamen mit ihrer Zeit nicht aus. Dann forderte Pieck sehr ruhig aber immer durchdringend u. erfolgreich Schluß. Ich folgte selten ganz. Die Schwarz sprach sachlich aber doch sehr allgemein über Volksschule, Laux über ernsthafte Musikerziehung der Lehrer, *auch* der Studienräte. Das interessanteste war das geistliche Thema. Zwei Pfarrer griffen die Haltung der evang. Landeskirche an, die kein Wort gegen die Hitlerei gefunden habe. Ein ganz junger knabenhafter Mensch, höchstens 21 Jahre, wahrscheinlich 19, Vorsitzender einer Jugendgruppe, verteidigte leidenschaftlich die evangelische Kirche, wies auf Niemöller[1](?) u. andere hin – ohne dadurch die offizielle Kirche zu entlasten – sprach gut u. eindringlich, bis Pieck abklopfte. »Lassen Sie mich noch einen Punkt ...« Pieck väterlich: »Nein du sprichst schon 20 Minuten, die andern haben bloß 15 gehabt.« Der Junge treuherzig: »Dann nur einen Schlußsatz!« Pieck nickte Gewährung, der Junge sprach wirklich in bester Haltung nur noch einen Satz u. fand starken Beifall. Gute fasste später ganz offenbar die allgemeine Stimmung zusammen: Er hat zwar Unrecht gehabt, aber er war gut. In der Frage Schule – Religion fasste sich die KPD sehr tolerant u. gerecht. Einer

---

1 Martin Niemöller (1892–1984), evang. Theologe; 1931 Pfarrer in Berlin-Dahlem, nach 1933 führendes Mitgl. der Bekennenden Kirche, 1937–1945 Haft und KZ, nach 1945 wichtige Ämter in der Evangelischen Kirche; stand wegen seiner Schuldzuweisung an die Kirche hinsichtlich ihrer Stellung zum NS-Regime und wegen seiner Haltung gegen die Atomrüstung vielfach unter Kritik.

formulierte: wir wollen in der Schule *jeden* Religionsunterricht unterlassen, auch den in unserem Atheismus. Aber jede Religionsgemeinschaft hat das Recht, ihre Kinder innerhalb ihrer Gemeinde zu unterrichten – wie in England … Um reichlich 15 h, nach vielleicht 20 Rednern kam es zum Schlußwort, ich glaube von Ackermann[1]: Heranziehung der Intelligenz, Einheit der Arbeiterparteien, einige deutsche Nation (!), kein Separatismus. – Unter den ersten Rednern des Dienstag war ich. Ich sagte über Hochschulprofessoren, Selbstverwaltung u. Volkshochschule ungefähr das, was in meinem nicht gedruckten »Persohn mit H«-Artikel steht. Beifall. Später opponierte mir ein Redner, ich wollte »eine rote Universität«, man müsse im Gegenteil die »alte Intelligenz« schonen, man müsse die Frage »nicht moralisch sondern politisch« auffassen. – Eine längere Weile danach kam dieser Redner an mich heran, u. es gab eine kurze Aussprache u. sehr freundliche Berührung. Es war ein noch junger Mann, der Praesident der Zentralverwaltung für Wissenschaft in der Sowjetzone, Herr Wandel[2]. Seinen Personalchef, einen Professor Rompel[3] (oder so ähnlich) hatte ich schon früher kennen gelernt. Und damit bin ich nun bei dem für mich wichtigsten Teil dieser Berliner Tage. Ich bin mit mehreren wichtigen Leuten in Berührung gekommen, u. es ist vieles angebahnt worden, wovon vielleicht ein Bruchteil in Erfüllung geht. Vor allem betonte ich immer wieder, daß ich ein Univ.-Katheder haben möchte.

Am nächsten Morgen früh von Gutes Wagen abgeholt. Zu einer Conferenz mit Willmann (KB). Dieser Conferenz (u. einer anschließenden Geschäftsfahrt Gutes) danke ich Einblick in Berlin. Viel oder weniges gesehen? Beides. Wir kamen weit herum, aber das Dach des Autos war hinderlich, ich bekam nur flüchtige u. teilweise Bilder. Immerhin, ein Bild ergab sich. Die Linden 2 x, Alexander- u. Belleallianceplatz, ein großes Stück Kurfürstendamm (aber *nicht* Gedächt-

1 Anton Ackermann (1905–1973), 1926 KPD, im sowjet. Exil Mitgl. des NKFD; beteiligte sich 1946 führend an der Gründung der SED; entwickelte die These vom »besonderen deutschen Weg zum Sozialismus«; 1949–1953 Staatssekretär im Außenministerium der DDR; verlor nach dem 17. Juni 1953 seine Partei- und Staatsämter; 1956 rehabilitiert.
2 Paul Wandel (1905–1995), 1926 KPD, 1933–1945 Exil in der UdSSR, 1945 Chefred. der »Deutschen Volkszeitung«; Präsident der am 11. 9. 1945 für die Sowjetische Zone gebildeten DZV für Volksbildung; 1949–1952 Minister für Volksbildung, 1953 bis 1957 Sekretär (Kultur/Erziehung) des ZK der SED; 1958–1961 DDR-Botschafter in China.
3 Robert Rompe (1905–1993), Physiker; 1932 KPD, 1945–1949 Leiter der HA Wissenschaft und Hochschulen in der DZV für Volksbildung, 1946 Professor in Berlin, 1946–1950 Mitgl. des Parteivorst., seit 1958 des ZK der SED.

niskirche u. Nollendorfplatz), Bahnhof Halensee (dort eine Repara-
turwerkstätte) Wilhelmstr. Sicherlich sehen die »Lindchen[1]« u. die
Wilhelmstr. u. die großen Plätze sehr böse aus, sicherlich sind ganze
Straßenfronten teils ausgebrannt, teils eingestürzt – aber im Ganzen
ist es doch so, wie ich sagte: mehr München als Dresden, keine to-
tale Zerstörung. Dresden ist aufgeräumter u. insofern heller – wie ein
gut gehaltener Friedhof; in Berlin viel Schutt in bewohnten u. befah-
renen Straßen, düsteres Leben, aber doch Leben. Die Zerteilung in
Sektoren der Mächte soll sich hemmend auswirken.

Wir fuhren dann in eine Werkstatt am Bhf Halensee; ein Reifen
wurde vulkanisiert. (British Sector) Dann zum Mittagbrod im Haus
des KPD-Zentralcomités in der Wallstr. Großer Bureau- u. Restau-
rantbetrieb, man ist eine Nummer, es geht bureaukratisch zu. Danach hatte Gute noch in der Wilhelmstr zu tun. Wir Wartenden stie-
gen einen Augenblick aus. Das zerstörte Gebäude, bei dem wir
hielten, war das Hotel Adlon, ein großes Schild zeigte »5 Uhr-Tee«
an. Das Gebäude war völlig ausgebrannte Ruine. Durch einen Hof u.
ein weiteres Gebäudestück hindurch ein erhaltener Block sichtbar.
(Haupteingang wohl von den Linden aus. Grundig erzählte, es seien
einige Räume, halb beschädigt, in Gang; Kellnerschar u. einiges Geschirr gäben gespenstische Erinnerung an die große Adlonzeit). Dem
Adlonhaus in der Wilhelmstr gegenüber ein vielverbrettertes Gebäude: die Zentralverwaltung für Wissenschaft. In der Wilhelmstr erkannte ich das erhaltene Palais hinter dem großen Hof, in dem ich
1924 bei Ebert war. Den allerstärksten Eindruck der Zerstörung hat
mir eigentlich die abgeholzte Öde vor dem Brandenburger Tor gemacht, wo zwischen Baumstümpfen u. einzelnen Bäumen Monu-
mentreste stehen, u. eine Triumphtribüne an die Siegesparade der Alliierten erinnert.

Wir fuhren erst gegen 16 h. aus Berlin heraus. Als alleiniger Wagen wagten wir uns nicht über die Autobahn. Der Fahrer hoffte, die
Waldstrecken der Linie Elsterwerda vor Dunkelheit bewältigen zu
können. (Sizilien vor 100 Jahren!) Wir kamen aber in volle Dunkelheit. Es gab Reifenpanne. Auch der Ersatzreifen war schwach. Material fehlt. In Jüterbog wieder in einer Vulkanisier-Anstalt. Ich erkannte unser schönes Café[2] wieder. Im übrigen versank die Fahrt in
Plaudern, Dunkelheit u. Müdigkeit. Zuletzt sind wir wohl von der
mir bekannten Linie abgewichen. Es ging über Großenhain, Moritz-

---

1 Die Bäume »Unter den Linden« waren nach 1936 neu gesetzt worden.
2 Café Blomberg in Jüterbog; Kl.s lernten es im Sommer 1937 bei einer Autofahrt
an die Ostsee kennen.

burg. Ich sah nichts. In Dresden an all die Stellen der Anfahrt, diesmal zum Absetzen der Gäste. Zuletzt war ich mit dem Fahrer allein
im Wagen. Gegen 21 h. hier.

Sonntag Nachm 10/2 46

Am 9. II der Räude halber zu Katz. Sein blutjunger Assistent Dr Vetter verschrieb eine Salbe, ließ sie gleich in der Apotheke gegenüber
herstellen – große Vergünstigung, da war Alkohol dabei! Er erzählt
daß Katz an schwerer Herzschwäche gefährlich leidet u. wohl (mit
jetzt 67 Jahren) am Ende ist. Es geht mir nahe.

Am Nachm. die Kreislerin u. Frl Berndt bei uns.

Abends im Gasthof Dölzschen Versammlung der KPD + SPD. Ein
mir schon bekannter Soz. Dem., großer Doktrinär, gab einen ge-
schichtlichen Überblick, trat leidenschaftlich für die Einheit der beiden
Parteien u. die nationale Einheit Deutschlands ein. Erbitterung gegen
Bayern u. den Westen. Dies jetzt die allgemeine Stimmung. Ich selber
neige immer mehr zum Bundesstaat Deutschland (Ostdeutschland) im
Anschluß an Sowjetrußland. Was soll die innerlich nie vorhanden gewesene Verbindung mit Bayern?! *So* sehr habe ich mich geändert!

Dienstag Vorm 12. II 46

12. II. 12, vor 34 Jahren Vater[1] †, mit welchem Recht lebe ich noch?

Knurriger Brief Heidebroeks, warum ich nicht an den regelmä-
ßigen »Dienstbesprechungen« Di 11 h teilnähme. (Ich habe nichts
davon gewußt.) Zugleich Aufforderung, Colleg anzukündigen: ich
habe 5 Stunden angekündigt: 1 St. Petrarca[2], 4 St 18ième[3], davon
2 Übung – wobei noch unklar, welche Texte auftreibbar.

Mit peinlichsten Gefühlen gehe ich in den Raubtierkäfig T. H.

Heidebroek: wir müssen Korn importieren, brauchen also hoch-
wertige Industrie-Artikel, ergo Fabriken, ergo Techniker. Der Westen sehe das ein, der Osten *noch* nicht. So wird also das einstige
Aschenbrödel der T. H. jetzt ihre Königin. Gehrig fragte: wird das
PI[4] uns an- oder *ein*gegliedert? *Ich* sagte: Verkennung der Situation:

---

1 Wilhelm Klemperer (1839–1912), Rabbiner in Landsberg an der Warthe, später
   in Bromberg, ab 1890 Zweiter Prediger an der Jüdischen Reformgemeinde Berlin.
2 Francesco Petrarca (1304–1374), ital. Dichter; einer der größten Lyriker Italiens
   und durch seine lat. Werke Mitbegründer des Humanismus.
3 Vier Wochenstunden Geschichte der frz. Literatur des 18. Jahrhunderts.
4 Das Pädagogische Institut in Dresden-Strehlen, Ausbildungsstätte für Volksschullehrer, im April 1923 in die Allgemeine Abteilung der TH Dresden eingegliedert, 1935 wieder von der TH abgetrennt.

Wir werden angegliedert, central u. dominierend steht paedagogische Abteilung. Der Rektor: *Ganz* so sei es nicht, aber einiges davon sei richtig. Er hatte mich der Versammlung vorgestellt als Rückkehrer, der jetzt »besonders intensiv« für die VH. beschäftigt sei.

Freitag 22. II 46 Abends

Am Mo. Abend (18 II) bei Jungs. Seit 17 h fehlte der Strom, man döste im Dunkeln, aß bei flackernder Kerze. Um 20 h gingen wir hinüber zu Jungs, eine Stunde später kam Licht wieder. Es gab Liqueur u. echten Tee u. Kuchen, u. wir plauderten ganz nett bis nach Mitternacht. Jung hofft jetzt auf Rehabilitation; er kann beweisen, daß er irgendwo einen Schwarzhörer durch falsche Aussage gerettet hat. Er will jetzt in die KPD aufgenommen werden. (Natürlich geht er bei der nächsten Regierung in die nächste Partei. Er ist nicht besser u. schlechter als Millionen anderer. Und ich selbst?) –
Unsympathischer ist mir Nachbar Schmidt. Er ist seit 33 Pg gewesen, ist seit dem 15. II aus seinem Amt als Steuerinspektor, wird nur bei stark verringertem Gehalt wieder angestellt werden u. damit ausserstande sein, seinen Günter, der eben in Jena Medizin studiert, im Studium zu erhalten. Er empfindet das als ungemeine Ungerechtigkeit, fühlt sich als Märtyrer u. wirkt immer wieder auf mich ein, ihm zu helfen. Er hat mir ein russisches Tagebuch gegeben, aus dem seine antifaschistische Gesinnung hervorgehe. Ich kam nicht zur Lektüre. Ich konnte ihm nicht ganz verhehlen, daß *mir* u. Millionen anderen Schlimmeres angetan wurde.

Dienstag Morgen 26. II.

Fast wäre es mit dem Vortrag wieder nichts geworden. Der Propagandamann in Weinböhla unglücklich – alle Mühe umsonst, im großen Saal, der Hunderte aufnimmt, nur zwei Dutzend Leute. Erwägung, ob ausfallen lassen. Eppure[1]. Von einer Bühne herunter wurde sehr gute Musik gemacht, ein Trio, eine Sängerin. Ganz junges Mädel deklamierte Schiller u. Goethe mit fabelhaftem Pathos … Ich stellte mir einen Stuhl vor die paar Leutchen (ohne dort hinaufzuklettern) u. sprach ¾ Stunden etwa. – Ein sehr großes Etablissement, ich bekam vor der Feierlichkeit (wie offenbar die übrigen Mitwirkenden) ein Abendbrod. Im Auto fuhr ich mit Janny u. dessen junger Frau zusammen. Janny nicht so »jugendlich«, Mann von 47

---

1 (ital.) Und doch.

Jahren, Kaufmann mit einiger Bildung, leidenschaftlicher Linkspo-
litiker. Janny sagte: zwischen den Arbeitern u. den Gebildeten steht
die Sprache. »Die Arbeiter sagen jeden Augenblick Arsch u. Scheiße.«
Ich:»und wenn wir das auch tun, klingt es falsch u. geheuchelt u.
vergrößert nur noch das Mißtrauen.«

Donnerstag Nachm. 28. II. 46
Seit 2, 3 Tagen ist mein Herz in so bösem Zustand wie noch nie zuvor. Heftigste Schmerzen beim Gehen, ich muß alle paar Schritte
anhalten. Nur langsame Beruhigung, wenn ich ins Warme komme;
gestern nach Tisch auch noch zuhaus schwere Schmerzen.

Am Di. 26., gleich nach meiner Morgennotiz kam ein Telegramm
der Zentralverwaltung für Volksbildung Berlin: »Bitte umgehend
wegen Berufung an Universität Jena telegraphische Verbindung mit
Rektor Jena und Lindemann Landesamt Volksbildung Weimar aufnehmen. Professor Rompe.«

Sonnabend Vorm. 2. März 46
Ein junger, sympathisch-hübscher Mann mit stark ergrautem Haar,
einarmig, kam sehr demütig, dabei in guter Haltung zu mir: Gerhard
Christmann, già Nazi-Bürgermeister, jetzt brodlos, soll seine Wohnung verlieren (Frau u. kleines Kind). Ich bescheinigte ihm, daß er
1942 meine Weigerung, das Haus zu verkaufen, hingenommen u.
mich *nicht* der Gestapo ausgeliefert hat.

Man hat von Seiten der KPD einen noch jungen mir unbekannten
Mann, Egon Rentzsch[1] zum besoldeten Stadtrat u. Leiter des Kul-
tur- *u.* des Schulamts gemacht u. ihn damit über den unbesoldeten
Stadtrat u. Leiter des Schulamts, Dölitzsch gesetzt, der selber der
SPD angehört, sie eigentlich leiten sollte, alter Partei- u. Schulmann
u. schwer beschädigter »Concentrationär« ist. Dölitzsch sieht in der
Entwicklung eine diminutio capitis[2] u. will gehen. Der O Bürg., selber SPD, sympathisiert mit D., findet aber fertige Verhältnisse u. ta-
stet erst das Terrain ab. D. sagt: die Kommunisten verstoßen gegen
alle Parität, sie wollen möglichst viele Posten in fester Hand haben,
ehe die Einigung vollzogen ist. Ich kann nicht widersprechen, bin

1 Egon Rentzsch (1915–1992), 1933–1939 Zuchthaus und KZ, 1945 Leiter der
  KPD-Landesparteischule Sachsen, 1946 Stadtrat für Volksbildung in Dresden,
  1950–1953 Leiter der Abt. Kunst und Kultur im ZK der SED; später Sekretär des
  FDGB-Bundesvorst.
2 diminutio capitis (lat.) Beschränkung der rechtlichen Stellung (im antiken Rom:
  des Bürgerrechts).

KPDer, predige meinen wissenschaftlichen Standpunkt, meine Herkunft von Naumann[1], meinen Willen zur Einheitspartei. Leisner belächelt mich wohlwollend; ich sei Idealist, Gelehrter, kennte noch nicht die Verhältnisse in einer »Massenpartei«. Ich: ganz so kindlich sei ich nicht, aber man möge mir doch meine wirkliche oder scheinbare Unbefangenheit lassen, vielleicht könnte ich meine Linie durchsetzen; wenn nicht würde ich gehen … Etwas Positives kam bei dem langen Gespräch nicht heraus – aber ich sah doch das Wacklige u. Peinliche dieser ganzen politischen Existenzen.

Wir sind heute bei Kuntzsch eingeladen. Eva ist allein hin. Wenn ich hier still im Warmen sitze, habe ich nur geringe Schmerzen; aber das Memento ist immer da, u. wenn ich, wie eben, Kohlen heraufhole, macht es sich sehr bemerkbar. Was wird aus all meinen Plänen u. Möglichkeiten? Wahrscheinlich gar nichts mehr. Was wird aus E? Es gibt keine Witwenpension mehr. Was wird aus mir? Heute im Kinderfunk waren allerhand Naturweisheiten u. -güten der Tierwelt angeführt, lauter göttliche Einrichtungen, lauter Vernunft u. Kosmos … Hat mich die gütige Natur dazu errettet, daß ich jetzt sterbe, u. LTI u. Curriculum u. 18ième u. »Erneuerte Wissenschaft« u. Ordinariat Leipzig y todo, todo bleibt unerfüllt? – Am 13. II 45 ist der höchst brauchbare Arzt Dr Paul Lang crepiert, u. der Krebsmoriturus Witkowsky gerettet worden, um ein paar Wochen danach auf der Flucht zu sterben. Fragebogen für den lieben Gott. – Aber das ist natürlich alles Zeitvergeudung. Ich will bis zum letzten arbeiten.

Janny lehnte mein Eintreten für Christmann ab, der Mann sei allzu belastet.

Mittwoch Morgen 6. März 46

Seit Sonntag fällt das Mittagbrod bei Wolffs fort. Raschs, die zu April hier einziehen sollen u. eben ein paar überschüssige Bäume im Garten fällen u. zersägen, brachten eine Tasche voll Kartoffeln, die er auf dem Lande gekauft hat. (Man zahlt 30 M u. mehr für den Ctr.) Kuntzsch, dem ich eine Arbeiterkarte verschafft habe (als Angestellter Lehrkraft der V. H.) brachte in 3 Mappen Briketts, die er durch seine russischen Mieter bekommt. Frau Dr Eichler, die Witwe des in Jugoslawien gefallenen Studienrats – ich hatte schon einmal nazistische Bücher von dieser Nachbarin – gab uns ein kleines Bücherregal; ich will ihr nach Raschs Schätzung 30 M dafür

---

1 Friedrich Naumann (1860–1919), evangel. Pfarrer; zielte auf die Verbindung von nationalem und sozialem Gedankengut; 1918 Mitbegründer der DDP.

zahlen. Frau Eichler – 2 Kinder, wohl Anfang 40, nicht Pg., Union, ziemlich entsetzt über mein KPDtum, erzählt: sie habe 600 Witwenpension + 100 M. Militärrente erhalten u. bekomme jetzt 66 M Fürsorge (Monatssätze) Was wird aus E, wenn ich jetzt sterbe?

Sehr peinlich meine Situation zwischen kommender Macht oder vielleicht nicht kommender u. momentaner Gerücht-umwobener Ohnmacht oder vielleicht Macht. Ich höre das so aus den Berichten der Hoppe, die überall herumhört u. -flüstert, u. deren Süßholzraspelei ich nicht traue, von der aber doch sehr vieles zu erfahren ist (nur eben mit höchster Vorsicht abzuwägen). Die Satzconstruction so undurchsichtig wie die Lage. Der KPD ist die Hoppe nicht gewogen, niemand in meinem Umkreis u. in meiner Schicht ist der KPD gut. Ich bin mir immerfort bewußt, ein Seiltänzer zu sein.

Samstag Abend 9 März
Zu LTI u. LQI. 1) als ich vor ein paar Wochen den Volksschulunterricht in Forbrigs Schule anhörte, fragte ich mich, ob der *Sprechchor* nicht hierherstammt. Die Gräßlichkeit des Sprechchors geht jetzt ganz offiziell auf die LQI über. Im Radio wurden dieser Tage die Themen einer Junglehrerschule angegeben. Darunter ausdrücklich, wie man Sprechchor zu lehren habe. 2) Ich fand in einem landwirtschaftlichen Artikel, die oder jene Aussaat sei gleich »nach dem Umbruch« vorzunehmen. Daher also via Blu*bo*[1], Bauerntum, das beliebte UMBRUCH[2]. Aber wo zuerst? 3) Ich fand – »ich streu mir Asche auf das Haupt!« – in meiner Lit. Gesch Bd III 152: »Henri Barbusse war ... wie Leo Spitzer *unter Beweis stellt* ...« Diese greuliche nazistische Phrase habe ich selber schon 1930 aus der Feder gebracht. Ich hätte nie gedacht, daß sie damals schon existierte. Ich muß das in meiner LTI beichten. 4) Berlin gab heute im Radio an, daß mehr als 1 000 von 8 000 Straßen umbenannt werden. – Auf Scherners Couvert: die Apotheke am a) Carola- b) Adolf Hitler-, g) Karl Liebknechtplatz. Immer verfolgt mich: »Wem hab' ich gesammelt?« Immer empfinde ich als Pflicht u. zugleich als einzige Erleichterung, weiterzunotieren u. zu arbeiten, comme si de rien n'était[3].

---

1 Satirische Verkürzung des nazistischen Schlagwortes »Blut und Boden«.
2 Nach Kriegsende gebräuchlich für den Zusammenbruch des NS-Regimes.
3 (frz.) als ob nichts gewesen sei.

Montag Abend 11/III
Die Hoppe brachte eine Nummer (Jg I, 4 erstes Februarheft 46) des antifaschistischen Simplicissimusblattes Ulenspiegel[1] mit. Da steht – ich streu mir Asche auf das Haupt[2] – ein Glückwunsch abgedruckt, den Ina Seidel[3] 1942 (!!) zu Hitlers Geburtstag überschwänglich schrieb. Das muß wörtlich in die LTI.

Jenafahrt 23 – 24. März 46.
Aufarbeitung, Nachtrag der letzten Woche (Notizzettel)
Der einarmige, graugewordene già Bürgermeister Christmann suchte noch einmal Schutz bei mir, daß man ihm seine Wohnung nicht nehme. Aber Janny hatte mir gesagt, Ch. habe 20 KPDer ausliefern wollen, man habe eine entsprechende Liste bei ihm gefunden. Und E. hatte zufällig auf die Naziwirtschaft in Dölzschen schimpfen hören: »Der Genosse Prof Kl. tritt für das Nazischwein Ch. ein!« So hielt ich mich zurück, trotzdem Ch. mit allen Anzeichen der Wahrheit schwört, niemals eine solche Liste aufgestellt zu haben. Und trotzdem ich die sinnlosen Klatschereien von rechts u. links kenne. Aber ich kann mich nicht weiter exponieren u. belasten; der Mann hat ein warmes Zeugnis von mir, mehr darf ich nicht tun. (Er, nicht zu Unrecht, cf. Fall Vogel: wenn *ich* nicht die Sache vor ein höheres Forum brächte, komme er von sich aus niemals zu seinem Recht.)

Jena bei Prof. Harms[4]. Abends gegen 8 h.
Frau Höhndorf war via Kollwitzausstellung[5] mit Frau Hoppe bekannt, wusste auch empört von nazistischen Regungen in Dölzschen, nannte besonders einen quidam Weist als interessierten Nazibegünstiger. Dieser Weist ist mir ein paarmal als KPD-Genosse sehr höflich begegnet, u. von eben diesem Weist besitzt Christmann ein sehr günstiges Zeugnis. Wo ist die Wahrheit zu finden?? Inzwi-

---

1 Satirische Zeitschrift; erschien Ende 1945–1950 in Berlin-Dahlem.
2 Aus »Die Beichte«, Stück LIII der Verserzählung »Huttens letzte Tage« (1871) von Conrad Ferdinand Meyer (1825–1898), Schweizer Lyriker und Novellist.
3 Ina Seidel (1885–1974), Schriftstellerin; ihre Romane und Erzählungen sind von idealistischer Schicksalsgläubigkeit geprägt. – Im Tagebuch (28. 6. 1944) hatte sich Kl. anerkennend über die Autorin geäußert.
4 Jürgen Harms (1885–1956), Zoologe; ab 1917 Professor in Marburg, Königsberg, Tübingen, 1935–1949 in Jena, ab 1950 in Marburg.
5 Käthe Kollwitz (1867–1945), Graphikerin und Bildhauerin, Vertreterin eines sozial engagierten expressiven Realismus; 1919 Mitgl. der Preuß. Akademie der Künste, Professorin, 1933 amtsenthoben.

schen toben unsere Wolffs, die uns seit dem 1. oder 2. III nicht mehr
beköstigen können, weil man den Nazi-Landgerichtsrat Kluge in
seine Wohnung u. Möbel zurück hat ziehen lassen – vorderhand
haust diese vielköpfige Familie in *einem* Zimmer, dazu aber ständig in der mit Wolffs gemeinsamen Küche. Jede klare Linie im Erledigen der Nazifälle fehlt. Bald Frost, bald Hitze – im Ganzen immer größeres Erstarken der Reaktion.

Am Mi. 20. III erschien gegen 8 h der Dölitz'sche Wagen u.
brachte mich zum Wettingymnasium. Ein leidlich erhaltenes großes
Gebäude, in dem allerhand Öffentliches untergebracht ist (Wettiner
Straße an der Könneritzer). Eine ziemlich jämmerliche Schulstube,
ein Dutzend junger Menschen, ein paar Lehrer. Die Deutschprüfung
ging gerade zuende. Ausgezeichneter Junglehrer, der am Vitztum[1] bis
in die Oberprima gekommen war. Ich beschränkte mich – anders als
in den einstigen Commissariatsepochen – auf das Zuhören. Latein
ging gut. (Auch bei mir noch einigermaßen). Griechisch schlecht (bei
mir gar nicht mehr!) – Die Jungen hatten Schulspeisung (für 20 Pf an
allen Schulen, Lehrer ausgeschlossen). Sie brachten mir aus ihrem
Vorrat als Ehrengabe eine Schüssel, die ich gerührt annahm. Übrigens eine erschrecklich dünne Suppe. Not überall … Hofmann über-
mittelte mir Auftrag, ich solle ein paar politische Fragen stellen. Ich
fragte: wo kommt »Fascismus«[2] her? Die erste Antwort: von fax, die
Fackel! Andere stellten das richtig. Ich tat dann noch ein paar Fragen
nach Grundunterschied zwischen Sowjet- u. Westzone.

Am Do. Vorm. 21. III holte mich der junge Hahnewald zur Rund-
funkaufnahme ab. Villa in der Tiergartenstr. Man baut u. richtet ein,
ein größerer Sendesaal wird eben fertig gemacht, Flügel steht schon
dort. Ein Zimmer mit allerhand Leitungsdrähten, ein Mikrophon vor
dem Lesenden, der auf stummes Zeichen beginnt, auf Zeichen
schweigt. Einmal kam ein Arbeiter herein, das Band sei abgelaufen,
man müsse ein neues auflegen (Ich verstehe vom Technischen der
Sache nach wie vor nichts; Hahnewald sagte mir: Sie sprechen auf
ein Band, das zur Censur vorgelegt wird, aus dem man heraus-
schneiden kann. Aufnahme: Magnetophon in Leipzig??) Ich las von
einer im Rundfunk hergestellten Copie meines Manuskriptes, das
den Russen noch nicht vorgelegen hatte. Sie seien sehr streng u.
mißtrauisch, unberechenbar u. unverständlich in ihrer Censur. Be-

---

1 Das Vitzthumsche Gymnasium in Dresden, vor 1933 besonders exklusiv.
2 fascismo (ital.) Faschismus; von lat. fasces (Plural von fascis, »Bündel«), im antiken Rom die von Liktoren den obersten Beamten als Zeichen für die Amtsge-
   walt vorangetragenen Rutenbündel mit Beil.

sonders nach der Antirußlandrede Churchills[1] in USA. Hahnewald erzählte – kein Scherz, sondern buchstäbliche Wahrheit: Die Russen beanstandeten eine Wettermeldung: – »Hochdruck über Spanien, schwache Störung von England her im Anzug.« Sie fürchteten, das könne politisch aufgefaßt werden.

Außer dem blonden Hahnewald lernte ich den schwarzen Sloty kennen. Beide jung, unternehmungslustig, journalistisch. Sie wollen meine Mitarbeit. Dresden soll eine sonntägliche Kultur-Viertelstunde bekommen, Concurrenz für die Berliner »Stimme des Kulturbundes«, über den mitteldeutschen Funk: Dresden, Leipzig, Weimar, Schwerin geleitet. Leipzig habe einen besonders weittragenden (auch USA erfassenden) Sender. Ich soll Serienthemen u. Mitarbeiter nennen, selbst öfter sprechen. Sie kommen dieser Tage zu einer Conferenz zu mir.

Auf dem Rückweg ließ ich den Wagen über die Mommsenstr. laufen u. ging zum Genossen u. Betriebsratsvorsitzenden Ziegenbalg. Er will mich morgen (26. Di) zu einer genauen Aussprache hier oben besuchen. [...] Ich formulierte vor Ziegenbalg, u. nachher auf der Jenafahrt immer wieder: »Der Arbeiter sagt in jedem Satz 3 x ›Scheiße‹. Tu ich es auch, sagt er, ich heuchle, ich lasse mich zu ihm herab – u. ist mißtrauisch. Spreche ich aber, wie mir der intellektuelle Schnabel gewachsen, sagt er, ich sei hochmütig, sei ein anderer Mensch als er, u. ist wieder mißtrauisch.«

Dienstag Nachm. 2. April.

Das erbitternde u. niederschlagende Erlebnis dieser Tage war das Scheitern des Plauener Vortrags. Zweimal hatte mir die LV. einen Wagen für Sonnabend 14 h aufs allerbestimmteste zugesagt; in Plauen hatte der Bürgermeister Weidhaas ein Hôtelzimmer für mich besorgt, ich war zum Samstag Abend u. Sonntag Mittag eingeladen, ich sollte im Theater sprechen, das 900 Plätze habe, mir waren 300 M. Honorar zugesagt, auch Lebensmittel in Aussicht gestellt; es war auch anzunehmen, daß Scherners nach Pl. kamen ... Am Sonnabend um 14 h war kein Wagen hier. Um 15 h rief ich die LV. an: niemand mehr da. Ich ließ mir die Fahrbereitschaft geben: plötzlich veränderte Dispositionen, kein Wagen frei etc. etc. Ich brüllte, es half nichts. –

1 Am 5.3.1946 griff Winston S. Churchill bei einer Rede in Fulton (Missouri) in Anwesenheit und unter Beifall des US-Präsidenten Harry S. Truman und des US-Außenministers James Francis Byrnes die auf Erweiterung ihres Machtbereichs zielende Außenpolitik der UdSSR nach Ende des 2. Weltkriegs an; zum erstenmal fiel hier der Begriff »Eiserner Vorhang«.

Am Abend kam Frau *Dr Frenzel* nach mir sehen. Sie sagte: der Nachbar *Becker,* der neulich bei uns mit ihr zusammentraf, der Medikamenten-Beschaffer, könne mich vielleicht fahren. Ich ging zu ihm, er sollte erst um 11 Uhr Abends heimkommen. Genau um Mitternacht suchte er mich noch auf: ihm fehle Benzin, aber vielleicht *Dr Grube.* Ich stand Sonntag um 5 h auf, klingelte um 6 das erstemal bei Grube; vergeblich. Um ½ 7 noch einmal, er kam im Schlafrock: Unmöglich. –

Ich schrieb dann einen höflichen und erbitterten Brief an Weidhaas. –

Was mich an der Sache mehr kränkt als sie selber: meine Hilflosigkeit, mein Im Stich gelassen, beiseite geschoben sein. Niemand kümmert sich um mich, meine eingebildete Wichtigkeit fällt in sich zusammen. Kann ich meinem Beruf nicht nachgehen, dann eben nicht, dann falle ich aus u. werde ersetzt. Ich glaube nicht mehr an meinen Posten im Ministerium, nicht mehr an meine Leipziger Professur; ich frage mich, wie ich meine hiesigen Ämter bewahren soll. Ich *muß* wieder in die Stadt, auch wenn die Schmerzen wiederkommen. Es muß gehen, so lange es geht. Wie lange? Und was wird dann aus E.? Fürsorge, 26 M im Monat. –

Sehr bittere Tage.

Seit Sonnabend essen wir wieder bei Wolffs. Ein paar Kartoffeln schickte der brave Michel. Aber sonst steht es sehr schlecht um die Ernährung. Furchtbar schlechtes Brod, es soll Eicheln und Kastanien enthalten.

Not überall. Heute schreibt mir Frl. Berndt: Irene Papesch liege mit schwerem Hungerödem im Krankenhaus, ich möge mich bei Frau Stadtrat Fenske verwenden, daß die P. in ein Erholungsheim komme, sie »verlösche sonst wie ein Licht«.

Seit gestern wohnen Raschs[1] bei uns. 4 Köpfe. Aber Frau R. führt die Wirtschaft, die Kinder sind still und artig, den Mann habe ich noch nicht zu Gesicht bekommen. Wenn es so bleibt … wenn …

Nachbar Jungs luden uns zum Kaffee. Ich soll mich wieder für seine Rehabilitation verwenden, er ist in niederer Stellung dienstverpflichtet. Als ich sah, wie seine Kinder hungerten u. den Stückchen Kuchen nachtrauerten, die man uns aufnötigte, war mir ekelhaft zumute. In der Sache selbst kann ich gar nichts tun; die Rehabilitationen sind zur Zeit gesperrt; auch will sich jeder rehabilitieren lassen; auch kann ich vor der Partei nicht der Befürworter aller Pg's sein.

1 Otto Rasch und seine Frau, die außergewöhnlich hilfsbereiten Hauswartsleute im »Judenhaus« Lothringer Weg 2, wo Kl.s 1942/43 wohnten.

Mittwoch, 10. 4. Vorm.

Zur LTI. Die Juden haben ein elftes Gebot; es ist das einzige, das sie niemals übertreten, es ist die Ursache ihrer sämtlichen Erfolge u. ihrer sämtlichen Leiden. Es heißt: »Dein Sohn soll mehr lernen als du.«

Zur Zeit komme ich trotz ständiger Ermüdung u. Ablenkung mit der LTI gut vorwärts; gestern »die drei ersten Wörter Nazistisch« fertig geworden.

Montag Nachm. 15. 4. 46

Am Do. Abend lief mit einem platten Vortrag Weidauers über Nazismus u. Wissenschaft – reine Propagandarede – in der Aula der Melanchthonstr. die VH an. Ich sprach ein paar einleitende Worte, die Feier werde am 28. 4 nachgeliefert werden, rühmte Weidauer als den Aufbaumann Dresdens. Der Vortrag war schwach besucht. Inzwischen hat sich ergeben, daß das Interesse für die VH überhaupt sehr schwach ist. (Wie für die Kulturwoche!) Eine Menge Vorlesungen fallen wegen Nichtbeteiligung aus, darunter meine LTI mit drei (!) Anmeldungen. Was zieht, ist Sprachunterricht, in erster Linie englischer, dann russischer. Französisch nicht. Secundo loco Rundfunktechnik. Tertio loco: Goethe.

Die Not der letzten Tage war ungemein, zumal uns das Mittag bei Wolffs wieder gekündigt ist. Nichts als trocken Brod u. dünnste Kartoffel-Wassersuppe. – Auch 12 Cigaretten erhielt ich durch die gute Keller. – Dann freundete ich mich heute auch mit Loewenkopf an, dem bisher hartleibigen Leiter der Opfer des Faschismus-Stelle am Albertplatz. Er ist Vorsteher der jüd. Gemeinde hier, er rühmte meine Parteiaktivität, wir sind nun bei »Genosse« u. »Du« angelangt. Das ergab 30 ℔ Kartoffeln. –

Mittwoch Morgen 17. 4. 46

Frühling. Sehr schön. Aber … das Genick, die Augen, die Schulter, die Qual des Gehens, das Memento. – Gestern die Dienstagsconferenz in der T. H. Ich zählte 24 Kollegen. Alt, alt, alt. Tobler[1], 66 Jahre bemüht sich via Klemperer-Voßler um Ordinariat in München. Heidebroek sagt: Die Trennung vom deutschen Westen wird immer stärker. Wir können niemanden von dorther berufen: drüben hat er Pension etc., hier ist er auf tägliche Kündigung etc. angestellt. – Hauptthema: Wie man zu dem neuen Berliner Titel »Technische Uni-

1 Friedrich Tobler (1879–1957), Botaniker; 1924–1946 an der TH Dresden, Direktor des Dresdener Botanischen Gartens; ab 1950 in der Schweiz tätig.

versität«[1] stehe. Heid. citierte mit Erbitterung einen plumpen Artikel der Tägl. Rundschau: Sinn des neuen Titels sei, daß jetzt *Menschen* ausgebildet werden sollen, wo früher, in den T. H.'s, Sitz der
Kriegstechnik, »Verbrecher« geschult wurden. Mit halbem Recht
warf H. dem entgegen: warum ist Kriegswissenschaft bei den Geg-
nern erlaubt u. kein Verbrechen? – Tiefster Grund für den Ab- und
Umbau unserer TH.'s, sie seien im Ausland gefürchtet als *»Kriegs-
potential«* ... Es wurde lange geredet. Gegen den neuen Titel: der
alte Ruhm unserer T. H.'s, immer wieder: »sie haben Angst vor uns«
(mit Stolz u. Hoffnung! Stimmung von 1918/19!). Die Mehrzahl,
ich auch, *für* die neue Bezeichnung, weil man nicht zweitrangig hinter Berlin stehen dürfe, weil das Ausland »Hochschule« mißver-
stehe, weil England technical university sage. –
Sodann Klage u. Unsicherheit über den Zustand unserer T. H. hier.
Ihr Mittelstück lahmgelegt. Und wir brauchen Ingenieure, Nach-
wuchsmangel schon jetzt. Wir müssen Industrie haben – höchstens
⅔ der Bevölkerung können durch unsere Landwirtschaft satt werden. Übrigens die verbotenen schweren Maschinen (*uns* verbotenen) lassen die Russen für sich bei uns bauen, durch Pg-Ingenieure;
in Berlin arbeiten 100 Pg-Dipl. ings, Junkers baut Flugzeugmoto-
ren »auf Deubel komm raus!«

Donnerstag Morgen, 18. April 46
Ich bin so eine Art Patriarch von Dölzschen. Gestern, wie ich die
VH 1946 fertigmache, kommt Werner, ein junger eifriger KPD-
Funktionär hier oben: ich müsse ihm helfen. –? – Er ist seit ein paar
Wochen Lehrer bei der Ausbildungsanstalt für Polizeihunde u. Hun-
deführer; es klappt dort nicht, man hat sich über den Leiter der An-
stalt beklagt; er, Werner, hat Auftrag zu beobachten, er muß jetzt
über das Resultat berichten: der Leiter ist gut, nur zu gutmütig; die
Lehrer aber sind disciplinlos, respectlos etc., hetzen sogar die
Schüler gegen den Leiter auf. Aus diesem Tatbestand müsse er nun
eben einen Bericht machen, u. das falle ihm schwer. So habe ich ihm
also den Bericht nach seinen Angaben wörtlich in die Feder diktiert.
(Im letzten Russenfilm, den ich sah, kommt man zum Dorfschrei-
ber: schreibe mir einen Brief!). Darüber ist es dann 1 h geworden,
bis das Vortragsms. fertig war.
Eben um ½ 8 hat Nestler es abholen u. mir sagen lassen: Wengler
sei gestern im Krankenhaus gestorben. Er sagte mir gestern schon:

1 Die Technische Hochschule Berlin-Charlottenburg wurde 1946 als Technische
Universität wiedereröffnet.

»Kräfteverfall, moriturus[1]«. Ein unglücklicher Mensch. Meine Gefühle: Erleichterung, denn sein Fall lag mir auf der Seele; dazu: hurra, ich lebe!

Sonnabend Vorm. 20. April. 46.
Donnerstag ganz u. gar von Becher ausgefüllt, sozusagen dreiteilig.
   Vorm. die Sitzung in der LV; er kam spät, ohne Willmann, aber mit dem Aufbauredacteur[2], den ich von Berlin her kenne, ein kleiner, magerer, bekneiferter junger Jude, typisch jüdisch-berlinisch. Abends offiziell im Ernemannwerk. Dann, 12 Auserwählte im Gästehaus der Stadt Dresden.
   Becher untersetzt, rundlich, runder Kopf, ergraut u. kahl, graue Augen hinter Gläsern, keineswegs wie ein Dichter, nun gar expressionistisch revolutionärer Dichter, ganz u. gar bürgerlicher gutmütig besorgter Hausvater, Beamter oder Kaufmann größeren, nicht allzugroßen Grades, gar nicht »Industriecapitän«. Wohltuend einfach im Sprechen, im Gespräch, im zugleich herzlichen u. ganz unpathetischen Vortrag seiner Gedichte – er hat das Buch vor sich, spricht abwechselnd darüber hinweg u. liest ab.
   Ich fasse zusammen, was er halb plaudernd in der Sitzung, ganz plaudernd bei Tisch vorbrachte. Ungemeine Stärke der Reaktion, Flachheit der sogenannten Wandlung. Niemand will es gewesen sein, jeder war Antifaschist, hatte jüdische Verwandte etc. Die Alliierten spotten darüber. Sie sind mißtrauisch, man kann es den Franzosen nicht verdenken, wenn sie die Ruhr behalten wollen: Jünger[3] u. Hielscher (?)[4] publizieren wieder, jetzt demokratisch gefärbt aber im Grunde dieselben, Gottfried Benn[5] schreibt mir, als seien wir immer Freunde gewesen … Aus dieser Reaction aber zieht Be-

1 (lat.) dem Tode verfallen.
2 Klaus Gysi (1912–1999), 1945 Chefredakteur der kulturpolitischen Monatsschrift »Aufbau«, 1949–1951 Bundessekretär des Kulturbundes, 1957–1966 Leiter des Aufbau-Verlages, 1966–1973 Minister für Kultur, 1973–1978 Botschafter in Italien und Malta, 1979–1988 Staatssekretär für Kirchenfragen.
3 Ernst Jünger (1895–1998), Schriftsteller; zählt zu den umstrittensten dt. Autoren des 20. Jh. Sein Roman »Auf den Marmorklippen« (1939) gilt als symbolist. verschlüsselte Kritik am NS-Staat; er wurde aber gleichzeitig wegen seines »heroischen Nihilismus« (»In Stahlgewittern«, 1920), seines Ästhetizismus und der Indifferenz gegenüber den Opfern des Faschismus angegriffen.
4 Nicht ermittelt; offenbar liegt eine Namensverwechslung vor.
5 Gottfried Benn (1886–1956), Lyriker, auch Erzähler, Essayist und Dramatiker; 1932 Mitgl. der Preuß. Akademie der Künste; begrüßte in der Rundfunkrede »Der neue Staat und die Intellektuellen« (1933) das »Dritte Reich«, wandte sich ab Mitte 1934 vom NS-Regime ab; erhielt 1938 Schreibverbot.

cher nicht etwa den Schluß einer gewissen Intransigenz[1] – im Gegenteil! »Ich war in Agnetendorf. Hauptmann[2] hat doch nun einmal den großen Namen. Wenn wir ihn nicht für uns nehmen, spannten ihn andere vor. Es drängen u. bemühen sich so viele dort oben …« Auch Fallada[3] wird accceptiert. Ich wies Abends dringend auf den Glückwunsch der Seidel hin. Antwort: »Wir haben sie bereits aufgefordert. Ihr Wunschkind[4] ist kein nazistisches Buch!«

Abends erzählte B., wie er in Rußland mit gefangenen Offizieren zusammengekommen sei; wie sie allmählich zu menschlichem Denken erwachten. Ein General interessierte ihn, weil der Mann von Anfang an erbittert auf Hitler schimpfte. Der Lump! das Schwein! etc. etc. Nach einiger Zeit fragte Becher ihn, worauf sich sein Haß – sein Antifaschismus! – besonders gründe. »Dieser Lump! dieser hergelaufene Analphabet! Meine Division vor Petersburg ist vollkommen intakt u. sturmbereit; wir haben Panzer, wir haben Munition u. schwere Geschütze u. alles – bestimmt hätte ich die Stadt genommen. Da verweigert dieser Hund den Befehl zum Angriff!!« –

Im Ernemannsaal – einige hundert Gäste, ich saß ganz vorn in der Ehrenreihe – spielte erst ein Quartett ein langes Conzert von Hindemith, den man jetzt so sehr feiert. Ich verstehe ihn nicht, aber ganz so trostlos wie das bisher Gehörte ging mir diese Sache nicht ein. – Dann las B. geduckt u. etwas massig gebückt im Lehnsessel vor einem viel zu niedrigen Tischchen. Vaterland – Vaterland – Vaterland: nächstens haben wir einen pazifistischen Nationalsozialismus.

Danach, etwa ½10 in mehreren Autos zum Weißen Hirsch. Das Gästehaus schien mir eine Villa auf einer tieferen Geländestufe irgendwo beim Luisenhof. Vorsaal, Garderobe, Eßzimmer, elegant gedeckter Tisch, Kellnerbedienung. Das Essen sehr zeitgemäß: eine Suppe, Möhren, Nudeln, Kartoffeln, Fleisch*sauce*, ein süßer Flammeri. *Kein* Rauchzeug. Aber sehr guter Rotwein u. dann sehr guter Sekt. Ein ganz ungewöhnlicher Genuß.

Als ich am Schluß die lange Treppe hinauf zum Auto wollte, ver-

1 (lat.) Unnachgiebigkeit, Unversöhnlichkeit, Konzessionslosigkeit.
2 Gerhart Hauptmann (1862–1946), Schriftsteller, bedeutendster dt. Dramatiker der Jahrhundertwende. – Nach zweitägiger Fahrt von Berlin langte Johannes R. Becher in Begleitung zweier sowjet. Kulturoffiziere am 3. 10. 1945 in Agnetendorf im Riesengebirge (heute Jagniątków) bei Hauptmann an, um ihn zur Übersiedlung in die Sowjetische Besatzungszone zu bewegen.
3 Hans Fallada (1893–1947), Romancier und Erzähler; wurde bekannt mit vielgelesenen sozialkritischen Romanen, schrieb in der NS-Zeit unverbindliche Unterhaltungsliteratur.
4 »Das Wunschkind«, Roman (1930) von Ina Seidel.

sagte mein Herz schmerzhaft. Das Memento. – Um Mitternacht zurück. –

Sonntag Vorm 28. April 46.
Heute 14 h soll in der Tonhalle die VH. festlich eröffnet werden. Es sind hunderte von Einladungen ausgeschickt, aber Zeitung u. Funk haben keine Voranzeige gebracht. Meine Studie ist gut – aber werde ich sie unverwirrt vortragen? Die Broschüre soll gedruckt werden – aber die Papierfrage ist noch offen. Ich habe der ganzen Affaire gegenüber ein flaues Gefühl. Ich sage mir auch, von meinem Auftreten heute hängt in hohem Maße meine Ernennung nach Leipzig ab. –
    Ich hörte Stücke von Grotewohls[1] Rede auf dem Parteitag der SED-Einigung. Darin wörtlich:»Dem planmäßig gelenkten Arbeitseinsatz« entspricht es ... Durchaus Übereinstimmung von LTI u. LQI.

Montag Vorm 29. 4.
Mich beherrscht sehr stark das Gefühl: *dies* ist noch erreicht. Im Ganzen ist dieser angestrebte Erfolg wohl zu verbuchen: der kleine Sonderruhm, der neuen VH *mein* Gepräge gegeben zu haben. Die Broschüre (*wenn* sie herauskommt) wird in der Volkshochschulliteratur dauernden u. stark beachteten Platz einnehmen. Die Abkehr von 1919, von Rousseau, die Parole Aufklärung! Ich sprach gut, sehr gut sogar u. völlig ruhig u. sicher. Aber vorher hatte ich Beängstigung u. Herzbeschwerden, u. hinterher war ich sehr erschöpft. Viel Zeit liegt nicht mehr vor mir. Der Beifall war *sehr* groß, *sehr* langes Klatschen. Ich bekam dann (Seidemann, Frau Höhndorf, Meißen, Grützner) als Kritik zu hören: etwas zu lang (55 Minuten). Aber an der Ermüdung dieser Leute war schuld daß zwei Begrüßungsansprachen vorausgingen: Diese Begrüßungen sind bei all solchen Feiern guaio u. Belastung (unvermeidliche?); in Plauen habe ich gar 5 oder 6 solcher Vorredner. Ich mußte über eine Stunde warten, ehe ich zu Wort kam. – Es war keine Anzeige in der Zeitung erschienen, es herrschte schönes Wetter u. Baumblüte, es war 14 h, ungünstigste Zeit! Dennoch ein halbwegs besuchtes Haus, etwa 400 Leute, sagt man.

1 Otto Grotewohl (1894–1964), Politiker; 1912 SPD, 1921/22 Innen- und Bildungsminister, 1923/24 Justizminister in Braunschweig; 1925–1933 Mitgl. des Reichstags; 1945 Vors. des Zentralaussch. der SPD für die Sowjetische Zone, betrieb maßgeblich den Zusammenschluß von SPD und KPD zur SED; 1946–1954 gemeinsam mit Wilhelm Pieck deren Vors., ab 1949 DDR-Ministerpräsident.

Sonnabend Vorm. 4. Mai 46

Mittwoch, d. 1. 5, war Maifeiertag. Ein paar rote Papierfähnchen hatte die Gemeinde geschickt; E. fand in der Garage ein altes Inlet von Berger u. machte daraus drei ansehnliche Fahnen. So war unser Haus stattlich geschmückt. Wir gingen um 8 h zum Dorf hinauf u. dann vom Gasthaus aus mit dem Demonstrationszug bis zum Plauenschen Rathaus. Dann zu uns zurück, den Aufmarsch anderer Gruppen mitansehend. Es war herrliches Frühlingswetter, E äußerte sich sehr beglückt über den Umschwung an u. für sich u. für uns. – Am Nachm. dann noch einmal zum Gasthaus hinauf: Conzert, Rede – ganz hübsch.

Do. 2/5 überlanger Aufenthalt in der Landesverwaltung, alte Connexe gepflegt, manches befingert. Das Wichtigste die lange Besprechung mit Gute, auf die ich freilich unendliche Zeit warten mußte. Er erklärte mir wiederholt, daß ich das Leipziger Ordinariat bestimmt erhielte. – Ich sprach noch *Laux* (E. soll einen Flügel haben!) Dann Gladewitz[1]. Ich habe ihn, den Mann der Nachrichtenabteilung, der die Volkshochschule unterstellt ist u. den Mann des schönen Horch-Wagens (der gestern Abend aus der Reparatur kommen sollte, *sollte!*), ich habe Gladewitz hier einmal als ganz kleinen Mann, wohl winzigen Reporter charakterisiert. Ich habe ihm Unrecht getan. Mindestens ist er ein tapferer Mann. Er hat im spanischen Bürgerkrieg, dann in der französischen Résistance mitgekämpft, die Familie inzwischen in Rußland gehabt. Seine 17jährige Sonja sei ganz in einem russsischen Institut erzogen. Er sprach mit Zärtlichkeit von ihr. Dabei sehr herzlich zu mir.

Über meinen VHD-Vortrag machte die LDP-Ztg, Sächs. Tageblatt schon am Dienstag 30/4 sehr anständige Kritik, würdig u. inhaltlich gut, gez. ck = Zaunick (der Kollege mit dem Ziegenbart, der schon 33 in die Partei hüpfte u. jetzt rehabilitiert wird). Heute, um mehrere Töne ungebildeter u. activ politischer geschrieben, aber auch sehr anerkennend Kritik der KPD, vielmehr SED-Ztg[2]. Schlagzeile, dickgedruckt unter dem Haupttitel Eröffnungsfeier der VHD: »Gelernt ist gelernt«. Dieser Spruch war mein eigentlichster Erfolg. –

13[15] – ob diesmal der Wagen kommt?

1 Richard Gladewitz (1898–1969), 1920 KPD, 1933 Emigration in die ČSR, Teilnahme am span. Bürgerkrieg und an der frz. Résistance; 1945 1. Sekretär der KPD-Kreisltg. Plauen i. V., Ende 1945 Leiter des Informationsamtes der Landesverwaltg. Sachsen.

2 Im April 1946 wurden »Volksstimme« (SPD) und »Sächsische Volkszeitung« (KPD) zur »Sächsischen Zeitung« (SZ; SED-Organ für Ostsachsen) zusammengeführt.

7. Mai Dienstag. Morgens u. wahrscheinlich tagüber
Wie soll ich bei der Plauenfahrt Privates u. Offizielles trennen? Die
Freundschaft mit Gladewitz – es wurde wirklich eine Freundschaft –
ist natürlich von größtem beruflichen Wert. Der Mann 48 Jahre, ursprünglich Kellner, Weberssohn, ein Dutzend oder mehr Geschwister, die er nicht alle gekannt hat, frühzeitig Funktionär der KPD,
offenbar beste Partei- u. gute Eigenbildung, ausgezeichneter leidenschaftlicher, dabei phrasenlos herzlicher politischer Redner, in
jedem Augenblick startbereit u. sich sofort warmlaufend. Glücklich,
daß er sich in Plauen, Sommer 45, in wenigen Monaten Freunde er-
worben u. die Deprimierten aufgemuntert hat. – Der schöne Horch
kam gegen 15 h u. fuhr uns erst zum Leuteritzer Park, wo Gl.'s ein
Häuschen mit riesigem Nutzgarten bekommen haben. Einparkie-
rung. Vorn neben dem Fahrer, der wie zur Familie gehörig behandelt wird, Gl. seine Tochter auf dem Schoß, hinten Frau Gl., E. ich,
eng aber nett. Verdeck geschlossen der Luftdurchzug. Wunderschön-
ster Frühling; von der bekannten schönen Landschaft griff ich nur
hin u. wieder etwas auf; mehr bei der Rückfahrt am Sonntag, wo die
Gebirgszüge durch halbe Eindunstung an Bedeutung gewannen u.
etliche Fern- u. Rundblicke von Hochplateaus aus herrlich waren.
Im Gefühl des großen Erfolges u. der ganz gewandelten Situation
hatte ich da Augenblicke des reinsten Glückgefühls. Es ging E. ähnlich. (Man möchte als naiver Mensch manchmal seinem Schöpfer
danken u. fromm werden. Aber die Schicksale der Millionen Zer-
tretener??)
In Falkenstein landeten wir gegen 7 (19 h). Im Hinterzimmer der
Apotheke. Scherner[1] *nicht*, wie ich befürchtete, schwer gelähmt, nur
rheumatisch u. etwas schwerfälliger als früher. D. h. in seiner Apotheke agil, muß nur im Fahrstuhl hingebracht werden. Im Übrigen
beide Sch's unverändert u. unverändert herzlich. Sofort beiderseiti-
ges warmes Einvernehmen zwischen den Gl.'s u. Sch. s. Bewirtung
mit Bohnenkaffee u. Küchlein, Überschüttung mit guten Dingen wie
Seife, Süßstoff etc. etc.
Abends. Scherners erzählten, daß *Fritz Thiele*[2] gestorben sei. Das
faßte mich an. Der Mann hatte immer Furcht, einen Friedhof zu betreten. –

---

1 Hans Scherner, Apotheker in Falkenstein/Vogtland, und seine Frau Trude,
  Freunde der Kl.s aus ihrer Leipziger Zeit 1917/18; Scherner unterstützte sie vor
  allem im März/April und im Juni 1945 bei Flucht und Heimkehr.
2 Leipziger Fabrikant, seit 1918 mit Kl.s bekannt, wurde im Mai 1923 Ehrensena-
  tor der TH Dresden.

Seit einigen Tagen intriguieren mich im Straßenbild die Wagen mit den schweren großen Kisten, die demontierte Maschinen enthalten.

Freitag Abend 10. Mai.
Ich hatte viel Ablenkung, Wege u. Besucher bei mir.

Alles will, schriftlich u. mündlich, rehabilitiert sein, alle Rehabilitierten wollen Posten am Abendgymnasium, jeder hat gerade dem Juden Gutes getan, rechnet auf meine Hilfe. Es ist ekelhaft. Und es nimmt kein Ende.

11 Mai Samstag Morgen 1946
Gute sagte neulich zu mir: »einen Wagen kannst du haben, Benzin auch – aber keine Reifen. Wir haben 15 Fahrer entlassen, die Wagen stehen unbenutzbar.« – Gladewitz' Fahrer sagte mir gestern: »In 3 Wochen sind wir zuende. Wir haben heute 20 Wagen fortgeschafft. Mit bloßen Felgen. Die verkommen dann auf dem Königsplatz, verrosten, gehen ganz hin ... Der Russe gibt uns nichts, er hat Angst vor uns. Neulich bringt einer einen Wagen in die Werkstatt: ›Kaputt!‹ Am nächsten Tag holt er ihn ab, verwundert über die Reparatur. Da sagt er zum Dank: ›Deutsche aus Scheiße Kanonen machen!‹« – Der Fahrer des VHD-Wagens sagte mir neulich: »Warum demontieren die Russen alles? Die reißen jeden Schalter, jede Türklinke heraus. Warum lassen sie nicht stattdessen 1 Million neue Klinken bei uns herstellen? Warum reißen sie Eisenbahnschienen heraus? Warum lassen sie Fabriken wiederaufbauen u. demontieren sie dann noch einmal?« (NB: statt demontieren wird *wegschaffen* gesagt, u. das ist ein Analogon zu *holen*. LTI – LQI) – Überall in der Arbeiterschaft die Furcht vor Arbeitslosigkeit, die Enttäuschung durch die Russen. Es steht schlecht um die KPD, an ihr gehen die Fehler der Russen aus. Und das Ende vom Lied ist eine neue NSDAP u. eine neue Judenhetze. –

Am Mittwoch 8/5 suchte ich Demmich, den Küchenmann (u. Spanienkämpfer) in der KPD Leitung auf: erfolglos. Danach bei *Nestlers*. In Leipzig zur Messe, wo ein großes Treiben sein soll, aber nur gezeigt u. nicht geliefert wird. Es geht um den Druck meines Vortrags. Papier und Druckerlaubnis fehlen. Gladewitz hat Hilfe versprochen. – Im Polizeipraesidium (jetzt im erhaltenen Ministerium am rechten Ufer) um Rückgabe eines alten Führerscheins. Als ich das Zimmer nach Irrfahrten fand, war es geschlossen. Aber zwischendurch traf ich *Kussy,* der von einer Reise nach dem Westgebiet zurück. Sein Urteil: bei den Engländern ist es nahrungsmäßig nicht besser als bei uns, bei den Amerikanern wirklich besser. Geistige Trennung der Zonen verstärkt sich, Aussichten auf deutsche Staatseinheit gering. Schumann-Richtung[1] u. Union (Centrum) drüben in absolutester Mehrheit. Abneigung gegen Rußland (das »besser ist als sein Ruf«), Ablehnung des Communismus u. »Berlins«. Widerum möchten viele das einheitliche Reich.

In Plauen suchte mich am Sonntag Morgen im Hôtel ein quidam Pflüger auf, der mir vorher aus Auerbach geschrieben u. Zeugniscopieen geschickt hatte. Einmal *kein* Rehabilitierter, anzi[2]! Musiklehrer am PI vor 33. Wegen Renitenz strafversetzt, ich glaube gar: entlassen. Jetzt noch immer nicht im Amt, von der Gühne irgendwie brüskiert. Er war, da Sonntags kein Omnibus fuhr, von Auerbach nach Plauen im Nachtmarsch, von 3 h früh an, gewandert. Ein ruhiger, sympathischer, stark deprimierter Mann. Ich vertröstete ihn, ich würde nachforschen, alles gehe jetzt langsam, aber er komme sicher zu seinem Recht, es könne nur noch eine Weile dauern. Ich kam dann bisher nicht dazu (vergaß es wohl auch), seinen Fall zu erwähnen. Gestern Telegramm von ihm: »Erhielt telegraphisch meine Neueinstellung. Aufrichtigen Dank. Pflüger.«

Gestern mit Grützner zu Gladewitz citiert. Die SMA[3] macht VHD-Schwierigkeiten. Wir sollen *Schule* sein, *Curse* genau nach dem Berliner Muster geben. Beanstandung von Vorträgen, von Titeln. Dabei spielt das sprachliche Mißverstehen größte Rolle. Naturkundecurs ist erlaubt. Die Überschrift: »Aus Sachsens Vogelwelt« erregt Mißtrauen. Hinter »Entstehung unseres Weltbildes« wird Philosophie vermutet, faschistische Weltanschauung befürchtet. Etc. etc. Cf. den beanstandeten Wetterbericht: »Hochdruck über Spanien«. Ich wäre selig, wenn Leipzig klappte u. Auguste Wieghardt zu meiner Nfg. in der VHD. ernannt wäre.

Dienstag Nachm 14. Mai 46.
Am Sonntag Vorm. mit E. – Entschluß! – zur graphischen Ausstellung[4] im Kunstgewerbemuseum, Dürerstr. Balzer führte u. redete, es war eine Veranstaltung des Kulturbundes. Moderne Holz-, Linoleumschnitte von Leuten, die ich nun persönlich kenne (Grundig,

---

1 Gemeint ist Kurt Schumacher.
2 (ital.) im Gegenteil.
3 Sowjetische Militäradministration in Deutschland (SMAD).
4 Die KB-Ausstellung »Sächsische Künstler auf der Brühlschen Terrasse«, Sonderschau »Opfer des Faschismus« (März/Juni 1946), geleitet von Kurt Liebmann.

Eva Schulz-Knabe[1], Fritz Schulz †, Lea Grundig-Lange), Themen die mir vertraut sind: Hitlerei, KZ. Trotzdem ist die Wirkung auf mich nicht sonderlich stark. Ich bemühe mich, die Sachen zu verstehen, ich verstehe sie auch, aber sie erschüttern mich nicht. Mit Grundigs Symbolistik vermag ich gar nichts anzufangen. Aber es ist mir jetzt wichtig, zu alledem sachlich u. persönlich in Bezug zu kommen. Interessant war mir, was Balzer von gegenwärtiger Ruinenmalerei sagte. Er verglich sie mit dem Ruinenkult des 18. Jh.'s. Aber der entscheidende innere Unterschied ist der: die Leute des 18. Jh's haben nicht ihre eigenen Ruinen besungen. Ruinen melancholisch aufzumachen, mag schön sein, wenn sie vor 1500 Jahren Ruinen wurden. Aber wenn mein, mein Haus zerstört ist ... Man müßte die Brutalität der Zerstörung u. die Brutalität des neuen Frühlings herausbringen.

16. Mai. Donnerstag Abend.
Keine besondere Feier,[2] keine besonderen Geschenke, keine Möglichkeit besseren Essens: aber doch Bewußtsein dessen, wie sehr uns das große Fragezeichen vor Millionen anderen auserwählt hat. Manchmal möchte man fromm sein, ich halte das aber für eine Unbescheidenheit u. Unverschämtheit. –
Eva pflanzte heute 7 Gurken, 50 Tomaten und etliche 80 Salatstauden. Ich hatte am Nachm. KB.-Sitzung (Literatur) in der Schillerstr., das Auto des KB brachte mich erst gegen 8 zurück.

Sonntag gegen Abend 19. Mai
Am Sonnabend (18. 5) Vorm. auf der Kreisleitung der KPD – nein SED[3]! Lange Aussprache mit Gertrud K.; Staffel den ich bei ihr traf, ist ihr SPD-Stellvertreter. Sie sagte: »Wir müssen die SPD dazu erziehen, eine marxistische Partei zu werden«. Sie sagte, der kommende Volksentscheid[4] über Enteignung der Fabriken werde unge-

1　Eva Schulze-Knabe (1907–1976), Malerin und Graphikerin; seit 1933 im antifaschist. Widerstand, 1942 zu lebenslängl. Haft verurteilt. Ihr Mann, Fritz Schulze (1903–1942), Maler und Graphiker, Mitbegründer der »Assoziation revolutionärer bildender Künstler Deutschlands« (Asso) in Dresden; 1933 KZ Hohnstein, 1941 erneute Verhaftung, 1942 zusammen mit Karl Stein und Albert Hensel wegen »Hochverrats« zum Tode verurteilt und in Berlin-Plötzensee hingerichtet; das Atelier des Künstlerpaares befand sich in Dresden-Plauen.
2　Der 16. 5. 1946 war der 40. Hochzeitstag von Eva und V. Kl.
3　Der Parteitag, auf dem die Vereinigung von KPD und SPD zur Sozialistischen Einheitspartei Deutschlands (SED) beschlossen wurde, fand am 21./22. 4. 1946 in Berlin statt.
4　Für den 30. 6. 1946 war in Sachsen ein Volksentscheid über einen Gesetzentwurf zur »Enteignung von Naziaktivisten und Kriegsverbrechern« anberaumt.

heure Einzelarbeit aller Funktionäre kosten. Jeder Arbeiter hänge persönlich an seinem Chef – »er ist gut«, »ich bin seit 30 Jahren« ... »schon mein Vater« ... »leutselig« ... »Weihnachtsgeschenk« ... usw. usw. Dem gegenüber müsse der Funktionär von Haus zu Haus die Leute mit genauem statistischem Material bearbeiten u. dabei aufklären, daß die Industrie, daß jeder Industrielle am Krieg interessiert sei u. den Hitlerkrieg fundiert habe, u., falls er Besitzer bleibe, den nächsten Krieg herbeiführen werde – u. das zwangsläufig! –

Am Nachm. kam Kleinstück jr zu mir. Gespräche über Leipzig. Dort ist Litt zur Zeit mattgesetzt. In L. sage man: die jetzige Regierung sei genau so despotisch wie die nazistische. Ich citierte: das sei eben der Fluch der bösen Tat[1] ... u. »wer das Schwert nimmt, wird durch das Schwert umkommen.«[2] Ich sprach ziemlich offen von meinen Leipziger Ab- u. Aussichten, u. daß ich Herrn von Jan nicht schädigen wollte, mais[3] ... Geistesgeschichte wolle *ich* lesen.

Sonnabend Vorm. 25 Mai 46

Rehabilitationsfragen beschäftigen, quälen mich täglich. Ich habe Mißtrauen u. Verachtung gegen jeden. Neulich eine Frau hier, blond, dümmlich, wenig gebildet. Es ergibt sich, ihr Mann war *der* Vertrauensarzt am Sternplatz, der mich trotz des Judensterns freundlich behandelte u. frappiert war, als ich ihm meinen Beruf sagte. Ich soll ihm das jetzt bestätigen – vielleicht bringe es ihm seinen Posten wieder, obschon er seit 33 Pg. Ich gebe das Zeugnis, u. die Frau zieht ihr Portemonnaie: »was bin ich Ihnen schuldig?« Ich: »Eigentlich müßte ich Ihnen jetzt den Schein zurücknehmen u. zerreißen.« Sie bat sehr um Verzeihung, sie habe sich nichts Böses dabei gedacht u. zog ab. – Gestern brachte mir *Liebchen* ein paar von Dost geliehene Dramaturgie-Exemplare. Er ist aushilfsweise angestellt, wird wieder ins Nichts gleiten. Leichter Pg-Fall, spät eingetreten, kein Amt. Wieso er nicht seine Rehabilitation betreibe. »Ich kann nicht, wie alle andern, sagen, daß ich Antifaschist war u. nur gezwungen mitmachte. Ich habe an den Führer geglaubt, noch 1945 habe ich an ihn geglaubt. Ich habe von den Greueln, von den Morden u. KZ nichts gewußt, ich habe wirklich nichts davon gewußt!« Es ist unglaublich – u. es kommt mit einer subjektiv fraglos echten Aufrichtigkeit heraus.

---

1 Friedrich Schiller, »Die Piccolomini« (V, 1): »Das eben ist der Fluch der bösen Tat, / Daß sie, fortzeugend, immer Böses muß gebären«.
2 Matth. 26,52: »Denn wer das Schwert nimmt, der soll durchs Schwert umkommen.«
3 (frz.) aber.

Irgendwie hierhin gehört auch diese Scene auf der Tram am 20/5 zwischen Post- u. Albertplatz. Auf dem Vorderperron ein junger Mensch ziemlich armselig, gar nicht jüdisch, nur die Augen dunkel. Er hält – Seltenheit! – eine richtige Cigarre, keinen Stummel, im Mund, ohne zu rauchen. Zwei Stimmen hinter mir. – »Ein Jude … Natürlich. Na, wenn die jetzt zurückkommen. Da werden die Geschäfte blühen!« Ich sah die beiden beim Aussteigen. Jung, üppig blond, brutal, nazistischster Typus.

Unter unsern Besuchern in den letzten Tagen Kussy u. holländische Frau. Er: die Jugend sei durchaus nazistisch, durchaus gegen Kommunisten u. Russen. – Ein Brief Frau Lisl Stühlers[1] aus München: Nazismus u. mehr Antisemitismus als je. Bernhard St: »Wenn meine Mitschüler wüßten, daß ich Jude bin, verkehrte keiner mit mir!« Sie wollen im Herbst nach San Franzisko. – Kussy erzählte, daß man als Jude sofort Einreiseerlaubnis erhalte.

Voßler schrieb gestern – der Brief von der amerikan. Censur geöffnet, war einen Monat unterwegs.

Mittwoch früh 29. 5 46.
Ich hielt gestern Abend also den vorläufig letzten Deutschcurs am Abendgymnasium. Große Beunruhigung der Schüler u. Lehrer über die vorläufige Schließung. Ich sprach in Verteidigung des russischen Mißtrauens u. chaotischen Regierens. Nachher schütteten mir ein junger Mensch u. ein Mädel ihre Herzen aus: absolut reactionäre Stimmung. Die Communisten, die Polizei, die am Ruder fressen sich satt, beschlagnahmen, machen es in allem »genauso« wie die vorige Regierung, etc. etc. … Ich sprach zum Guten. Ich bin überzeugt, daß die Hitlergesinnung heute in Dresden stärker ist als die communistische. –

Zum Punkte Reaction gehört die Sorge um den Volksentscheid. Es geht *nur* um die Enteignung der kriegsschuldigen Industrie (aber wo ist die Grenze? Caoutchouc[2]!). Aber das Kleinbürgertum (u. wer gehört hier nicht zum Kleinbürgertum??) fürchtet für seinen Besitz, fürchtet für das Privateigentum, fürchtet *den* Communisten schlechthin. Und fraglos benimmt sich die KPD doppelzüngig u. ungeschickt u. unsicher. Sie predigt in der Zeitung, niemand wolle an den Privatbesitz, sie betont dasselbe in ihren Versammlungen. Aber zugleich

---

1 Lisl Stühler, mit ihrem Ende 1944 gestorbenen jüdischen Mann unmittelbare Etagen-Nachbarn der Kl.s im »Judenhaus« Zeughausstr. 1., und ihr halbwüchsiger Sohn Bernhard, dem Kl. heimlich Unterricht erteilte.
2 (frz.) Kautschuk; hier im Sinne von: dehnbar.

– wir waren beide am Sonnabend oben im Gasthaus, seit wir SED
sind reicht der hübschere Begerburgsaal nicht mehr aus – zugleich
wird doch betont, daß *wir* den sozialistischen Staat wollten, daß *wir*
nur vorläufig uns mit dem demokratischen Staat begnügten. Die
Kreisleitung hatte einen wirklich guten u. leidenschaftlichen Redner
geschickt. Er kam aus schweren u. offenliegenden Widersprüchen
nicht heraus. – Der Ausgang des Volksentscheids ist ganz ungewiß.
    Ich plaudere vergnügt mit Janentzky, sogar herzlich, er dito mit
mir. Und doch trauen wir uns nicht im geringsten. Wem traue ich
noch in Deutschland? Keinem!
    Tief deprimiert durch mein Hautleiden. Schmerzen u. Entstellt-
heit seit Monaten. Immer wieder räudig, immer wieder Kopfver-
band. Jetzt ist mein Ohr in grausigem Zustand, morgen werden es
beide Ohren sein.
    Abends ½12.
    Besuch: Steininger, Berndt. Dazwischen sehr barmend Frau
Schmidt: ihr entlassener Mann droht mit Selbstmord. Ich bemühe
mich dem Jungen das Studium zu erleichtern. (Das 2. Semester Naturwissenschaftler in Jena; möchte gern zur überfüllten medizin. Fakultät.)

Donnerstag Nacht 6 Juni 46
Der erste Brief von Georg[1] vom 9 April 46. Jugendlich tadellose
Handschrift, tadelloses Englisch. Er belehrt mich über die beiden
Anginatypen, der nervösen u. der pernicious form[2] mit dem quick
end. Er hofft, ich hätte die nervöse. Er rät zu Ruhe usw. Herr Doc-
tor, euer Rat ist wundervoll[3]! – Er hat 11 Enkel u. erwartet den 12.
Otto Kl's[4] Ältester beginnt eben sein Medizinstudium in Oxford.
Jelskis leben »in difficult circumstances« in Montevideo.
    Abends war ich bei dem Nachbarn Scheppmann, der hier die
»Volkssolidarität« unter sich hat u. mir schon einmal half. CDU-

---

1 Georg Klemperer (1865–1946), ältester Bruder V. Kl.s, Internist; 1905 a. o. Professor in Berlin, 1906 Direktor der Inneren Abt. des Städtischen Krankenhauses
   Moabit; 1890 veröffentlichte er den später zum Standardwerk gewordenen »Grundriß der klinischen Diagnostik«; am 4. 5. 1933 zwangsemeritiert; emigrierte um
   die Jahreswende 1936/37 mit seiner Frau Maria, geb. Umber, in die USA.
2 pernicious (engl.) perniziös, unheilbar.
3 »Freund, was du mir verschreibst, ist wundervoll:/*Nicht* leben soll ich, wenn ich
   leben soll!«; Conrad Ferdinand Meyer, »Huttens letzte Tage«.
4 Otto Klemperer (1899–1987), ältester Sohn von Georg Klemperer, Physiker; ab
   1925 Privatdozent in Kiel, emigrierte 1933 nach England. – Sein ältester Sohn
   Hugh (geb. 1928) wurde Arzt.

Mann, Vierziger, Gartenarchitekt, z. Zt. als Fachlehrer 150 Lehrlinge ausbildend. Er sagte mir völlig Neues zur Politik, zum »Volksentscheid« am 30/6, der über die Enteignung der kriegsbelasteten Industriellen durchgeführt wird, (u. der seit Tagen hier alles beherrscht u. insbesondere die KPD für alles andere gefühllos macht – keine Verabredung klappt, niemand ist anzutreffen, alles Sonstige ist nebensächlich.) Sch meinte: es möchte sich vielleicht um einen Fallstrick der Russen handeln. »Zeigt, ob Ihr mit der Reaction fertig geworden seid. Wir haben euch ein Jahr Zeit gegeben. Wenn nicht, dann werden wir jetzt durchgreifen!« Und die Aussicht auf Erfolg des Entscheids sei *gering.* Dagegen stimmen die Pg's (stimmberechtigt, sofern sie kein Parteiamt hatten, im Löbtauer Bezirk von etwa 60 000 Wählern 9000!), dagegen die Russenfeinde, die Communistenfeinde, die »Moralisten« u. viele Communisten dazu.

Pfingstsonntag Morgen 9. 6. 46
Pfingststimmung? Ja u. Nein. Das quick end, die Quälerei der Räude, die Eßnot, die Unsicherheit des Leipziger Katheders. D'altra parte[1]: Ein blühender Garten, ich eine Art kleinen großen Tiers.

Am Freitag Nachm. wurde ich getonfilmt. Es war tragikomisch gräßlich. Werbefilm für den Volksentscheid. Schlußscene einer KB-Sitzung. Ich sprach die (von mir selber formulierten) Worte: »Also, meine D u H[2], wir sind uns darüber einig, alles andere lassen wir vorläufig beiseite. Das Wichtigste ist jetzt der Volksentscheid. Denn von seinem Erfolg hängt die Zukunft der Demokratie ab, u. damit unser aller Zukunft«. Als ich diesen Speech das viertemal wiederholte, begann ich mich zu versprechen, u. mindestens 8mal mußte ich aufsagen. Mal stimmte eine Pause dem Tonmeister nicht – »rascher bitte – langsamer bitte«; mal versagte eine Sicherung, mal hatte Eva Blank mich in Schatten gesetzt ... Meine Mitspieler – nur Statisten, dafür aber erhielten sie Großaufnahmen, während meiner Worte – waren E. Blank, Kneschke, Tobler, Wildführ. Zur Qual des Sprechens die Blendung u. die Hitze. Es ist mir unbegreiflich, wie dabei schauspielerische Wirkungen erzielt werden.

Sonntag Abend 16. Juni 46
Schrecklich immer die Selbstverständlichkeit u. Übereinstimmung in den Erzählungen von den SS-Bestialitäten. Krause[3], der selber in

1 (ital.) Andererseits, anderenteils.
2 Damen und Herren.
3 Bürgermeister in Weixdorf-Lausa.

Lagerarbeit war, erzählt von Erschießung einer langen Reihe jüdischer Kind[er]. Sie wurden in Nachthemden aus einem Lastwagen
herangebracht. Die Leute hatten Schnaps bekommen u. schossen
nun von hinten ins Genick. Ein Kind drehte sich um; darüber wurde
der eine Mann irrsinnig u. schoß wild um sich. – Einem Juden haben
sie ein Auge ausgeschlagen, Watte in die Höhle gestopft u. [ihn] zur
Arbeit antreten lassen …

Immer das zweiseitige Thema Rehabilitation. Der Dr Lange, wie
gesagt a good man: man möge doch endlich mit dem Herumwühlen
im Vergangenen aufhören u. mit der Vergeltung. Gut u. schön – aber
wenn ich dann die Masse der Rehabilitierten sehe u. ihre Scham-
losigkeit, et le reste[1] … Es ist sehr ekelhaft.

Montag Morgen 17. Juni 46.
Ganz zuletzt noch Wolffs hier. Sie erzählten – Gerücht? Wahrheit? –
das Stalinbild auf dem Albertplatz (das »Hermann«-Bild) sei »be-
sudelt« worden, u. zur Strafe habe »der Russe« die Kartenbeliefe-
rung für ganz Dresden gesperrt. Ich denke, das meiste hieran wird
Gerücht sein – aber *daß* ein solches Gerücht entsteht u. überall umgeht …!

Die beiden Themen, die immer wiederkehren: 1) Rehabilitation
2) ist es »drüben« besser als bei den Russen?

Sonntag Vorm. 23/6. 46
Weitere Arbeit machte mir der Vortrag für den KB. »Was wissen wir
von Frankreich«, den ich nach meiner Schrift von 1933 »Das deutsche Frankreichbild« grob zurechtfummelte. Ich hielt ihn am Freitag Abend im kleinen schwer überfüllten Saal der Akademie (vor
rund 175 Hörern) mit scheinbar sehr großem Erfolg: man klatschte
bis ich noch einmal vortrat u. sagte, daß ich kein Tenor sei. Aber
nachher erklärte mir Gute: er müsse darüber noch mit mir discutie-
ren, ich hätte nicht »dialektisch« genug gesprochen. Damit war mir
der Abend vergällt, denn ich hänge von der Partei ab, wenigstens solange ich nicht Leipzig sicher habe.

27. 6. Vorm. Donnerstag
Der Volksentscheid tobt. Plakate, Radio etc. Nicht ganz geschickt.
Der Zahnarzt Dr König: Seit ich die Liste der zu Enteignenden ge-
sehen habe – so viele! *so* viele! – bin ich doch schwankend gewor-

1 (frz.) und alles übrige.

den. Den sächsischen oder Dresdener Klein- u. Spießbürgern riecht
es eben doch nach Kommunismus. (Und nicht ganz zu unrecht!) –
Man ist in 100 Wagen nach Zeithain gefahren worden, die dortigen
Massengräber der russ. Gefangenen zu sehen. Deren Zahl ist aber in
der Ztg allzurasch angewachsen. Von etwa 80 000 auf 140 000 Tote.
Und Doelitzsch sagt, die Sache sei propagandistisch schlecht organisiert gewesen. Der Einzelne bekam nur ein Stückchen Grube mit
ein paar Knochen darin zu Gesicht. (Von andrer Seite freilich: es
habe mehrere solche Löcher gegeben. Immerhin kein Gesamtein-
druck.) – Plötzliche Überschüttung mit Lebensmitteln. Fisch! Sogar Tabak! Aber jeder weiß doch: »einmalig« u. ad hoc.

Der Buchhändler Nestler ist verhaftet[1]. Er hat ohne Erlaubnis der
Russen eine geograph. Karte, Polen betreffend, verkauft, die aus der
französ. Zone stammt. Er soll außerdem denunziert worden sein. Er
war – das erfuhr ich erst gestern! – Pg, aber auf Verabredung mit der
KPD u. illegal tätig; er war aber auch Inhaber einer »Wehrmachts«-
Buchhandlung. Ich erfuhr von der Sache zuerst durch Balzer, der
sich für Nestler einsetzt. Danach, sehr komisch, durch unsern Haar-
schneider Gustl Kowacz. G., der gestern Abend sehr willkommen
kam, ist jetzt dauernd als Friseur im PPD angestellt – o meine Erinnerungen![2] – u. hat Nestler rasiert.

Es erschien: in der Tägl. Rundschau *endlich* mein LTI-Artikel[3],
verkürzt u. ohne Photo. Ferner in der Sächs Ztg. eine sehr komische
Anzeige meines Frankreichvortrags. Der Mann hat, wie er selber
schreibt, kaum ein Wort hören können, da er im Nebenzimmer
stand, saugt nun an allen Pfoten u. schreibt in höchsten Tönen. Ich
habe »europäischen Ruf« u. »südliches Temperament« ...

Durch den Rundfunk kam gestern: der Dirigent Otto Klemperer
kehre nach Deutschland zurück u. dirigiere in Baden-Baden. Seltsam. Wieso ist er nicht längst genannt worden neben den andern
emigrierten Musikern? Ich hielt ihn für tot. (Georg schrieb von O.
Kl's Gehirntumor. Nachher kam eine Notiz: »Jud' Kl. aus dem Irren-
haus entsprungen u. wieder eingefangen«) ... Was war meine erste
Regung? Daß mein Name, der eben Geltung zu bekommen anfängt,
nun wieder übertönt wird.

1 Wilhelm Nestler hatte für die KPD eine Landkarte besorgt; auf ihr war das poln.
  Oberschlesien als »z. Zt. deutsch besetzt« bezeichnet; nach etwa einwöchiger sowjet. Haft wurde er wieder entlassen.
2 PPD: Polizeipräsidium Dresden; Kl. mußte dort im Juni 1941 eine einwöchige
  Haftstrafe wegen »Verdunkelungsverbrechens« verbüßen.
3 »Aus dem Notizbuch eines Philologen«, in: »Tägliche Rundschau« Nr. 144 vom
  25. 6. 1946.

Dölitzsch u. Grützner werfen mir vor, ich griffe nach zuviel Ämtern. Sie haben nicht unrecht. Und dabei möchte ich gern – die Wahlen sind eben für den 1. 9. ausgeschrieben[1] – Stadtverordneter werden, einer von 80 Leuten.

Sonntag 30. 6. 46 Nachm.

Absage an München[2]. Vormittags: Wahl, Volksentscheid, oben im Gasthaus. Starker Andrang. Aber Gesamtausgang doch zweifelhaft[3].

Nun also Berlinfahrt 28 u. 29. 6. Fr. u. Samst. Einladung der Zentralverwaltung f. Volksbildung zur Arbeitstagung über »Philosophie, Paedagogik u. Psychologie im Universitätsstudium der Lehrer«. Sitzungen im Senatssaal d. Universität Charlottenstr. 43. (Ecke Dorotheenstr, gegenüber dem roten Ruinenflügel des Friedrich-Werderschen Gymnasiums, das ich genau 50 Jahre zuvor besuchte.)

Haupterlebnis bleibt natürlich Greifswald und also der zerknitterte Herr Jacoby[4] mit dem Hörrohr vor dem Katheder, Philosophieprofessor u. Dekan, sehr conservativ wie mir schien, sehr energisch in der Discussion – u. mich umwerbend wie eine Diva. »Wenn Sie mir nur ein wenig Hoffnung lassen, wenn ich Sie vorschlagen darf … Wir brauchen einen bedeutenden Mann. Sie müssen unser Prorector werden. – Sie brauchen nicht Afrz. zu lesen, dafür bekommen Sie jemanden. Sie bekommen Haus u. Garten. Sie haben Ruhe, Ihre Bücher zu schreiben. Als Opfer des Faschismus können Sie höher bezahlt werden. Nur einen Wagen kann man Ihnen nicht geben. Aber Sie brauchen ihn nicht. Wir sind eine kleine Stadt (50 000 Einwohner) u. 5 km. von der See entfernt. Ich fahre von hier aus nach Schwerin, Sie der Regierung vorzuschlagen. Wenn Sie mir nur nicht alle Hoffnung nehmen … So am Freitag, stürmisch. Am Sonnabend vor der Abfahrt dann ein Atom kühler, aber sehr ernst u. verbindlich: Er wolle in wenigen Wochen Bescheid geben, er habe in Schwerin noch mehrere Fälle zu behandeln; aber ich sei politisch usw. ihr Mann, er bleibe bei all seinen Anerbieten, nachdem er die Sache beschlafen habe – wenn ich seiner Regierung nur nicht zu teuer würde.

1 Für den 1. 9. 1946 waren in Sachsen Kommunalwahlen angesetzt.
2 Die Veröffentlichung von »LTI« im Verlag Knorr & Hirth betreffend.
3 77,6 % der am sächs. Volksentscheid vom 30. 6. 1946 teilnehmenden Wähler befürworteten den Gesetzentwurf über »die Enteignung der Kriegsverbrecher und Naziaktivisten«, 16,5 % lehnten ihn ab.
4 Günther Jacoby (1881–1969), Philosoph; 1914 Professor in Istanbul, ab 1919 in Greifswald, 1937 aus rassischen Gründen zwangspensioniert, 1945 wiedereingesetzt; 1946–1948 Dekan, 1955 kritische Denkschrift über die Universitäts-Philosophie in der DDR, danach emeritiert.

Ich betonte, es läge also zwischen uns nichts Bindendes vor, ich betrachtete mich der sächs. Regierung im Wort. – Natürlich hat das mein Selbstgefühl sehr gehoben, u. meine Gedanken wandern seitdem durchweg in der Richtung: See, Ruhe, König im Dorf, Bücher schreiben können, keine Zerrissenheit. Und auch E. ist einigermaßen in diese Phantasie eingesponnen.

Für Greifswald, sehr für Gr. spricht meine Abmachung mit dem Aufbauverlag. Hentzsche[1] hatte mir für Sonnabend Vorm. den Wagen gegeben, ich ließ den Psychologenvortrag schießen u. war in der Schlüterstr in Charlottenburg. Resultate: ich versprach die »Erneuerte Wissenschaft« bis 1. I 47, die LTI bis 1. X 46. Ich übernahm eine Becherstudie. Das sind natürlich Daten, die ich unmöglich einhalten kann. Aber der Aufbau-Leiter[2] drängte, auf längere Zeit hin mache er jetzt keine Verträge – di doman non c'è certezza[3].

Freitag Vorm. 5. Juli 46

Seit Tagen schwere quälende Hitze, immerfort Wege, Sitzungen, Leerlauf, Ärger, kein Moment für die LTI frei, Sehnsucht nach Greifswald.

Otto Klemperer, der totgeglaubte, ist aufgetaucht u. wird in Baden-Baden dirigieren. (Saupe, der Lehrer Willy Jelskis in Scharfenberg, jetzt irgendwie in Bischofswerda angestellt, leidenschaftlicher u. aussichtsloser Bewerber um eine paedagogische Professur an der T. H., schickte mir das Buch: Weismann, »Der Dirigent im 20. Jh.«, der auch ein Bild Otto Kl's enthält u. einen Artikel über ihn.) Werde ich nun ganz im Schatten des andren Kl. stehen? Aber ich zähle doch zu den »bekannten Persönlichkeiten des kulturellen Lebens«, die am 7. Juli »im Großen Sendesaal des Berliner Funkhauses« sprechen, wie die Sächs. Zeitung im Feuilleton des 3 Juli ankündigt. Aber da sprechen 11 Leute, u. auf die großen Namen Ricarda Huch u. J. Becher folgen 9 z. T. sehr pintscherhafte, u. unter diesen 11 Rednern zum Geburtstag des KB's stehe ich nur als neunter. Vanitas vanitatum. Übrigens hat, wie gestern gesagt wurde, der gesamte KB. – ganz Deutschland zusammen gerechnet – nicht mehr als 40 000 Mitglieder.

---

1   Hellmuth Häntzsche, 1945 Initiator der Lehrbildung in Dresden, Leiter der Heimschule für Lehrerbildung Dresden-Wachwitz.

2   Kurt Wilhelm (geb. 1912), gemeinsam mit Heinz Willmann, Klaus Gysi und dem Verlagskaufmann Otto Schiele Gründer des Aufbau-Verlages und bis April 1947 Verlagsleiter.

3   (ital.) Über morgen gibt es keine Gewißheit; aus der Florentiner Karnevals-Hymne »Quant'è bella giovinezza«, zugeschrieben Lorenzo de' Medici (1449–1492).

Sonntag Morgen 28 Juli 46
Der Brief von dem Nazi-Landgerichtsrat Dr Kluge, mit dem Wolffs im Kampf liegen, dem seine Möbel wieder zugesprochen sind, u. der nun das hier stehende Klavier u. die Schreibmaschine zurückfordert. Ich beschloß ihm den Generalstaatsanwalt Schröder[1] auf den Hals zu hetzen, ich sollte ja Mi. auf der LV bei Fischer sein. Unmittelbar vor der LV traf ich am Mi. Morgen den Dr Kretzschmar. In großer Aufregung: sein Stiefvater Neumark seit 2 Tagen verhaftet – jüdische Denunziation. Mir fiel sofort sein weit zurückliegender Zusammenstoß mit der Fenske ein. Ich bot mein Zeugnis an. Der untersuchende Staatsanwalt Cohn, heimgekehrter Emigrant, habe sich kalt u. feindselig benommen. – Fischer war plötzlich verreist, Schröder dagegen lief mir geradezu in die Arme. Er beriet mich in der Kluge-Affaire (Klavier zurück, Maschine behalten), läßt sich dessen Personalakten kommen. Im Punkt Neumark verschaffte er mir in seinem eigenen Zimmer Zusammenkunft mit dem Staatsanwalt Cohn. Beredter Jude mit fremdem Akzent (Ungar?) mißtrauisch, kalt, zurückhaltend. – Etwa 38–40 Jahre. Wurde wärmer, als er allmählich meine Position begriff. Ich erklärte ihm psychologisch, wie solche Denunziationen zustande kamen, wie das Trifolium[2] Katz – Neumark – Lang exponiert war. Ich sagte von Neumark: »ich bürge für ihn mit allem, was ich bin u. habe.« –

Im Lauf der nächsten Tage war Kretzschmar in meiner VHD-Sprechstunde, u. seine Mutter Abends bei uns oben. Die Familie bemüht sich um Leumundszeugen. Bisher scheint nichts erreicht. N. sitzt seit einer vollen Woche. Frau K. zittert (nicht ganz zu Unrecht) er könne schuldlos gehängt werden. Der Praesident Friedrichs hat es abgelehnt, Kretzschmar zu empfangen, trotzdem er mit N. gut bekannt ist. Und Gute, als er von meinem Eingreifen hörte, fuhr ganz erschreckt heraus: »Du, sei vorsichtig!« Es kann mich viel kosten.

Dienstag Morgen 30. Juli 46
Am Mi 24/7 hatten wir die alt u. grau gewordene Frau Stark bei uns, die Besitzerin der großen Chamottefabrik in Radeberg, die energische u. etwas snobistische Freundin u. Seminarhörerin von einst. Sie hatte mich nach meinem Frankreichvortrag in der Akademie angesprochen, sich dann schriftlich für Mi. Nachm. angesagt, um von hier aus zu einem Musikabend des KB zu gehen. Ich vermutete übliche

---

1 Ulrich Schröder, 1946 Professor in Leipzig.
2 (lat.) Klee; hier bildlich: Dreiblatt.

Rehabilitationswünsche; es war nicht der Fall, u. wir behielten sie zum Abendbrod bei uns. Ganz stubenrein im Punkte des Faschismus sind ihre Verhältnisse nicht: Sie wäre gern zur SED, konnte aber nicht zu ihren Feinden u. mußte zur CDU. Man hat ihren Betrieb als Kriegsbetrieb enteignet, das Werk habe an Hitler nach Berchtesgaden geliefert etc. Alles Verleumdung: man hat einem Töpfer in Berchtesgaden einmal eine Kleinigkeit geschickt, der einzige PG in der Werkleitung ist längst fort etc. Beschwerde gegen die Enteignung ist im Gang u. bestimmt siegreich. Radeberg heiße überall Radikalberg. Sie selber besitzt 50 % des Familienunternehmens. (Firma heißt wohl Strack ... Ich erinnere mich einer Führung durch die Fabrik, sehe einen Mann vor mir, der eine riesige Tonmasse wie Brotteig wälzt.) Sie hat 2 Söhne im Krieg verloren, Besitz, Kleidung, Schmuck durch die Russen. Ihr Haus war lange Spital für geschlechtskrankes russ. Militär. Sie leben jetzt zu 17 in der gleichen Villa, die früher 5 Leuten Unterkunft gab. Sie hat – natürlich, übrigens stimmt es in diesem Falle sicher – jüdische Großeltern. Nur ihr Jüngster – was weiß denn ein Student?! – hat kurze Zeit der ⚡ angehört ... Sie versäumte das Franzosenconzert u. blieb bis gegen 22 h. Jede Schnitte Brod u. jede halbe Kartoffel war u. ist große Sache u. wird entsprechend beredet u. anerkannt. –

Am Sonntag d. 28. Vormittags im Akademiesaal eine Diskussion über »Realistische Kunstauffassung«. Entsetzliches Phrasengewäsch etlicher Referenten, dunkler Wirrwarr einiger Entgegner. Ich saß in der ersten Reihe u. klappte einschlafend immer wieder vornüber, kränkte mich über vergeudete Zeit u. über Nichtverstehen. Erst spät wurde die Sache ein bisschen interessanter: ich brachte durch ein paar Fragen heraus, daß die Dinge in der Malerei ähnlich liegen wie in der LTI. Pervertierte Romantik – kitschige, sentimentale, »volksnahe« Kunst – einer sagte: um 1800, ein anderer: *Mackart*. (Das ist der eigentliche Gewinn für meine LTI – wann wird sie?? Seit langem stockt alles.) – Langweiligstes Schlußwort, wie 1 000 Schlußworte, Kneschkes, der immer auf Soziologie u. Sozialismus herumreitet. – Dann eine sehr komische Sache: der Maler Bernhard Kretzschmar[1], Mitte 50, blaß, schlank, überkandidelt schwärmerische blaßblaue Augen. In der Discussion hatte er sich leidenschaftlich gegen »Reportage« u. gegen »Ismen« gewandt. Zu mir kommend: er möchte mich zeichnen, ich hätte so »concentriert« dagesessen, so als Verkörperung reiner Geistigkeit. (Komoedie! *Ich* spiele Komoe-

1 Bernhard Kretzschmar (1889–1972), Maler und Graphiker, Gründer der Dresdener Sezession 1932; seit 1946 Professor an der Kunstakademie Dresden.

die, andere fallen auf [die] Komoedie herein: weil ich jetzt den bedeutenden Namen habe, muß ich auch bedeutend sein. Vanitas!) Um
5 h Nachm. kam er zu uns u. begann mit Zeichnen, dabei immerfort
redend, von Kunst, von seinem schweren Schicksal, die Frau †, viele
Bilder verbrannt, Kampf mit Kollegen. Dabei viel Ethik u. viel My-
stik, fast schon, nein wirklich Spiritismus. Die Zeichnung wurde
sehr gut, nur habe ich eben die gebückte Haltung sehr hohen Alters –
er sagte, nein, das sei Conzentration. Er begann nun eine zweite
Zeichnung, die stark an meine Jugendlithographie erinnerte. Darüber begann ein nicht endenwollendes Gewitter mit unaufhörlichen
Güssen. Kretzschmar blieb gezwungenerweise zu einem – aller-
knappsten – Abendbrod; er hatte ein paar Kartoffeln in seiner Ma-
lerhandwerkstasche, die schenkte er uns. Er übernachtete in Klei-
dern auf dem Sopha in der Diele – wir kamen erst um 1 h zur Ruhe.
Am nächsten Morgen gemeinsames Frühstück – Verzweiflung über
jede Schnitte Brod – dann fuhr Kretzschmar zu Hanusch nach Freital u. ich zu dem Lehrercongreß.

Montag 5. August 46 Morgens
Der KB-Abend am Mittwoch 31. 7. im Akademiesaal wurde ein
großer Erfolg für mich. Ich formulierte: »Jugend fragt – Jugend ant-
wortet im Hause des Kulturbundes«. Bestimmt mehr als 100 Hörer.
Leidenschaftliche Discussion. Das Thränencitat aus Carlos[1] wurde
stark umkämpft. Mißtrauen gegen *alle* heutigen Werbungen u.
Theorieen, gegen die regierende Partei, gegen die Russen. (»Da läuft
ein Film ›Sieg über Japan‹, darin heißt es: ›jetzt haben wir 1905
gerächt!‹ Wie verträgt sich das mit Humanität, Pazifismus etc.??«)
Ich hatte es als Diplomat nicht leicht. Aber alles ging *sehr* gut,
Schlag auf Schlag u. herzlich, u. als ich dann fragte, wer den nächsten Abend – Thema »Kultur« leiten solle (»Variatio delectat[2]? Oder
Einheitlichkeit? Beides hat seine Vorzüge«) brüllte das ganze Auditorium: »Sie, Sie, Sie!« – E war unter den Zuhörern u. bestätigte den
grand succès[3]. Auch die Zeitung schrieb freundlich darüber.

Mittwoch Morgen 7. August 46
Mit Auswalzung des Humanitätsabends füllte ich die gestrige erste
Stunde im Abendgymnasium nach den Ferien. Immer wieder, hier

---

1 »Die ewige/Beglaubigung der Menschheit sind ja Tränen«; aus: »Don Karlos. In-
 fant von Spanien«, Drama (1787) von Friedrich Schiller (II, 2).
2 (lat.) Abwechslung erfreut.
3 (frz.) großer Erfolg.

u. im KB, schlägt mir entgegen: warum leiden *wir*, die Unschuldigen? Warum ist der Sieger inhuman? Wann hört die Vergeltung auf?

Donnerstag Morgen 8. 8. 46

Am Spätnachmittag gestern Eva Schulz-Knabe bei uns, die Witwe des hingerichteten Malers, die mich nach dem Plievier-Vortrag (mit dem Verband) malen wollte, der ich seitdem wiederholt begegnete. Sie brachte Aufforderung der SED heute bei einer Rundfunk-Reportage (Intellektuelle – Wahlpropaganda) dabei zu sein. – Sehr sympathische Frau, etwa Anfang Vierzig, lang, hager, blond, durchaus natürlich, warmherzig, einfach. War lebenslänglich verurteilt, saß fünf Jahre in Waldheim.

E. Schulz-Knabe hat am rechten Arm lange Schnittnarben u. Steifheit im Gelenk, die sie bei der Arbeit stört. Gut operierte aber dann brutal massierte Sepsis im Zuchthaus. Im allgemeinen aber, sagte sie, sei es ihr im Zuchthaus nicht schlecht ergangen, jedenfalls ungleich besser (und gefahrloser) als in einem Lager … Arbeit an der Nähmaschine … Nachrichten über die Situation habe man immer gehabt, Zeitung durch Wärter, Berichte von auswärts arbeitenden Gefangenen.

Tagüber gestern das bisher Geschaffte der LTI durchgelesen, d. h. 10 von 23 Stücken. Viel Müdigkeit u. von 18 – fast 21 h Eva Schulz (dazwischen Kretzschmar-Neumark, dessen Stiefvater noch immer sitzt. Er erzählte von einem Rabbiner, aus Theresienstadt nach Berlin zurück u. dort soeben zu 8 Jahren Zuchthaus verurteilt, weil er der Gestapo behilflich gewesen – der Mann sei *zu Recht* verurteilt.) Kurz beenden kann ich die LTI keineswegs. Manchmal glaube ich mich gar nicht fähig zu wirklicher Produktion. Und das Herz …

10 August Sonnabend Morgen.

Eva Schulz Knabe sagte neulich: sie fände Dresden eigentlich jetzt schöner als zuvor. »Wenn ich an all die Mietskasernen u. Kitschbauten denke! Jetzt dagegen: das schöne Rosa der Ruinen u. dann ein blauer Himmel darüber – wie ich das zuerst sah, war ich ganz entzückt. Und es gefällt mir alle Tage wieder.« Dabei ist sie eine warmherzige Person, Opfer des Faschismus, Witwe eines Hingerichteten …

Gestern im Abendgymnasium: Uhlands Castellan von Coucy[1] vorgelesen, über Provenzalen u. über Uhland gesprochen … Nach

---

1 »Der Kastellan von Coucy«, Ballade von Ludwig Uhland (1787–1862), Dichter; bedeutendster Vertreter der schwäbischen Romantik.

der Stunde stehen die Leute lange, bis zum Dunkelwerden um mein Katheder. Ein Knäuel umgibt mich bis zur Tram, ich muß von dem Obst essen, was die Plantagen-Schwestern Zabel immer bei sich führen. Man beklagt sich über einige Lehrer (seltsamerweise auch über die Reuschel, sie sei zu unsystematisch, sie setze zuviel voraus), man schüttet mir auch sonst das Herz aus. Ich glaube wirklich, ich habe das Herz der Jugend für mich. Wieso, weiß Gott allein. Ich bin ja auch unsystematisch, setze auch zuviel voraus, taste auch ab. Ich sage ihnen das auch, entschuldige damit die anderen Lehrer, gehe auf politische Schwierigkeiten über etc. etc. Sie nehmen alles hin – ja aber bei mir sei es interessant, bei mir lernten sie ... Kurzum, wie neulich beim KB.-Discutieren: »Sie, Sie, Sie ...«

Dienstag Nachm. 13. 8.
Vorm. T. H. Rector berichtete. TH. wird am 14 Sept feierlich eröffnet. Gute Staatssekretär, quasi Kultusminister, Donath[1] Ministerialrat, zwischen beiden – Name noch nicht genannt, Simon[2]. Ich sagte zu Woldt[3]: sie glauben ihn in der Zange zu haben; er wird die Zange verbiegen. Er überspielt sie. Ich sagte: alles geht den Weg von 1919, an der Hochschule, am Geist scheitern sie. (die 3 Säulen der Reaction) – Die T. H. wird nur Fachschullehrer u. Studienräte der naturwissenschaftl. Sparte ausbilden. Das bedeutet Leerlauf meines Amtes. Und daß Leipzig mich beruft, halte ich für ausgeschlossen. – Alle meine Pläne u. Hoffnungen an einem Tage gescheitert. Ich sehe auch aus der heutigen Ztg, daß ich nicht auf der Liste der Stadtcandidaten stehe.

Mittwoch Morgen 14. 8.
Den ganzen Tag über gestern sehr bedrückt. Abends wirkte dann der Unterricht im Abendgymnasium geradezu auffrischend. So viel Zeit mir das auch nimmt – ich zögere immer wieder mit der endgiltigen Demission. Aber vielleicht um des Geldes willen, oder weil ich Angst vor concentrierter eigentlicher Arbeit habe? Geschäftigkeit ist so viel bequemer als Arbeit.

1 Johannes Donath, Referent, später Ministerialrat in der Landesverwaltg. Sachsen.
2 Arthur Simon (1893–1962), Chemiker; ab 1932 Professor für anorganische Chemie an der TH Dresden, ab 1946 zeitw. Ministerialdirektor und Leiter der Abt. Hochschule und Wissenschaft im Sächs. Ministerium für Volksbildung.
3 Richard Woldt (1878–1952), Soziologe und Volkswirtschaftler; vor 1933 Ministerialrat im Preuß. Kultusministerium, 1945 Professor an der TH Dresden, Leiter des Instituts für soziale Arbeitswissenschaften.

Donnerstag Morgen 22. 8. 46
Die Pillnitzer Notiz schrieb ich eben erst fertig; gestern zu abgekämpft. Vielleicht kann E. das Material des Tagebuches doch
einmal verwerten. Es ist ja doch wohl zeitgeschichtlich wert-
voll. –
Ich war in den letzten Tagen derart arbeitsüberhäuft, daß ich sie
mir kaum reconstruiren kann.
Der Sonntag mit dem vorgesehenen Besuch der Frau Jährig verlief
sehr langweilig. Nachdem dann am Montag auch Frau Neumark
hier war, sehe ich die Affaire N. sehr düster an. Russischer Standpunkt: dem Gesetz »Verbrechen gegen die Menschlichkeit« verfalle
auch der, der auf Befehl gehandelt habe, er hätte Ausführung un-
menschlicher Befehle verweigern müssen. In Neumarks Fall: er habe
auf Befehl der Gestapo Listen zu deportierender »isolierter Privi-
legierter« zusammengestellt. (D. h. von Juden, die durch arische
Ehen geschützt, neuerdings aber verwitwet oder getrennt lebten,
oder die durch arische Kinder, *unter* 16 Jahren u. im Elternhause lebend, Schutz genossen, u. jetzt waren die Kinder über 16 oder aus
dem Haus gewesen.) *Vielleicht* hätte die Gestapo ohne Neumarks
Hilfe den oder jenen übersehen. Ergo sei er schuldiger Mithelfer. In
Berlin seien unter ähnlichen Anschuldigungen schon mehrere Juden seit Monaten »verschwunden«. Z. T. freilich *»Häscher«* (Fach-
ausdruck?!), d. h. Juden, die bei Razzien Straßen absperren mußten. –
Arme LTI. Stockt seit Wochen. Heute Vorm. muß ich zur T. H. Die
Russen fordern ausführliche Voranzeige des Winterprogramms.

Samstag Abend 24. 8. 46.
Am späteren Abend Günther Schmidt. Dessen unseliger Vater in
Russenhaft. Er war Steuerinspektor in der Ukraine, soll schuldige
Offiziere benennen u. weiß wirklich von keinem, saß in schon be-
friedeter Gegend.

Mittwoch Nachm 28. August 46
Der Sonntag (25/8) war interessant. Obschon ich wieder beschämend
fühlte, wie eng mein eigenes Gebiet ist, wie ich gar nichts verstehe
von Kunst u. Musik. Sehr feierliche Eröffnung der ersten allgemeinen deutschen Kunstausstellung[1]. 5. Symphonie von Schostakowitsch (Première). Wiederholt spürte ich große Schönheit – aber

---

1 Die Ausstellung (Ende August bis Mitte Oktober 1946) zeigte Werke von Künstlern aus allen vier Besatzungszonen.

dem Ganzen folgen, seinen Connex[1] erfassen? Unmöglich! Bedrückte Langeweile, Abschweifen. Danach viele Reden.

Neben mir saß der rehabilitierte Bauer von der Fa. Adolf Bauer. Er ist in der Sache Neumark vernommen worden. N. sitzt nun schon einen Monat. – Sodann Zusammentreffen u. wieder herzliche Begrüßung mit Eva Büttner[2]. Im letzten Augenblick erfuhr ich von einer Russeneinladung für die Spitzenprominenz u. ergatterte eine zweite Karte für E. – Schloß Wachwitz, eine fürstliche Villa 1938 für einen Prinzen Heinrich erbaut[3]. Mit der 18 bis zur Calberlastr. Dann zu Fuß hoch hinauf. Mein armes Herz, stetes Memento. Mit etlichen Malersleuten zusammen – während großfressige Regierungsautos vorbeirollten. Ganz zuletzt nahm uns ein Russenauto mit. Man stand lange auf der Terrasse hinter dem Haus u. hatte prachtvollen Blick auf Elbe u. Stadt u. Bergzug dahinter; die Zerstörung machte sich nicht bemerkbar. Endlich, es war wohl schon 9 h, zum Essen hineingerufen. Großer Tisch in einem Hauptzimmer, kleine Tische in einem stattlichen Nebenraum. Wir saßen mit ein paar Malern im Nebenraum; es hatte sein Gutes. Große Eleganz. Der Tisch mit Vorspeisen – Caviar, Fischchen, Eier, Wurst, Tomaten bedeckt, reichlichste Butter, weißes Brod unbeschränkt. Ein Paradies. (Povera Germania[4]). Ein russischer Hausmeister oder Armenienober, dick, in Uniform, eine schlanke russische Armeniendame, schwarzes Kleid, ältlich, würdig, kostbare Armbänder, dämonisch, bühnenartig; deutsche Kellner, kein Wein, kein Bier – nur Schnaps in Mengen: Wodkaflaschen, Liqueurflaschen. Heidebroek hatte mich gewarnt: strenge Sitte sei bei jedem Toast das volle Glas zu leeren. Man müsse heimlich unter dem Tisch was in eine Blumenvase gießen ... Die Toaste, russisch u. deutsch, klangen unverstanden aus dem Nebenzimmer, an unserem Tisch war man rein deutsch – so konnte ich cachieren. »Wünschen der Herr etwas Hartes oder Liebliches?« – »Liebliches bitte!« Aber auch das Liebliche brannte. Es fand sich ein milderer Obstwein neben den Likören. Nach dem Essen zwangloses Zusammentreten. Ich kam mit mancherlei Leuten in Connex. In der Ausstellung hatte ich ein paar

1 Konnex (lat.), Zusammenhang.
2 Frau des Komponisten und Direktors des Dresdener Konservatoriums Paul Büttner (1870–1943), die durch den Tod ihres nichtjüdischen Mannes den Schutz der »Mischehe« verlor; sie täuschte Selbstmord vor und überlebte durch den Mut von Menschen, die sie versteckt hielten.
3 Schloß Wachwitz, erbaut 1934–1937 für den Prinzen Friedrich Christian, zweiten Sohn des letzten sächs. Königs Friedrich August.
4 (ital.) Armes Deutschland.

Worte mit Plievier gewechselt. Er sieht alt, grau, klapprig u. un-
scheinbar aus.

Ich möchte sagen: das äußere Getriebe meiner Existenz wurde
wieder ein bißchen geölt ... Nach 12 sorgte Gute dafür, daß uns ein
Auto heimbrachte. – Natürlich fehlte es an Schlaf u. das Herz war
wieder überlastet.

Seit gestern habe ich Telephon.

Montag 2/9.
Der eigentliche Vortrag Lessingschule, große Aula, etwa zum Drittel
voll, sollen 120 Leute gewesen sein – Kamenz hat 13 000 Einwohner u. hatte gleichzeitig politische Veranstaltungen. Ich war circus-
mäßig plakatiert: »Versammlung. Thema: Der Kb u. die Gemeindewahlen. Redner Herr Prof. Dr. Kl. von der T. H. Dresden u. der
Univ. Leipzig, Direktor der Volkshochschule*n* (Plural! u. dazu Leipzig!) Anschließend Aussprache! Hierzu ladet ein der Vorstand der
Ortsgruppe Kamenz, Hermann Grafe Landrat, Eva Büttner Kultur-
amt.« Ich sprach über Kultur u. Humanität. – Discussion, wandte
sich sofort nicht gegen mich sondern gegen Persönliches im lokalen Wahlkampf. Eine jugendliche Dame warf der »alleinseligma-
chenden« SED unfaire persönliche Angriffe vor, Eva Büttner antwortete scharf, es ging eine Weile heftig hin u. her. Ein Herr weit
hinten stand auf: der Redner kenne ihn u. werde ihm seine Menschlichkeit bestätigen, er wolle nur für allseitige Gerechtigkeit eintreten.
Ich fragte, wer er sei, ich könne sein Gesicht nicht erkennen – Schlüter, Teefabrikant Schlüter, jetzt hier angesiedelt. Ich sprach ihm herzliche Dankbarkeit aus, sprach versöhnlich auf die erbitterte Frau ein,
goß Öl auf die Wellen. Abend schloß gut.

Größte Herzlichkeit, Hilfsbereitschaft, Schmeichelei, nach dem
Erfolg des Abends noch gesteigert: ich muß die Landesleitung des
KB.'s haben, muß in den Landtag etc. etc. ... Was ist von alledem
heute noch übrig nach dem Wahlmisserfolg[1], war es schon gestern,
als ich Hilfe für Agnes[2] gegen den Bürgermeister von Piskowitz forderte? O Politik! – Erst um 2 h zurück. Der Markt beleuchtet, überall die großen roten Banner, statt des Hakenkreuzes eine weiße
1 (Liste 1, SED!) in der Mitte. Die Polizeiwache in Betrieb. Dort lag

---

1 Bei den Kommunalwahlen in Sachsen am 1. 9. 1946 wurde die SED mit 48 % der
   Stimmen stärkste politische Kraft, verfehlte jedoch die absolute Mehrheit.
2 Agnes Scholze, Sorbin; von Februar 1925 bis April 1929 Hausgehilfin bei Kl.s;
   in ihrem Gehöft in Piskowitz nahe Kamenz fanden nach dem Angriff auf Dresden
   Eva und Victor Kl. vom 18. 2. bis 4. 3. 1945 Zuflucht.

der Torschlüssel unseres Hôtels, ein Polizist u. Genosse führte uns hinüber u. schloß uns auf. (Der »Stern« hatte Betriebsruhe). Am nächsten Morgen war unsere erste Freude das rote Banner ohne, *ohne* Hakenkreuz. Vor dem Rathaus begann eine Bläsermusik, es folgte hübscher Chorgesang, die Wahl begann festlich. – Wir frühstückten bei Eva B., sie ließ uns dann nach Piskowitz fahren. Wir fanden unsere Agnes recht jämmerlich untergebracht in den Holzbaracken des früheren »Maidenlagers«. Aber es gab reichlich zu essen wie 45 in den Fluchttagen, Karnickel u. Kuchen – wir konnten auch allerhand Esswaren, sogar Butter hamstern. Jurik u. Marka u. sie selber hatten sich wenig verändert. Ihr Gehöft ist zusammengeschossen u. befindet sich nicht unter denen, die wieder aufgebaut werden. Sie klagte, sie sei eine arme Witwe, der neue Bürgermeister Hanski helfe ihr nicht, ins Spiel kämen nur Leute mit Verbindungen oder die schmieren könnten – es geht außer um den Hausbau um eine Kuh u. einen Kuhwagen. Der Krahl, der damalige Bürgermeister, als Pg. 13 Wochen in einem Russenlager, jetzt wieder auf seinem Hof, sei ihr freundlich gesinnt, könne ihr aber nicht helfen. Ich sprach mit Krahl, ich ging zu dem Bürgermeister. Er verhielt sich ganz ablehnend. Ich wurde sehr saugrob, drohte mit Landrat u. Regierung, es sei seine Pflicht sich vor allem derer anzunehmen, die für Antifaschisten eingetreten seien. – Nachher sagte mir Eva B. ärgerlich u. mitleidig lachend, ich hätte keine Ahnung von Communalpolitik, der Bürgermeister auf seiner Einheitsliste der parteilosen gegenseitigen Bauernhilfe[1] sicherlich neugewählt u. bestätigt, sei Herr der Lage, der Landrat werde keinen Finger gegen ihn rühren, daß der Bürgermeister erst seinen Leuten helfe, sei selbstverständlich ... Die Sache wurmt mich sehr u. ist persönliche Niederlage. – Agnes erzählte noch sehr sachlich u. ohne große Worte, – von »vergewaltigen« war nicht die Rede – [daß die Frauen] mit den erstkommenden Russen schlafen mußten, sie selber auch – »was sollte man machen, er stellte das Gewehr hin, da waren die Kinder, ich mußte mit ihm hinausgehen, es ist nur gut, daß nichts nachgekommen ist!« –, später aber seien die Russen sehr freundlich u. hilfreich gewesen. – In Kamenz auf dem Markt hatte ich Nachmittags noch ein Gespräch mit einem jungen Mann, den die SED zum Prüfungsausschuß für die Inscriptionen in die T. H. delegiert. (3000 haben sich bisher zum Studium gemeldet, 1200 werden nur aufgenommen). Der Mann sagte im Gespräch: es ist nicht einfach mit *die Kinder*. Ich zu Eva B., wie

1 Die Vereinigung der gegenseitigen Bauernhilfe (VdgB) hatte für die Kommunalwahlen im September 1946 ebenfalls Kandidaten aufgestellt.

sollen wir vor der Hochschule bestehen, wenn wir Leute mit ihr verhandeln lassen, die mir u. mich verwechseln? Sie nahm es leicht:
»*so* sind nun mal unsere Leute.« Damit werden wir nie regieren!
Das ist jetzt mein A u. O, u. das macht meine Position verzweifelt.

Montag Abend 2/9.
Der heutige Tag ist verdüstert durch das Wahlergebnis, das nur sehr
spät u. zögernd durchdrang. (Ich wartete gestern Abend u. heute
früh am Radio vergeblich), um 8 an der Zeitungsbude unten wurde
auch gefragt u. geraten, es gab nur einen gedruckten Zettel aus Freital. Das ist natürlich rot, von 25 000 Stimmen 15 000 für SED, aber
man erzählte schon von umgekehrten Dresdener Resultaten. Danach
hörte ich im Funkhaus, daß die SED in ganz Sachsen es kaum auf
50 % gebracht hat, also überall auf Blockpolitik angewiesen ist. Das
bedeutet das Scheitern meiner Leipziger Pläne. Nun wird die SED
noch ängstlicher werden u. nichts, gar nichts gegen die Selbstherr-
lichkeit der Hochschulen unternehmen.

Freitag 6. 9.
Interessanteste Briefe der letzten Zeit: von Berthold Meyerhof[1] (in
dürftigsten Verhältnissen in New York; Brauereiangestellter, die Frau
hausschneidert. – Hans M. lebt in Palermo); von Doris Machol[2],
Tochter von Heinz[3] († im Kz) u. seiner ersten Frau, der oester-
reichischen Communistin[4], die uns in den 20er Jahren in der Hol-
beinstr besuchte. Hiervon wird wohl noch mehr zu sagen sein. Ich
beantwortete den Brief des Mädels ausführlich, da er sehr sympathisch klingt. Malstudentin, aus französ. Emigration kommend, in
Berlin ansässig, Mutter † Januar 46 in Nizza. D. fragt nach ihrer
Großmutter Hedwig, deren Bild sie »beeindruckt« habe; von uns
habe sie Undeutliches durch ihre Mutter gehört; jetzt fragt sie an,
ob der Autor von Plievier–Barbusse dieser Klemperer sei, der in
ihre Verwandtschaft gehöre. Der Brief klingt ehrlich interessiert.

---

1 Jüngster Bruder Hans Meyerhofs, emigrierte nach 1933 mit seiner Frau Phila in
   die USA.
2 Doris Machol (1920–1976), Großnichte Kl.s (ab April 1951 verheiratet mit Max
   Kahane), Graphikerin und Malerin; 1936 Emigration nach Spanien, später nach
   Frankreich, 1939 Académie Montmartre Paris, 1951–1955 Studium an der Kunsthochschule Berlin-Weißensee.
3 Heinz Machol (1893–1943), Neffe Kl.s, Sohn von dessen zweitältester Schwester Hedwig Machol (1870–1893), die im Wochenbett starb.
4 Mathilde Machol, geb. Grabowski, Heinz Machols erste Frau, war Berlinerin; sie
   war lediglich mit dem österr. Sozialisten Friedrich Adler (1879–1960) bekannt.

Oder sucht er nur Connex? Ich bin so mißtrauisch. Aber ich habe sehr warm geantwortet.
Brief aus Long Island von Frau Dember.

7. Sept. 46 Samstag Morgen.
Zwei junge Parteifunktionäre, irgendwie im Amt als Jugendleiter oder so, beschwerten sich bei Eva Blank u. mir in langer Sitzung (in der Melanchthonstr), daß unsere Discussionen mit der freien Jugend zu bürgerlich, zu historisch, *zu unpolitisch,* zu unsozialistisch gehalten seien. Wir suchten sie zu überzeugen, wie un*politisch* ein anderes Vorgehen im KB. sein würde. Wir rieten ihnen: schickt uns Leute aus *Euren* Arbeiter- u. Volksschulkreisen. Es war die Rede davon, daß die »Jugend« in Masse zur LDP gehe, die sich als Erbin u. Pächterin der Klassik gebärdet. – Ich sprach von meinen Erfahrungen im Abendgymnasium. Der kommt aus Hitlerschulen, der kommt aus dem Feld u. sieht sich jetzt mißachtet u. devantiert. –

8 Sept. Sonntag Morgen
Brief vom Aufbauverlag: LTI acceptiert, wollen Vertrag schicken, ich solle dringend angeben, wann ich die restlichen Stücke sende. – Ja, wann?

Dienstag Nachm. 10. September 46
Am späteren Nachmittag wurden wir Sonntag im Wagen abgeholt: Pressefest im Luisenhof (wo ich neulich gesprochen – der schöne Blick). Sehr hübscher Abend – Kuchen zu scheußlichem Tee, später gutes Abendessen, Schweinebraten! Musik, Gesang, Cabaret. –
Abends 23 h. Ich lernte Erich Kästner[1] kennen – sehr jugendlichen Aussehens, sehr freundlich unaffektiert, lebt als Redacteur in München, soll Fünfziger sein, wurde sehr applaudiert, als man ihn unter den Anwesenden nannte.

Do Nachm. 12. Sept.
Gestriger Tag galt im Wesentlichen der Zurechtmachung des Abendvortrags vor der »Freien Jugend«: »Jugend u. Wissenschaft«. Halb die Rede »Nationalsozialismus u. Wissenschaft«, halb wirklich neu. Appell an die Jugend: Ihr habt die Chance des neuen Zustandes, des Abenteuers beim Neuschaffen! Vorsichtig gegen Sport.

1 Erich Kästner (1899–1974); Lyriker, Erzähler, Kinderbuchautor; hatte wegen seiner satirischen Zeitgedichte und seines moralkritischen Romans »Fabian« (1931) während der NS-Zeit Schreibverbot.

In dem großen Saal fanden sich dann wieder wie neulich am Pressetag viel zu wenig Personen an, vielleicht 100. Aber es waren wirkliche Jugendliche, u. ich sprach zu ihnen als väterlicher Lehrer. Anrede: »Liebe verehrte u. *beneidete* Jugend!« Beneidet als die Jugend von 1945, die in neue Verhältnisse kommt, das Abenteuer vor sich hat.

Freitag 27. September 46
Am Morgen dieses Hochschultages war Kretzschmar-Neumark bei mir gewesen, den ich den Abend zuvor angerufen hatte. N. hatte durch Friseur Gustl an mich durchgegeben: er bitte um Brod u. Wintermantel, er hungere so sehr u. friere. Er habe jetzt die Anklageschrift erhalten – Verbrechen gegen die Menschlichkeit, durch Ausfertigung einer Deportationsliste –, er halte seine Verurteilung für sicher … Seitdem weiß man noch nichts weiter; Hilfe unmöglich. – Ganz ähnlich der Fall des Nachbarn Schmidt, der in der Ukraine Steuerinspektor war. Er sitzt seit einem Monat. Die Familie in Not. Traute S., die vor dem Abitur steht, malt Lampenschirme. Günter S. sieht sein 3. Medizinsemester in Jena gefährdet, denn auf dem jüngsten Fragebogen heißt es: »Befindet sich einer Ihrer Angehörigen in Haft?« Günter war gestern vor der Abreise nach Jena bei mir. Ich konnte ihm *nicht* raten, die Frage mit Nein zu beantworten.

Sonntag Abend 29. 9. 46
Wir hatten zum Nachmittag eine Einladung zu Steininger absagen müssen, weil E's einzige Schuhe in Reparatur sind. Gegen Abend kam, von der Witkowskaja benachrichtigt, Frau Heinsch u. brachte E. provisorisch u. leihweise ein paar Schuhe.

Morgen Nachm. muß es sich nun entscheiden ob ich für den Landtag candidiere. Mir scheint das nun eine Schicksalsentscheidung für den Rest meines Lebens.

Vanitatum vanitas: Das Bild in der ZIB[1]. »Prof Kl. vom Kulturbund spricht«, wo ich das Gesicht gegen die Faust stütze, gefällt mir. In der Titelgruppe vor der Ausstellung aber sehe ich greulich aus.

Mittwoch Abend 9. Oktober 46.
In Neapel 1914/15 hörte ich oft: jeder sage von seinem Giornale[2] »è pagato«[3], u. trotzdem wirke die Presse. So sage ich mir: ich weiß, wie

---

1 »Zeit im Bild. Die aktuelle Illustrierte«, hrsg. ab 1946 vom Landesvorst. Sachsen der SED, erschien in Dresden.
2 (ital.) Zeitung.
3 (ital.) ist bezahlt, bestochen.

diese Ovationen zustande kommen, wie wenig Echtheit dahinter
steckt, wie wenig dauernden Ruhm sie verschaffen. Und doch hat
mir der komisch conventionelle Betrieb dieses 65. Geburtstages sehr
wohl getan. – Blumenkörbe, feierliche Glückwünsche in Anspra-
cheform, graphisch hergestellte Adressen der LV., gezeichnet Gute,
der SED, gezeichnet Grotewohl, Buchwitz, Koenen, des Schul- u.
Kulturamtes u. [der] VHD, gez. Dölitzsch; Artikelchen und Photo in
der Sächs Ztg. Ich bin »der große Gelehrte«, der »berufene (wohin
berufen???) u. über die Grenzen Deutschlands hinaus bekannte Romanist« (LV), der Kämpfer für ... usw. usw. Es geht sanft ein u.
schmeckt doch bittersüß nach den Mißerfolgen im Punkte Landtag
u. Leipzig u. mit dem Todesurteil der Angina in der Tasche. – Sehr
hübsch war der Glückwunsch der SMA, überbracht durch Oberleutnant Kotschikow (oder so ähnlich). Er war schon gestern Abend mit
seinem Major Ausländer zusammen hier – da waren wir in der Akademie. Er kam heute morgen wieder. Blasser, blonder, sehr tuber-
kulös aussehender Mann, soll Musikprofessor sein. Gebrochenes
aber gebildetes Deutsch. Ich redete ihm über den Nazismus, der in
der Jugend hafte. Er: bei uns in Deutschland scheine das Alter fort-
schrittlicher als die Jugend. Ich: das habe natürlichsten Grund. Am
Anfang des Gespräches hatte er feierlich Glückwünsche der SMA
überbracht. Am Schluß sagte ich ihm feierlich: ich hielte von ganzem
Herzen u. mit Dankbarkeit zu Sowjetrußland. – Dann ließ er durch
seinen Chauffeur hereintragen: 3 Flaschen Alkolat, einen Klotz Rind-
fleisch (2 1/2 ℔, eine Monatsration – povera Germania!), eine große
Tüte Zucker, 2 ℔ Butter u. wohl an 10 ℔ weißes Mehl. – Das ist die
bedeutendste Ausbeute des Tages, u. ganze 240 Cigaretten waren
noch beim Sowjetgeschenk. – Und Besuch u. Telefonate den ganzen Tag über. – Eva Blank mit prachtvollen Rosen, üppigsten, vom
KB. Sie hat den Besuch u. die Geschenke der Russen organisiert. Sie
überbrachte auch Ordre für morgen: Begrüßung des Russenchors[1].

Freitag 11. Okt. Nachm.
Sehr abgekämpft. Zwischen den Schlachten. (Russenempfang –
Russenchor.)

Mittwoch 16. X
In Freital über 200 Hörer. Trotz Becher u. trotz philosophischer
Schwierigkeit meiner Sache *sehr* starker Beifall. – Am Di. 15 Nachm.

1 Im Oktober 1946 hatte der Sowjetische Staatschor des russischen Liedes Auf-
tritte in mehreren Städten der Sowjetischen Zone.

las Becher genau denselben Schrieb über Idealismus, KB., etc. in der T. H., in dem riesigen wunderschönen Chemiesaal. Sein wesentlicher Satz: *»Bei uns wird niemand abgeschrieben.«* Breiige Versöhnlichkeit gegen den Westen, gegen die Pg, gegen Gerhart Hauptmann, gegen alle. Lauheit als Princip.

Gadamer[1] hat gedroht, nach Heidelberg zu gehen!« sagt Becher. Peinliche Situation für mich, u. schließlich werde ich zwischen allen Stühlen sitzen.

Doris u. Ernst Machol 26 u. 25 Jahre. Der Junge beim Vater aufgewachsen. Zur Mutter. Bei ihr Doris. Mit 13 Jahren ins Exil. Spanien. Doris gut bekannt mit Richard Gladewitz. Telephonierte mit ihm … Frankreich. Unregelmäßiger Schulbesuch. Französische, spanische, englische Kenntnisse. Der Junge in einer Hôtelschule, dann bald Page, bald Koch, bald che so io[2]. In französisch- deutschen Lagern u. Gefängnissen. Jetzt sie bei der Agentur ADN[3] (?), eben licenziert. In dieser Position hat sie den ganzen Nürnberger Prozeß[4] mitgemacht. Stellt jetzt ein Berichtbuch darüber zusammen. (Eben ging durch das Radio: heute früh 2 h Urteile vollstreckt; Göring vorher Selbstmord – Blausäure[5].) Doris sagt: Göring habe sich in Nürnberg völlig überlegen verteidigt, den Ankläger Jackson[6] völlig überrollt … Um beide Geschwister eine Aura der Selbständigkeit, Tüchtigkeit, Abenteuerlichkeit. Sicher auch des Idealistischen. Besonders um Doris. Eigentümliche Erscheinung. Lebhafte kleine undefinierbare halbdunkle Augen, mächtiges Wuscheltoupet. In freier Ehe mit »Mackie«-Max Kahane[7], 35 Jahre, Chefredacteur der gleichen Agentur, Spanien- u. Frankreichkämpfer, getrennt aber nicht geschieden von seiner in Palaestina untergetauchten Frau, Sohn kleinbürgerlich

1 Hans-Georg Gadamer (1900–2002), Philosoph; 1937 Professor in Marburg, 1939 in Leipzig (1946/47 Rektor), 1947 in Frankfurt/M., ab 1949 in Heidelberg; bekannt geworden durch seine philosophische Hermeneutik.

2 (ital.) was weiß ich.

3 Allgemeiner Deutscher Nachrichtendienst, staatliche Nachrichtenagentur der Sowjetischen Zone, später der DDR (1946 bis 1990).

4 Vom 20. 11. 1945 an fand in Nürnberg der Prozeß gegen die 22 Hauptkriegsverbrecher statt; am 1. 10. 1946 wurden die Urteile verkündet; es wurden 12 Todesurteile sowie 7 Strafen zwischen lebenslängl. und 10 Jahren Haft verhängt; drei Angeklagte wurden freigesprochen.

5 Hermann Göring beging mittels einer in der Zelle versteckten Zyankali-Kapsel am Tag vor der für den 16. 10. 1946 angesetzten Hinrichtung Selbstmord.

6 Robert H. Jackson, US-amerikan. Hauptankläger im Nürnberger Kriegsverbrecherprozeß.

7 Max Kahane (geb. 1910), Journalist; 1933 Emigration nach Prag, Teilnahme am span. Bürgerkrieg, danach in Frankreich; 1946 Mitbegründer von ADN, später in der Tagespresse, lange Zeit Auslandskorrespondent.

jüdischer Eltern aus Kiew. – Ernst M. jüdisch, etwas wulstig an Lippen u. Haar, Brille, beide Geschwister mit stark vorstehenden Zähnen des Oberkiefers. – Ein Bild der zu Anfang dieses Jahres in Nizza verstorbenen Mutter glaubte ich wiederzuerkennen. Sie war übrigens bäuerlich-norddeutscher Herkunft, aber, wie Doris sagte, nicht ganz so arisch, wie angegeben wurde. Die hübsche Geschichte vom »Kaninchen«. Doris erzählte: Einmal im Lager habe sie das Heulen bekommen, und ein sonst brutaler SS-Arzt habe ihr Medikamente gegeben u. gut zugeredet. »Sie sind ein weißes Kaninchen mit schwarzen Flecken – bei Ihren Kindern werden es nur noch Fleckchen sein, und ihre Enkel werden ein ganz weißes Fell haben!«

Donnerstag Abend 17. Oktober
Einzelnes. Als die Freitaler Versammlung eröffnet wurde, – der Vorsitzende machte übliche Phrasen, Becher u. ich warteten versteckt bei der Bühne –, sagte Becher zu mir: »Das sind doch Schmonzes[1].« Becher, der Deutsche. Als wir zusammensaßen, sagte er unvermittelt: »Wie mag es in Nürnberg bei den Verurteilten aussehen? Alle außer Rosenberg[2] haben den Geistlichen bei sich. Sie werden auf amerikanische Art gehenkt. Das ist ein langsames Sterben, wenige Centimeter über dem Boden, bis zu 15 Minuten.« (Heute kam die Nachricht von Görings Selbstmord u. der Hinrichtung der übrigen[3]. – Frau Rasch: Sie glaube kein Wort davon. »Die hat man laufen lassen, die leben gut in Spanien!«)

Freitag Abend 18. X 46
Vormittag von der CDU ein paquet de donation[4] geholt, das ein Schweizer Hilfscomité den Faschismusopfern spendet. Richter von der Bekenntniskirche (jetzt 3. Bürgermeister) machte mich neulich beim Russenchor darauf aufmerksam. Bisschen peinlich, wo ich doch aus der Kirche ausgetreten bin. Das Packet enthält eine Unmenge Käse, eine große Hartwurst u. zwei Conservenbüchsen Schinken u. Butter.

---

1 leeres, törichtes Gerede; aus dem Hebräischen über das Jiddische in die dt. Umgangssprache gelangt.
2 Alfred Rosenberg (1893–1946), führender Ideologe der NSDAP; Hauptwerk »Der Mythus des 20. Jahrhunderts« (1930); 1934 »Beauftragter des Führers für die Überwachung der gesamten geistigen und weltanschaulichen Schulung und Erziehung der NSDAP«, 1941 »Reichsminister für die besetzten Ostgebiete«.
3 Am 16. 10. 1946 erfolgte in der Turnhalle des Nürnberger Justizpalastes die Hinrichtung der zum Tode verurteilten Hauptkriegsverbrecher.
4 (frz.) Geschenkpaket.

Sonntag Abend 20. Oktober. 46
Gestern Abend in Meißen. Eva im Wagen mit mir. Im Ratskeller mit
einem Vertreter des dortigen KB's schlecht gegessen. Im hübschen
Saal des Volksbuchhauses vor etwa 75 Hörern gut gesprochen. Dann
erregte Debatte; ich ging leidenschaftlich in die Höhe, als eine ältere
Dame – eine Ärztin, wie man nachher erfuhr! – mir als Sprecherin
des Volkes entgegenhielt, man wisse nicht, wem man glauben solle.
Ich erwiderte erbittert: »Gehen Sie durch das vernichtete Dresden,
dann werden Sie wissen, wem Sie nicht glauben können ...«

Mittwoch Morgen 23. Oktober.
Am Montag 21. X war »Dienstbesprechung«, so heißen die gemeinsamen Sitzungen, bei denen der Rektor berichtet. Eigentlich
hat die sowjetische Herrschaft in diesem Punkt die nazistische Ordnung beibehalten, u. ich selber kämpfe ja auch gegen die Selbstverwaltung. Helf er sich. – Ergebnis: in der momentanen Paedagog. Fakultät ist absolut kein Platz für mich. Die Russen machen aus der
T. H. quasi so eine *Schule* (nicht *Hoch*schule) wie aus der VHD.

Donnerstag Abend 24 X.
Bei mir voller Verzweiflung Frau Neumark u. Kretzschmar: N. ist
in ein Lager überführt worden, niemand weiß weßwegen u. wohin.
Ich soll ermitteln helfen, habe gar keine Möglichkeit dazu u. gelte
nun für feige u. treulos.
    Mein Kollege Frieser[1], Nachfolger des Photographie-Luthers an
der T. H., musicierender Freund Grubes – uns seinen Besuch immer
schuldig geblieben, sonst höflich, ist Knall u. Fall – Befehl kam
morgens, Abreise erfolgte 17 h – mit Familie u. gesamtem Hausrat
auf 5 Jahre nach Russland verfrachtet worden[2]. Er schickte mir nazistische Schriften – ich bin hier erlaubtes Sammelbecken dafür.
    Hab ich das Verschwinden des Bürgermeisters Arno Hennig be-
richtet? Nach Westen mit Familie u. einer enteigneten Gräfin Mil-
titz, zu deren Gunsten er den Russen beschlagnahmten Schmuck
verborgen gehalten habe, was seine Verhaftung zur Folge haben
sollte. Niemand weiß, was daran Wahrheit, was Legende ...

1 Hellmut Frieser (1901–1988), Photochemiker; ab 1936 Professor an der TU Dresden; nach seiner Rückkehr aus der SU ab 1952 in Köln, 1968–1970 an der TH München.
2 Am 22. 10. 1946 wurden auf Befehl der sowjet. Besatzungsbehörden rund 10 000 dt.
   Wissenschaftler, Ingenieure und Facharbeiter mit ihren Familien in die Sowjetunion
   gebracht, wo sie beim Aufbau demontierter Industrieanlagen aus der Sowjetischen Zone und bei der Ausbildung sowjet. Fachkräfte mitwirken sollten.

Sonntag Morgen 27. X. 46
Zuhaus fand ich verabredetermaßen Neumarks u. Gustl, den Gefängnisfriseur vor. Er sollte ihnen bestätigen, daß man wirklich nicht an das russische Militärgericht u. die russische Polizei herankomme. (Sie glauben immer, ich könnte ihnen irgendwie helfen, u. mir rät jeder zur Vorsicht.) Inzwischen hatte Gustl gehört, daß N. gar nicht in ein Lager, sondern in das Gefängnis am Münchener Platz gekommen. Das bedeutet, daß doch noch gerichtlich gegen ihn verhandelt wird, u. dies wieder, daß er doch wohl freikommt.

31. Oktober 46 Do. nachts 1 h.
Herzbeschwerden, Rheuma, Impfung gegen den ewigen furunkulösen Aussatz. Abspannung u. im Sitzen Schlafen. Correspondenzen u. übliches Gewirr der Ablenkungen. Bei alledem eingetaucht in die LTI. Eben ist »der jüdische Krieg« fertig geworden. – Dost bei dem ich in seiner Blasewitzer Oberschule Bücher für das romanische Seminar kaufte, sagte mir gestern, in einer westlichen Zeitschrift erschienen regelmäßig Artikel über die »Sprache der Unmenschen«[1]. Z. B. über »Betreuen«. Das hetzt mich. Ich weiß, daß meine LTI ein Ding für sich wird; aber ich fürchte, daß sie an Aktualität einbüßt u. womöglich nicht mehr veröffentlicht wird. Zu langsames Vorwärtskommen. Gründe: s. o.

Montag Abend 4 Nov.
Freitag, soweit ich mich erinnere, war einmal ganz der LTI gewidmet. »Die jüdische Brille«. Ich habe inzwischen den Vertrag erhalten u. mich verpflichtet, in 4–5 Wochen den Rest abzuliefern.

Mittwoch Mittag 6. Nov. 46
Inzwischen hat unser Leben eine neue Wandlung ins Ernste genommen; es ist, als gönnte mir E. meine Angina u. Todescandidatur nicht; seit Montag weiß ich, daß sie selber krebsbedroht ist. Daß sie

---

1　»Aus dem Wörterbuch des Unmenschen«, ständige Rubrik in der Heidelberger Zeitschrift »Die Wandlung« (hrsg. November 1945 – April 1948 von Dolf Sternberger unter Mitwirkung von Karl Jaspers, Alfred Weber und Werner Krauss), in der zwanzig Beiträge zu jeweils einem Begriff der NS-Sprache erschienen; die Texte zu Stichworten wie »Ausrichtung«, »Charakterlich«, »Einsatz«, »Fanatisch« waren mit Initialen gezeichnet; sie stammten von Dolf Sternberger, Gerhard Storz und Willi Emanuel Süskind; Jahre später erschienen die Beiträge, um eine Reihe weiterer vermehrt, als Buch: »Aus dem Wörterbuch des Unmenschen«, Hamburg 1957. – Der Artikel »Betreuung« erschien in H. 2/Dezember 1945 der »Wandlung«.

es in ihrem Stoizismus seit dem Sommer weiß, ohne es mir zu sagen, ohne etwas dagegen zu unternehmen. In letzter Zeit quälte ihre Magensenkung wieder, sie wollte in Pirna untersucht werden, Wolffs fuhren uns vorgestern Nachm., u. das Ergebnis der dortigen Untersuchung bestand in einer dringenden Empfehlung an den Johannstädter Chirurgie- u. Röntgen-Oberarzt Fritz. Dessen Entscheidung heute Vormittag: 4 Wochen lang, 4x wöchentlich Bestrahlung, dann Operation ev. nur die kleine Geschwulst an der rechten Brustseite, ev. die ganze Brust. Es ist keine der tötlichen Stellen – wir wissen von Frauen, die so operiert lange Jahre lebten oder noch leben; aber es ist doch ein Memento, mindestens so furchtbar wie die Angina, u. auf alle Fälle stehen E. böse Wochen bevor.

In Pirna fanden wir keine gute Stimmung. Annemarie im Gesicht dick aufgedunsen, dem Dr Dressel durchaus in freiwilliger Hörigkeit unterstellt, bedrückt durch die Enteignung u. Gefangenschaft ihres Bruders (Lager Mühlberg). Dressel noch immer nicht rehabiliert (sic. Neue Üblichkeit?). Annemarie zu mir: »Jetzt bist *Du PG*«. Dahinter steckt das übliche: »Ihr macht es wie die Nazis!« Aber 1) machen wir's nicht so, 2) sollten wir es vielleicht so machen, mindestens von ihnen lernen sollten wir. (In Radebeul sagte ich, daß selbst der liberale Montesquieu nicht ohne Diktatur auskommt.) Und 3) wessen Schuld wäre es, wenn wir's so machen müßten? Fluch der bösen Tat! … Jedenfalls: in Pirna sind wir politisch unter Feinden. Annemarie verlas höhnisch, übrigens mit Recht höhnisch, einen ihr von ihrer Mutter geschickten Leipziger Zeitungsausschnitt zu meinem 65 Geburtstag. Dumm verlogen. Danach haben E. u. ich lange gesessen, u. meine Bücher sind »in viele Sprachen übersetzt«. Dumme Lügen, die mich schädigen. – Durch alles Schreiben, Denken etc. schlägt das ekelhafte Wort Carcinom. Jetzt leben wir beide unter dem Fallbeil. –

Frau Dressel bekamen wir nicht zu Gesicht; sie hielt gerade Bibelstunde, sie stammt aus sehr christlichem Hause. Dressel tendiert auch zur CDU. Annemarie parteilos: sie habe sich so sehr gegen die Faschisten exponiert, sie wolle jetzt überhaupt nicht mehr mitmachen.

Donnerstag Abend 14 Nov. 46
Meine Vorträge dieses Jahres, alle in Stichwörtern auf langen Streifen festgehalten, bringen in immer neuen Combinationen u. Varianten immer die gleichen 3, 4 Themen »Kulturverflechtung«, »Humanität« Montesquieu (Persönlichkeit, Staatsprincipien), »Heroismus«. Ein bisschen steril auf die Dauer.

Ich vergaß vorhin unter meinen Themen »Hochschule u. Demokratie«. Damit bin ich ja eigentlich im Februar in Berlin bekannt geworden. – Unter meinen Hörern gestern Barkhausen u. Reingruber[1], *der* KB-Abgeordnete, der einzige im gesamten Sowjetdeutschland. Ich wollte so gern in das Stadtparlament, so gern in den Landtag. Beides ist fehlgeschlagen. Nun kämpfe ich um den Reichstag. – Vanitas. Und immer über den Todesgedanken weg. Neuerdings beunruhigt mich E. mehr als meine eigene Person. Was würde aus mir, wenn ich sie überlebte? Ich fände nicht den Mut ein Ende zu machen u. wäre doch völlig leer. Ihr Zustand ist nicht gut.

Zur Zeit zwischen allen Stühlen. Aus der VHD ganz heraus, niemand denkt daran, mich irgendwie zum Ehrenleiter zu machen. In der T. H. beschäftigungslos, u. Leipzig unerreichbar.

Samstag Abend 23 h 23 Nov. 46
Central steht die unvermutet neu aufgelebte Greifswalder Frage. (s. 28/29. 6.) Ich hielt die Sache längst für abgetan. Jetzt kam ein Werbeschreiben von Dr. Dr. Weidhaas, der dort commissarisch das kunsthistorische Katheder hat u. eines von dem Dekan Jacobi. Auch Gute ist schon durch Rompe in Berlin unterrichtet. Wir spielen sehr ernstlich mit dem Gedanken der Annahme; ich fühle mich von Dresden einigermaßen im Stich gelassen, von Regierung, Stadt u. Partei gleichermaßen. Ich schrieb *sehr* »grundsätzlich bereit« an beide Leute in G.

Mich besuchten: Mutter u. Tochter Jaehrig (Neumarks Sekretärin). Tragikomoedie der 18jährigen Tochter: in Eilcursen zur Russischlehrerin ausgebildet, möchte gern allgemeines Studium für Lehramt, *muß* bei Russisch allein bleiben, weil dafür besonders begabt. Überlastet – sie muß zugleich schon unterrichten u. weiterstudieren (bei einer Frau Neuloh, die ich von der VHD her kenne, u. die ihr sehr unsympathisch ist.) Sie erzählt von der schweren Renitenz der Eltern gegen den russischen Unterricht der Kinder. »Wenn ich eine 5 nachhaus bringe, freuen sich meine Eltern« … »Vater erlaubt mir nicht russisch zu arbeiten!« – Bibliotheksrat a.D. Faas, 64 Jahre, ich habe ihn lange Zeit an der Arbeit gesehen. Seit einem Jahr als Pg entlassen, jetzt auch um letzten Privatverdienst gebracht. Beinahe weinend, ob ich nicht helfen könne, seine Frau suche sich den Kopf an der Wand einzurennen … Ich kann nicht helfen.

---

1 Hans Reingruber (1888–1964), ab 1934 Professor für Eisenbahn- und Verkehrswesen an der TH Dresden, 1949–1953 Verkehrsminister der DDR; 1946–1950 Abgeordneter des Sächsischen Landtags für den Kulturbund.

Montag Morgen 16. Dezember.
Es ist furchtbar kalt geworden, unser Öfchen genügt nicht, wir leiden sehr, ich schreibe im Wintermantel.

Ich werde heute, nach 11½ Jahren das erstemal, in der T. H. reden. Vom KB aus im großen Chemiesaal über die LTI. Darüber *spreche* ich nun das drittemal (Dölzschen, Plauen, TH). Zwischen dem ersten und dem dritten Mal liegt die Ausarbeitung des Buches. – Eben sagt mir Frl Mey am Telefon, ich hätte auch schon einmal vor den Lehrern in der Junghansschule über die LTI gesprochen. Dann also heute das 4. Mal.

Dienstag Nacht 17. 12.
Ich werde heute die zweite Nacht hier vorn am Ofen unter zwei Mänteln in voller Kleidung auf dem Sopha schlafen. *Alle* verfügbaren Decken sind auf Eva gepackt. Das Bettzeug reicht bei dieser Kälte nicht für uns zwei. –

Gestern schleppte ich mich unter grausamen Schmerzen Schritt für Schritt anderthalb Stunden lang im kalten Wind zur TH. Ich glaubte, es nicht mehr zu schaffen. Dort erholte ich mich sofort u. sprach dann gut – vor höchstens 50 Leuten im großen Chemiesaal.

Am Freitag, 13/12 waren wir zu Steiningers geladen. Kaffee mit Kuchen, nachher noch ein Teller Kartoffelsuppe und zwei Brodschnitten mit Aufstrich als kleines Souper, dazu ein warmes Zimmer – es war für die jetzigen Verhältnisse pompös. Hanuschs dort u. ein Ehepaar, der Mann, scheinbar kassierter PG-Studienrat, jetzt geschäftlich tätig, oft in der englischen Zone. Er erzählte von der Regheit u. Harmlosigkeit der schwarzen Zonenpassage. Es koste nur manchmal etwas Strafgeld u. confiscierte Lebensmittel, gelinge aber am Südharz täglich hunderten. Die beiderseitigen Tanks an der russisch-englischen Grenze seien Legende. – Heute brach Erbitterung aus Frau Rasch: Die Russen nehmen uns alles weg, in ihren Commandanturen ist Überfülle an Licht u. Essen – und bei uns? Die Arbeiter seien empört. Die Amerikaner u. Engländer würden die Russen herausschlagen ... Dann wieder: der Krieg wäre auch ohne deutsche Schuld gekommen. Schuld an allem sei der Kapitalismus! ... Das dauert nicht lange, dann haben wir neue Hitlerei. Frau Rasch: den Nazis ginge es schon wieder gut, den Arbeitern schlecht. Kurzum völlige Wirrnis. Wie gesagt, am Ende erhalten wir neue Hitlerei.

Noch ist nachzuholen die Dölzschener Weihnachtsfeier vom Sonnabend, 14/XII. Eng im Saal, aber warm mit Kartoffelsalat u. Kaffee u. Kuchen von 19 h bis gegen Mitternacht.

Freitag Abend 20. XII
Bei E eine zweite verdächtige Bruststelle. Sehr bedrücklich. Ich selber schwer gequält u. behindert von Rheuma + Herz + Kälte. Schwere Schmerzen im Gehen.

Wir schlafen jetzt beide hier im Arbeitszimmer; E. auf dem Sopha, für mich wird die Matratze jeden Abend hereingeschafft. – Kampf mit den Lichtwegschaltungen. Gestern im Dunkeln bis 10, dann bis 2 geschrieben. Die LTI geht ihrem Ende entgegen.

Heute erfolglose Lauferei um Kohle. Langes Plachandern[1] auf der Partei. Vorgestern nichtige Sitzung im KB. Eine zweite Sitzung dort (Landesleitung) u. eine Fakultätssitzung in der T. H. sagte ich ab.

– Frau Rasch in ihrem Ausfall gegen die Russen, die jetzt in der Volksstimmung alles ausbaden müssen, sagte mit nazistischen Anführungsstrichen *»Sowjetparadies«*[2]. Gegenstück: der SED-Conférencier des Leipziger Rundfunks sagt: wir müssen durch Heranziehung von Arbeiterstudenten etc. aufräumen mit *»der sogenannten Objektivität«* der Wissenschaft! Man könnte verzweifeln.

25 Dezember 46. Weihnachtsabend 22 h.
Am Sonnabend 21. XII habe ich das letzte Stück LTI geschrieben; seitdem die Schlußarbeiten: Copie eines Stückes, Durchlesen des Ganzen, Fahnden auf Wiederholungen, Anordnung der Stücke … Ich arbeite angestrengt. Begonnen habe ich mit Schrei[ben] am 25 Juli 45; fast seit unsrer Ankunft studierte ich dazu das Tgb. Häufige Unterbrechung – Volkshochschule u. viele Vorträge. Immer, eigentlich auch jetzt noch, das Schwanken: wieweit Studie, wieweit Tagebuch? Das schwierigste Buch meines Lebens. Und auch jetzt weiß ich nicht, wie ich das Buch bewerten soll. Einiges sehr gut, anderes fraglich. Vielleicht geht das Buch unter 1000 ähnlichen unter, vielleicht wird es ein Erfolg. Möglich daß ich bis Sylvester ganz fertig bin.

Sonntag Abend ½ 12. 29. 12. 46
Nach acht Tagen sehr angestrengter Correcturarbeit habe ich die LTI eben verpackt u. schicke sie nun morgen ab. Ich war immer zuhaus – sobald ich ins Freie komme, sind die Schmerzen allzu stark. Zu den Schwestern Wiechmann mußte E. allein.

1 plachandern (ostpreuß. eingefärbt) plaudern.
2 Begriff der Goebbels-Propaganda; Titel der im Frühjahr 1942 im Berliner Lustgarten gezeigten antisowjet. Ausstellung, gegen die sich ein Brandanschlag der jüdischen Widerstandsgruppe Herbert Baum richtete.

Bei alledem sorge ich mich mehr um E's Gesundheit als um die meine. Die quälende Bestrahlung – durch Entzündung der Haut in den letzten Tagen unterbrochen, geht zu Ende, u. dann soll operiert werden. Gott weiß, in welchem Umfang u. mit welchem Ergebnis. E. liegt viel, ist erschreckend mager u. sehr blaß. Dazu die große Eßnot. Die erwarteten Packete kommen durchaus nicht.

Die Kälte hat nachgelassen, aber wir schlafen weiter hier vorn am Ofen, u. ich trage andauernd den alten Wintermantel.

Sylvester Dienstag Abend 11 h. 31/XII 46
E schläft schon, daneben wird von Raschs mein täglich hereingetragenes Bett zurecht gemacht.

Recht trübe Silvesterstimmung. E's prophylaktische Röntgenbestrahlung ging heute zuende, sie wird nun zur Operation – nach einer Pause von 4 Wochen – an Dressel überwiesen. Befund rechts: fraglos »maligne« Verdickung, der Knoten links »macht Sorge«.

Ich selber: zuhaus bin ich ohne Beschwerden, beim Gehen nach wenigen Schritten unter schweren Schmerzen mattgesetzt. Bloß Neuritis oder auch Herz?

Resumé der Arbeit – ich muß es wohl für den Zeitraum Juni 45–31/XII 46 ansetzen, denn voriges Sylvester habe ich noch keinen richtigen Abschluß gemacht. Viel ist es nicht. Die LTI, die Studie VHD 1946, die Studie Barbusse – Plievier, ein paar kleine Sachen für Aufbau u. Zeitung; sehr viele (wieviele?) Vorträge, alles Varianten über das gleiche Thema »Kulturverflechtung«. Die beiden großen Erfolge: Zentraltagung der KPD, im Februar, u. Matinée des Presseverbandes am 1/XII 46, beide in Berlin. – Meine Tätigkeit an der VHD, im wesentlichen am Abendgymnasium bis 1. X d. Jahres. Ein paar Vorträge über die LTI (Begerburg, irgendwann vor Lehrern in città[1], Plauen bei Einweihung der Volkshochschule, Dresden T. H., Chemiesaal.) Häufig in Nestern u. Vororten gesprochen.

Offen ist die Frage meiner eigentlich beruflichen Verwendung. An der T. H. bin ich überflüssig, solange sie nur Gewerbelehrer ausbildet. Leipzig scheint mir endgiltig verschlossen, Greifswald ist in der Schwebe. Seit sich zu meiner Angina Evas Zustand hinzugefunden hat, nehme ich die akademische Frage nicht mehr so wichtig. Mein Gehalt wird man mir hier nicht nehmen u. alles andere ist vanitatum vanitas.

Ich habe in diesen anderthalb Jahren so viel verdient, daß ich die 12 000 M.-Hypothek abzahle.

1 (ital.) in der Stadt.

Gestern ein Todesfall (genauer vorgestern), der mir sehr nahe geht, noch näher als seinerzeit Fetschers Tod[1]: Elsa Fenske im Auto verunglückt, zerschmetterter Schädel. Auch Eva hat sie gekannt u. geschätzt.

Eva schläft, im Radio tobt eine Sylvesterfeier aus dem Leipziger »Operettenhaus« – was ist das für ein Lokal.

Es fehlen nur noch 10 Minuten an 12 h. Und wo werden wir nächstes Sylvester sein? Vater sagte immer »auf dem Sirius«. – Weiterarbeiten, alles andere ist Unsinn u. Zeitvergeudung. Und wenn endlich irgendein Auslandspacket eintrifft u. der Fraß ein bißchen besser wird, hebt sich vielleicht auch die Stimmung.

1 Rainer Fetscher (1895–1945), Arzt u. Hygieniker; 1928 Professor an der TH, 1933 entlassen; Gegner des NS-Regimes; am 8. 5. 1945 auf dem Wege zu einer sowjet. Einheit (als Parlamentär zur Übergabe Dresdens) von einer SS-Patrouille hinterrücks erschossen.

1947

2 Januar 47, Donnerstag Abend.
Heute in Wolffs Auto gegen 12 in Pirna, von dort gegen 4 zurück.
E. vorläufig zuende bestrahlt wird Ende Januar von Dressel erst
probeoperiert. Frage, ob der Tumor bösartig ist. Mir selber soll am
gleichen Tage die kleine Warze an der Brust entfernt werden, die ich
seit vielen Jahren habe u. die jetzt schmerzhaft geworden. Meine
furchtbaren Schmerzen beim Gehen hält Dressel für eine Wirbel-
entzündung. Er drängte darauf, daß ich in Beobachtung eines Herz-
spezialisten gehe, daß ich weniger Auswärtsvorträge übernehme.
Er scheint meinen Zustand ernster zu nehmen als den Evas. – Wir
hatten Kartoffeln mitgebracht u. aßen bei Dressels – Annemarie zu
Mittag. Die Familie Dressel, er, Gattin, 3 Kinder, alte Mutter, dominiert, Annemarie ist eine Art geduldeter, eingefügter Tante. Ihr
Gesicht krankhaft gedunsen, ihre Stimmung verbittert – der Bruder
im Lager Mühlfels[1] verschollen. Die Familie Dressel von der Frau
her stark betont protestantisch. Tischgebet eines Kindes: »Komm
Herr Jesu …« Man ist antirussisch, anti-SED. Ich komme mir vor wie
im feindlichen Ausland.

Ich halte die hiesige Situation im allgemeinen, die meine im besonderen für durchaus kritisch, die Russen sind durchweg verhaßt,
die regierenden SEDer sind es auch, u. an den paar Juden geht das
einmal aus.

10 Januar 47, Freitag Vorm
Größte Sorge, nachdem wir einiges aus Piskowitz heimgebracht, ist
E.'s Arbeiterkarte. Nach unserer Rückkehr im Juni 45 erhielten wir
erst beide Schwerarbeiterkarten. Später gab man E eine Arbeiterkarte; jetzt wird für jede Karte die Unterschrift des Arbeitgebers ver-
langt. Schwierigstes Hin u. Her für E. Sie muß als O. d. F.[2] anerkannt
sein. Von Kamenz kommend hatte ich hierüber in der Bautzenerstr

---

1 Gemeint ist das sowjet. Internierungslager Mühlberg.
2 Nach Kriegsende bildeten sich in allen vier Zonen weitgehend selbstverwaltete
Ausschüsse der »Opfer des Faschismus« (OdF).

Unterredung mit Loewenkopf. Er gibt sich große Mühe, aber die Sache ist sehr ungewiß. Ich machte lange Eingabe, E. als OdF anerken-
nen zu lassen, sie sei Aktivistin, da sie meine Papiere nach Pirna in
Sicherheit gebracht habe. Loew. das sei Privatsache, sie müsse in
»Illegalität untergetaucht« sein. Da muß nun die Kleinpeter-Affaire[1]
heran. Viel Schreiberei, Mühe, incertezza[2]. Alles ungeheuer erschwert
durch meine Unbeweglichkeit.

L. warnte mich dringend, irgendetwas in Sachen Neumark zu tun.
Er selber habe wegen irgendeiner Affaire eben 9 Tage Hausarrest
unter Bewachung gehabt, der junge Pionkowski[3] (s. mein Tgb. aus
der Hitlerzeit) habe 3 Monate gesessen – »was sind bei den Russen
3 Monate?!«

Sonnabend Vorm. 11. I. 47
Wolffs aus Berlin kommend erzählten, es sei verboten die Zeitungen der anderen Sektoren – Kurier[4], Telegraph[5], Tagesspiegel[6] – in
unsere Zone auszuführen. Der Tagesspiegel hat über meinen Speech
vom 1. XII geschrieben, er sei einseitig russophil zu politischem
Zweck gewesen. –

Montag Nacht 13. I. 47
Gestern Telegramm von Änny Kl. »Georg sanft entschlafen«[7]. Es
hat mich doch mit Schauer u. Vereinsamung angerührt.

Mittwoch Morgen 15. I 47
Dr Willy Katz 13/I 47 † Seltsam, wie das für mich mit Georgs Tod
zusammentrifft. Georgs zwei letzte Briefe – über den unausrottbaren
deutschen Antisemitismus u. mit der Warnung vor politischer Laufbahn – hatte ich Katz lesen lassen, u. er war entzückt u. geschmeichelt. Gesehen habe ich ihn seit Monaten nicht mehr, am Telephon
gesprochen vor keinen 14 Tagen. Er war längst ein verlorener u. ge-

1 Auf ihrer Flucht nach Bayern im Frühjahr 1945 änderten die Kl.s in den Papieren
   ihren Namen in den unverdächtigen »arischen« Namen Kleinpeter.
2 (ital.) Unsicherheit, Ungewißheit.
3 Siegfried Pionkowski, 1940 –1942 Angestellter bei der Jüdischen Gemeinde Dresden.
4 »Der Kurier. Die Berliner Abendzeitung«, erschien ab 1945 im Französischen
   Sektor Berlins.
5 »Telegraf«, Tageszeitung, hrsg. von Arno Scholz, Paul Löbe und Annedore Weber in Berlin/West (1946–1949).
6 »Der Tagesspiegel«, unabhängige Tageszeitung, hrsg. ab 1945 in Berlin/West von
   Walter Karsch, Edwin Redslob und Erik Reger.
7 Georg Klemperer starb am 24. 12. 1946.

brochener Mann, Sanatoriumsaufenthalt in Berggießhübel half ihm
nichts mehr. Er war von der LDP. als Stadtverordneter gewählt worden, er sollte in der Landesverwaltung einen Posten bekommen u.
mußte alles ablehnen. Als ich ihn zuletzt sprach – ich hatte den Ehrgeiz ihn zu fördern – war er schon totmüde. Zuletzt schrieb er an
mich, wir seien jetzt »Gefährten im Leiden« – er meinte die Angina. –

Sonntag Morgen etc. 19/I 47
Frau Rasch liegt seit mehreren Tagen u. wird noch lange liegen:
Herz. Ihr Mann, zur Zeit hier (weil er keine Stiefel zur Aussenarbeit
hat!) hilft ein wenig bei gröbster Arbeit, sonst aber: Belastung E's
u. Chaos. – Rasch, wie in früheren Zeiten, umfaßt in sich voces populi. (Plural) Gleichbleibend darin die Mißachtung der Russen. Die
andern sind verhaßt u. aestimiert, die Russen verhaßt u. verachtet.
Sie sollen ebenso schuldig sein an unserm Elend wie der anderen,
u. »*sie* haben uns nicht besiegt«. Und: es kommt wie nach 1918, u.
wir helfen uns selbst. Etc. etc. Es ist die wiederkehrende Hitlerei, u.
die Arbeiterschaft stimmt ihr zu. Ein Wort erschütterte mich: »Es
gibt heute schon Familien, die verheizen ihren Schrank, ihren Tisch,
ihre Stühle, sitzen auf *einem* Stuhl, es ist ihnen alles egal«. Ich
nehme hierzu, was neulich *Wildführ* bei einem Besuch hier erzählte:
»Im Friedrichstädter Krankenhaus sterben täglich 40 Personen; die
Leichen werden jeden Morgen in einem Straßenbahnwagen ins Cre-
matorium gebracht – der Pestkarren!« … Mein rein persönliches
Gefühl: ich wünschte, ich könnte aus Deutschland fort, ehe mich die
nächste nazistische Welle tot machte …
    Zur Mißachtung der Russen: »Ein besoffener Kapitän habe ge-
sagt: ›In Rußland schlecht! Aber nicht weitersagen, sonst ich – bum-
bum!‹« Cf. in einer Dölzschener Versammlung vor einiger Zeit die
warnende Beschwerde der russ. Kommandantur, das Publikum be-
nehme sich der Truppe gegenüber respektlos. –
    Am Abend desselben Tages Versammlung im Münchner Krug der
Opfer d. Faschismus. Mein erster Fußweg seit langem. Schmerzen,
immerhin geglückt. Eine Reichsvereinigung der OdF, überparteilich
u. radikal, soll gegründet werden. Tags zuvor hatte mir Hilse davon
gesprochen, ich würde wohl zum Delegierten gewählt werden. Das
geschah auch. Einer unter vieren, als Vertreter der »rassisch Verfolgten«. Es war mir nicht ganz lieb in dieser Benennung. Vorher
hatte ein mir unbekannter Jude für »paritätische Berücksichtigung
der Juden« gesprochen u. sich damit eine fast antisemitische Abfuhr
geholt. *Ich* hatte eingegriffen u. betont, daß ich alle Differenzierun-

gen von Jud u. Christ ablehnte u. nur Faschisten u. Antifaschisten anerkennte. Es gab auch einen peinlichen Punkt. Der Versammlungsleiter (Körner) eiferte heftig gegen Freundschaftszeugnisse für PG's, das sei eines OdF unwürdig. Aus der Versammlung, vielleicht 60 Leuten, vielleicht 80, hörte man: mancher tue das »für eine Schachtel Cigaretten«. Ich sagte leider, ich hätte nur 2 x Zeugnisse ausgestellt, an Leute, die mir das Leben gerettet haben (aber Vogel u. Weisbach, warf mir nachher E. ein. Utinam si tacuisses![1]). – Die Dresdener Delegierten sollen bald zusammentreten, u. dann werden Abgeordnete für eine Berliner Centraltagung gewählt werden. – Mir ist bei alledem nicht wohl. Antisemitismus überall. Und meine Position zwischen *allen* Stühlen. –

Tags darauf zum Musicieren Frau Hamann bei uns. Auch sie eine von den kleinen PG's, für die ich gern einträte. Sie brachte E ein seidenes Unterkleid, nach dem E schon lange sucht. Wir drängten ihr dafür ein Tischtuch auf. Aber ist es nicht vielleicht doch die »Schachtel Cigaretten« – s. o.? Mindestens *kann* es dafür ausgelegt werden.

Brief von Helmut Hatzfeld[2], dem Mann der 25 %[3]. 38 geflohen, doziert in guten Verhältnissen an der Catholic University of America, Washington D. C. Er »möchte nie wieder nach Deutschland zurückkehren«. Außerdem schreibt er, »dass Friedmann[4] beim Versuch die Pyrenäen zu überschreiten, die Nerven verlor u. Selbstmord verübte. Man sammelt hier für seine Frau u. sein Kind.«

Unter dem Druck der augenblicklichen persönlichen u. allgemeinen Situation sehe ich heute alles besonders düster u. beneide Hatzfeld sehr. –

Vor wenigen Monaten bemitleidete ich Kafka[5], der ohne eine An-

---

1 (lat.) Wenn du doch geschwiegen hättest!; meist zitiert als »Si tacuisses, philosophus mansisses«: Wenn du (zu Schmähungen) geschwiegen hättest, wärest du ein Philosoph geblieben.

2 Helmut Hatzfeld (1892–1979), Romanist; ab 1929 Professor in Frankfurt/M. und Heidelberg; 1935 entlassen; emigrierte 1938 in die USA; ab 1942 Professor an der Catholic University of America in Washington.

3 Nach den Nürnberger Rassegesetzen von 1935 galt Hatzfeld als »Mischling 2. Grades«.

4 Wilhelm Friedmann (1884–1942), Romanist; 1910 Privatdozent und Italienisch-Lektor, 1931 bis zu seiner Entlassung 1933 a. o. Professor in Leipzig; emigrierte nach Frankreich, geriet 1942 bei der dt. Okkupation des noch unbesetzten Teils Frankreichs in die Hände der Gestapo und nahm sich am 11. 12. 1942 in der Haft das Leben.

5 Gustav Kafka (1883–1953), Philosoph; ab 1915 Professor in München und an der TH Dresden, 1935 zwangsemeritiert, 1946 wieder an der TH Dresden, seit 1947 in Würzburg.

stellung, leidend, mit allen zerfallen, in schlechten Verhältnissen lebte. Jetzt ist er nach Würzburg berufen.

Mittwoch Morgen 22. I 47
Am Montag 20. Vorm. Beisetzung von Willy Katz († 1. I 47). Eine Autodroschke (Neuerscheinung) holte uns, dann die Witwe. Großes Gefolge, die Halle im Krematorium ziemlich voll – 80–100? Chaos der Anordnung, der jüdische Geistliche aus Freiberg *nicht* anwesend. Beratung. Ein mittelalterlicher katholischer Pfarrer Hartmann (?) Hausgenosse u. Freund des Verstorbenen, bei ihm in mortis hora[1], fragt: »hat er an das ewige Leben geglaubt?« Lewinsky kategorisch: »Keine Spur, ich habe ihn seit 35 Jahren gekannt, er meinte, wer tot ist, ist tot!« Der Pfarrer: »Dann kann ich nichts tun.« Ich: »Das können Sie nicht wissen, Lewinski, ich hatte andern Eindruck von ihm.« (Natürlich aus den Fingern gesogen.) Der Pfarrer: »Dann werde *ich* reden – er kann sich geändert haben.« Nun sprach im schäbigsten Mantel, den Rücken gegen die Leute, zuerst Lewinsky auf eigenen Wunsch Schillers Nänie (passend wie die Faust aufs Auge)[2]. Dann, vom kleinen Rednerpult, frei redend ohne peinliches Pathos, der Pfarrer. Er spreche als Katholik für den Israeliten, der im Leben Arzt des Leibes war u. im ruhigen Sterben der Seele ein Vorbild gegeben habe. Das ewige Leben – ohne den Glauben daran wäre das Leben hier »ein fauler Witz«, habe Tolstoj[3] gesagt; auch haben wir eine eingeborene Sehnsucht, einen Naturtrieb danach, u. solche Triebe täuschten niemals … Alles an dieser kleinen Predigt war gut u. taktvoll – nur sagte der Mann ein Dutzendmal: Katz' »Rassegenossen«, wo er früher »Glaubensgenossen« gesagt hätte, u. das war wiedermal ein Sieg der LTI. (Worüber sich nachher auch der junge *Kussy* ärgerte). Dann las als Vertreter der jüd. Gemeinde ein paar einfache Worte Pionkowski. (Cf mein Tgb 1942 od. 43. P. war Sekretär der Gemeinde. Seine Mutter durfte bei ihm bleiben, als andere abtransportiert wurden. Später evakuierte man Sohn u. Mutter zusammen. Vor einiger Zeit hörte ich, er sei zurück, zuletzt durch Loewenkopf, der auch anwesend war, auf irgendeinen Verdacht hin habe P. jetzt wochenlang in russischer Untersuchungshaft gesessen). Nach der Feier erzählte mir P., er sei damals mit der Mutter nach Riga

---

1 (lat.) in der Stunde des Todes.
2 Der Beginn von Friedrich Schillers »Nänie« (entst. 1799) lautet: »Auch das Schöne muß sterben! Das Menschen und Götter bezwinget«.
3 Leo Graf Tolstoi (1828–1910), russ. Erzähler, Dramatiker und Publizist; bedeutendster Romancier der russischen Literatur des 19. Jh.

gekommen – später habe man sie fortgeschafft – verschollen. Wie er selber gerettet wurde, weiß ich nicht. – Nach P. redete ich. Danach am Sarge irgend ein Vertreter der Ärzteschaft wenige pathetisch gebrüllte Worte, am Arm den niederzulegenden Kranz schwenkend. Allzulange Musik als Einleitung u. Schluß. Vor dem Schluß der Kaddisch[1] von Lewinsky gesprochen. Scheußlich. Man stand mit den Hüten auf dem Kopf. Das Respondieren klang sehr schwach. Wieviele verstanden?? –

Gestern (21/I) war Kretzschmar-Neumark hier. Es will sich jetzt Buchwitz für den verschwundenen Neumark verwenden. Ich mußte zu diesem Zweck meine Aussage vor Cohn, dem Staatsanwalt, schriftlich (dem Sinn nach) wiederholen. Ich tat es notgedrungen u. nicht ohne leisen Schauder, eingedenk der neulichen Warnung durch Loewenkopf ...

Buchstäblich der ganze Arbeitstag – es ist jetzt bald 18 h – ist mir heute verloren gegangen durch zwei Besuche. Erst Frau Cohn, dann die Frau des Zimmermanns Lange. Diese erzählte interessant genug: ihr Mann arbeitet beim »Ami« auf der bayrischen Seite, Fliegerhorst Lechfeld bei Augsburg. Sie war ein paar Monate bei ihm, hat sich »gesund gemacht« im Punkt Essen u. Kleidung. Aber das Interessante ihrer Erzählung, das Tragische daran sind die Abenteuer, tagelangen Strapazen, Verluste u. Todesgefahren der »schwarzen« Zonenüberschreitungen: Amys, Engländer, Russen, deutsche Polizei: alle jagen, verhaften, confiscieren, die Russen schießen auch. Sie erzählte einen Gebirgsgepäckmarsch im tiefen Schnee bei Verfolgung – einer von dreien wurde »geschnappt«, ganz ausgezogen, geprügelt ... Armes Deutschland!

Abends sind wir ein Viertelstündchen bei Raschs, nach der Patientin sehen. Der einzige warme Raum unseres Hauses. Die ganze Familie haust in unserm kleinen Schlafzimmer, das mir immer wie eine Hutschachtel vorkam. Ein kleiner Eisenofen mit großem Rohr bringt große Wärme ... Wir wollen unsern Kachelofen wieder entfernen lassen u. zum Kanonenofen zurückkehren, aber nun fehlt uns das nötige Rohr dazu. (Das vorher dort gewesene ist von Raschs mitverbaut worden.)

Eben eine Sekunde Dunkelheit. Das bedeutet: Warnung! Wir schalten ab, wenn Ihr nicht in Eurem Verbrauch zurückgeht. D. h.: es wird wohl in einer Weile dunkel werden.

---

1 Jüdisches Gebet um das Seelenheil Verstorbener.

Sonntag Vorm. 26. Januar 47
Gestern Abend allzu müde, kalt, übernächtig, deprimiert. Am 23.
also Morgens vor einem Fortbildungscurs der Neulehrer gesprochen, 160 Menschen, Erich Seidemann Obmann. Ein Internat für
100 Leute ist in einer Ortsvilla untergebracht, die Baracken, das
Ernst Schnellerheim umfaßt zwei gleichartige Säle, Hörsaal u. Kantine. Zu den regulären Cursen kommen Einzelvorträge, 3 Redner
von den Parteien, einer vom Kulturbund. Ich plauderte von der LTI,
wohl mit gutem Erfolg. – Dann beim Frühstück in der Kantine kam
ein älterer Mensch an mich heran, aus dem Arbeiterstand hervorgegangen, gutaussehend, nachher auch von Seidemann gut beleumun-
det: »Eine Gewissensfrage, Herr Prof. Neben mir sitzt eine Lehrerin,
20 Jahre, aus Beamtenfamilie, LDP. Sie schreibt eine Arbeit, statt
Ihnen zuzuhören. Ich sage ihr, sie solle doch den Vortrag beachten.
Antwort: ›Nein – der Mann ist mir unsympathisch.‹ Sie will nichts
von Juden wissen, es ist ihr eingeprägt worden, die seien schmut-
zig, niedrig usw. ... Soll ich sie anzeigen, soll sie aus dem Lehrer-
beruf entfernt werden??« Ich verwies den Mann an Erich S., sprach
noch eine Weile mit S. darüber – wir waren beide erschüttert u. un-
schlüssig. Ich werde heute von S. hören, wie sich die Sache weiter
gestaltet hat. Aber wie auch immer: das Faktum ist nicht aus der
Welt zu schaffen. Einer von 160 Neulehrern verrät sich. Wieviele
verraten sich nicht, wieviele sind wirklich echte?? Und vor allem:
Georg mit seiner letzten Warnung: der Deutsche wolle nichts wissen vom Juden, hat 100 x recht. Ich bin tief deprimiert.
　　Gestern Mittag 13.30 die Delegiertensitzung zur Schaffung des
OdF-Verbandes. Versammlungssaal der Cigarettenfabrik Lande,
Junghansstr., bei den Ernemannwerken. Mehr als 100 Teilnehmer.
Hilse als Leiter. Ich sah – sprach z.T. – Gladewitz, Gute, Erik Mauthner, Eva Schulz-Knabe, den Staatsanwalt Cohn, Koenen, mit dem
ich Zusammenkunft für Do. verabredete ... Viele Unbekannte,
kleine Leute, Arbeiter. Nach den ersten Worten mit Hilse wußte ich,
daß ich *nicht* unter den acht nach Berlin zu Sendenden sein würde.
Es tat mir leid, daß ich mich angeboten hatte, u. ich fühlte wieder,
daß ich in der Partei nichts gelte: ich war nicht Aktivist, bin erst nach
dem Siege beigetreten, bin Intelligenzler u. Mitläufer. Es sprach
breit, aber nicht schlecht, Max Opitz[1], mittelalterlicher Mann: aus

1　Max Opitz (1890–1982), 1919 KPD, ab 1929 Mitgl. ihres ZK, 1925–1930 Mitgl.
　des Sächs., 1931–1933 des Preuß. Landtags, 1933 des Reichstags, 1933–1945
　Zuchthaus und KZ, 1945–1949 Polizeipräsident von Dresden, 1949–1951 OB
　von Leipzig, 1951 bis 1960 Chef der Kanzlei des Präsidenten der DDR.

dem Wohltätigkeitsverein müsse ein politischer Kampfverband, überparteilich u. radikal, werden. Erst nachträglich erfuhr ich, daß Opitz der Dresdener Polizeipraesident ist. Sehr lange Debatte über Einzelpunkte, z. B. darf ein OdF für Nazis gutsagen? Vor allem: haben wir eine *Widerstandsbewegung* gehabt? Die einen: Nein, bloß Widerstandsgruppen. Zur Bewegung hätte Wirkung gehört, Aktion größerer Massen, Herausbrechen von Divisionen, nicht bloß Abtrünnigmachen Einzelner. Die andern: Wir hatten Widerstandsbewegung, hatten eine »Schafottfront«. Die einen: das Ausland hält uns für überheblich, wenn wir von deutscher »Bewegung« sprechen, sie gar mit den Partisanen, dem Maquis usw. vergleichen. Die andern: Das Ausland hält uns für schwach, versteht uns gar nicht, wenn wir selber erklären, wir hätten keine »Bewegung« gehabt. Zur Gruppe 1 gehörte Mauthner. Er sagte, Bewegung bedeute Wirkung. Ich widersprach u. sagte, die Franzosen würden unser Bedenken mißverstehen, übrigens solle man einfach résistance, Widerstand sagen, das scheußliche LTI-Wort Bewegung ganz fallenlassen.

Die unerfüllte Sehnsucht nach Auslandpacketen beherrscht uns. Seit dem 15/I. ist die Russenzone offen. Berthold Meyerhof, New York u. Sebi Sebba[1] Northampton haben uns Sendungen angekündigt, das Carepacket von Georg ist am 1/XI beordert u. nichts kommt. Berthold M's Brief lag ein amerikan Zeitungsabschnitt bei: Private Rites for Dr Klemperer, kurze rühmende biographische Notizen (noted in Germany for his research in cancer and metabolism, sein Book, sein well known standard textbook on medical diagnosis) – Das bisschen Correspondieren u. Tgb-Schreiben füllt meine Tage. Ich bin sehr abgespannt. Ich stehe am Ofen u. kippe einschlafend vornüber. Die Füße frieren ständig. Immer trage ich den alten Wintermantel. Die Fenster sind dick gefroren.

Freitag Nachm. 16 h. 31. Januar
In einer halben Stunde soll der Wagen hier sein. Um ½7 dann bringt Wolff, der wirklich gute Helfer in schwerer Verlegenheit! E. nach Pirna. Sie übernachtet dort u. wird morgen in leichter Narkose operiert. Soll vorläufig kleine Sache sein, zwei winzige Tumorstellen – man muß dann das Gewebe auf Krebs untersuchen. Ich denke nicht

---

1 Die Brüder Max (Sebi) und Julius (Jule) Sebba; Max Sebba (1880–1959), Arzt und Kieferchirurg in Danzig, emigrierte Ende 1938 nach England; Julius (später Yehuda) Sebba (1882–1959), Rechtsanwalt, Dozent für Internationales Seerecht an der Handelshochschule Königsberg, mit Kl. seit 1905 eng befreundet, emigrierte 1933 mit seiner Familie nach Palästina.

weiter, bin stumpf. – Um Mittag dann fährt Wolff mich morgen nach
Pirna, meine uralte Gefahrstelle, die Warze an der Brust soll auch
ans Messer. Und am Abend hoffen wir beide wieder hier zu sein.

Sonntag Vorm 2. II 47
Gestern nach der Rückkehr aus Pirna, 16 h, völlig zerschlagen un-
fähig noch etwas vorzunehmen. E. quälte sich sehr, ich mich auch
ein wenig. Ich stand am Ofen, E. lag u. stöhnte, ich brachte ihr dies
u. das. Um ½11 ins Bett, um 8 h aufgestanden. Noch immer un-
frisch, noch immer die grausame Kälte, 7° im Zimmer.

Gegen 23 h, nach dem Theater, sprach ich in einem kleinen Hô-
telsaal – der Weg dorthin eine Tortur! – vor etwa 40 SED Leuten,
meist Theatermenschen.[1] Man war sehr zufrieden. Dann blieb ein
Dutzend Menschen, der eigentliche politische Kern der zu grün-
denden Theaterbetriebsgruppe, um einen Tisch des Nebenraums zusammen. Allgemeine Aussprache vom 100. ins 1 000. über Kultur-
fragen der Partei, Stellung zu Intelligenz u. Arbeiterschaft, zum
Westen etc. etc. Was schon erreicht sei, ob sich die Situation von
1918/19 wiederhole. Ich brachte meinen Wachwitzer Fall zur Sprache, die Neulehrerin, die den Juden nicht hören wollte. Erziehung
oder Hinauswurf, Milde oder Schroffheit – was richtet mehr Unheil
an? Ich sagte, ich schwankte selber, fühlte mich auch befangen. Die
Meinungen waren geteilt ... Ich wurde dringend aufgefordert, bald
wieder bei ihnen zu sprechen. (In der SED natürlich gratis!) ... Inzwischen ist heute Erich Seidemann hier gewesen: er hat dem Mädel gut zugesprochen u. die Sache niedergeschlagen. Ich sprach
Erich S. den ganzen Pessimismus aus, der mich in diesem Punkte u.
in allen andern quält ... Um 10 h hier, Waschen, Frühstück, u. um
12 holte mich der gute Wolff nach Pirna. Ich fand Eva sehr elend
nach der Aethernarkose im Bett eines kalten Zimmers. Ich mußte
auf den Operationstisch u. wurde mit einer Spritze versäbelt. Es tat
nicht weh, machte mich aber reichlich nervös, besonders das vor-
angehende Rasieren. Die Heimfahrt für E sehr wenig schön, am
Friedrichstädter Krankenhaus vorbei, wo ich gleich unsere 3 Ver-
dächtigkeiten beim Patholog. Institut abgab. Der Rest des Tages sehr
unschön für E, aber auch für mich. U m ½11 zu Bett und bis ¼ 9 geschlafen. Eva heute besser, aber noch immer sehr gequält, u. ich:
müde, usque ad mortem[2].

1 Kl. sprach am 31. 1. 1947 in Meißen.
2 (lat.) bis in den Tod; Anspielung auf Matthäus 26,38: tristis est anima mea usque
   ad mortem (meine Seele ist betrübt bis in den Tod).

Montag 3. II 47 Vorm.
Die ersten LTI-Fahnendrucke kamen mit der Morgenpost.

Samstag Abend 8. II 47
Eva liegt noch immer viel mit vielen Schmerzen. Gestern Vorm. wurden uns beiden in Pirna die Fäden herausgeholt. Einen Wagen dorthin zu bekommen – das zugesagte KB-Auto streikte wieder, gelang erst nach dramatischem Hin u. Her. Mein Gesundheitszustand ist sehr schlecht, das furchtbare Frieren vom Morgen zum Abend gibt mir den Rest. Ich sorge mich umschichtig um E. – das bakteriologische Ergebnis[1] ist noch nicht heraus – u. um mich. Meist sorg ich mich auch gar nicht, sondern bin nur stumpf und – um Vater zu citieren – »wünscht', es wäre Schlafenszeit, u. alles wär vorbei«[2]. Um die Misère randvoll zu machen, ist es den Raschs gelungen, eine Wohnung zu bekommen, sie sind heute Knall u. Fall ausgezogen, u. nun sind wir ohne Hilfe. Es soll – soll … – Dienstag ein Ersatz kommen, aber es wird nicht gleich klappen, u. bis dahin … Die Kälte läßt nicht nach, in der Küche ist es zum Erstarren, den vor einigen Monaten gekauften ganz unbrauchbaren Kachelofen hat Rasch zuletzt noch beiseite gewuchtet, u. an seinerstatt den alten kleinen Eisenofen neu angeschlossen; er gibt wenigstens ein wenig Wärme, u. man kann auf ihm kochen. Aber es sieht furchtbar aus in diesem einen Raum, der nun alles ist: Kranken-, Schlaf-, Arbeits-, Empfangszimmer, alles.

Reingruber berichtete aus dem Landtag; er ist Gast ohne Stimmzwang bei der SED. Unterwegs im Auto sagte er: der Frost habe »biologische Auslese« geschaffen, die Alten u. Schwachen seien gestorben. (Täglich 40 im Friedrichstädter, sagt Wildführ[3]). Und nachher noch einmal: ein Freund habe ihm gesagt, man solle nicht zuviel voraussorgen, die Natur corrigiere selber. Von den trostlosen Ruinen würden in den nächsten Jahren viele ohne alles Zutun zusammenfallen, u. das Allzuviel an Menschen, das sich jetzt in Deutschland zusammendränge werde sich auch von selber reduciren – biologische Auslese! –

Gestern kam aus Schwerin offizielle Berufung nach Greifswald. Sehr höflich, aber man könne mir keinerlei Sonderversprechen geben. Man empfehle mir aber Reise nach Greifswald und persönliche

---

1 Gemeint ist das Ergebnis der histologischen Untersuchung.
2 Nach William Shakespeare, »Heinrich IV.«, Erster Teil (V, 1): »Ich wollte, es wäre Schlafenszeit, Heinz, und alles gut«.
3 Georg Wildführ (1904–1984), Hygieniker, Mikrobiologe; 1945–1947 Leiter des Hygieneinstituts und des Hygiene-Museums Dresden, 1946 Professor an der TH Dresden, 1947–1970 in Leipzig.

Rücksprachen, insbesondere mit dem dortigen Oberbürgermeister. Ich halte es für ausgeschlossen, daß aus der Sache etwas wird, sie lockt mich auch nur teilweise; aber die Fahrt nach Greifswald werde ich wohl (im Anschluß an Berlin) machen.

Dienstag Abend 11. II. 47

Brief von Sebi Sebba: Nachruf auf Georg in einer deutschen, offenbar jüdisch-deutschen New Yorker Ztg. Sehr genau: Vater Rabbiner, Bruder Felix u. Victor, der als Romanist »Bedeutendes leistete«.

Neulich schickte Berthold Meyerhof einen englisch-amerikanischen kürzeren Nachruf. Sebi, der auch wieder im Couvert Süßstoff, Zwirn etc. schickte, schreibt, er sei zum 1. 4 entlassen zugunsten eines British Subject[1], u. damit brodlos. – Brief von Willy Jelski[2]: er ist nicht mehr Opernhoboist, sondern in einer Speditionsfirma; er möchte nach Deutschland zurück.

Brief von Voßler: er rate von Greifswald ab, ich gehörte nach Leipzig.

Mittwoch 12/II nach Minuit[3]

Heute telephonierte Dressel das bakteriologische Resultat: Eva wider alles Erwarten ganz harmlos, keine Karzinomspur; meine Warze im Übergang zur Bösartigkeit begriffen, doch dürfte alles entfernt sein, u. Dressel meint, man könne abwarten, ob sich etwa noch etwas zeige. – Beinahe komisch. Und im Punkt E. eine Erlösung. Fortfall der Hauptsorge. Nur bleiben so viele kleinere Misèren unverändert bestehen, daß die rechte Freude nicht so ganz aufkommt.

Heute ist Vater 35, fünfunddreißig! Jahre tot. Welches Anrecht auf Leben habe ich noch? –

Frost, Schmerzen, Eßnot, Correkturen.

Um 23 h telephonischer Anruf Doris Machols aus Berlin. Bloß so, aus Liebe.

Donnerstag Abend 18. II 47

Gestern ereignisreich. 1) Anruf Hilses: ich gehe nun doch – ein »Delegierter« ist zurückgetreten – als Delegierter zur Gründung des OdF-Verbandes[4] nach Berlin. (Freitag–Montag). Am Nachm. kam

---

1 (engl.) Britischer Staatsbürger. – Max (Sebbi) Sebba war als Schularzt angestellt.
2 Wilhem Jelski (1913–1994), gen. Willy, Neffe Kl.s, Sohn von dessen Schwester Marta; deren Familie emigrierte 1939 nach Südamerika.
3 (frz.) Mitternacht.
4 Vereinigung der Verfolgten des Naziregimes, für die Sowjetische Zone am 22./23. 2.

hinzu, daß ich vielleicht schon einen Tag früher fahre u. an Kneschkes Stelle an einer Praesidialsitzung des KB.'s teilnehme.

Die Post brachte zwei inhaltreiche Päckchen der guten Stühlers in München: Speck, Käse, Kaffee, es war eine Seligkeit u. augenblickliche Hilfe u. Stimmungsbesserung. Zugleich ein Brief Toni Gerstles u. Jenny Schaps'[1], die ein Londoner Packet ankündigten. Aber die Kartoffelnot blieb. Und der immer andauernde Frost verlängert sie ins Ungewisse. So ging ich heute zu Grubes u. bot Zuckertausch an. Daraufhin kam Frau Grube zu uns, brachte 20 ℔ u. blieb stundenlang bei uns.

28. II Freitag Nachm
Vorm. Sitzung in der T. H. Qual des Hinkommens gegen Sturmwind über verschneit-vereiste Straße, zuletzt über Feld. Wie lange noch? Ich bin krank. Zurück ein wenig leichter, aber schlimm genug. Dort Organisatorisches, das mich gar nicht interessiert – ich mußte mich nur sehen lassen.

Gehe ich nach Greifswald, bleibe ich hier? Ich hörte heute: Emeritierung sei dort schon vorhanden, komme hier aber auch. Witwenpension gebe es weder hier noch dort – für Frauen über 65 Hinterbliebenenrente, maximal 90 M im Monat. Neue Sorge. – Von Oktober ab würden wir hier Lehrer u. Studienräte ausbilden, ich hätte also nichts zu befürchten. Bleiben? Gehen?

Sonntag Morgen 2. III 47
Gestern Nachm. um 4 h also in dem Riesensaal des Sachsenverlages, Riesaerstr, die VVN-Gründungsversammlung für den Kreis Dresden. Sicherlich 1 500 Menschen, vielleicht mehr, Dresden hat über 3 000 OdF's.

Die mir schon vertraute Aufmachung solcher Versammlungen. Wir wurden ganz nach vorn gelotst. Es war schaurig kalt, zog von der Bühne her, auf der der Praesidiumstisch stand. Ich wurde auf das Praesidium nach oben gerufen.

1947 in Berlin gegründete, für alle 4 Zonen im März 1947 in der Frankfurter Paulskirche konstituierte politische Organisation, hervorgegangen aus den 1945 entstandenen, weitgehend selbstverwalteten Ausschüssen der »Opfer des Faschismus« (OdF); in der DDR 1953 abgelöst durch das »Komitee der antifaschistischen Widerstandskämpfer«.

1 Jenny Schaps (1867–1950), seit der Heirat ihrer jüngeren Tochter Elise (Lisl; 1894–1960) mit Julius Sebba 1921 den Kl.s eng befreundet. – Hans Gerstle, Inhaber einer Malzkaffee-Fabrik; Mann von Toni Schaps, der älteren Tochter von Jenny Schaps; 1938 emigrierte die Familie mit Frau Schaps nach England.

Koenen[1] sehr interessant die gestern angenommene sächs. Verfassung mit der zahmen Weimarer vergleichend; Weimar war demokratisch; wir sind »kämpferisch demokratisch«, sichern uns gegen Reaction. Keine Freiheit für Gegner der Demokratie! – Dann die Entgleisung: E. Rentzschs Referat über Berlin wurde so unvernünftig lang, daß das frierende Publikum aufbrach. Schließlich kam ein Zwischenruf: »Kürzer fassen, sonst wird der Saal leer!« Darauf machte er Schluß. Nun wurde ein Vorstand von 15 Leuten vorgeschlagen, darunter war *ich*. Übliche einstimmige Annahme. Ein Chor noch: die *Moorsoldaten*. Via Loewenkopf der kurz u. wieder sehr gut für die Juden gesprochen hatte – übrigens waren Große u. Rentzsch warm gegen Antisemitismus aufgetreten – schon wieder Grabschändungen in Weißensee! – via Loewenkopf brachte ich meinen Frankreichplan hier in Gang, bemühte mich auch an den bevorstehenden VVN-Conferenzen in Frankfurt u. München beteiligt zu werden. Noch ungewiß. – ½10 der Wagen für Bischofswerda ausgeblieben. –

16 h. Dann kam er doch noch. Die Fahrt gab ein eigentümliches Bild: Weiße Felder, dunkler Wald, ein bißchen hüglig am fernen Seitenrand, die Mitte der Straße, kleingepflastert blankgefegt kaltgrau, darüber in Schlangenlinien, Confettibändern, Wasserstreifen, Schlangen einzeln fegende Schneestreifen – es sieht unheimlich aus, u. der Wagen gleitet unsicher über die Glätte. In Bischofswerda – Städtchen von 10 000 (jetzt 12 000) E., zwei große viereckige Plätze sonst Häuserchen in langen kahlen Straßen – im Volkshaus in riesigem Raum Buchausstellung, in gut geheiztem Restaurant 47 Leute an Tischen. Ich placierte mich in die Nähe des Ofens u. sagte meine LTI auf. 100 M, ein schlechtes Mittagessen, das bestimmte Versprechen, mir Ende der Woche ½ Ctr Kartoffeln mitzuschicken, zuletzt vom Hôtelier eine Kohlrübe u. ein paar Hände voll Kartoffeln – »ein Mittagessen« – erbettelt u. zum Geschenk erhalten.

Dienstag 11. III 47 Morgens.
Kälte, Schmerzen, Hunger, Frost – das füllt 95 % der Gedanken u. des Tages. Die übrigen 5 % das innere Schwanken zwischen Journalistik u. Wissenschaft.

---

1 Wilhelm Koenen (1886–1963); 1903 SPD, 1917 USPD; wirkte für deren Vereinigung mit der KPD (1920); 1920–1932 Mitgl. des Reichstags, 1926–1932 des Preuß. Staatsrates; nach 1933 Emigration; 1946 Mitgl. des Parteivorst. bzw. ZK der SED, leitete 1949–1958 das Sekretariat der Volkskammer.

Samstag Abend 29/III 47.

Ich sprach heute nach Tisch etwa von 3 – ¼5 in Görlitz, in der Aula des già humanistischen Gymnasiums über Kultur (»demokratische Kulturpolitik«). Etwa 150 Hörer, Lehrerschaft – ganz besonders großer Erfolg. Ich mußte sagen, ob ich etwas davon veröffentlicht hätte oder publicieren würde, wies auf die kommende Broschüre u. die LTI. – Ob ich von der Broschüre nicht 500 Ex. gleich nach Görlitz bestimmen könne? Ich müßte möglichst bald wieder dort sprechen ... Der Erfolg u. die 120 M Honorar waren nicht das Wesentliche dieser [Fahrt]. Auch daß ich die Deutsche Grenze sah – wir fuhren zur Neisse. Am rechten Ufer des unansehnlichen Flusses die stille (verlassene) Häuserreihe gehört schon zu Polen. Über die Brücke flußaufwärts zieht sich ein hoher wie ein Schilderhaus bemalter Verschlag, davor stehen russische Posten, weiter flußaufwärts drüben ragt ein Kuppelbau, das ist die »Ruhmeshalle« von Wilhelm II.[1] hingebaut u. nun ist sie polnisch – auch daß Görlitz eine richtige größere Stadt ist, von 95 000 E., daß wir in die Musikhalle eintraten, ein riesiger Conzertraum mit Orgel, u. daß die Stadt wenig zerstört ist u. Stadthäuser richtige Kasernen besitzt, ist nur das Nebenbei. Wichtig war die Verproviantierung in Piskowitz. Mit uns fuhr Hahnewald, Funktionär des FDGB[2], Mann von 49 Jahren, von ursprünglichem Beruf Techniker des graphischen Berufs, im Wesen Volksschullehrer. Er kam pünktlich um 9 u. um 11 setzten wir E. im Maidenlager in Piskowitz ab. Weiter durch schlammige Seitenstraßen nach Neschwitz, dann die große Straße über Löbau nach Görlitz. Viele Dörfer u. kleine Orte vor uns u. seitlich das hübsche Mittelgebirge. Hahnewald kannte jedes Nest u. jeden Dorfnamen – er sei so viel gewandert. Bald nach 18 h wieder in Piskowitz. Kaffee u. Plinskes für alle. Und E. hatte zusammengerafft einen Ctr Kartoffeln, ein Säckchen Kohlrüben, ein rundes 8 ℔[3] Brod, ein bisschen Quark, Butter, Sirup, ein paar Plinskes. Aber nun erklärte der Fahrer, seine Reifen vertrügen diese Belastung nicht. Ich entschloß mich – ich glaube zu E.'s Freude, E. in Piskowitz zu lassen. Da ist sie gern u. kann sich ein bisschen pflegen. Sonntags geht kein Zug. Vielleicht fährt Eva Büttner Anfang der Woche nach Dresden. Ich riet E. sich Zeit zu lassen. – Um ein Haar wäre ich die Beute im letzten Augenblick los geworden. Ich war

---

1 Wilhelm II (1859–1941), Deutscher Kaiser und König von Preußen (1888–1918), ging im November 1918 ins Exil nach Holland.
2 Freier Deutscher Gewerkschaftsbund; 1945 entstandene Einheitsgewerkschaft in der SBZ/DDR mit rd. 8 Mio. Mitgliedern.
3 Zeichen für Pfund.

eingeschlafen. Kurz vor Bühlau halten wir. Polizistin, an uns heran-
tretend: »Sie können weiterfahren, Sie sind doch eben kontrolliert
worden, nicht wahr?« – Ja, sagt der Fahrer u. fährt weiter. – »Habe
ich eine Kontrolle verschlafen?« – »Vor einer Minute rief ein Polizist
›halt‹, aber da war ich schon vorüber u. gab Gas. Es wäre doch schade
um die Kartoffeln gewesen. Sie confiscieren alles.« Da waren wir
schon auf Dresdener Gebiet. Um 22^{00} zuhaus. –

Überall unterwegs Holzfuhren: Handwagen, Pferdewagen, ganze
Wagenzüge hinter schweren Treckmaschinen. Überall im Wald Holz-
schlag. Von allen Seiten Klagen über Waldverwüstung. In Berlin
gibt es keinen Tiergarten mehr.

30. III. Sonntag Mitternacht.
Ein Tag ohne Eva ist lang.

Ich schaffte über 2 Seiten »Kultur« obschon Vor- u. Nachmittags
Besuch kam. Vorm über eine Stunde ein nicht unsympathischer
stark böhmelnder PG u. Professor Schmidt[1]. 1940 aus Brünn her-
geholt für Ludwig[2] den Mathematiker u. Vormund Karl Wieghardts.
Wo war Ludwig damals? Er kam vor wenigen Monaten aus dem
Westen zurück u. starb hier unvermutet, si dice[3] an Hunger. Schmidt,
Anfang 50, fragt mich harmlos, wie ihm zu helfen. Bleibt über eine
Stunde. Interessant an ihm: er glaubt nicht so recht an deutsche Grausamkeiten. Propaganda! Und die Russen – er kann Tschechisch u.
russisch, er war 1914 als Fähnrich Gefangener in Sibirien. Er möchte
nicht wieder hin, nicht »um 4 h Morgens nach Rußland verfrachtet
werden«. Es soll im Wesentlichen noch wie damals sein. Sie sind
nicht bösartig; das Land ist (immer wiederholt!) unvorstellbar reich.
Man hat zu essen – aber sonst nichts. Sie können nicht organisieren,
sie haben nur für den Krieg vorgearbeitet, nicht für das Volk. Alle
Dinge der Kultur fehlen, deßhalb schaffen die Russen jedes Stück
von uns, Radio, Möbel etc, etc. nach Rußland. – Wahrheit?

Am Nachmittag Lotte Kreisler u. ihr alter Mann. Sie brachten ihr
Brod mit, wir klatschten vergnügt beim Kaffee. Sie zeigte mir u. ließ
hier ein gedrucktes Conzertprogramm von 1940 worin Laux, der
Genosse u. Ministerialrat Laux sehr eklig von dem Halbjuden Hanslick[4] schreibt, »dem bösen Geist der Verneinung« dem »wütenden

---

1 Wilhelm Schmid (1888–1963), Mathematiker; 1941–1945 Prof. an der TH Dresden.
2 Walter Ludwig (1876–1946), Mathematiker; 1909–1940 an der TH Dresden.
3 (ital.) man sagt.
4 Eduard Hanslick (1825–1904), österr. Musikforscher; einflußreicher Musikkritiker in Wien.

Feind Richard Wagners«, der gegen Bruckner[1] gehetzt habe. Und nun sei »im Juni 37 im Beisein des Führers die Bruckner-Büste in der Walhalla[2] enthüllt« worden. Peinlich. Alle haben sie Dreck am Stecken.

Montag Abend 31. III. 47
Gestern ist eine alles umstoßende oberste Entscheidung aus Karlshorst[3] gekommen: schärfste Trennung von T. H. und Universität. Hier werden *nur* Techniker, Gewerbelehrer u. Naturwissenschaftler ausgebildet, alle philologisch-historischen Lehrstühle (Deutsch ausgenommen) kassiert. Ich hänge also in der Luft. Greifswald eventuell notwendig.

Loewenkopf ließ mir sagen, ich könne mit zum Dachauer Treffen am 8. Mai.

2 April. Mi Abend.
Telegramm aus Greifswald. Rektor »beruft mich zum Ordinarius« fordert mich auf – »Dienstreise« – zur Verhandlung hinzukommen.

Am Nachmittag, Melanchthonstr, lange Sitzung der Sed. Soll die Oper[4] gesprengt oder renoviert oder wie ersetzt werden? Leidenschaftliche Discussion. Gute hielt ein Referat über Oper u. Opernhäuser, wobei er in seiner üblichen Weise ausschließlich das politisch-soziale Moment betonte. (Mir neu: Logen weisen auf höfische Klüngeldiplomatie.) Mehrere Architekten für radikale Niederreißung der Ruine; Gute will einen Palast für Volksoper u. Volkskino dorthin haben. Die conservative Gegenseite will »das Stadtbild« erhalten: mit der Oper würde der ganze Theaterplatz, das ganze Stadtbild zerstört. Dölitzsch in leidenschaftlicher Rede: »Sagt nicht, man sei ein schlechter Sozialist, wenn man in dieser Sache conservativ denkt. Und nehmt auf das Dresdener Volk Rücksicht, das zu 95 % für die Erhaltung ist.« Zwischenruf: »95 % haben auch Hitler gewählt!« Bürgermeister Wagner, dem die Ernährung untersteht:

1 Anton Bruckner (1824–1896), österr. Komponist; wegen seiner Verehrung für Richard Wagner in den Streit zwischen »Traditionalisten« und »Neudeutschen« hineingezogen.
2 Ruhmeshalle mit Bildnisbüsten berühmter Deutscher bei Donaustauf, erbaut 1830/42.
3 Sitz der Sowjetischen Militäradministration.
4 Die Dresdner Semperoper, erbaut 1871/78 als Königliches Hoftheater nach Plänen von Gottfried Semper, am 13. 2. 1945 schwer zerstört; am 13. 2. 1985 nach weitgehend originalgetreuem Aufbau wiedereröffnet.

stellt die Frage einige Monate zurück! Wir sind am Verhungern, für Kunst fehlt Zeit. – Gen. Schön: wir müssen sie klarstellen; im Stadtparlament beantragt die LDP 250 000 M. für »Sicherung des Baus«. –

Donnerstag Abend 3. April
Clou des Tages: Am späteren Abend ganz unvermutet ein Russen-Osterpaket durch Chauffeur gebracht. Reichlich Butter, weißes Mehl, Heringe, Kartoffeln, Fleischconserve, Zucker, Marmelade, Sülze, 100 Cigaretten. – Wir freuten uns wie die Kinder.

Ostersonntag Abend 6. April 47.
Das unmögliche Papier[1] hemmt mich aufs äusserste.
   Am Freitag 4. 4. Vorm. in der Melanchthonstr. VVN-Veranstaltung: Buchenwald. Aussagen Einzelner über gräßliche Einzelheiten. Dann Mauthner genaueste Angaben: diese u. diese Fakta zur Propaganda geeignet. Als eingestreute Überraschungssendungen – so zwingt man das Publikum zu hören. Der 2jährige kleine Judenjunge[2], den die Leute einer Kammer immer wieder vor den Mördern verstecken u. retten. Alle sind sie ihm Väter. – Der mit der Todesspritze u. Gegenspritze im Leibe. Die gebadeten Frauen. Zuspruch durch die ältesten KZ-Insassen.

Montag Abend 14. April.
Neue Situation, mir als Keule auf den Kopf: Jan[3] geht nach Jena, an seine Stelle *ist* bereits Werner Krauss[4] aus Marburg berufen. Die Zentralverwaltung in Berlin habe es so gewollt. Krauss sei ein Zuwachs aus dem Westen, der erste, u. Krauss sei jünger als ich, der

1 Für die Tagebucheintragungen vom 31. 3. bis zum 11. 5. 1947 benutzte Kl. einen gebundenen Jahreskalender aus einem der späteren Kriegsjahre; das schlechte Papier beeinträchtigte Schreibfluß und Lesbarkeit erheblich.
2 Jerzy Zweig; die Rettung des Kindes vor der SS wurde zum zentralen Motiv des Buchenwald-Romans »Nackt unter Wölfen« (1958) von Bruno Apitz.
3 Eduard von Jan (1885–1971), Romanist; 1929 Professor in Greifswald, 1932 in Leipzig, 1947–1957 in Jena.
4 Werner Krauss (1900–1976), Romanist; 1942 Professor in Marburg, im gleichen Jahr Verhaftung wegen Beteiligung an der antifaschist. Widerstandsgruppe Schulze-Boysen/Harnack, Januar 1943 zum Tode verurteilt, nach 18 Monaten Haft in der Todeszelle durch Intervention namhafter Fachkollegen, u. a. von Karl Vossler, Wiederaufnahme des Verfahrens, aufgrund psychiatr. Gutachten Umwandlung des Urteils in 5 Jahre Zuchthaus; 1947 Professor in Leipzig, später Leiter von Forschungseinrichtungen der DAW; wegweisende Arbeiten v. a. über die span. Literatur des Goldenen Zeitalters sowie über die Geschichte der frz. Aufklärung.

Emeritierungsreife. Man läßt mir die freie Wahl zwischen Emeritierung hier (wozu Gute rät) u. Annahme in Greifswald. Noch einer ist als Ordinarius nach Leipzig berufen: Kühn. Welche Farce! Man habe keinen andern, er habe seine Broschüre[1] widerrufen, sei »nicht eigentlich Nazi« – man habe auch einige richtige Nazis in Kauf nehmen müssen. Man sei entvölkert, halb Leipzig drohe mit Abwanderung nach Westen.

Mittwoch 16 IV 47 Abends
Die schwere Verstimmung über Leipzig fast überwunden. Aber Nachmittags im Radio ein großer Salm über die Entnazifizierung u. Demokratisierung der Hochschulen im Osten, u. eben unter den Nachrichten, die Univ. Leipzig habe Gelehrte von internationalem Ruf gewonnen. Darunter: Professor Johannes Kühn aus Dresden. Es hat mich doch wieder schwer erschüttert.

Immerfortiges Schwanken im Punkte Greifswald.

Sonnabend 8²⁰ 26. 4 47.
Seit ½ 8 warte ich auf den KB-Wagen, der mich mit Renn[2] zusammen nach Chemnitz bringen soll.

Heute in Chemnitz spricht Laux die Begrüßung. Jeder weiß, wie sehr Laux compromittiert ist. Aber über gewesene Nazianbiederung drückt man schnell alle Augen zu.

Freitag 2 Mai gegen Abend
Endlich der letzte Correcturstrich an der »Kulturbroschüre« gemacht. Seit dem 25. März hat sie mich beschäftigt, u. ganz befriedigt bin ich nicht. Aber wie viele Ablenkungen!

Gestern 1. Mai dann ein ganz Neues. Volksredner! Fahrt im »kokettesten« Frühling durch halb Sachsen: Meißen – Döbeln – Hartha – Mittweida – *Burgstädt*. Wunderschön wenn es auf Randstraßen bergauf geht. Unten ein Flußband metallisch strahlend – Hügel – Ferne – weiße Blütenbäume, rosa Sträucher, Magnolien, Birken …

---

1 Johannes Kühns Schrift »Über den Sinn des gegenwärtigen Krieges« (Heidelberg 1940), die Hitlers Angriffskrieg zu rechtfertigen versuchte.
2 Ludwig Renn, eigtl. Arnold Vieth von Golßenau (1889–1979), Schriftsteller; gab nach dem 1. Weltkrieg die Offizierslaufbahn auf; 1928 Erscheinen des berichthaften Romans »Krieg«, der zum Welterfolg wurde; Mitgl. der KPD, 1933 zu zweieinhalb Jahren Gefängnis verurteilt;1936–1939 Chef des Stabes der 11. Internat. Brigade im span. Bürgerkrieg; 1939 bis 1947 Exil in Mexiko; ab Mai 1947 Professor für Anthropologie an der TH Dresden, ab 1952 freier Autor.

Als wir um 10 ankamen, wurden schon eifrig Begrüßungen gesprochen. Vielmehr geschrieen. Neben dem Redner ein Lautsprecher. Ankündigung: es spricht jetzt der Hauptreferent Professor Kemperer (sic) aus Dresden. Ein Augenblick der Leere in mir, dann schrie ich los. Neben mir brüllte u. schallte ES, das Megaphon. Eine primitive Sache, dies Imfreiensprechen.

Nun soll ich Sonntag in 8 Tagen zum »Tag der Bücherverbrennung«[1] sprechen. Zwomal. Im Museum Dürerstr. u. Abends in Freital. Der Rundfunk will eine Skizze der Rede vorher bringen.

Ich zersplittere mich, ich glaube: ich muß nach Greifswald. Wir reden xmal am Tage mit Für u. Wider davon; mein Herz ist sehr schwer. Eva ist offenbar für Bleiben, will mich nur nicht hemmen. Mich lockt das Neue, mich quält der Gedanke, hier als Pensionierter abgetakelt zu sein.

Sonntag Vorm 4. Mai. 47
Schwer in meinem Selbstbewußtsein erschüttert durch Auerbachs[2] überwältigend gute *Mimesis*. (Gestern die ersten 50 Seiten zwischen tötlichen Privatbriefen) Er kann Latein, Mittellatein, Afrz.[3], Hebräisch – er ist Philologe. Was hätte ich leisten können, wenn ich solche Substanz besäße. Plötzlich schüttelt mich Angst, ich könnte mich in Greifswald blamieren. Veteres angustiae redivivae[4]. Soll ich mich doch pensionieren lassen? Aber hier bin ich dann Hanswurst in allen Gassen, rasch abgenutzte Lokalgröße u. immer von Leipzig überschattet u. verachtet.

Mittwoch gegen Abend 7 Mai 47
Gestern trat E öffentlich auf, begleitete in Freital die lange Stephan-Hamann bei einem Schubertabend, spielte selber den Wanderer. Sie hatte offenbar Freude daran. Sie ist gleichzeitig ungleich begabter u. ungleich weniger eitel als ich.

Für meinen Teil komme ich über die Niederlage im Punkte Leipzig nicht weg. Dazu die furchtbare Unsicherheit meiner wirtschaft-

---

1 In der Sowjetischen Zone und später in der DDR wurde der 10. Mai zum Gedenken an die Bücherverbrennung 1933 als »Tag des freien Buches« begangen.
2 Erich Auerbach (1892–1957), Romanist; 1930–1935 Professor in Marburg, wegen seiner jüdischen Herkunft entlassen; 1936–1947 Professor in Istanbul, danach am Pennsylvania State College, später an der Yale University, New Haven (Conn.); sein Hauptwerk »Mimesis« (Bern, 1946) untersucht die Entwicklung des Realismus in der europäischen Literatur.
3 Altfranzösisch.
4 (lat.) die alten wiederauflebenden Ängste.

lichen Lage hier. Es wird wohl Greifswald werden – ich erwäge jetzt
E. hierzulassen u. allein dort zu leben. Es ist ja nur für wenige Semester.

»Ellychen«, Lottes Auschwitzer Patientin hat Selbstmord verübt,
sich verbrannt. Ein Romanthema. Sie litt an dem Schuldbewußtsein,
es in Auschwitz besser gehabt zu haben als die anderen, weil zu kon-
ziliant den Nazis gegenüber. D'altra parte soll sie sehr aktivistische
KPDerin gewesen sein.

Sonntag 11 Mai 47

Der Tag der Bücherverbrennung, 10 Mai 33. Große Propagandaaf-
faire. Ich sprach 3 x. Gestern Mittag im Dresdener Rundfunk, irr-
tümlicherweise in einer Probe – in der eigentlichen Sendung wurde
dann mein Part verlesen. Heute Mittag vor etwa 90 guten Leuten im
Kunstgewerbemuseum, Abends vor etwa 60 in Freital. Sehr großer
Erfolg.

Dresden. Donnerstag Vorm. 15. Mai 47.

Berlinfahrt 12–14/Mai 47
Den ganzen Tag über hatte man sich um meinen Rücktransport
bemüht. Kahane hatte mir ein Billet zum Dienstzug besorgt, der 7^{30}
vom Anhalter Bhf abgeht u. um ½ 1 über Falkenberg – Riesa auf dem
Neustädter Bhf ankommt. (Ihn habe ich gestern benutzt). Schlesin-
ger hatte mir einen Platz im Auto angeboten. Es gibt einen Radio-
Schlager:»Hättste!« Hättste doch, ach hättste! Ich wählte das Auto.
Es holte mich pünktlich um ¼ 7, sollte um 11 etwa in Dresden sein
… Um 17 h hatte es seinen 5. u. letzten Schlauchschaden. Bis dahin
Rast um Rast am Waldrand der Autobahn. Nun waren Gummi-
lösung u. Mut zuende. Wir lagen eine Viertelstunde von Ortrand u.
30 km. von Dresden entfernt. Man hoffte auf Galvanisieren im Dorf.
Impossibile. Anderntags um 8 erst sollte ein Zug gehen. Ein Kohlen-
zug kam vorüber, Trecker u. 3 Waggons mit Briketts. Kartoffelham-
ster-Frauen wurden mitgenommen. Überall am Wege standen sie in
Häufchen u. warteten. Ich kletterte hinauf, saß auf dem Karton mit
Kartoffeln, den mir K's mitgegeben. Es regnete, gewitterte, goß. Der
Zug fuhr bis in die Endgegend der 19 Tram. Ich mußte nachher mit
dem schweren Gepäck den Berg hinauf. Sehr erschöpft, sehr naß,
mit vielen Schmerzen um 23 h zuhaus.
VVN-Fahrt Dresden-München/Dachau. 15–19 V.
Eigentliche Tagung 17., 18. Mai 47.
Man traf sich um 15 h in der Bautzenerstr. 23 Delegierte aus Sach-

sen. Hilse u. Loewenkopf als Delegationsführer, Schrecker[1] als Journalist. – Ab Neustädter Bhf 17 h. Schnellzug, 2. Klasse, sehr bequem u. erholsam. Um 22 h Plauen. Wartesaal. Eine Bouillon. Pause
bis 1 h. Dann ein Kohlenzug. Packwagen. Hält nach kurzer Zeit; hält
wieder u. wieder. Das Heizmaterial soll schuld sein. Aussteigen! Die
Maschine schüttet Glut unter sich. La Lison[2]! Auf einen späteren
Güterzug warten! Der kommt um $\frac{1}{2}$3, ist um $\frac{1}{2}$5 in *Gutenfürst,* der
auf unserm Zonenpass angegebenen Sowjet-Grenzstation. Kontrolle
ohne Belästigung. Ein winziges Stückchen Niemandsland. Dann
USA-Kontrolle *Feilitzsch.* Die confiscierte Flasche Wein, der beschlagnahmte Gorki[3]. Dieses Wegstück fuhren wir wieder in dem inzwischen flott gewordenen Kohlenzug. Dann fand sich gegen Son-
derzuschlag ein Güterzug, mit dem wir um 8^{50} in Hof waren. Von
hier in einem Güterzug um 9^{15} weiter in großem Umweg auf München zu. Um 11 in Lichtenfels. 4 Stunden Pause. Ein paar Schritte in
das kleine alte Städtchen hinein. In einem Restaurant zwei Teller
Suppe zu haben. Endlich ein Eilzug: Donauwörth, Nürnberg, Augsburg. Um 10 h Abends, also nach 30 Stunden in München. Das war
noch gut gegangen; wir hatten damit rechnen müssen, erst am nächsten Morgen anzukommen. Das hing an wenigen Minuten. (Die Unberechenbarkeit der Kontrollaufenthalte u. damit der Anschlüsse.)
    In München vom Bhf zum VVN-Büreau in der Goethestr. Schwer-
ste Schmerzen. Dort nahm man (u. Schrecker) sich meiner an. Wagen zum Hotel Burghof am Marienplatz. Praedilektes[4] Unterkommen. Schrecker (anderntags ausziehend) im Zimmer neben mir. Er
hatte Kaffee mit, ließ für uns beide echten machen. Restaurierende
Nacht. – Dieser Reisetag war unser Hochzeitstag, der 16. Mai gewesen. Das fiel mir erst am Sonnabend d. 17. ein, wo ich E's Compositionen zu greifen hoffte u. die schwere Enttäuschung erlebte. Ich
hatte schon das Telegramm im Kopf, das E. die Besitzergreifung
melden sollte. Auf Schreckers Rat trat ich im Büreau der Goethestr.
selbstherrlich als Prominenter auf u. erhielt daraufhin eines der noch
immer höchst eleganten Münchener Taxis zur Verfügung gestellt.
Wir fuhren erst zu Stühlers. Weit draußen Nymphenburger Gegend
Carl Schurzstr. Herzlichste Aufnahme. (Ich verhalf ihnen zu einer Bescheinigung, daß Bernhard den Judenstern getragen. Das wollte man

---

1 Redakteur bei »Zeit im Bild«, Dresden.
2 Name der Lokomotive in Zolas Roman »La bête humaine« (1890; dt. »Die Be-
   stie im Menschen«, 1890).
3 Maxim Gorki (1868–1936), russ. Erzähler und Dramatiker.
4 prädilekt: bevorzugt.

bei den Amerikanern nicht glauben, u. daran scheiterte bisher die geplante Auswanderung). Die bei dem Bäcker Landsdorfer deponierten Sachen[1] hatten sie abgeholt u. werden sie nach Berlin schikken. (Nach Dresden geht es noch immer nicht.) Das Notenpacket von R hatten sie noch nicht erhalten u. fürchteten Verschiebung. Ich lud Stühlers auf, u. wir fuhren zu R. Ein anderer Vorort (wo? j. w. d.[2] Landlstr.). Ich kannte den Mann nicht, hatte ihn nur einmal neben dem Leichen-Jacobi in Dresden gesehen. Die Wirtin sagte, er sei abwesend, nannte aber ein Restaurant in der Stadt, wo er zu essen pflege. Wir fanden ihn dort wirklich, ein durchaus sympathisch aussehender Mensch, blond, schlank, ruhig, beinahe distinguiert. Nein – die Sachen habe er nie aus dem Spital abgeholt – Ja, den Brief habe er damals von mir erhalten. Er komme mit uns. Wir fuhren zum Martinsspital[3]. Dort alles unverändert wie vor 2 Jahren. Aussage: man habe das Packet ausgeliefert, da der Abholer – ein Unbekannter – den Brief in meiner Handschrift vorgelegt habe, eine Quittung habe man sich nicht geben lassen, R. selber sei nicht der Abholer gewesen. – Ich nahm R. beiseite, sagte ihm: ich sei nicht rachsüchtig, wenn er mir *nur* die Noten zurückschaffe, würde ich Ruhe geben, nichts verraten, andernfalls aber ihn der Kriminalpolizei anzeigen. Er blieb dabei, er habe das Packet nicht abgeholt oder abholen lassen. Ich ließ ihn laufen u. fuhr mit Stühlers zum Polizeipräsidium, wo ich Anzeige gegen R. auf Unterschlagung machte. Der Beamte zuckte die Achseln, hielt offenbar die Sache für aussichtslos. – Von da an habe ich keinen ruhigen Tag mehr gehabt. Jeden eigenen Erfolg empfand ich als Ungerechtigkeit gegen E, die nun alles verloren hat, die Compositionen nach den Bildern u. den Bauplänen[4]. Sie ist die so unendlich Begabtere, u. nichts von ihr bleibt. Ich komme mir irgendwie schuldig vor … Auf ihren Wunsch habe ich von hier aus in dringendem Telegramm »hohe Belohnung« für R versprochen, wenn er die Noten heranschaffe. E sagt, das hätte ich gleich tun müssen; jetzt, unter dem Druck der Kriminalanzeige, habe er die Blätter bestimmt verbrannt. In dem Paket waren zwei Wollkleider u. Wäsche … Die ganze Fahrt war mir von da an vergällt.

1 Kl.s hatten zu Beginn ihrer Rückwanderung nach Dresden im Mai 1945 einen Teil ihres Gepäcks in München zurückgelassen.

2 (Berlinerisch) janz weit draußen; abgelegen.

3 Die Oberin hatte im Mai 1945 ein Konvolut mit Notenhandschriften Eva Kl.s in Verwahrung genommen.

4 Eva Kl. hatte auch gemalt und Entwürfe gezeichnet; die Arbeiten wurden mit dem gesamten auf Speicher gelagerten Mobiliar am 13. 2. 1945 vernichtet.

Vom Polizeipräsidium ließ ich mich zur »Großküche« fahren, einem Freßstall, nicht allzuweit vom Ostbahnhof, wo die allgemeinen Abfütterungen auf ziemlich lieblos bayrische Kasernenweise stattfanden. Von da (– im Autobus? schon verschwimmt Einzelnes –) zum Prinzregententheater, dessen feierlichen Raum ich in Erinnerung hatte, u. der mich nicht enttäuschte. Der Staatskommissar für rassisch Verfolgte Dr. Philipp Auerbach, riesiger Mann, sehr dick, der Hals übermäßig geschwollen (irgendwie krankhaft), Schweinsäuglein im fetten Dickkopf, sehr energisch, in seinem vielfachen Auftreten durchweg erbittert antinazistisch u. in Opposition gegen die bay. Innenpolitik – aber maßlos nervös der Rußland- u. SED-Erwähnung gegenüber. Er war der einzige Regierungsmann, der erschien, der Ministerpraesident ließ sich entschuldigen. Die ganze Tagung wurde möglichst ignoriert – man wollte nicht erinnert sein. Auerbach also begrüßte. Dann sprach ein schlanker Mann, auf die Entfernung unerkennbar, wie ein unbegabter Pastor in einem gleichmäßigen Auf u. Ab weinerlicher Salbung – man verstand die Worte nicht, hörte immer nur das Auf u. Ab einschläfernder Weinerlichkeit, es dauerte überaus lange. Hinterher erfuhr ich: das war *Wiechert*[1]. Man bedauerte, daß er sich selber vorgetragen habe, er sei weder Recitator noch Redner. (Wann werde ich seinen Totenwald lesen?) Danach von großem Orchester (Dirigent Georg Solti[2]) das Requiem von Verdi[3]. Manches fand ich unmittelbar schön – aber im Ganzen irrten meine Gedanken ab.

Nun zog das Gros der 1 000 Teilnehmer wieder in die Großküche, wohin auch meine Einladung lautete. Aber man steckte mir: im Spatenbräu äßen die Delegierten, u. dorthin wurde ich mitgenommen. Auerbach schrieb an Ort u. Stelle auf irgendein Stück Papier für mich u. x andere eine besondere Anweisung. Es mögen hier 100 von den 1 000 Teilnehmern anwesend gewesen sein. Nach welchem Princip ausgewählt? Wer war hier Prominenz? Eine unsittliche Fresserei.

Sonntag d. 18. Frühstück im Hôtel, in J's Wagen Löwenkopf geholt, danach ins Deutsche Museum, wo von 8 h ab die eigentliche Tagung tobte. Über den Inhalt der Referate u. Discussionen habe ich in

1 Ernst Wiechert (1887–1950), Schriftsteller; wandte sich 1933 in Rundbriefen und Reden gegen Machtwahn und Antisemitismus; 1938 zweimonatige Haft im KZ Buchenwald, wovon das Buch »Der Totenwald« (1945) Zeugnis ablegt.

2 Sir Georg (György) Solti (1912–1997), brit. Dirigent ungar. Herkunft; 1934–1939 an der Budapester Staatsoper, 1947 Generalmusikdirektor in München, ab 1952 in Frankfurt/M., später in London und Chicago.

3 »Messa da Requiem« (1874) von Giuseppe Verdi (1813–1901).

meinem Artikel[1] berichtet. Semper idem – Politiker haben es leicht, sie wiederholen sich xmal. Nur daß hier alles er- und verbitterter klang als in Berlin. Herauszuheben: der Praelat Kaes mit der schwarzen Ohrenklappe am dicken Graukopf, mit dem »rheinischen Herzen« u. dem Gebet zu Gott für die Seele seines kommunistischen Freundes u. Lebensretters; der stark berlinernde ganz ungesalbte Probst Grüber[2] (»Wir sind da!« – »Wer einen Juden beschimpft, beschimpft uns alle«), die LDP Stadtverordnete Jeannette Schulz aus Berlin: »Schuld haben *auch* die ausländischen Diplomaten, die mit Hitler verhandelten« – charakteristisch, daß es hierbei den stärksten Beifall gab – aber war das nicht am Nachmittag in Dachau?? –

Das neue Wort: ENTBRÄUNEN
Forderungen: Beamte abbauen. Bayern hatte 100 000 u. hat 400 000. Fort mit Juristen nazistischer Art. Die Schule! Das Bataillon 999[3]. Keine Stellen offenhalten für noch zu Entnazificierende Personen. Zum Angriff übergehen!

Ich will den Nachmittag u. Rathaus Dachau gleich dazunehmen. Da war erst eine Presseconferenz. Die Presseleute saßen um einen langen Tisch u. sollten fragen, fragten aber wenig. Man stand u. drängte um sie herum. Interessant war nur ein Bericht über den Siemensconzern. Die Direktion sei schuldig, sie habe Leute aus den Lagern angefordert, sie habe ausgepumpte Leute an die Todeslager abgegeben, sie habe Teile ihrer Betriebe in die Lager selbst verlegen wollen … Daran schließend das »Parlament des Widerstandes« selber. Großer Saal, übervoll. Auerbach eröffnete. Empörung, daß Dachau nicht geflaggt habe, daß man teilnahmslos sein *wolle*.

Dann nach 1 fuhren sie mich zum Maximilianeum, hielten leider an der Rampenseite. Ich sollte eine halbe Stunde für Voßler Zeit haben, irrte unter überaus heftigen Schmerzen – Herz u. Wirbel – um den ganzen ummauerten Bau, anderthalbmal, ehe ich den Eingang am Polizeiposten vorbei fand. So blieben mir nur 9 Minuten für den Besuch. Das Menage[4] V. Sie herzlich u. fast jugendlich. Er schwer gealtert, ungleich greisenhafter als 1945. Krankhaft mager, undeutlich zischelnde Stimme, Gebissschaden. Dabei von allergrößter Herz-

---

1 Kl.s Bericht über das Dachau-Treffen (»Parteitag der Bitterkeiten«) blieb unveröffentlicht.
2 Heinrich Grüber (1891–1975), evangel. Theologe; leitete ab 1937 die von ihm gegründete Hilfsstelle für evangel. Rassenverfolgte (Büro Grüber), 1940–1943 KZ; 1945 Propst an der Berliner Marienkirche, 1949–1958 Bevollmächtigter der EKD bei der Regierung der DDR.
3 Strafbataillon der Hitler-Wehrmacht.
4 Ménage (frz.) Ehepaar.

lichkeit u. offenbarer Freude über meinen Besuch. Lerch sei kurz
zuvor dagewesen. Eine Empfehlung an eine Pariser Schülerin V.'s,
Jüdin und verlegerisch tätig, Eisenberg. Er ließ es sich nicht nehmen
mich herunter- u. um den Mauerring herum zum Wagen zu begleiten – sehr langsam. Der Wagen brachte uns also nach Dachau, die
Feier auf dem Friedhof hatte schon begonnen. Ein Feld mit einer
ausgerichteten Kompanie gleichartiger Kreuze. Auf höherer Geländestufe innerhalb eines Menschenkreises eine Flamme aus Kande-
laberbehältnis, eine predigende Stimme. Einzelne übliche Worte.
»Die Totengebete sprechen die Geistlichen der 3 Konfessionen«,
stand auf dem Programm. Wenig Menschen, geringe Aufmerksam-
keit nüchternste Stimmung. Dann hieß es, man könne zur Besichti-
gung des Lagers oder zur Presseconferenz. Leider wählte ich das
Rathaus. Vom eigentlichen Lager habe ich genau so wenig gesehen
wie 1945 … Ich war auf dem Berg – was mag aus dem Bunker von
1945[1] geworden sein?

Bundestagung[2] *und Wahl des Praesidialrats in Berlin 20–23 Mai.*
Etwa 175 Leute, gewählt haben davon 153 Delegierte. Die meisten Stimmen bekam Klaus Gysi 140, ich mit 106 bin der 24. von
30, der 30. ist der Rostocker Student Wolf Düwel[3] mit 75 Stimmen,
Gadamer mit 53 Stimmen ist *nicht* gewählt. Was mich um so froher
berührte, als er im Praesidium dieser Bundestagung saß. Zu den Ge-
wählten zählen Stroux, Meusel[4] (den ich noch immer nicht persönlich kenne), Paul Wandel, Wiegler, Anna Seghers[5], die grauhaarige
etwas chinesische, natürlich Abusch, Willmann, Friedensburg …
Benedik nach seiner Entgleisung – er sprach die Wahrheit: »das Ar-
menhaus des Westens« u. Becher dementierte ihn: »ein falscher
Zungenschlag!« fiel mit 11 Stimmen …
Am Dienstag 20. Vorm. war das Wesentliche ein großes u. klares
Referat Bechers[6]. Er faßte alles zusammen, was er schon oft ausgeführt hat über Wesen u. Aufgabe u. Meinung des KB. Allzu ver-

---

1 Anfang April 1945 nächtigten Kl.s zweimal im großen Luftschutzbunker des
   Münchener Hauptbahnhofs.
2 Am 20./21. 5. 1947 fand in Berlin der 1. Bundeskongreß des Kulturbundes statt.
3 Wolf Düwel (1923–1992), Slawist; später Professor an der Universität Rostock.
4 Alfred Meusel (1896–1960), Historiker; 1930 Professor an der TH Aachen, 1934
   Emigration über Dänemark nach England; 1946–1953 Professor an der HUB
   Berlin, seit 1952 Direktor des Museums für Deutsche Geschichte in Berlin.
5 Anna Seghers (1900–1983), Schriftstellerin; 1933 Exil in Frankreich und Mexiko, 1947 Rückkehr nach Deutschland; Vizepräsidentin des KB, 1952–1978 Präsidentin des Schriftstellerverbandes der DDR.
6 »Wir, Volk der Deutschen. Rede auf der 1. Bundes-Konferenz des Kulturbundes
   zur demokratischen Erneuerung Deutschlands«, Berlin 1947.

söhnlich u. weich den Pg's gegenüber, sehr, sehr eindringlich für die Russen primo loco. Hier sagte er eigentlich genau das, Punkt für Punkt und beinahe wörtlich, was ich beim Dresdener Jahrestag des KB in Bühlau gesagt u. mit einer antirussischen Demonstration bezahlt habe. Und endlich sprach er für die unschuldige Jugend. Er hatte riesigen Beifall u. wurde durch Händeheben offen zum Praesidenten gewählt. Nach dem Essen im Haus meldete ich mich zur Discussion u. unterstrich das »Geduld mit der Jugend«, unterstrich, wie nötig es sei, ihr den Nazismus zu widerlegen.

Am Mittwoch war ich wenig im Sitzungssaal. Ich suchte den Verlag Volk u. Welt, sehr zerstörtes Haus in der Taubenstr auf. Tschesnow[1] blonder jüngerer Mann, seine Mitarbeiterin oder erste Angestellte Frau Graf. Ich entwickelte meinen Plan: 10 Wochen mit E. in Frkr. Geschichte der Résistance, Vorträge, meine Litgesch. bis 45. Er sagte: das Geld (die Valuta) zu beschaffen u. eine offizielle Einladung für mich würde ihm keine Schwierigkeit machen – er fürchte nur Reibung mit dem Aufbauverlag. Ich sagte für Eva Übersetzung eines franz. Romans zu.

Pfingstmontag 26. 5. 47.
Viel Ablenkung. – Am Samstag Abend Haarschnitt durch Gustl, den Gefängnisfriseur. Er kam (erschüttert) aus eigener Haft. Er war wie alle seine Vorgänger der Versuchung unterlegen u. hatte gegen 3 ℳ Erbsen einen Kassiber weitergegeben. Man hat ihn 10 Tage sitzen lassen u. dann zugleich aus der Zelle u. dem Dienst entlassen.

Mittwoch Morgen 28. Mai 47
E hängt mehr als je an ihrem Garten u. ihrem kleinen Kater. Daß sie nicht mit nach Paris möchte – u. daß es auch besser für mich wäre, sie käme nicht mit – steht jetzt schon fest u. wird von uns auch ausgesprochen. Und ich habe auch den Eindruck, sie dürfe nicht mit nach Greifswald. Der Verlust der Compositionen hat sie schwer in der Seele u. in den Nerven getroffen. Es ist mir sehr schmerzlich u. erschüttert mich sehr – aber ich zersplittere mich hier völlig, ich muß in ernsthafte Arbeit.

Wichtiger Nachtrag zu Berlin: Frau Jung sagte mir als Ergänzung u. Erklärung zu Girnus[2], Berlin sei antibolschewistisch: Die Russen

1 Michael Tschesno-Hell (1902–1980), Filmautor, Publizist; 1922 KPD; in der Emigration (Frankreich, Niederlande, Schweiz) publizist. Arbeit; gründete 1947 in Berlin den Verlag Volk und Welt, den er einige Jahre leitete.
2 Wilhelm Girnus (1906–1985), Kulturpolitiker; 1929 KPD, nach 1933 illegale

haben sich durch die brutalen Vergewaltigungen u. Plünderungen der ersten Eroberungstage irreparablen Schaden getan. Exemplum: im Bezirk Halensee hatten sich *tausend* Anwärter zur KPD gemeldet; als ein paar Wochen später die endgiltige Einschreibung vorgenommen wurde, kamen nur noch *hundert*. Dies sei typisch für die Verluste der Linken.

Donnerstag Mitternacht 5 Juni 47
Viel Zeit nahm mir in diesen Tagen die Affaire Schmidt. Der Mann scheint als Kriegsverbrecher verurteilt[1] – es geht immer an den ganz Kleinen aus –, nun ist sein Eigentum beschlagnahmt, man räumt das Haus aus u. die Familie klammert sich verzweifelt an mich. Große Gefahr besteht für den stud. med. Günther Schmidt, der jetzt – meine Empfehlung! – in Jena im 4. Sem. studiert. Er hat auf dem Fragebogen *nicht* angegeben, daß sein Vater in Haft war.

Sonntag Vorm. 8. Juni 47
Correkturbogen zur »Kultur«-Broschüre. »Wir haben uns erlaubt, kleine stilistische Unebenheiten zu verbessern«. Es ist gewiß nicht böse gemeint, wirkt aber als Nadelstich. – Im Dresdner Funk läuft gestern mein München-Dachau-Bericht. Nach der neutralen Einleitung bricht er ab: der »Parteitag der Bitterkeiten« etc. etc. fehlt. Man fürchtet sich wie in Berlin, die Russen, die SED, die Linke, die Wahrheit fürchten sich. Der Speech ist mit 50 M bezahlt, das Ganze drucke ich bestimmt einmal, ich denke im nächsten Heft für das »Neue Leben« (Schlesinger[2], FDJ.) – trotzdem: Nadelstich! – Ich bin so empfindlich, weil ich in meinem Beruf, meinem Esse haltlos geworden bin. Meine Professur an der T. H., meine Romanistik, was sind sie noch in Wahrheit? Das hat eine innerliche, seelische – aber auch eine stark wirtschaftliche Bedeutung. Was bin ich im KB, was in der Partei, was als Redner u. Journalist? Ein alter nicht sehr brauchbarer Mann, bald zu radikal u. undiplomatisch, bald zu sehr bloßer Schmuckgegenstand u. als solcher zweite Garnitur. –
 Wem traut man? Gestern hier ein Studienrat R, Studienfreund Albert Hirschs[3], durch einen Brief vom »kleinen Hirsch« legitimiert,

Arbeit, KZ; 1946–1949 Intendant des Berliner Rundfunks, 1949–1953 Redakteur beim ND, 1957–1962 Staatssekretär für Hoch- und Fachschulwesen.
1 Willy Schmidt erhielt allem Anschein nach kein rechtsgültiges Verfahren; er gehörte offenbar zu den zahlreichen Fällen, in denen durch sowjet. Behörden Willkürurteile verhängt wurden.
2 Josef Schlesinger, 1946–1948 Leiter des Verlages Neues Leben.
3 Albert Hirsch, Kommilitone aus Kl.s Münchener Studienzeit; Gymnasiallehrer,

Ende 50, dürr, lang, freundlich. Entnazifiziert, LDP, ganz kleiner, ganz später u. widerwilliger Pg natürlich. Er war primo loco Kunsthistoriker, seine Frau ist Graphikerin. Er war Studienrat in Döbeln, dort waren Frau St u. ihr Bruder seine Schüler. Er läßt Frau St. herzlich grüßen. Ihr Bruder freilich sei ein schlimmster Nazi u. ⚡ Held gewesen … Frau St, die dann mit mir zum Vortrag fuhr: R sei der trockenste, kaltherzigste, bösartigste, verhaßteste Pauker gewesen, habe ein paar wilde Jungen in die Opposition, d. h. zum Nazismus getrieben; später sei ihr Bruder von den Nazis verfolgt worden, habe in Schutzhaft gesessen, sei geradezu OdF. –

Wem in Deutschland soll man glauben? Überall Sumpf. Und überall hier die bor* bor*nierteste Feindschaft gegen die Russen. Alles hofft auf die Amerikaner, gar auf Krieg gegen Rußland. Es ist zum Verzweifeln.

Dienstag Vorm 10. Juni 47
Schwerer Ärger über Verlag »Neues Leben«. Sie haben in der Kulturbroschüre »kleine stilistische Unebenheiten ausgeglättet«, d. h. irgend ein unverschämter Schulmeister hat in jedem zweiten Satz der Fahnencorrektur »Glättungen« angebracht. Z. B.: für verstofflichen: verwerten; ausmachen: darstellen u. ähnliches. Vollkommen sinnlos. Ich habe Publikation verboten u. mit Prozeß gedroht, falls Wortänderungen vorgenommen werden. Ich habe die versprochenen Broschüren »Aus Schul- u. Univ. Jahren« u. »Kulturpolitische Artikel u. Reden seit 1945« aufgekündigt, falls mir nicht zugesichert werde, daß wörtlicher Abdruck meiner Mss. erfolge. »Kultur« (wofür schon 2000 M Honorar eingegangen) liegt uncorrigiert im Schreibtisch u. mir auf der Seele.

Lektüre: Anna Seghers Das siebte Kreuz[1]. Nicht ganz so begeistert wie Eva. Ein schlechtes Gewissen, so oft ich einen Roman »bloß so« lese. Aber ich muß doch dies u. jenes ansehen.

Donnerstag Mittag 12 Juni.
In die Pausen dieser Tage steckte ich die Seghers. Doch sehr gut.

Sonntag Vorm 15. Juni 47
Wichtiger war mir die Aussprache mit der Sekretärin des KB. Bei der SED, Neulehrerin, plötzlich entlassen. Ihr Vater untragbar. Staats-

nach seiner Amtsenthebung 1933 Direktor des Philanthropins in Frankfurt/M.; ging, offenbar nach KZ-Haft, ins Exil.
2 Roman (Mexiko 1942); erfolgreichstes Buch von Anna Seghers.

anwalt, entnazifiziert, »unbedenklich« bei der SED seit Sommer 46. Vorher Tiefbauarbeiter bis zu schwerem Betriebsunfall, dann u. auch jetzt noch irgendwo Kanzleivorsteher. Die Tochter hat man erst als Lehrerin akzeptiert, dann doch fallen lassen. Sie möchte studieren – hat die Matura, will als Hauptfach Geschichte wählen, kommt nicht an – ich versprach Greifswald. Aber dies alles ist mir nichts Neues. Neu war mir dies: »Ich liebe es nicht, daß Kinder für Väter leiden sollen, aber es ist doch anzunehmen, daß Kinder geistig vom Elternhaus beeinflußt sind. Sagen Sie mir ehrlich, wie Sie gedacht haben.« Sie habe an den Sieg geglaubt. Und all die Grausamkeiten? »Es ist uns ein körperlicher Ekel vor den Juden beigebracht worden. Da war ein Schulungsbrief: ein arisches Mädchen heiratet einen Juden; ihr Grauen, wie sich an dem Kind die Rassemerkmale zeigen: schwarze Löckchen, krumme Nase ... Ich habe gedacht, es mag hart sein für den Einzelnen, aber sie müssen fort, sie sind die Vergifter, die Rasse ... man sucht doch auch bei Hunden die Rasse reinzuhalten ...« »Haben Sie nie gedacht, daß bei Menschen nicht das Physische, die Hundezucht, entscheidet, sondern das Geistige?« – »Es ist uns doch alles von der Rasse abgeleitet worden ... Ich hatte damals so großen Eindruck, als ich Sie, Herr Professor, im Theater sprechen hörte ... Ich war vollkommen erschüttert, als ich dann hörte, Sie seien Jude. Ich hätte das nie geglaubt ...« Ich sagte ihr: »So wie Sie vor einem Juden zurückschauderten, so verspürt unsereiner einen Blutgeruch, wenn er von einem Menschen hört, er sei Staatsanwalt im dritten Reich gewesen. Man fragt sich dann: was hat das Kind eines solchen Mannes an raubmörderischem Wesen in sich aufgenommen?« ... Das Mädel machte mir guten Eindruck. Aber den Vater sehe ich als Schädling, mag er auch kein einziges Kriminalurteil in politischem Prozeß beantragt haben. Er hat doch dem Verbrecherstaat als Jurist gedient. Und er hat doch die nazistische Erziehung seiner Tochter mindestens unbehindert gelassen ... Es ist das erstemal, daß ein Mädchen so offen von ihrer nazistischen Erziehung sprach ... Eng hierzu gehört der Fall Glaser. Er hat dieser Tage angeklagte Nazirichter verteidigt u. pathetisch ihren Freispruch beantragt; er ist daraufhin (durch wessen Beschluß?) von der OdF-Liste gestrichen worden. Ich bekam Copie seines Protestes: er sei Pflichtverteidiger gewesen, u. die Richter hätten nach ihrer Vorschrift gehandelt. Übrigens läge kein Beweis gegen sie vor, daß sie in Blutprozessen mitgewirkt hätten ... Gestern Abend war in dieser Angelegenheit, zeitraubend u. das kleine Abendbrod (wenige Kartoffeln, wenige Heringsstückchen) verkleinernd, Eva Schulz-Knabe bei uns. Sie u. ihren hingerichteten Mann hätte er als »Helden« in seinem Plaidoyer bezeichnet, hätte auf seine eigene Rolle als einstigen KPD-Verteidiger hingewiesen. Eva Sch. war degoutiert von ihm wie wir selber.

Endlich die Seghers, das Siebte Kreuz ausgelesen. Sehr viel gute Einzelscenen. Aber ganz warm bin ich selten geworden. Sehr viele ausgezeichnete Skizzen um das eine Thema – aber das Thema selbst doch eng u. partiell. Ausgezeichnet die Technik des Detektivromans.

Vom Verlag Neues Leben fand ich ein Telegramm vor: »Manuskripte erscheinen selbstverständlich wortgetreu ohne jede Aenderung. Brief unterwegs«. Ist das ein völliger Kotau?

Mittwoch Abend 18. Juni 47
Es hieß Friedrichs'[1] Nachfolger dürfte Zeigner werden. Friedrichs' Tod – Angina, mit 55 Jahren, das Bulletin ein schweres Memento für mich – erfuhren wir auf der Rückfahrt von Falkenstein. Gerade hißte man dort Fahnen auf Halbmast. Schumann hörte in einem Laden: »Weswegen die Fahnen auf Halbmast? – Nu, das tun die Russen, weil sie abziehen – die Amerikaner kommen.« –

Montag Abend 23. Juni.
Greifswalder Fahrt Do 19.–Samstag 21. VI
Um ½12 in Greifswald. Ich hatte an Weidhaas telegraphiert, fand ihn nicht auf dem Bhf, doch war mir dort die Adresse eines Hôtels angegeben, der Preußische Hof.

Ein älterer Mann führte mich einen sehr weiten Weg dorthin, es gebe einen näheren, aber der gehe durch die Parkanlagen an zu vielen Russen vorbei. Die Stadt sei nicht sicher, unter der Besatzung gebe es wilde Marine. Ein schöner großer Marktplatz mit sehr wohl erhaltenen immer wieder renovierten alten stattlichen Häusern, Barockgiebel u. baltische Giebel, alles hier frisch weißgetüncht. Der Pr. Hof in einer schmalen Straße, hübsches Zimmer mit erhöhtem Erker. Morgens nichts als ein schwarzer Ersatzkaffee u. mein mitgebrachtes trockenes Brod. Dann zur Universität. Eine weißgetünchte Flucht hoher alter Häuser. Gegenüber in grüner Anlage der prunkvoll massige rote Backsteinbau des Doms mit fast plumpem dickem Turm. In der Univ. wußte erst niemand Bescheid. Ein alter Subalterner, kleiner Beamter oder gehobener Pedell, geriet in mitleidiges

---

1 Rudolf Friedrichs (1892–1947), Jurist; 1922 SPD; 1926–1933 Regierungsrat im Sächs. Innenministerium; Mai/Juni 1945 OB von Dresden, dann Präsident der Landesverwaltg., 1946 Ministerpräsident des Landes Sachsen.

Erstaunen, als er hörte, daß ich richtiger Hochschulprofessor sei u. gar Ordinarius. »Und da wollen Sie her?!« (Als ob ich Idiot wäre.) Nichts als Studienräte, u. auch die blieben nicht. Wenig Essen, viel russische Unsicherheit, Häuser würden beschlagnahmt. Er schloß mir das romanische Seminar auf: es war literarhistorisch u. für das 19 Jh. merkwürdig gut versehen, es hatte neben sonstigen großen Räumen ein prachtvolles Directorzimmer, das meine Sehnsucht erregte: hier mit Schreibmaschine u. Sekretärin allein sein! Aber dies Seminar (u. auch nur als Raum) blieb einziges Plus. Es erschien ein blasser u. mickriger Studienrat, z. Zt. commissarisches Mädchen für alles aus Schwerin, sprach von 30 romanist. Studenten, von einer heimlichen Dantevorlesung – denn noch seien italien. u. spanische Collegien verboten – von seiner Sehnsucht u. Absicht nach Schwerin zurückzukehren. Es tauchte ein kleiner jüngerer Mann auf, früher Lektor, jetzt angehender Professor der Slavistik, schon u. a. von Dresden umworben. Es erschien ein junger Mensch am Stock gehend, Senior des Seminars. Alle nett, alle verwundert, daß ich hierher wollte.

Montag Nachm. 14 Juli
Was ist aus Kretzschmar-Neumark geworden? Er ist wie vom Erdboden verschwunden. Er schrieb mir zuletzt im Juni einen erbitterten Brief, Hilferuf für den Stiefvater; ich versuchte daraufhin ihn telefonisch, später schriftlich zu erreichen. Alles stumm. Haben ihn die Russen festgesetzt, ist er nach dem Westen geflohen? *LQI: »Der Westen!«*

Freitag Morgen 18. Juli
Von Tag zu Tag dies zermürbende Warten: wird der Aufbauverlag meine Lit-Gesch. übernehmen? Wird die Pariser Reise … wird Greifswald …?? Und neuerdings auch das jammervolle Warten auf »Pakete« und auf die Pajok-Anweisung[1].

Die SED forderte von mir ein Gutachten über Heinsch, der sich zum »Diplomatischen Dienst« beworben hat. Ich schrieb ein nachdrückliches u. ausführliches Pro.

Langen Privatbrief an den treuen Berthold M.[2], den letzten Paketsender.

---

1 Pajok (russ.) Ration; Bezeichnung für zusätzl. Lebensmittelzuteilungen an Intellektuelle und Funktionäre durch die sowjet. Besatzungsbehörden.
2 Berthold Meyerhof.

Sonntag Vorm. 20. Juli 47

Von 7 bis gegen 9 im großen Sendesaal die Spanienkundgebung der VVN. (11. Jahrestag des Bürgerkriegbeginns). Allzu wenige Tage nach der Polenveranstaltung, allzu große Übersättigung der allzuhungrigen Menschen mit nutzlosem politischem Gerede. Sehr lahm. In dem Riesensaal waren die etwa 200 Leute ein Nichts.

Am Sonnabend Nachmittag mit E. u. der Kreislerin in Hellerau bei Kussy. Ich unterhalte mich immer gern mit ihm, er hat Bildung, großen Überblick, sehr ruhiges Urteil. cf. oben, was er über die »Humanität« der Alliierten im Allgemeinen sagte. Von den Russen, mit denen er viel u. im Guten zu tun hat (Rheostat ist Reparationsfirma): Gutwillig u. gutartig, aber industriell u. organisatorisch der Sache nicht gewachsen. Chaos … Ihre Fehler: warum die Geheimtuerei, das Verschwindenlassen statt öffentlicher Prozesse? (Fall Neumark – Kretzschmar übrigens soll nach dem Westen sein, nachdem er hier einmal verhaftet oder verhaftungsbedroht war … Dunkle Angelegenheit. Die Mutter noch hier. Er hat vor vielen Wochen an mich geschrieben, danach nicht mehr geantwortet.) Warum nicht more britannico[1] eine Opposition, verabredete u. in vorgeschriebenen Grenzen zu haltende, dulden, vielmehr heimlich anordnen? Das stützt die verbündete Partei beim Publikum, das macht die Besatzungsmacht populär – seht ihr, die ist liberal! – Mir geht durch den Kopf: ich war immer zu eingespannt. Lange Jahre war meine Welt *nur* der romanistische, nicht einmal der allgemein philosophische Umkreis. Jetzt ist die Gefahr, so einseitig SEDler u. Sowjetbürger zu sein. Ich fange an, über diesen Umkreis hinauszusehen. Aber gebunden, mit meiner Person gebunden bin ich an ihn.

Freitag Vorm. 25 Juli 47

Am Mo 21. gab es im Gasthaus Dölzschen eine nicht sonderlich gut besuchte Versammlung der Blockparteien zum Thema Erntesicherung – Flurschutz. Schwere Depression aller Redner. Der nackte Hunger, die übermäßige Sterblichkeit überall. Die Diebstähle, das sinnlose Herausreißen u. Zertrampeln beim Ährenlesen u. beim zu frühen Einbruch in abgeerntete Felder, »ehe der letzte Wagen fortgerollt ist«. Dieses mittelalterliche Bild des Ährenlesens ist mir durchaus geläufig, Leute »besserer Stände« beteiligen sich daran. Dölzschen braucht 200 Freiwillige für Nachtpatrouillen. Man verspricht ihnen bestimmte Belieferung ihrer Kartoffelkarte und 2℔

---

1 (lat.) nach britischer Art.

Hackfrüchte douceur[1] für jeden nächtlichen Patrouillengang. Es meldeten sich nachher eine ganze Menge Leute. Mir fiel auf das gute Sprechen der Leute aus dem Volk. Sehr eindringlich sprach der Polizeileiter der Dienststelle Dölzschen, ein kleiner Wachtmeister. Der CDU-Referent schlug beinahe nationalistische Töne an: die Alliierten ließen uns absichtlich verelenden.

Eva spricht heute Abend (Jungfernrede!) als neugewählte Dölzschener »Frauenleiterin« im Café Dölzschen über Frau in westeuropäischen Ländern. Schade, daß ich nicht zuhören darf. »Haremssache«, sagt E. An Eva richtet sich auch der neulich in Berlin besprochene Übersetzungsantrag von »Volk u. Welt«. Vorgestern kam das Buch *Jacques Roumain*[2] *Gouverneurs de la Rosée* hier an; aber über den Stand meiner geplanten Frankreichreise verlautet nichts.

Ich las Kahanes viel aus meinen alten Talmudsprüchen[3] vor. 1910! So ururalt zu sein u. noch nicht zufrieden u. dem Tod etc. gegenüber so unfertig wie je!

Während wir plauderten, machte Doris in einer kleinen halben Stunde die beiliegende Zeichnung von E.

31. Juli 47. Donnerstag Vorm.
Am Dienstag Nachm. war Erich Seidemann hier. Er klagte, man habe ihn in einer Versammlung, in der Koenen gesprochen, mundtot gemacht, als er energische öffentliche Behandlung des Falls D gefordert habe. D., ein Mann der SED, Leiter des Ernährungsamtes, wurde zu vielen Jahren Zuchthaus verurteilt. Der Mann war xmal vorbestraft, u. in seine Schiebereien sind viele Grosskopfete SEDer mindestens ein bißchen verwickelt. Die »Union« (CDU) ist sehr genau mit bösen Namensnennungen darauf eingegangen, u. die SED hat die Sache sehr u. allzu kurz behandelt, sagt Seidemann. – Am Abend war dann Gottfried Heinsch hier, der, ohne Seidemann vorher gekannt zu haben, von dieser Sache erzählte. S. sei vollkommen unpolitisch aufgetreten. Es war ein Schulungsabend für Funktionäre in der Melanchthonstr., Genossen aus dem Westen waren anwesend,

1 (frz.) Entschädigung.
2 Jacques Roumain (1907–1944), haitian. Erzähler; schrieb in frz. Sprache, einer der wichtigsten Autoren der »Négritude«; gründete 1934 die KP Haitis. – Der Roman »Gouverneurs de la rosée« (1944; dt. »Herr über den Tau«, aus dem Französischen von Eva Klemperer, Berlin 1947) machte ihn weithin bekannt.
3 Als Siebzehnjähriger formte Kl. eine Reihe von Sentenzen aus dem Talmud zu Reimsprüchen, die sein Vater in seinen Predigten benutzte; im Sommer 1905 entstanden dann mehr als 400 Stücke, von denen viele im Feuilleton von Zeitungen gedruckt wurden; später erschien eine Auswahl daraus als gesondertes Bändchen.

Koenen hatte allgemein Principielles geredet u. *dem* galt die Diskussion. Ich sagte, Seidemann gehöre auf die Universität, zur Pädagogik u. Philosophie, nicht in die Tagespolitik ...

Sodann sprach Heinsch sehr pessimistisch über die Partei: Sehr große Spannung zwischen KPD u. SPD, sehr viel »Schuhmacherei« auch bei unseren Leuten, sehr viel schmutzige Vorkommnisse in der Art der D-Affaire ... Das Interessanteste an Heinsch aber war dies: es zeigte sich, daß er felsenfest an die Weltherrschaftsidee des im Freimaurertum[1] organisierten Judentums glaubt. Centrale sei in Jerusalem, in USA säßen die »Hochgradigen« (vom 33. Grad), sein Onkel trage eine Brillantnadel, die angeblich ein G = goodman, in Wahrheit ein J = Jehova darstelle, u. vor der alles zittere. Er, der Onkel, sei nicht Jude, aber alle Weisungen, alle Amerika- u. die Welt angehenden Befehle gingen auf jüdische Bank-Gewaltige zurück u. die Spitze befinde sich eben in Jerusalem. Es vollziehe sich auch die Inthronisierung des Papstes derart, daß ihn »der Großrabbiner« segne. Ich machte Heinsch darauf aufmerksam, daß das Ceremonielle u. der Kult der Kirche in vielem oder allem auf alttestamentarische Vorbilder gestützt sei – er selber aber glaubte offenbar buchstäblich an die Herrschaft des Logenjuden oder des in der Maurerei versteckten Judentums. D. h. also, daß dieser aufrichtige Marxist u. Judenfreund, den ich zur diplomatischen Laufbahn empfohlen habe, vollkommen von der Nazitheorie u. -legende überzeugt ist. Wahrscheinlich glaubt er auch an »Die Weisen von Zion«[2]. E. sagt eben, vielleicht sei er selber Freimaurer ... Wie weit sind wir also in der Entnazifizierung Deutschlands? Und was hat es mit der Aufklärung auf sich und was mit dem Rationalismus unserer Partei? Que sais-je?[3]

---

1 Internat. Bewegung, die sich für Humanität und Toleranz einsetzt. Die einzelnen Gesellschaften (Logen), deren Brauchtum aus den mittelalterl. Bauhütten stammt, sind zu Großlogen zusammengeschlossen.

2 Gemeint sind die »Protokolle der Weisen von Zion«, die angeblichen Protokolle einer jüdischen Tagung, die einen Plan zur Errichtung der jüdischen Weltherrschaft enthalten; zurückgehend auf eine gegen Napoleon III. gerichtete Schrift von Maurice Joly von 1864, die, gegen die Juden umgefälscht, 1905 von dem russ. Beamten Sergej Nilius offenbar im Auftrag der zarist. Geheimpolizei Ochrana publiziert wurde; in der 2. Auflage von 1907 wurde mitgeteilt, die geheime Versammlung habe im Herbst 1897 in Basel stattgefunden; der rein fiktive Charakter der Protokolle wurde in mehreren Prozessen zwischen 1924 und 1936 nachgewiesen.

3 (frz.) Was weiß ich?

Sonntag Morgen 3. August 47
Gestern Vorm. die Sitzung der Landesleitung des KB.
  Viel u. ergebnislos wurde um einheitliche Richtlinien für Entnazifizierung u. Beamteneinstellung geredet. Einer forderte Spruchkammern für die Ostzone. Hier war nun Willmann höchst interessant, der eben von Westreise zurück ist: Entnazifizierungen vor den Spruchkammern seien »der beliebteste Artikel auf dem schwarzen Markt«. Völliges Fiasco der Institution, corruptester Unfug. – Der »Vorhang« zwischen West u. Ost sei im letzten Jahr immer dichter geworden. Die Leute im Westen fragen nicht, wie es bei uns im Osten sei, sondern »wie ist es in Rußland?« Man glaubte u. a. daß in Berlin von Straße zu Straße der Interzonenpaß nötig sei. Die Heidelberger Kulturvereinigung hatte abgelehnt sich an Gruppenberatungen zu beteiligen, an denen unser KB mitwirke. Willmann kam nach Heidelberg, man machte ihn mit den Prominenzen der dortigen Vereinigung bekannt – Professoren, Geistlichen, Intelligenzspitzen jeder Art, man glaubte, bei uns herrsche im KB. ausschließlich communistisches Proletariat. Als ihnen Willmann mitteilte, daß sich unser Praesidialrat etc. genau so zusammensetze, waren sie höchst verwundert u. wurden freundlich ... *Grüß* hob hervor, daß die Blockparität faktisch nicht vorhanden sei. Er nannte Zahlen: im Bezirk gebe es einige 70 Dörfer, in denen *nur* die SED organisiert u. anerkannt sei, CDU habe nicht die Möglichkeit Versammlungen abzuhalten, Kandidaten aufzustellen etc. ... Überzeugt bin ich, daß bei wirklich freier Wahl die SED heute winzigste Minderheitspartei würde.

Dienstag Morgen 5. August 47
Gestern sagte mir Heidebroek in offener Sitzung: es sei endgiltig letzte Entscheidung von Karlshorst, mein Katheder sei gestrichen, die T. H. zahle mir auf Anweisung des Ministeriums, das mir aber kündigen müsse.
  Meine Rolle ist nun wohl wirklich zuende: Johannes Kühn ist Ordinarius in Leipzig, Wildführ, der kühl u. spöttisch neben mir saß, ist Ordinarius in Leipzig, und ich bin gar nichts mehr. Weder in der Hochschule noch in der Politik.

Freitag Abend 8. August
Alles schweigt u. läßt mich im Leeren – der Aufbauverlag, der Verlag Beltz – nur der Verlag »Volk u. Welt« hat mir geschrieben, der Pariser Plan sei gescheitert.

Donnerstag Nachm 14. August 47

Sehr erschöpft um 3 h zurück fand ich als Logierbesuch Trude Öhlmann u. ihren Neffen Werner Fischer, bescheidenen, gebildeten, ruhigen blonden Mann von 36 Jahren, kaufmännischen Angestellten hier. Der Neffe ist heute abgereist, Trude wird bis Sonntag bleiben. Charakteristika dieses Besuchs: die unendliche Russen- u. SED Feindlichkeit der Bevölkerung, insbesondere des Kleinbürgertums, ganz besonders Leipzigs. Dort scheint die Not *noch* größer als hier. Der Gesichtspunkt der »Angestellten«: die Arbeiter hassen uns, die Arbeiter bekommen mehr zu essen (höhere Karte), die Ungerechtigkeit der Russenpakete (die Leipziger sagen »Stalin-Pakete«) die Injurien der Arbeiter, der »Kommunisten« gegen Bürgerliche, die Russen nehmen uns »alles«. Am meisten erschütterte mich ein Satz des sehr ruhigen u. durchaus antinazistischen Fischer, der als Landser im Felde war, große Zerstörungen aber keine Grausamkeiten im Osten gesehen hat: »Glauben Sie wirklich, daß es Massenvergasungen gegeben hat?« ... Der Zweifel hieran wird genährt, ist verbreitet. Was nutzt da alles Aufklären? ... Gleich danach die Frage: »Ist es wahr, daß Pieck u. Grotewohl in Karinshall[1] wohnen?« ... Die SED treibe es in allem genau so wie die Nazis. Und immer wieder: die Leute sagen, unter Adolf hätten sie ihre Butter bekommen. Und immer wieder: Raubüberfälle durch die Russen! Und: ein Kommandant, als ihm deutsche Kinderärztin sagte, es stürben in Leipzig 30 % der Säuglinge, habe geantwortet: »Viel zu wenig!« – In Leipzig scheint durch die Messeheuchelei besonderes Elend zu herrschen ... Aber das Schlimmste ist doch der radikale Zweifel: es ist gar nicht vergast worden! – Ich redete für Russen u. SED nach Kräften, wahrscheinlich umsonst ...

Mittwoch Mittag 20. 8. 47.

Am Nachm. um 17 h war dann VVN-Sitzung in der Bautzenerstr, wo es um das Programm des 14/9[2] ging. Zwei Strömungen: Hilse wollte ein Vielerlei von Veranstaltungen u. Demonstrationen auf offenem Platz. Andere fürchteten leere Säle, Fiasco wie bei der Polen- u. Spanienveranstaltung, verlangten Beschränkung auf Wenigstes. Ich gehörte sehr energisch zu diesen anderen, betonte immer wieder, wie unbeliebt *wir* wären – wir, d. h. die VVN, die OdF, die SED, die »Russenhörigen« ... Auf dem Tisch lag die Nr von »Unser

---

1 Karinhall, Schloß Hermann Görings in der Schorfheide nördlich von Berlin; 1945 auf sowjet. Anordnung gesprengt.
2 Der 14. 9. 1947 wurde als »Tag der Opfer des Faschismus« begangen.

Appell«[1]. Darin mein Artikel über das Vertrauen[2], gekürzt nur um den Satz: »das Vertrauen ist *antifunktionär*.« Ich wußte schon vom Erscheinen des Blattes durch Steininger, den meine Wortschöpfung »die Gewußthabenichtse« enthusiasmiert hat. Ich griff einen Mann aus Freital an, der von einem zu errichtenden »Mahnmal« sprach. Ich stieß auf Verständnis, auch wurde die Beschränkung der Feiern acceptiert – keine Straßendemonstration. Ich gehöre zu den Delegierten für die VVN-Feiern in Berlin (12–14/9).

Donnerstag Vorm 21. August 47
Am Mo. Abend Heinsch hier. Sehr offen und schroff für Diktatur der KPD, für bolschewistische Methode, Notwehr, es geht nicht anders! Sehr bitter über Personenwirtschaft, Zerrissenheit, Schlaffheit, teilweise Corruption in der Partei, sehr offen über das russische System uns zu überwachen – sie haben in jedem verdächtigen Grüppchen ihren eigenen Mann sitzen u. lassen die Gruppe erst hochgehen, wenn sie groß genug ist, wenn es sich lohnt.
Den Abend danach – E wollte eben zu Bett – kamen nach 10 h Seidemanns. Erich zurück von seiner Urlaubs-Schwarzfahrt nach dem englischen Westen. Erschüttert: drüben gebe es satt zu essen, reichlich sogar zu billigen Schwarzpreisen. Klagen über russische Tyrannei. Besonders im Bergwerk. Die Partei hier sei den Russen gegenüber zu nachgiebig. Es klang recht Schumacherisch u. recht nach hiesigem Populusqueton[3]. (Frau Haidan, unsere Nachbarin, Sekretärin bei Woldt, Botin von Frl Mey her anstelle des früheren nicht sehr willigen Frl Horx: »Frl. Horx war im Westen – es gibt dort fünferlei Käsesorten im freien Verkauf, u. Chokoladentorte und alles – warum hungern wir hier?!«). Daß Seidemann als Dölzschen-Vorsitzender der SED nicht wiedergewählt würde, wußten wir schon. – Gestern nun im Gasthof Dölzschen, *von 6 bis Mitternacht!!,* große Sitzung: Neuer Vorstand gewählt, Delegierte zum Parteitag gewählt, Referat eines Mannes von der Kreisleitung, Gabriel, über die Linie der Partei u. die Absichten für den Parteitag. Central: durchhalten, hungern, sich nicht an die Amerikaner verkaufen! Leidenschaftlichste Discussion. Ein Genosse: wir *ver*hungern, wir brechen an den Ma-

---

1 »Halbmonatszeitschrift der Vereinigung der Verfolgten des Naziregimes«, hrsg. vom Generalsekretariat der VVN in der Sowjetischen Zone (August 1947 bis Ende 1948).
2 »Der Weg zum Vertrauen«, in: »Unser Appell«, Nr. 1 vom 1. 8. 1947.
3 Von: populus (lat.) Volk (in der stehenden Wendung »Senatus populusque Romanus«, Senat und Volk von Rom).

schinen zusammen, es geht nicht weiter! Hier hinein nun Seidemanns kaum gemilderte Schumacherei vom Abend zuvor. Wildeste
Angriffe auf ihn von einem radikalen Meister der Braune'schen
Brodfabrik. Angriffe auf Seidemann u. den immer etwas verbitter-
ten 1. Vorsitzenden Schubert, ein kleines schwärzliches stures Männel,
eine »Giftmorchel«. Waist, der Tapezierer, der so gern u. vergeblich
zur Akademie gewollt, wurde Vorsitzender, Schubert u. Seidemann
bekamen andere Posten – Zuruf: »Parteidisciplin!« Eva, eben erst
Frauenleiterin der Wohngruppe geworden, wo sie Furore machte mit
ihrem vor 6 Weibern gehaltenen Referat über die Frauen in der Ro-
mania, avancierte zur Frauensachberaterin der Gesamtgruppe Dölzschen. Das war schon als Vorschlag in einer Funktionärsversamm-
lung vorgesehen, an der sie neulich teilgenommen hatte. Es macht
mir große Freude, mit welchem Eifer sie dahineinsteigt. Sie trägt
den SED-Knopf als Broche. – Gleichzeitig hat sie nun dem Verlag
»Volk u. Welt« den Vertrag der Roumain-Übersetzung unterschrieben u. sich schon in die Sache hineingekniet. Und heute Morgen:
ich habe einen neuen Text zu meinem Nonnenlied gemacht, das
hatte ich noch im Kopf – das könnte man für eine VVN-Feier be-
nutzen! Es scheint mir eine beginnende Renaissance nach dem Keu-
lenschlag des Notendiebstahls.

Vielleicht wird Greifswald unser Heil, Evas u. meines, philolo-
gisch, musikalisch (Orgeln![1]), politisch. Vielleicht – in der nächsten
Stunde bin ich wieder down.

Donnerstag gegen Abend 28. Aug.
Remember immer wieder: 1) Du bist Kriegsgewinnler, nur der Leere
der Ostzone verdankst du deine Erfolge. 2) es sind Situationserfolge,
du schwankst in jedem Augenblick, heute mächtig, morgen ohnmächtig. 3) Vanitas vanitatum – ein Fuß im Grabe, wann folgt der andere, u. was überlebt, u. welchen Wert hat dies Überleben? – Dennoch: die letzten Tage gaben der schwer gekränkten Eitelkeit wieder
einmal Nahrung u. bereiteten über alle Knochenschmerzen u. Todesgedanken hinweg allerlei Spaß. »Topp Lempel«, sagte feu mon père[2].

Der Berliner Rundfunk erbat 5 Minuten-Gratulation zu Voßlers 75.
Ich schrieb sie 2 x; in erster Fassung würden es 7 Min.; ich spreche sie
morgen *hier* auf Band, u. auch der Dresdener Sender bringt sie.

Gestern Abend im Gasthof Dölzschen die Fortsetzung der Discussion über das Referat des Mannes der Kreisleitung »Das Programm

1 Eva Kl. hatte ab 1918 eine zusätzl. Ausbildg. als Organistin absolviert.
2 (frz.) mein verstorbener Vater

des Parteitages«. Im Ganzen ging u. geht es immer um dies eine: Partei sagt »Einheit Deutschlands *mit* Rußland, *gegen* USA oder Schumacherei«. Hungernde Arbeiter sagen: wir verhungern u. die Russen sind daran schuld. Erich Seidemann, von seiner Westreise erschüttert, schumachert ein wenig u. sagt: Ihr kämpft gegen Schumacher, wie vor 33 die KPD gegen die SPD kämpfte – man muß sich vertragen! Seidemann wurde hart angegriffen – *er* sagt: nur von den »Bonzen«, das Volk sei für ihn. Die »Bonzen« sagen, man müsse das Volk aufklären, müsse den Mut zur Unpopularität haben. Ich sprach nicht, weil auch ich Seidemann hätte unrecht geben müssen, u. eh schon alles über ihn herfiel. Es wurde wieder sehr lange gesprochen – von 7 – nach 11 h –, u. E. war im geschlossenen Raum sehr angegriffen. Aber sie ist jetzt der Politik leidenschaftlich ergeben u. nimmt es mit ihrem Frauenposten sehr ernst.

Sonnabend Vorm. 30. 8 47
Ein Packet von dem guten Willy Jelski. Eine riesige Dose Kaffee, mehrere Pfund. Und weißes Mehl u. Zucker.

Gehobene Stimmung über dem ständigen Untergrund der vanitatum-vanitas. Ich sprach darüber beim Frühstück zu E., die ja jetzt auch ihre erste Publizität hat: gestern Abend hat sie als Frauendezernentin des Bezirks ihre erste Resolution annehmen lassen: gemeinsame Sitzungen der Wohnungsgruppenweiber; heute früh war Telefonat um ihren Chor zum 14. 9. E. steht dem Alter, Tod u. Bewußtsein der Nichtigkeit viel gleichgültiger gegenüber als ich. Sie ist auch erotice viel weniger retrospectiv-sehnsüchtig als ich. Ich formulierte für mich: dulcis gloria, dulcior juventus[1].

Görlitz Görlitzer Hof Montag 1. 9. 47 nach Tisch
Herfahrt D-Zug 10^{10} – gegen ½1. Das Übliche: Haß auf Russen u. SED. Grausam, Plündern uns aus ... wie die Nazis ... alle lügen ... nie wieder in eine Partei. Ich war in ein Abteil für Schwerbeschädigte geraten, stand bis Bautzen. Auch gegen OdF – ich fragte, ob ich als OdF bleiben könnte – Animosität. Ein junger Amputierter neben mir: Oberleutnant, darf nicht studieren. Ein Industrieller, der Nazi war, »Deutschland ist nicht allein am Krieg schuld!« der Oberleutnant: er *warte* auf den nächsten Krieg; da werde niemand den Deutschen die Schuld zuschieben können ... Die Russen primitiv, faul, grausam ... wir: die bessern Menschen. – Hier gutes Hotel in unzerstörter Straße; gutes Essen. Starker Verkehr.

1 (lat.) süß ist der Ruhm, süßer die Jugend.

Wenn wir während der Weimarer Zeit reisten, schimpfte alles auf die Republik; wir fragten uns, worauf sie sich stütze.

So ist es heute mit der SED u. dem Bolschewismus. Ich habe kein Gefühl der Sicherheit. Die Arbeiter, Genossen, SEDler selber fallen morgen ab, wenn sich die Gelegenheit ergibt, u. einem neuen Hitler zu.

Görlitz Dienstag früh 2. 9.
»Aufklärung« well roared[1] vor 300 Leuten. Volle Aula. Derselbe Klosterbau, Aula, wie vorher.

Nach dem Vortrag mit dem grauhaarigen, sanften, vergrämten Riepke u. einem Freund u. Gesinnungsbruder von ihm Wohlfahrtsbeamten bei einem Glas Bier. Zwei Klagen das Thema: a) *die Russen*. Sie haben alle Sympathieen verscherzt. Man wird »geholt«, »verschwindet« (nach Bautzen[2]), man wird tyrannisiert, bespitzelt ... Der Westen ist freier; man läßt uns unser Deutschtum nicht: Riepkes Tochter ist nach dem Westen, weil sie schuldlos von den Russen geholt wurde u. wochenlang in Untersuchung saß ... Warum ist Schlesien, das *deutsche Gebiet* in polnischer Herrschaft? Weil die Russen Ostpolen geraubt haben u. die Polen durch deutsches Gebiet entschädigen ... Der *Pajok* ist ungerecht u. Bestechung auf russische Art ... All das klagen *unsere Genossen!* Hier geht es zu b) *Klage 2*. Warum ist in der SED immer noch die Spaltung? Warum werden »wir SPDer« bedrückt, zurückgesetzt, mundtot gemacht? Als Ketzer behandelt, wenn wir nicht sturste Materialisten sind, die Persönlichkeit, die Idee nicht gänzlich in der Geschichtsbetrachtung mißachten?? – Beide Klagen erschüttern mich gleichschwer. Ich glaube aber, ich *muß* bei der radikalen u. russophilen Linie bleiben, sie ist nicht schön, aber doch wohl notwendig.

Freitag 12 September 47 Abends 21 h
Total abgekämpft. Bei schwerer betäubender Hitze tobt die Landesconferenz seit gestern Nachm. 4 h in der Nordhalle; mehr als 1000 Menschen drängen sich in der Schwüle, es wird geredet, geredet, geredet – bei den Dasselbigkeiten der Discussionen schlafe ich ein, wache wieder auf, quäle mich ... es ist alles so leer u. einförmig, ich halte nur aus, weil ich auf der Liste zum Parteitag stehe. Was lockt

1 (engl.) gut gebrüllt; nach William Shakespeare, »Ein Sommernachtstraum« (V, 1): »Well roared, lion« (»Gut gebrüllt, Löwe«).
2 Gemeint ist das dortige Zuchthaus, das größte und berüchtigste der Sowjetischen Zone.

mich an ihm? Noch einmal die 3, 4 Dasselbigkeiten: SED ·/·[1] Schuhmacherei, Ostzone :/: USA.

Wenn ich in Berlin auf dem Parteitag spreche, citiere ich ernsthaft, was mir jemand in Leipzig bei den Paedagogen neulich ernsthaft sagte: »Sind Sie noch hier? Wer etwas auf sich hält, geht doch
nach dem Westen.« (Er dachte an Gadamer u. Litt[2].)

Montag Morgen ¾6 Niederschönhausen/Berlin bei Mackie,
22 September 47
Am Di. Vorm (16. 9) mit E bei »Volk u. Welt«, wo sie ein Viertel
ihrer Roumain-Übersetzung ablieferte u. sich groß einführte. Einige
Verbindung mit meinen Leuten hatte ich im Club bekommen. Die
LTI ist erschienen, die *Histoire véritable*[3] kommt nächstes Jahr, die
Lit-Gesch kommt *nicht,* wenigstens in absehbarer Zeit nicht – es
fehlt an Papier.

Von der LTI sind 10 000 Ex gedruckt (Preis 8,50, Honorar wohl
12 500 M, aber die Steuern!), nächstes Jahr weitere 10 000 vorgesehen. – Um 17 h auf dem Stettiner Bhf., Herzanfall, als unser ver-
briefter Anspruch auf Sitzplätze zuerst nicht anerkannt wurde.

Dann aber – kurz vor Mitternacht – der Empfang in Greifswald!
Am Hofe Wilhelms II hat es einmal einen chinesischen Sühneprin-
zen[4] gegeben, der Kotau machte … So ähnlich … Ein elegantes Auto,
der Curator, der Dekan Jacobi. J. begrüßte uns nur, E mit Handkuß,
bat mich für den nächsten Tag zu sich, verschwand. Der Curator
Wohlgemuth[5], schlanker altersundefinierbarer Mann mit hochge-
bürsteten fast grauen Haaren, liebenswürdig, bestimmt, sogleich Genosse. Wir duzten uns sofort, u. eigentlich war vom ersten Augenblick an alles entschieden – aber immer mit dem Druck auf der
Seele E's halber. Wir wurden in die Ohrenklinik gefahren, hielten

1 Zeichen für »gegen«.
2 Theodor Litt (1880–1962), Philosoph und Pädagoge; 1919 Professor in Bonn,
   1920–1937 und 1945–1947 in Leipzig, ab 1947 wieder in Bonn. – Hans-Georg
   Gadamer ging 1947 nach Frankfurt/M.
3 1902 im Nachlaß entdeckte und postum veröffentlichte Novelle von Montesquieu; die Publikation der 1919 von Kl. vorgenommenen Übersetzung (»Wahr-
   haftige Geschichte«) kam seinerzeit nicht zustande.
4 Am 4. 9. 1901 empfing Kaiser Wilhelm II. in Berlin eine chines. Sühnegesandt-
   schaft unter Leitung des Prinzen Tschun, eines Angehörigen des Kaiserhauses;
   sie mußte durch drei Verbeugungen das Bedauern über die Ermordung des dt.
   Gesandten Clemens Freiherr von Ketteler im Juni 1900 durch Aufständische zum
   Ausdruck bringen.
5 Franz Wohlgemuth (geb. 1915), 1957–1958 Professor für Wissenschaftl. Sozialismus in Halle.

zu viert noch eine schöne Mahlzeit – kalte Kliniklurke u. mitge-
brachte Bröde, kamen spät zu Bett.
Der Mittwoch, 17./9, brachte dann die Entscheidung. Das Anerbieten, das man uns machte, war so, daß ich es nicht ablehnen
konnte. Die Villa mit Vorgarten, ein Landstück dicht dabei, Möbel u.
Küchengerät etc., derart daß dies mein Eigentum wird, z. T. neu an-
gefertigte Möbel zu vernünftigem Preis, Pajok *und* Kartoffelliefe-
rung, wesentlich mehr Geld als in Dresden. Nur literarhistorische
Collegien, nicht über 6 Wochenstunden. Ich lasse mich für »romanische Literaturwissenschaft« berufen. E schien wechselweis zufrieden u. schwer bedrückt. Rein ist mein Gewissen nicht, aber ich
glaube immer wieder, daß ich richtig entschieden habe.

Mitwoch 24. 9 Morgens, bei Kahanes Berlin.
Seit Sonntag nun bin ich ganz eingekapselt in den Congreß, der
heute Abend schließt, und führe ein einförmiges, sehr anstrengen-
des Leben. Ist es erfüllt oder öde, befriedigend oder nichtig? Beides. Bis gestern – da kam der Wetterumschlag zum Herbst – quälte
die schwere Hitze u. Schwüle entsetzlich; gestern entdeckte ich
auch, daß man untorturierter zuhören kann, indem man auf dem
Gang draußen steht oder pendelt u. den Lautsprecher verfolgt. Es
bleibt auch so tödlich genug. Immer wieder Einschlafen, immer
wieder den Faden verlieren, immer wieder das Vorbeirauschenlas-
sen der Dasselbigkeiten, immer wieder das laute Predigen, Dekla-
mieren, stoßweise Herausschreien von Clichéphrasen, immer wieder das Zählen: noch 3 Stunden, noch 2 ½ – u. auch immer wieder
das peinlich beklemmende Warten: wirst Du als nächster Discussionsredner aufgerufen? Und doch ist es ein überaus interessantes
Schauspiel, und keineswegs jeder Redner sagt Nichtigkeiten. Aber
fünf Tage sind hart, zumal nach vorangegangener Stadtteil- u. Kreis-
u. Landesconferenz. –

Mittwoch 1. Oktober Dresden, Vorm.
Eben erst wurde ich mit den letzten Notizen über den Parteitag fertig, ich bin allzu abgehetzt, überhäuft, zersplittert, müde u. unruhig – dabei glücklich u. nur immer von dem einen Gebet erfüllt, der
Himmel möge mir noch ein paar Jahre schenken – denn die Wir-
kungsmöglichkeiten sind große u. vielfältige, u. auf Greifswald setze
ich viele Hoffnungen … Zu gesammelter Schreibarbeit komme ich
vorher gewiß nicht, es reiht sich Vortrag an Vortrag, Conferenz an
Conferenz, Besuch an Besuch.

Sonntag Abend 5/Oktober Dresden

Übermäßige Fülle der Tage. Am Do 2/X von zwei Funktionären der FDJ im (unzulänglichen)Wagen abgeholt. Fahrt über Chemnitz nach Hartenstein u. über das Dorfstädtchen hinaus, Waldstraße an der Mulde nach Schloß Wolfsbrunn. Großer ungemein luxuriöser Bau, soll 16 Millionen gekostet haben, Riesenräume, Marmor, Gobelins, Möbel u. eingebaute Schränke aus edlen Hölzern, Porzellane, Leitungen, aus denen Wein floß, im Vorhof ein Brunnen, symbolisch: stehender Wolf, gelagerte Schafe. Das »Hurenschloss« eines Kohlenmagnaten u. Spekulanten der Weimarer Zeit, der verkrachte u. Selbstmord beging. Dann gehörte das Schloß der HJ u. jetzt finden dort wechselnde Lehrgänge der FDJ statt – eine ihrer sächsischen Landesschulen. Am Do begann ein neuer Curs, ich war Redner des ersten Vormittags (»Kultur u. Civilisation«), etliche 60 meist sehr junge Leute, überwiegend masculini generis[1], anwesend. Ich sah Schlafsäle, Speisesaal, Bibliothek, Badezimmer. Ein großer Park, jetzt von 2 Gärtnern bewirtschaftet, in Nutzland umgeackert. Gemüse, Gewächshäuser für Blumenzucht. Man tut viel für die eigene Ernährung, hat für 30 000 M. Ware auf den 12 km. entfernten Zwikkauer Markt gebracht.

Gemeinsamer Marsch ins Städtchen – recht ernste schwere Herzschmerzen – ins Kino, das nicht alle Tage spielt. Etwa 400 Plätze, voll u. überfüllt. »Die steinerne Blume«, russischer Farbfilm, um seiner strahlend bunten Farben willen praemiiert. Die modernste Technik zum kindlichsten Inhalt gefügt – das ist wohl entscheidend für Sowjetrussen: das Modernste auf das Primitivste gepfropft, die Mitte fehlt.

Am Freitag Morgen vor meinem Vortrag ein vielstrophiges Jugendlied. Ein bisschen HJ, nur daß ich jetzt dabei bin … Bin ich es wirklich? Wann werden die neuen Wandervögel wieder Antisemiten sein? Oder sind sie es nicht schon?

Größte Überraschung war mir der Studienrat Dr Achtnich, Vorsitzender des Löbauer KB. Ich kannte ihn von vor 33 als Vorsitzenden des Neuphilol.-Vereins, ich hielt ihn für einen anständigen unpolitischen Liberalen u. Durchschnittsmenschen. Jetzt: ein zarter fein aussehender Mensch, 60 Jahre alt, zu meiner Verwunderung bei der SED u. für sie im Kreistag, von den Genossen als »ein bisschen weich« aber sehr gut u. sehr sauber geschätzt. Ich bot ihm gleich das Du an. Am Sonntag dann, auf einem kleinen Spaziergang: er habe

---

1 (lat.) männlichen Geschlechts.

eine persönliche Frage, ob ich an das persönliche Fortleben der Seele glaube? Er ist Großvater, er leidet an Angina, er hat immer gut mit seiner Frau gelebt, »wir haben uns – (sic, wohl sächsisch) – nur manchmal ein bißchen gekracht, denn sie ist gläubig, Anthroposophin – (wenn ich nur genau wüßte, worin der Steiner-Unfug[1] besteht!) –, sie leitet jetzt solch eine Schule in Nürnberg, ich lebe hier allein«. Ich erwiderte: Tout est possible, même Dieu[2], auch ich quäle mich, entfliehe in Arbeit, erkenne E's ruhige Weisheit an: »ich will mich überraschen lassen!« Wir hatten nachher nicht mehr Gelegenheit zu intimerer Rücksprache; aber die kleine Episode ergriff mich doch sehr. Das erstemal, daß ein Mann meines Alters u. Standes (u. meiner Krankheit) so ganz ruhig von diesem Allergeheimsten mit mir sprach. Man hat sonst immer ein gewisses hemmendes Schamgefühl …

Montag Abend 6 Okt. Dresden
Ich hatte nur erst meine Tagebuchnotizen fertig gemacht, hoffte auf Arbeitsfrische am Nachmittag, da erschienen Frau Ahrens u. Tochter aus Quakenbrück u. kosteten mich den ganzen langen Nachm. (u. 350 M. längst vergessener u. nun zurückzuzahlender Schulden dazu.) Peinlich u. interessant an diesem Besuch war seine absolute West-, England- u. Schumacherfreundlichkeit, seine Durchdrungenheit von reinem Hitlerismus der Russen, vom »Kuli«tum der von ihnen abhängigen Ostdeutschen, von der Verlogenheit der sowjetischen Propaganda, von dem gutwilligen Demokratismus Trumans[3] u. der Engländer, von der Zonensperrung u. den UN-Schwierigkeiten durch russische Schuld usw. usw. In allem u. jedem hielten die Ahrens uns für so falsch berichtet u. so verbohrt wie wir sie, es war eine völlige Unmöglichkeit sich zu verstehen, sich zu verständigen. Dabei blieben wir persönlich ganz im Freundschaftlichen. Sie lachten, als ich ihnen sagte, Amerika-England stützten Franco, um den Russen den Ozean zu sperren, u. wir lachten, wenn wir von USA's Bereitwilligkeit hörten abzurüsten u. die Atombombe controllieren zu lassen, was alles nur an Rußlands Bedrohungen scheitere … Ost- u. Westdeutschland sind einander nicht so sehr feindliche als völlig fremde Brüder geworden.

---

1 Rudolf Steiner (1861–1925), Philosoph, Pädagoge und Naturwissenschaftler, Begründer der Anthroposophie; leitete ab 1919 die erste freie Waldorfschule in Stuttgart.
2 (frz.) Alles ist möglich, selbst Gott; Zitat nach Ernest Renan.
3 Harry S. Truman (1884–1972), 33. Präsident der USA (1945–1953).

9. Oktober Donnerstag Nachm.

Wir sind beide überhetzt, abwechselnd glücklich u. zerschlagen. Greifswald soll helfen. »Wir wollen Sie der Wissenschaft zurückgewinnen«, hat Jacobi gesagt. Ein bisschen Recht hat er, u. ich wünschte, er behielte ein bisschen recht. – 66 Jahre heute. Wie lange noch? Was wird fertig? – Höflichstes Glückwunschtelegramm vom Aufbauverlag. Liebenswürdigstes Schreiben (*nicht* zum Geburtstag, bloß so, von Weise/Teubner[1]). Noch ist meine Lit Gesch nicht untergebracht. Aber alles ist um mich bemüht. Sehr merkwürdige Geburtstagsstimmung in mir: 66 Jahre, oft schwere Schmerzen, Müdigkeit – u. doch Aktivität mehr als je u. geschmeichelte Eitelkeit u. Pläne u. Erfüllungen, sehr seltsam. Und all dies Lebensplus ist rein geschenkt, denn eigentlich müßte ich ja längst tot sein … Und welchen Wert hat dies Geschenk? Welchen Wert wird es eine Sekunde nach meinem Ende für mich haben?? Die Frage des Herrn Dr Achtnich. Und was ich ihm geantwortet habe: sich keine Zeit lassen, darüber nachzudenken, arbeiten! Also!

Mittwoch Vorm. 15 Okt.

Abends 22 h. Im Landessender erfuhr ich, daß Plievier wirklich nach München[2] gegangen ist. Er sagte dort in einem Interview, er habe elf Jahre lang schweigen müssen u. wolle nun in einem Lande leben, in dem er alles sagen dürfe. Gleichzeitig erfuhr ich, daß Erik Mauthner seit dem 18 September im Westen ist, sein commissarischer Nachfolger ist Reif. Es ist sehr erschütternd für mich, daß alle Intelligenz derart zur andern Seite übergeht. Aber wir müssen, wir müssen an unserer Stellungnahme festhalten u. ich glaube nach wie vor – nicht an den reinen Idealismus u. die Sündlosigkeit der Russen, aber daran, daß ihre Sache, ideell betrachtet, die bessere, u., praktisch betrachtet, die auf die Dauer siegreiche ist. –

E. wieder in einer Sitzung; ich selber habe fleißig correspondiert. Fast drei Stunden wieder bei flackernder Kerze.

1 Der Romanist Dr. Weise, Prokurist des Leipziger Verlages B. G. Teubner, wo 1925–1931 in mehreren Bänden V. Kl.s Werk »Die französische Literatur von Napoleon bis zur Gegenwart« erschien (Neuauflage 1956 unter dem Titel »Geschichte der französischen Literatur im 19. und 20. Jahrhundert« (2 Bände). – Kl. verhandelte mit Weise über eine Neuauflage seines Buches »Die moderne französische Prosa 1870–1920. Studie und erläuterte Texte« (1923; 2., stark vermehrte Auflage 1926).
2 Theodor Plievier verließ 1947 die Sowjetische Zone und ließ sich in Wallhausen am Bodensee nieder.

Sonnabend Vorm 18. Oktober 47.

Sprachlich beachte: das *Collektiv*. Das *Aktiv*. Das *Referat*. Der starke Genosse. Im *Landesmaßstab*. Die Anrede »Genosse«, »Kamerad« (VVN). Wieweit Parteisprache, wie weit allgemeine LQI, wie weit russischer Provenienz?

Donnerstag Vorm 23 Okt. 47

Vanitas vanitatum: ich will es mir gar nicht eingestehen, welche Erlösung es für mich bedeutet, nun doch noch am Ende meines Lebens ein Univ.-Ordinariat erlangt zu haben. Wenn auch nur in der Ostzone u. dort das kleinste.

Mittwoch Abend 29/X

Vater sagte: »Das macht im Jahr ...« 4–5 x die Woche haben wir von 17–20 h Stromsperre. Ich bin schon ganz gewohnt, diese Zeit im Lehnstuhl zu durchdösen oder durchschlafen. Das macht an 75 Stunden im Monat, die von meinem Lebensrest abzusetzen sind. Und wieviel bleibt mir noch? Heute beim Heruntergehen zur Haltestelle wieder qualvolle Mementoschmerzen. – Zu müde, auch Kälte.

Do. Vorm 30. X 47

Was ist mit Greifswald? Was ist mit meiner Reise nach dem Westen? Was wird mit der Modernen Prosa? Dazu wirtschaftliche Not: seit Mona*ten* (Plural) kein Paket, Kohlensorge, Lichtmangel. Gesundheitsnot: E sehr blaß, sehr mager, sehr erschöpft – ich: fall ich am Donaustrand, sterb ich in Polen?[1] Das Herz, das Genick u. neuerdings auch wieder Sorge um die operierte Stelle des Krebssoupçon[2]. – Endlich Sorge: werde ich in Greifswald bestehen? Ich kann weder Alt- noch Neufranzösisch. – Scheußlich, wenn man so von Post zu Post vergeblich auf irgendeine Klärung oder Hilfe oder Aufmunterung wartet.

Gladewitz sagte gestern: »Woran liegt das? Die gemeinsten Greuelmärchen der Nazis wurden geglaubt. Und jetzt? 100 Zeugen, die absolutesten Beweise für das Gräßliche der Kz's usw. Umsonst! Das alles soll nicht wahr, soll mindestens ›übertrieben‹ sein, wir dringen nicht durch!« – Das ist das Trostlose an unserer Situation. Da hilft keine VVN.

---

1 Aus dem »Österreichischen Reiterlied« (1913) von Hugo Zuckermann (1881–1914), österr. Rechtsanwalt und Dichter; das Gedicht wurde im 1. Weltkrieg überaus populär, es erfuhr mehr als 20 Vertonungen.

2 soupçon (frz.) Verdacht.

Freitag gegen Abend 31. X.

Abends gestern »30 Jahre SU« in den Vier Jahreszeiten, Radebeul. Kleines peinliches Abenteuer bei der Hinfahrt. In der Großenhainer Str. wollen 2 Russen den Wagen aufhalten, legen schon die Hand an die Tür. Der Fahrer gibt Gas. Gleich darauf der mitfahrende Genosse: »Bücken! Der greift nach dem Revolver!« Es erfolgte aber nichts ... »Warum seid Ihr weitergefahren?« – »Sie hätten uns herausschmeißen können, u. dann waren wir vielleicht den Wagen los!« – Ich sprach vor SED-Funktionären mit ihren Familien, »204« Leute. Musikalische »Umrahmung«, Stücke aus Majakowskis Oktoberpoem[1] – ein ganz junger Mensch las kunstlos vor u. sagte (mit hartem g) »Orangen«. Dazwischen ich, etwas radikaler als geplant, u. – unabsichlich – den geplanten Abschnitt »Technik als Befreierin« fehlen lassend. Aber im Ganzen passabel. Ein Arbeiter sagte mir: »Ich hätte stundenlang zuhören können«, mein Wagengenosse: »es war mal was anderes als das ewige Einerlei der Parteisekretäre« ... Aber ich fühle doch, wie ich bei dieser ständigen Rederei geistig verkomme. Sie *muß* durchaus eingeschränkt werden, ich will mich selber »der Wissenschaft zurückgewinnen«.

Ich halte die vielen SU-Feiern für recht inopportun. Sie verschlechtern die Stimmung. Oder mindestens stumpfen sie ab.

Sonnabend Vorm u. später 8. Nov. 47

Eben kommt durch das Radio – eben ist Samstag Abend 22 h., daß der KB nun auch im Englischen Berliner Sektor verboten[2] sei. Vielleicht gut so. Er wird damit noch entschiedener russophil werden.

Eigentümliche Figur im Zuge: mittelalterliche Frau, robust, stärkst berlinernd, Humor, der bald in bittersten Galgenhumor überging: in Begriff nach San Francisko auszuwandern nach Verlust ihrer »Männer«: der Sohn gefallen, der Mann von der Gestapo im KZ erschossen. Wildeste Bitterkeit gegen Nazis u. deutsches Volk im allgemeinen. Neben ihr ein durchaus biederer offenbar ehrlicher Techniker,

---

1 »Choroscho!« (1927; dt. »Gut und schön! Ein Oktoberpoem«, 1940) von Wladimir Majakowski (1983 bis 1930), russ.-sowjet. Schriftsteller.

2 Am 8. 10. 1947 untersagte die US-Militärregierung dem KB einstweilen jede Tätigkeit im amerikan. Sektor und forderte dessen Präsidium auf, bis zum 31. 10. 1947 einen Antrag auf Anerkennung durch die US-Militärregierung zu stellen. Die Sowjetische Kommandantur sah darin einen Verstoß gegen den Befehl Nr. 1 der Alliierten Kommandantur über die Fortführung der Tätigkeit von Parteien und Organisationen, die vor Bildung der Alliierten Kommandantur mit sowjet. Lizenz gegründet wurden. Das für den Amerikanischen Sektor von Berlin ausgesprochene Verbot des Kulturbundes war am 1. 11. 1947 in Kraft getreten.

betont parteilos, kleinbürgerlich, ablehnend den Russen u. Sozialisten gegenüber. Ich hielt ihm ein kleines Kolleg, u. ich glaube fast, es fiel auf fruchtbaren Boden. Er schien erschüttert. Seltene Ausnahme. – Späte Ankunft, mühseliges Heimfahren u. -wandern. Erschöpfung.

Sonnabend 29. November 47 Dresden.
Am Mo. 17. XI kam »das traurige Paket«. So nannten wir die schönste Kleider- u. Damenschuhsendung Käthe Sußmanns[1] aus Denver. Traurig, weil wir über die an sich so wertvolle Sendung aus Enttäuschtheit traurig waren. Wir hungern: seit dem 12. Juli ist keines der vielen uns angekündigten Eßpakete angekommen; von dem Russenpaket steht die Butter immer noch aus. Die Quälerei u. Entbehrung ist sehr groß. Ein ähnlich trauriges Paket kam ein paar Tage darauf noch einmal, diesmal mit einer Fülle guter Sachen für mich von Willy Jelski aus Lima: *u. a.* ein blauer Anzug, eine sehr bunte warme Jacke, Schuhzeug. Brief aus Südamerika blieb seit langem aus; ich bin besorgt, Martha hätte mir gewiß zum Geburtstag gratuliert, wenn nicht ernstliche Behinderung vorläge. Er, Jelski[2], wird gerade heute, am 29. Nov. 80 Jahre alt, sie ist am 15. XI 72 od. 73 geworden u. leidend. Also liegt Sterbemöglichkeit sehr nahe.

Am Abend gab es eine große Block-Veranstaltung für die »Einheit«. Koenen, Hickmann[3], der nach dem 3. Schlaganfall für die CDU und – wer?? – richtig Bretschneider[4] der Nachfolger Kastners, die selbstverständlichsten Wörter gleichmäßig pastoral grölt u. pathetisiert in einschläfernder Hebung u. Senkung vortragend. Ich schlief bei allen dreien, es ist peinlich compromittierend dieses Einschlafen, das mich immer wieder überfällt. Senilitas? Schlechte Ernährung? Übermüdung? Ich erwachte über einer herrlichen Musik. Ganz wenige Takte, immer wieder dieselben, immer aus anderer Stimmung auf anderen Orchesterwogen herangetragen. Ein Aufschwung? Ein Marsch? Ein Triumphgesang? Eine Revolution?

1 Käthe, geb. Sußmann, Nichte Kl.s, jüngste Tochter seiner Schwester Wally und ihres Mannes Martin Sußmann; verheiratet mit John W. Howard; lebte in den USA.
2 Julius Jelski (1867–1953), Rabbiner; V. Kl.s Schwager.
3 Hugo Hickmann (1877–1955), Gymnasiallehrer, ab 1908 Professor für Religionswissenschaft in Leipzig; 1922–1933 Mitgl. im Sächs. Landtag (DVP); 1933 vorzeitiger Ruhestand; 1945–1950 1. Vors. der CDU in Sachsen; Ende Januar 1950 nach SED-Angriffen Niederlegung aller Ämter.
4 Arthur Bretschneider (1886–1949), Lehrer; 1928 bis 1933 Mitgl. des Sächs. Landtags (DDP), 1933 strafversetzt; nach 1945 Ministerialrat in der Sächs. Landesregierung, ab Oktober 1947 Vors. der LDPD in Sachsen.

Jedenfalls herrlich. Schostakowski[1]? Niemand wußte. Ein Bläser kam heraus, ihn fragte ich. »3. Satz der 6. Symphonie von Tschaikowski.« – Der große Sendesaal war übervoll, an allen Seiten u. Ecken standen Menschenknäuel. Ganz im Gegensatz zur sonstigen Leere u. Gleichgültigkeit. Nachher erzählte mir Hose in aller Harmlosigkeit, man habe aus allen Betrieben mit sanftem Zwang Leute hincommandiert. Also genau Nazi-Methode. Wen betrügt man? Sich selber. Autosuggestion.

Montag Abend 1. Dezember 47
Mit Heinschens wurde neulich von der moralischen Verkommenheit der Jugend geredet. Die Kleine sagte, ihr werde das Frühstück von hinten aus der Tasche gemaust, ihr sei auch schon die Brodbüchse gestohlen worden, »alles« werde gestohlen, wenn man sich nur umdrehe. Grund: die furchtbare Not. Das geringe Lernen; die Kinder bleiben fort, weil sie keine Schuhe haben, weil sie Schlangestehen müssen, weil die Schule zu kalt sei, weil zuhaus das Licht zum Arbeiten gefehlt habe.

Freitag Abend gegen 24 h., 5. XII 47 Dresden.
Am Abend hatte E gestern vor Abspannung u. dégoût Schüttelfrost. In der Nacht um 4 h sagte sie mir erbittert, einmal sei sie durch die Gestapo aus ihrem Heim verjagt worden u. habe durch den Bombenangriff alles verloren, jetzt werde sie wieder verjagt, u. den Rest u. das Neugesammelte werde man ihr stehlen. Es war sehr bitter für mich. Habe ich ihr Behagen meiner Eitelkeit geopfert? Vielleicht, ja – vielleicht aber habe ich doch richtig gehandelt u. auch zu E's Vorteil.

Montag 8. Dezember 47
Chaos. Zur Nachtruhe werden wir kaum kommen. – Es kamen noch 2 Pakete, eines aus Dänemark, 10 kg von Willy Jelski, eines die geheimnisvollen dried fruits aus Australien – von dem uns unbekannten Redacteur, dem Blumenfeld einen unserer Briefe geschickt hat, u. den neulich Lore Petzal-Isakowitz[2] als ihren Freund nannte. Piccolo mondo moderno[3]. Beide Pakete gehen uneröffnet mit ... Der Wagen wird übervoll. Zumal uns Frau Schmidt u. Forbrig um Mitnahme von Päckchen gebeten haben.
  Start also in einen absolut neuen Lebensabschnitt.

1 Gemeint: Dmitri Schostakowitsch.
2 Tochter des 1936 nach England emigrierten Zahnarztes Erich Isakowitz.
3 (ital.) kleine neue Welt.

Greifswald 9. XII 47–23. 8. 48.

HÄTTSTE!
Ich habe es mir immer gesagt: einen Tag nach der Hochzeit weißt
Du's! Ich weiß heute, ich weiß es seit dem 9. Dez., dem ersten Tag
hier: es war der schwerste Fehler, ich habe sozusagen unser beider
Lebensabend verspielt.

Sonntag Nachm 14. 12. 47 Greifswald, Pommerndamm 8.
Es lief vom ersten Augenblick an ungut. Das Packen, E hämmerte,
ich beschriftete, füllte die ganze Nacht, wir kamen gar nicht zum
Liegen. Wolff erschien bald nach 5 Uhr. Da seine Frau mitfuhr
– Versöhnungsakt, zu dem ich selbst zugeredet hatte – war es unmöglich, das ganze Handgepäck mitzunehmen. E., erbittert u. gehetzt, packte einiges um. Es ergab sich dann, daß allerwichtigstes,
Strümpfe für E, mein Rasierzeug, Wäsche für uns beide, zurückge-
blieben. Darunter leiden wir nun schon fast eine Woche, u. das Ende
des Leidens ist unabsehbar. Ein Koffer u. eine Art Seesack, beide
unverschlossen, liegen in Dresden – wir wissen nicht, wem sie anvertrauen. Dazu, bei den ständigen Diebstählen, die ständige Angst
um all die Kisten … Wir fuhren sehr eng, in sehr gedrückter Stimmung durch Glitsch u. Nebel. Um 17 h. etwa im Curatorium: Franz
Wohlgemuth, Otto Jürgens – die Ohrenklinik, Erich Kaiser, Isolde
Meinhardt (Dr. Dr.). Abendbrod, Zimmer, wie das erstemal, auch
Wolffs. In der Nacht Bitterkeit E's, am nächsten Morgen Beginn der
Enttäuschungen, die nicht mehr aufhörten.
Wolff berechnete mir für die »Freundschaftsfahrt« 559,50 M. Hier
am Pommerndamm schwitzten die neuen Ziegelöfen (einer mit Be-
wurf, 2 unverputzt) Wasser; es war hundekalt u. durchaus unwirt-
lich; es kamen eben erste Möbelstücke, alle alt u. angeschlagen, aus
dem Nachlaß eines von den Russen verhafteten Anatomieprofessors,
nicht eines neu, obschon mir doch neue Möbel, käuflich zu erwer-
bende, versprochen waren, absolut unzulängliches Geschirr, ein einziger riesengroßer Kochtopf … Chaos, Öde, naßkalte Unwohnlich-
keit überall. So blieb das auch. Erst gestern Abend sind wir aus der
Klinik hierher übergesiedelt, leben noch immer, u. vermutlich noch
monatelang, in Chaos u. Kälte u. *einem* Zimmer, sind noch immer,
u. nun bald eine Woche, nicht richtig gewaschen, zähnegeputzt, rasiert, noch immer im Schmutzzustand des Flüchtlingslebens, sind
aufs tiefste enttäuscht. Die Tage fließen ineinander, geschäftig u. in-
haltlos.
Bis gestern wie gesagt hausten wir ganz in der Klinik, heute Nacht

unter vielen Decken das erstemal hier, zum u. über Mittag aber wieder stundenlang drüben bei Kaiser-Meinhardt.

Neben den Verzweiflungen u. Erschöpfungen – beide sind wir mit der Gesundheit böse daran, viele Schmerzen, auch E's Herz versagt, u. bei mir ist zu Genick u. Angina ein quälender Hexenschuß getreten – auch Erfreulicheres. Kaisers verpflegen uns sehr gut, helfen mit allem Möglichen, ebenso Wohlgemut (obwohl er uns eigentlich im Punkte des Wohnens im Stich gelassen, aber er sagt, mehr zu tun sei unmöglich gewesen!)

Dienstag Vorm. 16. XII Greifswald
Leere verzweiflungsvolle Tage.

Ich sehe mich in dem eisigen Seminar um, lasse mich von dem freundlichen Senior Szolbe informieren. Alles erscheint mir jämmerlich. Ich hätte Outsider, Journalist, Politiker, moi-même[1] bleiben sollen. Der verfluchten allerdümmsten Eitelkeit, Univ.-Prof. zu sein, habe ich alles geopfert. Und jetzt bin ich gar nichts, bloß »SED-Prof«. Und jeder Student, der Afz kann u. Provenzalisch, sieht mich über die Achsel an.

Mittwoch Vorm. 17. XII.
Aufgeweichter Schneeboden überall. Mein *einziges* Strumpfpaar immer naß. Vorgestern krampfartige Nierenschmerzen, seit gestern dumpfe Schmerzhaftigkeit. Dabei viel u. leer unterwegs. Klinik, Kuratorium, Univ. – Qual der Unrasiertheit. Der Pfleger Stritte in der Klinik kratzt mich zwischendurch ab. –
Und immer das furchtbare Schuldgefühl E. gegenüber.

20 h. (17/XII) Ganz kleine Lichtblicke. Der Pfleger Stritte, der mich in der Ohrenklinik rasiert, lieh mir ein Paar amerikanische Strümpfe, nachdem meine Bemühungen bei OdF vergeblich waren u. alle andern auch. So kann ich zuhaus trockenes Schuhzeug tragen u. Stiefel u. Strümpfe des Außenbedarfs am Ofen trocknen.

Seit dem 8/XII ohne Zeitung, ohne Radio – nur immer das Hörensagen. Die Londoner Conferenz soll »aufgeflogen« sein[2]. Nun erfahre ich plötzlich vom Mecklenburgischen Volkskongreß, u. daß ich

---

1 (frz.) ich selbst.
2 Am 15. 12. 1947 endete die Londoner Konferenz der vier Großmächte ergebnislos; in den Fragen der künftigen dt. Ostgrenze, der Reparationen und einer dt. Zentralregierung konnte keine Übereinkunft erzielt werden.

dazu delegiert bin. Was soll der Landescongreß[1]? Deputierte wählen für die aufgeflogene Conferenz? Was sonst?

Schnee, Eisregen, Sturm, Matsch, Scheusslichkeit des Wetters.

Dienstag Abend 23. 12. 47 Greifswald.
Die Trostlosigkeit unverändert. Wir sind auch sehr allein. Niemand kümmert sich um uns: nicht die Kollegen, nicht die Partei. Es wird ein absolut ödes Weihnachtsfest in völliger Einsamkeit u. Unwirtlichkeit.

25. XII Donnerstag Morgen Greifswald.
Weihnachten ließ sich furchtbar an. Am Vorm. auf dem Klinikweg – ich holte meine Schreibmaschine, ließ mich rasieren, bekam etliche Tannenzweige – die schlimmsten Schmerzen der ganzen letzten Zeit. Dann zuhaus immerfort das Gefühl der absoluten Verlassenheit u. der lastenden Schuld E. gegenüber ... Am Spätnachmittag dann besuchte uns Franz Wohlgemuth. Ein wirklicher Trost für uns beide, alles färbt sich wieder lebendig u. hoffnungsvoller. Er lud uns zu Sylvester ein. – Er brachte uns das Ms seiner (erst auszugsweise erschienenen) Novelle »Gnadenlos«. – Als er fort war, machte E. aus Papierkorb, Untersatz, den Tannenzweigen u. drei Kerzen – für jedes von uns, Moritzel auch, ein Weihnachtsbäumchen. Es stand auf dem Schreibtisch des Arbeitszimmers, das sogleich nicht mehr so trostlos naß schien (obwohl es in Wahrheit kaum vor Ostern bewohnbar sein wird, denn der *verputzte* Ofen dort ist ungleich nässer als der rohe Backsteinofen hier). Nach dem schönen Fleischabendbrod las ich »Gnadenlos« uno tenore vor: mein erstes Vorlesen seit der Waldlektüre in Unterbernbach[2] (mit den Fliegern über uns).

Sonnabend Nachm. 27/12 47 Greifswald.
Immer wieder die furchtbare Unwirtlichkeit. Seit Dresden habe ich mich nicht mehr abgebraust – das kalte Wasser säubert auch Gesicht u. Hände nur mangelhaft. Und die Qual des Rasierens. Immer struppig, immer von dem Pfleger in der Klinik abhängig. Dazu die vielen Schmerzen. Dazu das Trauerspiel E. Sie wird ihre Hautkrankheit nicht mehr los.

---

1 Die Landeskongresse Ende 1947 dienten dem Ziel, nach dem Scheitern der Londoner Konferenz die Volkskongreß-Bewegung »Für Einheit und gerechten Frieden« zu institutionalisieren, u. a. durch Bildung von »Ständigen Ausschüssen« auf Orts-, Kreis-, Landes- und Zonen-Ebene.
2 Bayrisches Dorf nordöstl. von Augsburg, Zufluchtsort der Kl.s von Mitte April bis Mitte Mai 1945.

Ich lese wild durcheinander. – Ich mache Streifzüge durch die Seminarbibliothek. Sie ist für mich buchstäblich *erdrückend gut*. So vieles, was ich nicht kenne u. lesen muß. Wann werde ich den Mut zum Schreiben wiederfinden? »Ein blindes Werkzeug fordert Gott.«[1]

Mittwoch Morgen 31. 12 47 Sylvester Greifswald.
Unveränderte Trostlosigkeit u. Öde des äußern u. inneren Lebens. Ganz winzige Gänge, ein paarmal Abends, um Luft zu schöpfen – E. klagt über Schmerzen vom Magen her, ich über Knochen u. Herz – Gänge zum Rasieren, Alleinsein. Keine Beziehung zu irgendeiner anima viva[2] in Greifswald, auf dem Trockenen, rettungslos. Ausbleiben der Eßpakete – Kleidungspaket von M. Sebba kam.

Der Aufbauverlag schickte mir, wohl als Weihnachtsgeschenk, ohne einen Begleitbrief, ein sehr schön gebundenes Exemplar meiner für die Gesamtheit nur cartonierten LTI. In diesem schönen Band aber tritt die Jämmerlichkeit des Papiers u. des Druckes nur noch krasser hervor. Im übrigen ist es ganz still von der LTI. Wo sind die 10 000 Exemplare? In keiner Buchhandlung, in keiner Redaktion. Keine Zeitung hat davon Notiz genommen. Das ist wie mit unsern Eßpaketen. Kommt noch etwas, oder ist alles schon endgiltig untergegangen?

Was ist mein Resumé 1947? LTI erschienen u. »Kultur«[3] erschienen (u. beides *nicht* erschienen, d. h. nirgends in Erscheinung) u. Mod. Prosa umgearbeitet, u. ein Haufen von Vorträgen, Funksendungen. Und Zerschlagung meiner Position in Dresden u. auch im Kulturbund. Und Greifswald, das uns beide unglücklich macht, Greifswald durch meine Schuld. Weil ich Universitätsprofessor sein wollte.

Jugend: Du hast alles vor Dir. Alter: es steht einer hinter Dir. Jugend: Sie fragt nicht nach dem Wert des Handelns u. Geschehens. Alter: Du fragst bei allem, u. alles ist wertlos. Ich glaube, selbst in den Nazijahren habe ich Sylvester nicht so trostlos empfunden wie diesmal. Weil ich diesmal Schuld trage an dem Elend, u. weil ich E. in dies Unglück hineingerissen habe, u. weil ich keinen Ausweg sehe.

---

1 Friedrich Schiller, »Die Jungfrau von Orleans« (IV, 1): »Ein blindes Werkzeug fodert Gott.«
2 (lat.) lebende Seele.
3 V. Kl.s Arbeit »Kultur. Erwägungen nach dem Zusammenbruch des Nazismus« erschien erst 1948 (in der Reihe »Mensch, Natur und Gesellschaft des Verlags Neues Leben, Berlin).

1948

1. Januar 48, Donnerstag Abend, Greifswald.
Wir hausen in genau dem gleichen Chaos u. Saustall wie gestern – Arbeits- Schlaf- Eßzimmer in einem, ordures de matou[1] vor dem Ofen unter meiner Nase, wenn ich im Bett liege, weil das Katerchen ohne Kästchen ist (d'où prendre?[2] es gibt keine Cartons, geschweige denn kleine Kisten) –, und doch sind wir beide, wirklich beide seit gestern in durchaus anderer Stimmung und nun doch beinahe sicher, daß wir in Greifswald das Richtige gewählt u. eine Zukunft vor uns haben. – Der Abend bei Franz Wohlgemuth. Er, der Oberbürgermeister Max Gumbitz[3], der Professor der paed. Fakultät Schmidt-Walter[4], der junge Professor der Chemie dessen Namen ich vergessen habe. Dazu die Frauen Wohlgemuts u. Schmidt-Walters, weniger wichtig aber nicht störend die Leiterin der Mensa. Der ungemein herzliche, lustige, dabei durchaus geistige Ton der Gesellschaft. Die große Bemühung um uns beide. Um E als Musikerin u. Genossin, um mich; die bestimmteste Versicherung, daß man uns hier Position geben will, daß man auf uns rechnet. Zum erstenmal, daß wir in einer kleinen Gruppe saßen, Pläne schmiedeten … Bestimmteste Zusicherung, daß es jetzt mit unserer Wohnung vorangehen soll. In Kürze soll hier ein musikalischer Cirkel um E. sich auftun. Ich selber soll das Dekanat erhalten – soll vorderhand bis zur vollzogenen Wahl den sanften ausschließlichen Wissenschaftler markieren. Soll das in der ersten Fakultätssitzung bereits mit Erfolg getan haben.

Wohlgemuths haben eine schöne wohlst eingerichtete Wohnung im Hause des Kuratoriums, es gab sehr vielen Likör, es gab Kartoffelsalat mit einem Klopschen, es gab Punsch u. Kaffee, einen richtigen warmen Pfannkuchen je Nase u. kleines Gebäck, es gab Käsebröde,

---

1 (frz.) Exkremente des Katers.
2 (frz.) Woher nehmen.
3 Gemeint ist Max Burwitz (1896–1974), Lehrer, 1925 SPD, 1933 aus dem Schuldienst entlassen, 1945–1949 OB von Greifswald, ab 1949 von Rostock.
4 Herbert Schmidt-Walter (1904–1980), Kunstwissenschaftler, 1948 Professor in Greifswald, ab 1955 an der Hochschule für bildende Künste Dresden.

es gab ernsthafte kleine Reden – ich mußte den Anfang machen – Klatsch, Verschwörungen u. Erinnerungen aus der russischen u. der englischen Gefangenschaft, es gab allerhand Einblick in die hiesigen Verhältnisse u. das Kräftespiel, es gab musikalisches, politisches u. Universitätspläneschmieden – zuletzt probierte E. das Klavier aus, u. lange nach 4 h brachte uns die ganze Gesellschaft nachhause, Wohlgemuth war stark angeheitert u. deklamierte megaphonisch den Prometheus[1], nachdem er zum Klavier die »Kuratorhymne« (»Großer Gott, dich loben wir …«) im tiefsten Baß gesungen hatte. Auf den Straßen lag seit Sylvesteranfang fester Schnee – richtiger hübscher Winter ist aus dem nassen Wetter buchstäblich über Nacht geworden. Ganz ohne Schmerzen kam ich nicht davon, aber im Ganzen war auch dieser Rückmarsch beinahe erträglich. Beinahe wenigstens – ohne Memento geht es nun einmal nicht mehr.

Sonnabend Vorm. 10. I 48 Greifswald.
Schlimmer als das Wohnungs-, Wäsche- etc. Elend ist die Öde. Greifswald ist ohne Leben, wir sind lebendig begraben. Wir waren an den Dresdener Trubel schon allzu gewöhnt. Auch E. sagt: »Versammlungen machen mir Vergnügen.« Hier gibt es keine: SED, VVN, FDGB usw. usw., nichts tritt in Erscheinung, niemand nimmt Notiz von uns. – Wir sind außerhalb der Welt. »Die Ruhe zur wissenschaftlichen Arbeit.« Aber das ist so muffig. Und wer liest meine »streng wissenschaftlichen Studien«?? 2 Dz Leute, von denen 22 sie zu journalistisch finden. In all meinen Wünschen sitze ich zwischen den Stühlen. Zuletzt ist alles eitel, der Tagesruhm, der richtige Ruhm, die Leistung an sich. –

Frau Lewin, Aufwärterin, vox populi, Anfang 40, Schuhmacherstochter von hier, schwärmt von den Studenten d'anno[2] dazumal: die Uniformen, die hohen Stiefel, die bunten Mützen, die Fackeln an Kaisers Geburtstag, am 27/I! Und ihre Streiche. Eine Waschfrau, die mit ihrer Wanne auf Arbeit ging, haben sie in die Wanne gesetzt, im Handwagen 4 x um den Rathausplatz gefahren, ihr dann 3 M gegeben: »Mütterchen, jetzt rollst du nachhaus u. ruhst dich heute aus!« Das soziale Gefühl der Studenten von damals! Die Würde des Volkes! Die Beglücktheit mit alledem noch in der Erinnerung! Es gibt Millionen, die wie Frau Lewin denken – im Volk u. unter den Studenten. Und damit soll ein Sowjetdeutschland aufgezogen – jawohl, hier passt es: aufgezogen! – werden. Damit u. mit den Rowdy's von

1 Ode (entst. 1774) von Johann Wolfgang Goethe.
2 (ital.) aus dem, vom Jahre; geläufiger: von anno dazumal.

Transportarbeitern, die uns den Flügel nicht heraufbrachten: »Ich bin Betriebsrat – Sie haben mir gar nichts zu sagen …«

Ein großes Paket von Berthold Meyerhof; ein kleines von Otto Kl. Beide neueren Datums. Die Sendungen zwischen Juli und Oktober scheinen alle verloren.

Die Fehler u. Schwächen der Russen gehen mir immer mehr auf die Nerven. Zwischen den Stühlen!

Möhren schmecken nicht nur an sich langweilig, sondern verlangweilen die ganze Suppe, den ganzen Eintopf. Ich möchte Greifswald umtaufen in *Möhrenfeld*. – Erich Seidemann adressiert seinen Glückwunsch: Greifswald*e*.

Sonntag Abend 18. Januar 48 Greifswald. Zur Berlinfahrt.
Ich werde die Liste meiner Lektüre nächstens zusammenstellen; nutzlos ist diese Leserei nicht, aber sie bedrückt mich, kommt mir kleinlich u. nichtig vor, hilft mir nicht über das Gefühl der Leere u. des Totseins weg. Dazu das völlige Elend E's. Sie dringt manchmal in mich: »fahre nach Dresden, sieh, ob du nicht irgendeinen Posten dort erhalten kannst, etwa die Leitung der Volkshochschule!« – Aber ich halte das für ganz aussichtslos. Und es wäre Vertragsbruch der hiesigen Regierung gegenüber; die ihr eigenes Versagen immer hinter vis major[1] schützen wird.

Schön ist hier nur meine Seminarbibliothek. Aber sie be- u. erdrückt mich, ich werde hier nie zum Schreiben kommen. – Dazu das Grauen der leeren Räume, das Unaesthetische des Mangels an Geschirr, an allem u. – vor allem – das wachsende Elend E's. Ich sehe keinen Ausweg.

Auf der Rückfahrt um ½4 am Zug, der um 5 abging – dennoch kein Sitzplatz mehr. Erst von Prenzlau an. Unmöglichkeit zu lesen. Alle Frauen, junge wie alte, rauchen. Eine junge mit kleinem Jungen mir gegenüber drehte sich Cigaretten: »Mein Mann, wenn er doch noch zurückkommt – vermißt – wird brummen: ich rauche 20 Cigaretten am Tag.« Die Frau war merkwürdig. Kein einwandfreies Deutsch. Hatte dienstverpflichtet irgendwo auf einem Truppenplatz der Russen, Offiziersschule, gearbeitet. Der Oberst hatte Vertrauen zu ihr; die Mädel hurten mit den Leutnants – »Du nicht bei Offizieren schlafen!«, hatte ihr eine große Küche anvertraut. War jetzt dienstfrei, brauchte keine Unterstützung. Etwas herzleidend, u. Verwandte schickten Pakete aus USA. Tauschte Kaffee gegen Cigaretten … All

---

1 (lat.) höhere Gewalt.

diese Frauen ohne Männer, auf eigenen Füßen, moralisch ganz frei, mit ihren Hosen, ihren Cigaretten, ihren Kindern ... wer Novellen schreiben könnte! – Der Zug war schon um ¼ 11 in G. Nachhause-weg wieder beschwerlich. Dann bis 3 h Nachts geplaudert.

Sonntag Abend 25. I
Die Tauze[1] (LQI) am Markt. Erschütternd. Durch einen Hausflur zu einem Hinterstübchen Schlange. Lang u. sich blitzschnell erneuernd, unablässig. Leute aus dem Volk, Frauen, Kinder, Männer, offenkundig Arme, Notleidende. Und alle kaufen sie Cigaretten, das Stück für 1,80: eine, 10, 20, 100, die Verkäuferin wirft die Geldscheine achtlos auf einen Haufen, vorn der eigentliche Tauschladen ist leer, ich sah nur einen Russenoffizier drin ... Das ganze louche[2] Unternehmen ist natürlich »Judengeschäft«. Ich kaufte für E. 25 Cig. für 45 M.

Greifswald 9/II. Montag: Berlinfahrt, Hochschultagung der SED, 7 u 8./II 48.
Das überwältigende dieser zwei Tage voranzustellen: Am Sonntag Erlösung von Greifswald, nachdem ich am Sonnabend die Fessel noch besonders bitter gefühlt. Geradezu dramatisch: das romanistische Ordinariat Halle ist mir in aller Bestimmtheit angeboten, u. in Leipzig kann man mir ein Ordinariat in soziologischer Fakultät[3] zurechtmachen. Freiheit! Beglückung E's. – Neueintritt ins Leben.

Fast den ganzen Vormittag unterhielt ich mich in einer Ecke des leeren Frühstücksraumes mit Werner Krauss. Mich überraschte von Anfang an seine große Herzlichkeit. Sein Angebot: in erster Linie *Halle*. Es müsse besetzt werden. Ich sei in Greifswald am falschen Platz. Halle sei als Univ. gleichgewichtig wie Leipzig. Wenn ich Wert darauf legte, wolle er nach Halle u. mir Leipzig überlassen. Oder ob ich den Curatorposten in Leipzig wollte. Ihn habe Gadamer so informiert, als hätte mich Leipzig abgelehnt, weil ich gleichzeitig die Volkshochschule in Dresden behalten wollte. Er werde Gutachten über mich beibringen (von Auerbach, der in USA), daß ich zur Gastprofessur in Berlin käme. Ob ich den Kulturbund in Leipzig leiten wolle? Ich solle dort Vortrag halten. Er holte den Ministerialdirektor u. den Kurator für Halle heran, sie wollen mir gleich schreiben. So ist also das Ergebnis dieser Besprechungen ein sicheres u. ein ¾ sicheres Ordinariatsangebot, das geöffnete Fen-

---

1 Kurzwort für: Tausch-Zentrale.
2 (frz.) zweideutig, verdächtig.
3 Gemeint ist die Gesellschaftswissenschaftl. Fakultät der Universität Leipzig.

ster, wie E. sagte, zu dem wir herausspringen können aus dem ver-
haßten Greifswald. Von sich erzählte Krauss: er liege in Scheidung,
seine Frau sei im Westen geblieben … Krauss sagte: überall sitze
ein Emigrantenklüngel, man müsse heute, um in Deutschland zu
florieren, Emigrant oder Nazi sein, am besten beides.

E sehr beglückt, würde am liebsten Reugeld zahlen u. sofort nach
Halle gehen; aber das SS[1] werden wir wohl hier absolvieren müssen … Immerhin: das Gefühl noch etwas zu gelten u. aus den Fes-
seln herauszukommen!

Lange Teemahlzeit, erst gegen ½ 3 kam ich zur Ruhe.

Heute abgespannt, gedrückt, an mir zweifelnd – seit ich in G. bin,
habe ich nur herumgetastet u. noch nichts fixiert. Wieviel Zeit bleibt
mir?

Volk u. Welt-Verlag hat E heute ein zweites Buch zum Überset-
zen geschickt; sie soll erst einen Waschzettel u. ein zur Leseprobe
geeignetes Stück daraus schicken. Ich begann sofort das Buch vor-
zulesen: Jean Cassou: Les Massacres de Paris[2].

Montag 16. II 48 Greifswald Vorm – u. später
Brief eines Dresdener Anwalts, ich möge die entschlagnahmte
Schreibmaschine des Nazirichters Kluge herausgeben, sie sei mir
nur auf Zeit geliehen worden. Auch das eine schwere Belastung für
mich. Ich werde ablehnen.

Dienstag Abend 17/II 48
Ich wollte gestern gerade zur »SS«-Vorstandssitzung[3] (20 h am
Markt), da kam Jacoby. Ich solle ihm Material zu einer »laudatio«
meiner selbst geben, damit man das Durchdrücken meines von Berlin u. Karlshorst abhängigen Einzelgehaltes erleichtere. Ich lehnte
das ab – auf dieses Einzelgehalt hätte ich Rechtsanspruch meinem
Vertrag nach, dazu priese ich mich nicht erst bittstellernd an. Es gab
eine interessante Auseinandersetzung mit Jacoby. Mit allerplump-
pesten Schmeicheleien will er mich von der Politik abbringen:
meine Bücher werde man noch in 100 Jahren lesen (aber keine
kleine Schrift, ein dickes Buch nur bleibe!), eine »Klempererschule«

1 Sommer-Semester.
2 Jean Cassou (1897–1986), frz. Kritiker, Romancier und Lyriker; Teilnahme am
  span. Bürgerkrieg und an der Résistance. – Sein Roman »Les massacres de Paris«
  (1935; dt. »Massaker von Paris«, übersetzt von Eva Klemperer, 1948) behandelt
  die Pariser Kommune von 1871.
3 Gesellschaft zum Studium der Kultur der Sowjetunion; von Kl. gelegentlich auch
  »SS« bzw. »GSS« abgekürzt.

solle ich gründen, das sei meine Begabung, meine Pflicht, das »wolle Gott von mir«. Ich sagte, Pflicht sei eine dunkle Sache, es sei vielleicht gerade Pflicht, jetzt die Jugend auf rechte Bahn zu bringen.

Mittwoch Vorm 25 II 48 Greifswald: Berlinfahrt 23–24/II nach Schwerinfahrt 21/22.

Dies also die Ergebnisse der Fahrt. – Das Private:

Vor 12 (statt 10^{30}) am Stettiner Bhf. In Berlin Nachtüber enormer Schneefall gewesen, Straßen noch dick verschneit. Mit U-Bahn zu Mackie. Wir trafen ihn im ADN, und sofort nahm er sich unserer Sachen aufs allerfreundschaftlichste an. Wir fuhren, erleichtert aber gehetzt, zu Anny[1]. Weiter Weg, mühselig durch den Schnee, vom Bhf. Witzleben zur Dernburgstr. Auf diesen älteren Namen ist sie seit ein paar Wochen von der H. v. Stephanstr weg zurückgetauft. Herzlichste, nahrhafteste Aufnahme – aber das Essen war für später vorbereitet, E. saß auf Kohlen, ihre Sitzung begann um 15 h. Hetze. Anny brachte uns zum näheren Bhf Charlottenburg. Am Zoo verließ ich E., ging zu Rosen[2] hatte starken Eindruck vom neuen Kurfürstendamm. Die Großstadt über u. zwischen aller Zerstörung, Vergnügungshaus neben Vergnügungshaus: Kinos, Restaurants, elegante Läden, strömendes Publikum. Dabei alle Gebäude irgendwie angeschlagen oder schwer zerstört und die Gedächtniskirche am dominierenden Punkt, charakteristischstes Haus der ganzen Region: Taufhaus des Westens[3], Kaiserliche Kirche, mit halb abgeschlagenem Turm eine überall gähnende Ruine. Alles sauber verschneit … Dann mit U-Bahn den weiten schwierigen Weg zu Frankes[4], am Fuß des Kreuzbergs. Die alten drei Schwestern unverändert wie beim ersten Besuch neulich. Olga im Amt als Lehrerin. LDP u. mit Verachtung von den Neulehrern sprechend. (Was ist der Unterschied zwischen Neulehrern u. Hilfspolizisten? – Der H. verwechselt mein u. dein – der N. mir u. mich!) Aber zu mir waren sie doch sehr herzlich u. ich glaube, sie wären belehrbar – wenn ich Zeit für dies Belehren hätte… Ich mußte gleich nach freundlicher Kaffeemahlzeit fort. U-Bahn zur Jägerstr. Ich ließ E aus ihrem Sitzungslokal rufen, konnte sie mit einem guten Dinner auf die Beine bringen, dann er-

1 Anna Klemperer, geb. Schott (1885–1963), genannt Änny, nichtjüdische Frau von Kl.s Bruder Berthold; seit 1931 Witwe.
2 Buchhandlung Gerd Rosen am Kurfürstendamm.
3 Ironisches Berliner Wortspiel; Anspielung auf das »Kaufhaus des Westens« (KaDeWe) in unmittelbarer Nähe der Kaiser-Wilhelm-Gedächtniskirche.
4 Cousinen von V. Kl.

schien Mackie, u. wir fuhren nach Niederschönhausen. Schnee u. Mondschein, Russenschlagbaum[1]. Doris durch Höchstschwangerschaft unförmlich entstellt. Herzlichste Aufnahme u. Bewirtung. Gestern dann großes Frühstück, worauf Mackie uns in die Stadt fuhr, E. zum Verleger, mich zur U-Bahn. Es folgte für mich die beschriebene Tournée der Buch- u. Verlagsgeschäfte. Um ½ 4 wieder im Klubhaus, E herausgerufen, gemeinsames Essen, u. um 16 h holte uns Mackie ab, hatte für mein Billett gesorgt, hatte Cigaretten für E, war der hilfreichste der Hilfreichen. – Der Zug übervoll, Aufregung u. Ärger beim Hineinquetschen (»oller Mann von neunzig Jahren!«), nachher freundliche Leute, nicht einmal russenfeindlich. E auf dem Koffer sitzend, ich im Abteil als Fünfter auf einer Bank.

Heute, Mi. 25., wieder das ganze Elend der Greifswalder Bruchbude. Eingefrorene Wasserleitung, man müßte umständlich das Mauerwerk aufreißen, so war es schon im vorigen Jahr … man könne nicht … einer schiebt es auf den andern … Schweren Schnupfen mit heimgebracht, Mangel an Taschentüchern.

Sonnabend Vorm. 6. März 48
Greifswald ist aus Kalamität zu wirklichem schwerem Unglück geworden. E. seit vielen Tagen mit Husten, Bronchitis etc. kämpfend geriet in die ominöse Kurzathmigkeit von 1943; ich ließ Dr Gülzow kommen, Oberarzt der medizin. Klinik, jüngerer sehr sympathischer Mann. Leichte Lungenentzündung, ein paar Tage Bettruhe. Das Bettzeug dient seit einem Vierteljahr, ist zerrissen, ist blutig (von der Dermatose E's her, die jetzt gebessert – bei ihr, während bei mir im Anstieg). Heute Nacht förmliche Raserei E's, einer der schlimmsten Ausbrüche, die ich in bald 44 Jahren erlebt. Wir sind beide erschöpft u. krank. – Seit Tagen der schwere Nebel den wir beide nicht mehr athmen können, seit Wochen der Frost, die eingefrorene Leitung, die Schweinerei des Closetts, seit dem 9. Dezember ungebadet – ich bin alles dessen so unendlich müde, ich mache mir dabei Vorwürfe, den Verzweiflungen E's mit egoistischer Verzweiflung gegenüberzustehen.

Das einzige Gute an E's (übrigens wohl leichter) Krankheit. Bei der großen DFD-Veranstaltung des 8. III, die ihr so viele Mühe u. Ärger bereitete, u. wo aus ihrer Ansprache umkämpfte Prestigesache wurde – lohnte es sich oder nicht, diesen Kampf auszufechten?? –

1 Max und Doris Kahane wohnten innerhalb des militärisch gesicherten Viertels in Berlin-Niederschönhausen, in dem hohe Ostberliner Funktionäre beschlagnahmte Einfamilienhäuser bezogen hatten.

ist sie nun durch vis major außer Spiel. An ihrem Bett fand eine Vorstandssitzung der Frauen statt – ich fror inzwischen im ungeheizten Arbeitszimmer.

Freitag Nachmittag. 12/III 48 Greifswald. (Berlinfahrt 8/9. III)
Greifswalder Volkscongreß am Sonntag fiel erbärmlichst aus: das Theater, wenigstens in den Rängen, ganz leer, das Publikum apathisch – kein einziger Discussionsredner, Burwitz' gutes Referat über die Situation blieb ohne jede Wirkung, die Stummheit des Volkes war ungemein peinlich. Auf der Bühne nur wenige Menschen. Und alles fremd. Auch die Wahl eines Vorstandes von 33 Mitgliedern, darunter E für die OdF, ich für die Univ, war nur ein Vorlesen der fertig mitgebrachten Liste. Trocken wie alles Übrige auch die paar eingestreuten Chorlieder. In anderthalb Stunden war alles abgehaspelt, so unfeierlich als möglich.

Mo. den Morgenzug u. Berlin pünktlich erreicht – dreckigstes Tauwetter. Von Mackie (ADN) aus vergeblicher Versuch mit Rompe zu telefonieren, dennoch zu ihm. Romanhaftes Glück: der sonst nie Anzutreffende war im Hause (obwohl er auch meine Karte nicht erhalten hatte), und gleichzeitig befanden sich zufällig der Curator der Univ. Halle u. ein Regierungsmann von Sachsen-Anhalt dort. Die Hallenser: »Sie wären längst berufen, wenn wir Haus u. Garten für Sie hätten.« – Ich: ich sei mürbe u. verzichtete darauf. Ergebnis, nachdem auch mit Boehme palavert worden: sofortige Berufung nach Halle, wir sollen eine anständige 4½ Zimmer-Wohnung erhalten, man will uns auch allerlei Mobiliar zum Kauf verschaffen. Gleich war auch die Rede davon, mir einen Tag für Leipzig freizustellen: Gast- oder Honorarprofessur in der gesellschaftswiss. Fakultät. Rompe sagte: »telegraphiert ihm, damit er etwas in der Hand hat, das Einzelne könnt Ihr dann aushandeln.« Tatsächlich ist das Telegramm gestern gekommen u. ich habe das geforderte telegrafische Einverständnis als »grundsätzliches Einverständnis« sofort durchs Telefon zurück depeschiert. Wir sind seitdem beide wie erlöst. Am nächsten Tag in der Praesidialsitzung sprach mich *Wandel* auf die Affaire an: auch er wünscht, daß ich das Ordinariat in Halle u. die Gastprof. in Leipzig übernehme. Ungemeiner Wirkungskreis u. neuer Connex mit Sachsen u. Nähe Dresdens. Ich träume von einer Combination: Regierungsmann in Dresden mit Leipziger Rückendeckung. Auch E. ist voller Hoffnung.

Erster KB-Vortrag in Mecklenburg, LTI in Anklam. 35 Leute in der großen Aula eines großen ehemaligen Lehrerseminars. Ein kaltes stures Publikum, keine Discussion, kein Dank eines Vorsitzenden; Miesmachen ejusdem[1] schon bei der Ankunft: hier sei dürrer Boden. Die Hinfahrt superlativisch schlimm. Ein Personenzug, der eine volle Stunde mit drei Zwischenstationen für die 40 km braucht, die Leute alle Gepäck-überlastet, ein namenloses Drängen, Schimpfen, Sichpuffen. Ich stand relativ geschützt zwischen den Bänken. Natürlich Russenfeindlichkeit, Spiel mit Kriegsgedanken. Anklam sehr verwüstet, jämmerliche Landstadt, zwischen städtische Teile schiebt sich etwas, das halb Parkanlage, halb freies Gelände ist.

Dienstag Abend 16. März Greifswald
Qual des Ekzems zum Äussersten gesteigert. Zu Braun in die Hautklinik. Ergebnis: nicht wie bei E, sondern gemeine Krätze. Die friedensmäßige Behandlung unmöglich. Vorbedingung ein warmes Bad – weder bei uns, noch in der Hautklinik selber (!!!) zu haben. Ich ging zur Badeanstalt, weit draußen bei den älteren Kliniken. Eine Menschenmenge wartete. Und ein Schild: »Personen mit ansteckenden u. ekelerregenden Krankheiten verboten.« Ich getraute mich nicht ... Weiter: Du sollst dich mit der Schwefelsalbe im Warmen einschmieren. Ich kann aber das warme Zimmer nicht bekleckern u. muß den ungebadeten Körper (seit Anfang Dezember ungebadet!) im kalten Badezimmer behandeln. Und wo soll ich dann nachher neue Bettwäsche hernehmen? Und wie ist E geschützt? – Ein furchtbarer Zustand, u. dabei bin ich immer zerquälter, u. an meinen Handgelenken u. Händen sieht man immer mehr, was es mit mir auf sich hat. Braun lachte: »das hat jeder von uns durchgemacht, die Hôtels waschen das Bettzeug nicht mehr, da ist Ansteckung unvermeidlich.« Dabei hatte er mich vorher das amtliche Merkblatt für die Krätze lesen lassen. Ein Hohn auf die jetzigen Zustände. Und nun reise ich morgen nach Berlin. Wem gebe ich's weiter – Kahanes oder einem Hôtel? –

Freitag 19. III Nachm. Greifswald. Volkscongreß (Zwoter – 1848)[2] Berlin 17–18/III
Es ist mit so einem Congreß wie mit dem Circus: höchstens alle paar Jahre einmal macht er wohl Spaß. Alles war mir diesmal abgelaatscht

---

1 eiusdem (lat.) desselben; von: idem (lat.) derselbe, dasselbe.
2 Der 2. Deutsche Volkskongreß »Für Einheit und gerechten Frieden« (17.–18. 3. 1948) wählte den Deutschen Volksrat (400 Mitglieder, davon etwa 100 aus den Westzonen) und beraumte für Mai 1948 ein Volksbegehren über die Herstellung der dt. Einheit an.

u. durchgekaut, u. alles Äußere genau so wie vordem. Als ich vorn an der Kasse die Bergleute in Uniform sah, kam mir dieser Circusgedanke. Der Anblick der Staatsoper, des Publikums, der Zeitungsverkäufer, des Praesidiums, der Photographen … das kenne ich nun schon so genau. Und wie sollte einer vom SED-Standpunkt aus noch etwas Neues über 48[1] sagen können? – Ich habe so wenig als möglich da drin gesessen u. *nicht eine* Rede ganz gehört, ich werde in der Ztg lesen, was ich zum Referat brauche. Aber ich habe x Händeschüttelungen ausgetauscht, bin von x Leuten gesehen worden, u. das ist das Wesentliche u. genug. (Bechers Äußerung zur Langen-Koffler[2]: sich die ersten 10 Minuten möglichst vielen Leuten zeigen u. dann verschwinden. Ähnlich mutatis mutandis feu Mr. Langen-Koffler[3]: nach den ersten Minuten eines großen Univ.-Aktes ins Sanitätszimmer: »mir ist schlecht – haben Sie einen Cognac zur Stärkung?«) Das Wesentliche war die Wandelgang-Unterredung mit Hartzsch (»Was ist Ihnen lieber? das Ordinariat oder der Lehrauftrag? Aber vor Sonnabend kann ich nicht mit Rocholl sprechen« … Zuhaus aber fand ich schon Rocholls erbetenes Telegramm!), u. den Abend zuvor zwei Minuten an Kasse 1 von Rompe dem Hallenser Minister Tappe vorgestellt. (»Also Sie sind der berühmte Romanist? … Den Tag für Leipzig ordnen Sie einfach mit der Univ. *Wir* müssen nur für 4 Zimmer u. Möbel sorgen. Bis zum Herbst läßt sich's schaffen«) …

Montag Vorm. 22. III 48
Am Samstag Nachm. von 5 – 8 bei Wohlgemuth, in seiner prunkvollen Wohnung (er ist grippekrank), Schmidt-Walter, Prorektor zugegen. Kampf um mein Gehen od. Bleiben. Es ging immer hart am persönlichen Zwist vorbei. Man will mich halten, fühlt sich betrogen, sagt: ich ginge aus persönlichen, nicht aus sachlichen Gründen, will mich als unbescheiden, als unidealistisch hinstellen. Ich gab Franz sehr ernste u. sehr deutliche Antwort.

Ich muß u will heute mit der Niederschrift meines Aula-Vortrags »Arbeiterblut, Studentenblut!« beginnen.

Im übrigen K und K-Zustand: Kälte u. Krätze.

1 In seiner Argumentation knüpfte der 2. Deutsche Volkskongreß an die Bestrebungen der Märzrevolution von 1948 an, auf demokratischer Grundlage die Einheit Deutschlands herzustellen. – Die Revolution hatte genau 100 Jahre zuvor, am 18. 3. 1848, in Berlin mit dem Ausbruch der Barrikadenkämpfe ihren Anfang genommen.

2 Annemarie Langen-Koffler (1898–1986), Schriftstellerin; verfaßte Kinder-, Jugend- und Heimatbücher; Mitglied der KB-Landesltg. Meckl.-Vorp.

3 Arnold Langen (1872–1939), Rechtswissenschaftler; 1910 Professor in Greifswald.

Ostermontag Vorm 29. März 48 Greifswald
Trübselige Ostern. Wiedereinmal gar nichts zu essen, nur trockenes
Brod, kein Paket, alles aufgebraucht. – Krätze immer quälender. Bei
gutem Wetter – Tags warm, Nachts Reif – mit E gestern ein Stück,
höchstens 2 km Anklamer Landstr. durch die ganz öde Landschaft
geschlichen; beim Rückweg versagten schon E's Kräfte, sie sieht sehr
elend u. sehr gealtert aus. Dabei sind wir fleißig, u. wenigstens bei
E fluscht es: die Schreibmaschine klappert immerfort u. die ersten
50 Seiten ihres Cassou sind schon abgeschickt.

Jacobi war hier (in einem völlig abgetragenen jämmerlich zuge-
stopften Anzug, tauber als je, brüllender u. widerlich schmeichelnder
als je), ich möge bleiben, meine »Schule« hier aufmachen, der Politik, der Zersplitterung entsagen, meine Bücher schreiben – das sei
meine Pflicht ... Wie weit ist er ehrlich, wie weit freut er sich, den roten Hund loszuwerden? In der Sache hat er natürlich recht. Ich zersplittere u. vergeude mich aus Eitelkeit u. Faulheit (denn Referate
halten, geschäftig sein etc ist leichter als meine Sachen geduldig aus-
arbeiten) Aber in Greifswald halten uns nicht 77 Pferde ... Mein Plan
u. inneres Beruhigungsmittel ist jetzt: ich erarbeite mir hier die Collegien, mit denen ich das erste WS Halle/Leipzig fülle, ich lasse in
Halle/Leipzig, hinter meinem Doppelamt verschanzt, alle Politik beiseite u. finde so Zeit, wenigstens zum »deutschen Frankreichbild«.

Freitag Nacht ½1, 9. April.
Am Mi. Nachm. im Seminar »Vorbesprechung«, Referateverteilung,
heute von 5–7 erstes Colleg: Romantik, Begriffsbestimmung. Erstes
Kolleg nach 13 Jahren[1], erstes Universitätscolleg nach 28 Jahren!
Noch einmal meinen Ruf aufs Spiel gesetzt! Es geht noch, ich glaube,
ich habe den Ton getroffen. Aber ich habe mich in den letzten Tagen
intensiv vorbereitet, u. diese Vorbereitung war doch für das Haupt-
colleg nur Wiederholung u. Anamnesis[2], nicht Bereicherung.

Sonntag Abend 11. April.
Mein erstes Voltairecolleg gestern in der Univ. – die andern Sachen
im Seminar – war ein kleiner Triumph. Wir mußten aus dem vorgesehenen Hörsaal ins Auditorium maximum umziehen. Es ist freilich
ein Aud. maximum mit etwa 160 Sitzen, von denen vielleicht 100
besetzt waren.

1 Seine ersten Vorlesungen hielt Kl. 1919 als Privatdozent an der Universität München, seine bis 1948 letzten 1935 als Professor an der TH Dresden.
2 Nach Platos Ideenlehre Erkenntnis durch Erinnerung.

Sonntag Abend 18. April.
Seit heute früh 2 h: Sommerzeit. Und wirklicher Frühling. Sogar hier
gibt es ein paar blühende Bäume. Ganz kleiner Spazierschlich über
die Anklamerstr. weg in das weite Gelände abgerissener Hitlerkaser-
nen. Üppige Militärruinen, aufgeschichtetes Trümmermaterial, ein
paar Autoskelette – alles 3 Jahre nach dem Kriegsschluß! – rührend
bearbeitete Beete zwischen alledem, trostlos öde Gegend u. doch
Frühling. Auf einem hohen Schornstein, von unserm Fenster aus
sichtbar, nistete u. schildert ein Storch. – Frühling: zum erstenmal
seit dem Anfang Dezember (!!) kam Wasser an meinen armen Leib,
klatschte ich mich ab. Vielleicht hilft es dem von »postskabiösem
Ekzem« zerstochenen u. geschundenen u. gemarterten u. gefleckten
Corpus. Dem fast 5 Monate ungebadeten …
Telegramm vom Curator Halle: Wohnung stehe bereit mit Garten
in Zweifamilienhaus, Möbel würden beschafft. Das kreuzte sich mit
zwei Briefen, die ich an Univ. u. Ministerium in selbiger Sache gerichtet habe, zugleich mit einem dritten Brief nach Dresden an Rocholl, u. gab mir Sicherheit.
Ich hatte zum erstenmal seit Dresden an *Voßler* geschrieben. Vom
Ruf nach Halle u. Leipzig u. Bitte um Nachfolge-Vorschlag. Die
Antwort weicht erschreckend von der sonstigen Warmherzigkeit u.
Belebtheit ab. Ein bisschen d'outre-tombe[1], erloschenes Interesse.
Kurz in die Maschine diktiert u. kritzlig unterzeichnet: er leide seit
einem Jahr an Leukämie, er liege, er sei so geschwächt, daß er nicht
die Stufen aus seinem Hause gehen könne, er vermöge nicht zu ar-
beiten, nur zu lesen. Sehr kühl im Ton. Ich hatte den unmittelbaren
Eindruck, dies sei sein *letzter Brief* an mich.

Montag Abend 19. April. »Dies«[2]
Großer Erfolg. Ich sprach – ein Talar, der oben zugesteckt wurde,
daß man nichts merkte vom fehlenden Unterbau der weißen Hem-
denbrust etc. – in ganz großer Form. Die Rede soll sofort als Broschüre[3] herausgebracht werden. – Fritz Müller, für die Regierung
hier – bot mir das Rektorat, wenn ich bliebe, bot mir auch seinen Posten in Schwerin, weil er selber gern zur Univ. möchte. I walk on air.

1 (frz.) von jenseits des Grabes; Anspielung auf Chateaubriands Erinnerungen »Les
   mémoires d'outre tombe« (1848/50).
2 Dies academicus (lat.) Vorlesungsfreier Tag an Universitäten und Hochschulen
   aus Anlaß von Feierlichkeiten.
3 »Arbeiterblut, Studentenblut. Rede am Dies Academicus der Universität Greifswald, den 19. 4. 1948 zur 100-Jahrfeier der Märzrevolution«; Privatdruck der Universität Greifswald (1948).

Dienstag Vorm 11. Mai

Harriet Pfeifer brachte 1℔ Butter für *180* M. Sie erzählte: SED-Redner für Volksbegehren sind auf dem Lande wiederholt ausgepfiffen worden. – Dazu paßt: Gestern hier ein Mann vom Wohnungsamt. Erzählte auftauend, er sei Flüchtling aus dem Osten, früher Postinspektor, jetzt hier im Amt, möchte so gern nach Görlitz, erhält keine Erlaubnis. – Warum er sich nicht zum Postdienst melde? – »Mit 68 Jahren?« – »Ich bin nicht jünger; gelernte Arbeiter in höheren Stellen fehlen.« – »Da kommt niemand an, das teilt sich die *Rote Clique*«. Der Mann ist Beamter bei uns! Auf wen sich stützen? E sagte: »wie in der Weimarer Zeit. Wo ist die Republik??« …

Sonntag Abend – Pfingstsonntag u. Hochzeitstag.

Gefeiert haben wir gar nicht – knapp im Essen u. knapp in der Zeit. Aber die Stimmung war relativ gut, ist es sogar noch, obschon uns die paar Schritte Abendspaziergang eben, uns beiden, Schmerzen gemacht haben. – Halleluja!

Reise: Halle–Leipzig–Dresden–Berlin. Di 18–26 Mai 48 Dresden bei Heinsch am Plauenschen Ring 55 (Westendblick) Freitag Abend 21. Mai. ½ 12.

Pfingstmontag: Vormittag Schmidts. Tragödie Günther Sch's in Jena: GPU[1] zwingt ihn, Commilitonen zu beobachten. Droht andernfalls mit Verhaftung. Er unterschreibt, bittet den Rektor um Rat, der zur Flucht nach Westen rät. Was meine Meinung? Unser Rat: abwarten! Sehr peinlich.

Halle fuhr uns in seinem Wagen zur Klinik, wir bekamen im »Kasino« ein sehr nettes Essen, dann erschien ein junger muskulöser Mann, Himpich, Inspektor, offenbar *der* Erich Kaiser der Univ. Halle. Wenn seine Zusagen wirklich realisiert werden, wird es uns gut ergehen. Wenn … er macht einen guten Eindruck u. keine Phrasen. Immerhin: Wir sind die Füchse, die man keilt. Und natürlich sind 10 000 Analogien zu Greifswald gegeben. Tram. Weit hinaus nach Norden bis an den Schlußpunkt. Heiderand – Döhlau, Kiefernweg 10. Ein Häuschen in einem Heidegarten, halb Straußberg, halb Hellerau – ich meine halb wie bei † Grete, halb wie bei Kussys. Eva sofort entzückt; in diesem Augenblick war es entschieden. Im Oberstock soll Prof Winter[2] wohnen, soll nett sein, beinahe unser Partei-

---

1 Abk. für russ. Gossudarstwennoje Polititscheskoje Uprawlenije (Staatl. Polit. Verwltg.), polit. Polizei der UdSSR (1922–1954).

2 Eduard Winter (1896–1982), Historiker; 1932 Professor für Kirchengeschichte,

genosse, Slavist aus Wien. Den Garten sollen wir fast allein haben. Das Haus wird renoviert, hat leergestanden. Centralheizung. Kleinere wesentlich niedrigere Räume als in Greifswald. Weg: etwa 6 Minuten zur Tram, 15 Bahnfahrt, dann wieder 6 Min. zur Univ. Dicht bei der Univ. das roman. Seminar.

Ein junger Mensch kam zu mir: nachdem er die LTI gelesen, habe er Lust bekommen, Philologie zu studieren. Das war das schönste Compliment für mich …

(*Greifswald 30/Mai*). Am Sonnabend Vorm. (22/5) E nach Dölzschen, wo sie alles in leidlicher Ordnung fand; ich ins Ministerium. Im Warten begrüßte ich mich kurz mit Straub[1], der jetzt Rector ist, u. Prell[2], auch mit der grauhaarigen Frau Dr Dyck[3], die die Nachfolgerin Simons geworden. (Wo liegt die Macht??) Vorher draußen, als ich den Einlaßzettel besorgte, meldete sich der Mann an der Barre als mein KPD-Genosse u. zeigte nach dem großen Platz draußen mit seinen 2 Fahnenmasten. An einem hing die rote Fahne, am andern – zum erstenmal, nach einem Zonenbeschluß des Vortages[4] die Fahne der demokratischen Republik: Schwarz-Rot-Gold. (Höchst unselige Wahl! Sie erinnert an Großdeutschland[5] u. an die Weimarer Republik. Wir sind ja auch schon wieder auf Weimarischem Boden …) Das Ergebnis der Unterredung mit Rocholl habe ich vorweggenommen: er hat nun mit Krauss u. Behren alles verabredet u. hält es für sicher, daß er mir in wenigen Wochen meine Berufung zuschickt: Gastprofessur für vergleichende Literaturgeschichte in der Gewifa[7]. Bei der ungeheuren Feindseligkeit der Leipziger gegen mich u. bei dem ständigen Wechsel der Beamten auf allen Posten bleibe ich skeptisch, bis ich die Ernennung in Händen habe.

1941 für Geistesgeschichte in Prag, 1947 für osteuropäische Geschichte in Halle (1948 dort Rektor).

1 Der Psychologe Werner Straub war 1947 bis 1949 Rektor der TH Dresden.

2 Heinrich Prell (1888–1962), Zoologe; 1923–1957 Professor an der Forsthochschule Tharandt, Direktor des dortigen Zoologischen Instituts.

3 Margarethe Dyck, Mitgl. der LDPD, Leiterin der HA Hochschulen im Sächs. Ministerium für Volksbildung; später Mitgl. des KB-Präsidialrats.

4 Der Deutsche Volksrat stimmte am 18. 5. 1948 einem Antrag zu, der den Verfassungsausschuß beauftragte, »in dem Entwurf der Verfassung die Farben Schwarz-Rot-Gold als die Farben der deutschen demokratischen Republik aufzunehmen«.

5 Gemeint ist die im Paulskirchen-Parlament 1848/49 vertretene »großdeutsche Lösung«, die Schaffung eines dt. Bundesstaates unter Einschluß Österreichs.

6 Friedrich (Fritz) Behrens (1909–1980), Wirtschaftswissenschaftler, 1947 Prof. in Leipzig; 1957 polit. gemaßregelt, 1967 vorzeitig emeritiert.

7 Gesellschaftswissenschaftliche Fakultät (der Univ. Leipzig), gegr. 1947.

Sonntag Mittag 20. Juni
Die unendliche Gehetztheit, der Leerlauf. Samst 12–Mo Abend 14.
Berlin-Hakeburg; Di 15. Stralsund KB, LTI, Mi 16. Seminar, Staël[1];
Do. 17. vor SED Studenten über den frz. sozialistischen Roman (ohne
Vertiefung, reine Zusammenstellung des mir Bekannten) Fr. 18. Colleg – Vigny[2], Samst. 19. Doppelstunde Voltaire[3]. All das ist Wiederholung, Mosaik, unfruchtbare Gedächtnisarbeit – kein WEITER,
u. dabei *so* ermüdend, anstrengend. Selten mehr als 5, oft nur 4 Stunden Schlaf, Einschlafen beim Arbeiten. Dazu der Albdruck der
gehäuften Correspondenzschulden, privater u. beruflicher – wo die
Grenze? Der Albdruck des Zwiespalts: Michausgeben in öffentlicher Zersplitterung u. Wirkung (s'il y en a[4] – ständig wachsende
Verzweiflung in politicis, Sumpf überall) oder schöne Bücher schreiben?? So vieles *soll* gemacht werden, ist versprochen – u. ich brauche alle Kraft, um die täglichen Verpflichtungen zu erledigen.

Gestern, 19. VI früh ging minutenlang die Sirene, wir glaubten, der
Schaltknopf einer Fabrik sei steckengeblieben. (Unser Radio noch
immer in Dresden!) Es war aber eine Convocation zur Protestver-
sammlung auf dem Markt. Die Währungsreform des Westens[5]. Mittags sah ich eine Schlange vor der Bank am Markt. Die Menschen
brachten ihr Geld dorthin, Judith Kwiet[6] erzählte Abends, es seien
ungemeine Haufen gebracht worden, ein Mitschüler ihres Prima-
nersohnes hat 15 000 M. bei sich. Die Schwarzhändler geben nun
nichts mehr ab, ehe nicht die neue sowjetische Regelung heraus ist.
Ich habe etwa 720 M im Haus, sind sie verloren? Gestern gerade
schickte noch »Heute u. Morgen«[7] für die Auszüge aus meinem »Arbeiterblut, Studentenblut« 165 M. – Der heutige Sonntag hat die
Währungslage noch nicht geklärt. Höchst blödsinnig sind die Zei-

1 Anne-Louise-Germaine Baronne de Staël-Holstein, genannt Madame de Staël
   (1766–1817), frz. Schriftstellerin; übte starken Einfluß auf die Herausbildung
   der frz. Romantik aus.
2 Alfred de Vigny (1797–1863), frz. Lyriker, Romancier und Dramatiker.
3 Voltaire, eigtl. Francois Marie Arouet (1694–1778), frz. Schriftsteller und Philosoph; bedeutender Vertreter der frz. Aufklärung.
4 (frz.) wenn es das gibt.
5 Mit Wirkung vom 21.6.1948 verlor in den 3 westl. Besatzungszonen die Reichs-
   mark ihre Gültigkeit und wurde durch die D-Mark ersetzt; jeder Einwohner
   konnte ab 20.6. ein »Kopfgeld« von 40 RM und im August weitere 20 RM im
   Verhältnis 1:1 umtauschen, Bargeld wurde im Verhältnis 100:5 abgewertet, Bank-
   und Sparguthaben im Verhältnis 10:1.
6 Judith Kwiet, Assistenzärztin an der Dermatolog. Universitätsklinik in Greifswald.
7 »Heute und Morgen. Literarische Monatszeitschrift«, hrsg. von Willi Bredel, erschien 1947–1954 in Schwerin.

tungsnachrichten: alles sei ruhig, der Geschäftsverkehr gehe weiter.
Jeder weiß, daß alles stockt.

Freitag Morgen 26. Juni
Chaos der Geldreform[1]. Wir sind recht böse hereingefallen, verlieren gut und gern 5 000 M. Schuld daran die Perfidie, die uns am
Möbelkauf gehindert hat. Zu Pfingsten sollten wir ein zu reparie-
rendes Buffet bekommen. Die Ablieferung wurde verschoben – *jetzt*
wird es natürlich fertig sein.
Was ist noch nachzuholen? Ein *Filmabend: »Es geschah in Berlin«*[2]. Irun n'est plus Irun[3]. Ich finde nicht mehr die alte Freude am
Film. (Genauso, wie es mir mit dem Autofahren geht). Wahrscheinlich wirkte die schlechte Tonübertragung mit. Ich konnte die wirklichen Zusammenhänge der Aktion nicht erfassen. Verwilderte Jungen in Berlin, die auf den Trümmern mit Handgranaten Krieg spielen,
Diebereien, der Heimkehrer, optimistischer Schluß: die Jugend beim
Schippen, beim Aufbau, dazwischen Tragik, Rührung – sehr hübsche Einzelscenen, aber man kennt so die Tendenz von vornherein –
und ich glaube so gar nichts mehr.
Es ist in alledem wie jetzt mit der Währungsreform. Der Zeitung
nach geht alles ruhig seinen Weg, u. das kleine Volk ist verschont. De
facto stockt alles, ist alles chaotisch, u. die kleinen Leute sind hereingefallen.

Sonntag 11. Juli.
Interessant war das ständige Brummen der großen Flugzeuge, mit
denen die Amerikaner ihren blockierten Sektor verproviantieren[4].
Als ich am späten Abend in Niederschöneweide auf Mackie wartete
– er mußte mich durch den heimlichen Eingang in sein gesperrtes

1   Am 23. 6. 1948 wurde auch in der Sowjetischen Besatzungszone eine Währungs-
    reform durchgeführt; 70 Reichsmark pro Kopf wurden 1 : 1 umgetauscht, darüber
    hinausgehende Beträge mußten auf Konten eingezahlt werden und wurden gestaf-
    felt abgewertet, Guthaben bis zu 100 RM im Verhältnis 1 : 1, bis zu 1000 RM im
    Verhältnis 5 : 1 und bis zu 5000 im Verhältnis 10 : 1.
2   Gemeint ist der DEFA-Film »Irgendwo in Berlin« (1946, R.: Gerhard Lamprecht).
3   (frz.) Irún ist nicht mehr Irún; Zitat nach Victor Hugo, der den baskischen Ort an
    der frz. Grenze in seiner Jugend kennengelernt hatte. – Gemeint ist die Verände-
    rung der Wahrnehmung unter veränderten Umständen.
4   Als Antwort auf die Einführung der D-Mark in den Berliner Westsektoren hatte
    die SMAD am 24. 6. 1948 den gesamten Güterverkehr nach Westberlin unter-
    brochen; dieser Blockade begegneten die Westmächte mit der »Luftbrücke«; West-
    berlin wurde bis Mai 1949 durch Transporte über die drei vertraglich festgeleg-
    ten Luftkorridore versorgt.

Russenquartier holen – brüllte aus ungeklärtem Grund eine irgendwie verhakte Sirene in unmittelbarer Nähe fast minutenlang; ein
paar Augenblicke konnte ich das fatale Gefühl nicht loswerden:
wenn es jetzt doch ernst wird, u. du stehst hier ungedeckt ... Am
Vorm. hatte mich Mackie sogleich zur Dernburgstr. gefahren, ich
hatte Anny u. Peter[1] angetroffen. Anny sehr verbittert, naïv u. ausschließlich auf amerikanischer Seite: die Russen ließen die Kinder
des Westsektors ohne Milch, sperrten den Strom usw. Die Qual des
dreifachen Geldes: Westmark, neue Ostmark, alte Ostmark, der überall verschiedenen Verrechnung u. der überall verschiedenen Haltung
der Geschäftsleute – der eine nehme dies Geld nicht, der andere jenes nicht, die Waaren würden zurückgehalten, die Preise schwank-
ten. *Eine* Westmark jetzt gleich 5, jetzt gleich 2, jetzt gleich einer
Ostmark, eine alte Ostmark im Osten wertlos, im W. gleich zehn
Pfennigen, ein Nickelgroschen im Osten gleich zehn Pfennigen, im
Westen gleich einen Pfennig. Und wie verfuhr ich mit dem Brief für
USA, den ich versehentlich mit einer neuen Ostzonen-Zwischen-
marke (Handstempel Greifswald, Leipzig, usw. in infinitum, heute
schon wieder entwertet, neu: *Aufdruck* Sowjetzone) nach Berlin mitgenommen! Es hieß, die Amerik. beförderten nichts weiter, was
nicht eine Marke *ihres* Sektors trüge. Niemand konnte diese Frage
klären. Heute, elf Tage später, ist noch immer alles im Schwanken,
Dornseiff berichtete gestern von einer geheimen »fast ultimativen«
Note der Amerikaner an die Russen. Povera Germania. Anny ging
mit mir zu einem ihr bekannten Privathändler (Hintertreppe natürlich, Privatwohnung), wo es schwarze Butter geben sollte. Ableh-
nender Bescheid. (Preise sollen noch heute schwanken zwischen
200, 80 u. 20 M., »sollen« – tatsächlich kommt nichts auf den
Markt... Peter begleitete mich zur S Bahn, nahm sich nachher der
Besorgung des längst ausstehenden Pajoks für E an ...
    Der Berliner Rundfunk – neue Anknüpfung in Schwerin – will
einen Artikel über Sprachverderbnis, in dem auf Anzeichen der Bes-
serung hingewiesen werden soll. Wo sind solche Anzeichen??

Montag Morgen 12. Juli.
E's Geburtstag: wir sitzen geradeso bei trockenem Brod wie am
29. Juni. E sieht sehr blaß u. mager aus, klagt oft über Schmerzen
über Schwäche, hatte neulich die Bewußtseinsstörung, wird heute 66
Jahre. Bald sorg ich mich mehr um sie, bald mehr um mich. Das Ende

---

1 Peter Klemperer (geb. 1928), Sohn von Berthold und Änny Klemperer.

steht uns beiden nahe, u. ich bin recht degoutiert, gleichermaßen von vita et mors[1]. Der Sinn des Ganzen?

Ich bin oft neidisch auf E. Sie war immer 1 000mal begabter als ich. Ich hatte für mich nur die eine Domäne des Schreibens u. Redens. Nun ist sie auch in diese Domäne eingebrochen u. überflügelt mich. Ihr neuester Plan: einen Roman selber zu schreiben. Wieso fällt der Ruhm (seit LTI wirkliche gloria) auf mich?

Montag 19. Juli 48
Am Do 15. aus Berlin zurückkommend, fand ich E in elendem Zustand, fiebrig u. zerschlagen: ein Furunkel am Oberschenkel. Die nächsten Tage bis gestern Abend hat sie sehr schwer gelitten, Judith mußte helfen, so gut das ging. Dies u. die Eßnot wirkten sehr auf die Allgemeinstimmung, u. wieder einmal mußte ich anhören, daß ich ihr (nach dem Verlust ihrer Compositionen, Bilder u. Kunstgewerblichkeiten) mit dem Dölzschener Garten das absolut letzte genommen hätte, worin sie sich schöpferisch betätigen könnte. Das trifft mich schwer im Gewissen; ich habe im Innersten immer gewußt, daß ich sie durch Annahme des Greifswalder Rufes meinem Ehrgeiz opferte. Es ist mir um so bitterer zumut, als ich ja hier im wesentlichen gescheitert bin, u. als ich mir von Halle weder in häuslicher noch in beruflicher Beziehung Besseres erwarte ... Dazu die furchtbare Schwierigkeit, fast Unmöglichkeit des Umzugs: so ist mir sehr sehr bitter zumute.

Donnerstag 22 Juli 48 Greifswald. Vorm.
Eva besser, aber noch bettlägerig. – Schwüle, Regen, Gewitter Tag für Tag seit Wochen. – Barbusse. – Correspondenzen, immer wieder um LTI. Jeden interessiert etwas anderes daran, jeder bringt einen Rat, eine Ergänzung, eine Correctur. Einige machen sich wichtig, einige schreiben gerührt.

Ich sagte irgendwo neulich, ich hätte in der LTI nichts Persönliches gebracht, das nicht allgemeine Bedeutung hätte. Allgemein kulturhistorisch wichtig sind die folgenden Bagatellen von gestern und vorgestern:

1) zu unserm Umzug. Das qualvolle Dilemma: einen Waggon füllen unsere paar Möbelstücke nicht. Werden sie aber verladen *ohne* den Waggon zu füllen, so wird »Kleinholz« aus ihnen; werden sie mit fremden Sachen zusammengepackt, sodaß sie Aufenthalt be-

---

1 (lat.) Leben und Tod.

kommen, daß fremde Leute in dem Waggon zwischendurch arbeiten – was bleibt dann ungeklaut?? Also ein LKW. Aber wer fährt,
wer hat Benzin, wer Reifen? Der Spediteur Schulz, der die Sam-
mellieferung der Pajoks für die Univ. ausführt – die letzte steht seit
Wochen aus, alles fehlt! – bemüht sich längst u. vergeblich um die
Sache. Er empfahl mir als Spezialisten für Umzüge Labahn, der für
etliche Professoren gearbeitet habe. Ich war bei dem Mann, dann,
vorgestern, kam er zu uns. Ein stilisierter Kinotyp. 69 Jahre, älter
aussehend, dunkeläugig, trapu[1], schweigsam wie das Grab. Im fest-
geschlossenen Mund knackt es unaufhörlich, er kaut an seinem Ge-
biß. Ist er so schlau, so gewissenhaft, so schwermütig? Allmählich,
E gegenüber, die sich auf ein Fauteuil gewagt hatte, taute er auf, die
angebotene Cigarette in der Hand, die er dann, kaum angeraucht,
wohl für seine Tochter, mitnahm. Er ist von »der Insel« – nicht Rügen, sondern Usedom, dem Stiefvater durchgegangen, lange auf
See. »Das Grundstück da gegenüber – meines, meine Garagen. Ich
hatte 7 Laster, 10 Anhänger für Möbel – ich habe noch *einen* 10 m-
Möbelwagen, er hat keine Reifen mehr, es bleibt nur noch ein LKW
für Holzgas, Holz habe ich, aber die Reifen sind schlecht, mein
Chauffeur will es nicht wagen … Die Russen … mein Haus haben
sie auch genommen … was wird mein Sohn sagen, wenn er aus
Rußland nachhause kommt?! Aus Berlin wäre Rückfracht zu haben,
aber man darf nicht hinein … Vielleicht heimlich … aber wenn sie
mich fassen? Zu viel riskiert … Von Weimar ist eine Leiche zu holen … Aber das tue ich nicht gern, sollen die Knochen dort in Ruhe
bleiben … Fragen Sie Ende der Woche noch einmal an … Holz habe
ich ja …« Er war keine 5 Minuten fort, da erscheint romanartig …
von Schulz geschickt … Kurt Schaller aus Zwickau, geb 25 I. 1904
LKW 55 – 1658, *der* Typus des wendigen, gesprächigen (nur leicht
sächselnden) Sachsen, schlank, kräftig, blond, übrigens weder auf-
dringlich noch hinterhältig. Er hat gehört … er könnte schon morgen
auf der Rückfahrt … seine Reifen sind gut … (Frau Levin erscheint,
aufgeregt: unten stehe ein Laster mit REIFEN! ja, wenn es in Mecklenburg noch solche Reifen gäbe! Wo der wohl herkomme …) Schaller aus Zwickau hat sie sich eben verschafft, u. da es mit »Morgen«
nichts ist, kann er uns doch Anerbietungen machen. Er wird unsere
Dölzschener Kisten jetzt nach Zwickau mitnehmen, binnen 14 Tagen
nach Halle bringen; er wird mir in 3 Tagen telegrafieren, ob er zwischen dem 10. u. 15. August uns von hier nach Halle bringen kann –

1 (frz.) untersetzt, stämmig.

wahrscheinlich gehe es, er habe einen Auftrag nach Neubranden-
burg, der sich wohl hinausschieben lasse … Beachte hierbei die jetzigen Transportverhältnisse *und* den Typenunterschied Mecklenburg
(oder Küste) u. Sachsen. Nur in einem sind sich die beiden gleich:
der Russe. Schaller ist ein biederer Mann, aber: in einer Partei?! Soll
man noch einmal hereinfallen? Und *so,* wie es jetzt ist, kann es ja
doch nicht bleiben. Alles verkehrt! Vor allem die Bodenreform, u.
über allem Elend der Russe, der uns alles fortnimmt, alles. Gewiß,
bei uns war manches wenig schön, z.B. die Judensache, aber jetzt ist
der Krieg seit 3 Jahren aus, und DER RUSSE nimmt uns alles! …

2) der Elektriker, der uns die Lampe im Schlafzimmer u. den Ko-
cher in Ordnung bringt, uns seine Streichhölzer daläßt, da er die ver-
schmorten Stecker mitnehmen muß. Gespräch über den Mangel an
Material, um gute Stecker herzustellen, über die Streichholznot,
über die schlechten Streichhölzer – wenigste Schachteln im Monat,
u. von 10 Hölzchen brennt eines. Er (gut aussehend, wohl Dreißiger, ruhig, fast gebildet sprechend), das sei »typische Russenar-
beit« – »Du mußt so viele Schachteln am Tag fertigstellen, da kommt
es auf ordentliche Arbeit nicht an …« Er war 2 ½ Jahre in Rußland,
bei Moskau, Gefangener. Das Hungern, 3mal täglich dünne Suppe
u. dazu 450 gr Brod, das Frieren, die Kleidernot, das Übermaß an
Arbeit. Aber im Gegensatz zu den Spediteuren klagte er die Russen
nicht an: die Civilbevölkerung hungere genau so sehr wie die Gefangenen, *wir* hätten furchtbar gehaust (»jedes Haus abgebrannt«),
sie selber seien so abgehärtet u. Entbehrungen u. an übermäßiges
Arbeiten gewöhnt, daß sie sich gar keiner besonderen Härte gegen
die Gefangenen (u. hier gegen die Deutschen) bewußt seien. Sie hätten auch guten Willen uns gegenüber, u. wir täten am besten daran,
mit ihnen zusammenzugehen. Ein seltenster Vogel!

– Die Not an Zündhölzern, die Hosenträgernot – an den meinigen
repariert Frau Levin immerfort herum: diese Alltagsmisère muß
festgehalten werden.

Sonnabend Mittag Greifswald 24. Juli.
Judith Kwiet, von Berlin kommend, wo sie als Schulärztin im ame-
rikanischen Sektor untergekommen ist, erzählte am Do. bis 3 h
Nachts ihre Ehegeschichte, gab gestern in Gegenwart ihrer Rena Er-
gänzungen bis 1h – beidemal brachte ich die Leute dann zu ihrer
Klinik, wo hoch oben über die Bäume, Felder u. Landstraße hin-
weg das Licht ihrer Wohnung wie ein Leuchtturm strahlte. Die
Nächte oberflächlich kühl u. feucht, die Tage tropisch feucht mit un-

entwickelten Gewittern. Eva noch immer liegend – höchste Eß-
schwierigkeiten, *ein* eingetroffener Pajok war weniger als ein Tropfen auf allzu heißen Stein.

Was an Judiths Erzählung interessiert, sind nicht die Erotica ihres
Mannes, sondern die Doppelverhaltungen der Nazis. Auf der einen
Seite wirft der Mann sie 1942 brutal heraus, er könne die Anfein-
dungen nicht mehr aushalten – er ist Marinearzt, die beiden haben
kurz vor ihrem Staatsexamen geheiratet, u. *einen* Tag vor erschwe-
renden Bestimmungen ihre ärztlichen Positionen gewonnen, danach
zusammengehalten – auf der andern Seite findet Judith an mehreren hohen Stellen, bei einem Dr Engel im Arbeitsministerium Seld-
tes[1], Mittelmann zu Conti[2], dem Reichsärzteführer hinüber, bei
einem Admiral in Swinemünde, etc. starke Unterstützung; man
läßt sie, die Halbjüdin als »Mil.-Arzt« untertauchen, man umgeht
die Paragraphen, man flucht erbittert dem »Teppichfresser«, man
erklärt, alles sei verloren – aber man habe kein Mittel IHN umzule-
gen. Es ist die Zeit der Stalingradkämpfe. Judith schilderte dramatisch das verzweifelte Fluchen hoher Beamter bei Familienzusam-
menkunft.

GSS-Tournée »Barbusse u. Moskau« Stralsund, Rostock,
Schwerin, Wismar 24–27/7. 48
Rostock, Gorkihaus, Sonntag Nachm 25 Juli 48
Gestern 15 h Abfahrt im Wagen mit zwei jüngeren Angestellten der
Landesleitung GSS, Verwaltungsmenschen, aber auch literarisch-
politisch tätigen. Dazu ein Fahrer. Glatt u. schnell nach Stralsund.
Das selbe Gorkihaus am Festungsteich, in dem ich neulich für den
KB sprach. Lange dort palavert. Dann Hôtel. Zwei Doppelzimmer,
ein unendlich kümmerliches Wassersuppenabendbrod. Dann leerer
Saal, erst nur 15 Menschen – das schöne Wetter nach verregneten
Wochen, der Sonnabend. Es wurden dann aber doch 40 etwa, ich
sprach sehr warm, Erfolg u. Stimmung sehr gut. Prof Ernst Olden-
burg kam nun ins Spiel u. formte alles Weitere. 1914*, Maler, Pro-
fessortitel der Pariser Malakademie, Leiter des KB, mir bekannt,
schon seit Schwerin Duzcomment. Es ergab sich, daß er der führende Mann auch in der GSS u. der Reiche (woher?) u. Einflußreiche

---

1 Franz Seldte (1882–1947), Führer des Stahlhelm, 1933–1945 Reichsarbeitsmi-
   nister.
2 Leonardo Conti (1900–1945), ab 1939 »Reichsgesundheitsführer«, Staatssekretär
   für Gesundheitswesen und Volkspflege im Reichsministerium des Innern, beging
   am 6. 10. 1945 im Nürnberger Kriegsverbrechergefängnis Selbstmord.

Großkopfete von Stralsund. Die Villa Oldenburgs, viel Glas, ro-
mantisches, bühnenmäßiges Atelier. Wir saßen zu zweit sehr ange-
regt bis ½ 2, er besorgte Tee, Gebäck, Schnaps, Cigaretten. Ich mußte
seine vielen Bilder u. Skizzen sehen u. etwas dazu sagen. Schlaf bis
½ 7, in bequemem Badezimmer Toilette, dann eine Weile Correcturen auf dem Bett. Dann ein Rundgang im Garten, Viereck, groß, hinten erhöht mit Pavillon, Hortensien, Rosen, Rittersporn, aber auch
viel Gemüse u. sehr viel Obst, Pfirsiche, Birnen, Johannisbeeren –
arme Eva! Ich aß einen Pfirsich (u. eben noch einen) mit schlech-
tem Gewissen; aber wie das für E über mehrere Tage retten? Der
üppigste Frühstückstisch: Suppe, echter Kaffee, weißes Brod, Ei,
Fleisch, Marmelade. Die Tante bekomme aus USA. Und *er* habe
seine Verbindungen. Woher das Vermögen? Die Tante schenkte
mir ein Päckchen Tee, als ich sagte, ich nähme es für E mit, bekam
ich noch ein Tütchen für mich unterwegs. Aber es gab einen peinlichen Moment. Die Tante hat zwei Söhne im Krieg verloren. Sie erklärte es rundweg als unwahr, daß Deutsche etwas in Rußland zerstört haben könnten – so etwas tue ein Deutscher nicht. Es war
ihrem Neffen wohl *noch* peinlicher als mir. Nach 9 wurde ich abgeholt, die Fahrt ging bei bestem Wetter wieder glatt nach Rostock
weiter.

Hier ein sehr großes, elegant eingerichtetes Gorkihaus mit Re-
staurantbetrieb. Das eleganteste u. reichlichste Mittag, Suppe, Schnit-
zel, Spargel, Kartoffelbrei zweimal gereicht – ein Festessen. Es sind
mir Reisemarken gegeben worden, Zahlung führt immer der eine
Funktionär durch. Dann Fahrt (ziemlich öde 14 km) nach Warne-
münde, eine sehr reichliche Stunde u. mehr dort am Strand. Das
ewig gleiche Bild, vor 55 oder 56 Jahren als ich hier zuerst die Ostsee sah, war es das gleiche. Gewimmel zwischen Strandkörben,
Kinder wie Sand am Meer. Genauer das Bild wie in der Weimarer
Zeit oder 46 in Ahrenshoop. Durcheinander der Badenden. Neu: die
Frauen tragen Hose u. Brustlatz, dazwischen nackt. Meist unschöne
Gestalten. Großes Sonntagsgewimmel, als hätte es keine Vernichtung von Millionen gegeben. Man lebt weiter, man vermehrt sich.
Was habe ich mit diesen Menschen zu tun? Die Menschen meiner
Generation sind tot. Aussehen tun all diese Ostseebäder gleich. Ho-
telpromenade, irgendwo schwingt ein Stück Küste hoch u. waldig
herum.

– Nach 5 hier zurück, eine Tasse Lurkekaffee (der Kaffee fehlt
sehr!) – jetzt hier, vielleicht bleibt vor Essen u. Speech noch eine Minute für Correcturen.

Kopfzerbruch über den neuen bis Dienstag Abend zu vollziehenden Geldwechsel[1].

Montag nach Tisch, nach 16 h, 26 Juli 48 Schwerin Gorkihaus, Bibliothekszimmer
Ich bekam unterwegs u. heute hier ein bisschen Einblick in die »groß aufgezogene« Organisation u. Propaganda der Gesellschaft. Sie haben etliche 20 Ortsgruppen in Mecklenburg, controllieren, fordern Berichte, telefonieren, erteilen Lektionen, lassen sich Rechenschaft geben, schicken Werbematerial. Menge der Funktionäre. – Hamacher[2] ziemlich fürstlich in sehr großem Sonderbureau, sichtlich das Haupt für Sachsen[3], d. h. Arbeitstier u. Landessekretär. Grünberg scheint nur Ehrenoberhaupt. Centralleitung Berlin: Jürgen Kuscynski[4], Marck (?)[5], Anna Seghers. (Dorthin muß ich, um nach Rußland zu kommen!) Allmählich lerne ich den Organisationsbetrieb kennen: KB, GSS, SED: alles scheint mir dem sowjetischen Vorbild nachgeformt.

2. 8. 48 Göhren. Veranda.
Die Göhren-Woche 1–8 August 48 FDGB-Heim Wilhelm Pieck.
Sonntag schwere Schmerzen beim Gepäckschleppen, schlechter Platz auf überfülltem Motorboot »Sellin« – mindestens 150 Personen – ziemlich öde Überfahrt 7–10 h. Man fährt an einem vorgelagerten Küstenstück, das wie ein scharfgeschnittenes Boot, wie ein Fort aussieht, vorüber in eine kleine Sonderbucht, berührt nicht die offene See. (Das zerfaserte, zerfressene Rügen!) *Baabe*. Eine Frau mit Handwagen übernahm unser Gepäck. Wanderung durch schö-

---

1 Am 23. 6. 1948 standen in der Ostzone noch keine neuen Banknoten zur Verfügung; ein Teil der Reichsmark-Noten wurde mit Kupons versehen; alle übrigen wurden ungültig; am 24. 7. 1948 ordnete dann die DWK den Umtausch der provisorischen »Kupon«-Mark in die neuen Scheine der »Deutschen Mark der Deutschen Notenbank« an.

2 Gottfried Hamacher, Landessekretär der »Gesellschaft zum Studium der Kultur der Sowjetunion« in Mecklenburg-Vorpommern.

3 Gemeint ist: für Mecklenburg-Vorpommern.

4 Jürgen Kuczynski (1904–1997), Wirtschaftshistoriker; 1936 Emigration nach England, 1946–1956 Professor an der HUB, 1956 bis 1968 Leiter der Abt. Wirtschaftsgeschichte des Instituts für Geschichte der DAW; 1947–1950 Präsident der »Gesellschaft zum Studium der Kultur der Sowjetunion« bzw. der »Gesellschaft für Deutsch-Sowjetische Freundschaft« (DSF).

5 Hans Mark (1901–1988), 1927 KPD, nach 1933 in Haft, 1936 Emigration in die ČSR, später nach England; 1947–1950 Generalsekretär der »Gesellschaft zum Studium der Kultur der Sowjetunion«, später Geschäftsführer im KB.

nen Wald. Hohe Kiefern u. Eichen, Persönlichkeiten, nicht allzu-
dicht gestellt, grünes Unterholz. Nach einiger Zeit breite Autostraße,
friedensmäßig gehalten. Daneben Kleinbahnstrecke (ohne bestimmten Betrieb). Bergauf. Schöne Blicke, irgendwo ließ der Himmel die
See vermuten. Endlich bei schwerer Hitze nach etwa einer Stunde
Göhren. Ganz hoch oben das FDGB-Ferienheim Wilhelm Pieck.
Kein Platz im Haus. Eine Adresse im Ort. Die Dame dort weiß
nichts vom FDGB. Zurück. Auf halbem Weg wird das Gepäck an
der Straße abgeladen. E. bleibt dort. Ich zum Heim. Heftige Scene.
Tragikomisches Mißverständnis: zwei Meyer wohnen nebeneinander ... Herzbeschwerden, Depression. – Danach machte sich alles
gut. Das Heim ein großer sehr eleganter Bau, vorher (natürlich) ein
Ferienhaus der Luftwaffe. Die Verpflegung durchaus gut. (Bis auf
das Elend der Morgenlurke) Unser Unterkommen ein direkt von der
Straße aus erreichbares Parterrezimmer, nicht allzuweit ab vom
Heim. Wirtsleute Stettiner Flüchtlinge, der Mann Schlosser, Mecha-
niker. SED aber gegen Russen u. »Bonzen«, alter SPDer, im ersten
Weltkrieg bei der Marine – verlassen würde ich mich nicht auf ihn,
aber seiner Gesprächigkeit höre ich gern zu.

– Göhren ist landschaftlich überraschend schön. Hohe Waldküste.
Durchblicke auf niedrigere Waldhügel u. Waldwellen – wie im Erzgebirge, wie manchmal auf unserer Wanderung von München nach
Dresden – aber als Zugabe überall die offene See und der große,
hohe Küstenbogen Saßnitz – Arkona mit den weißen Steilungen. Wir
machten schon ein paar Forschungsschliche hier oben, haben uns
aber, sehr ermüdet, noch nicht an den Strand getraut. Der Ort groß,
ein altes Bad. Viele typische Pensionshäuser mit den angeklebten
Holzveranden, mehrstöckig. Auffallend die Masse der Hortensien,
die zahlreichen schönen Coniferen.

Dienstag Morgen 3. August. Veranda
Sehr heißer Tag, Abends nahendes Gewitter, nicht entwickelt,
Schwüle, Wetterleuchten – jetzt 7 h abgekühlt, schön.
Am Nachmittag gestern zum Strand abgestiegen. Dort das übliche
Bad u. Badetreiben wie in allen Ostseebädern, die Höhe der Küste
u. ihre Eigenart verschwindet – wenn wir also auf unsern Born-
holmwegen hier vorbeifuhren, konnten wir nichts Eigenartiges vermuten. Zahllose Kinder, Gewussel wie ehedem, cf. meine Warne-
münder Im- u. Depression. Neu ist bloß die ebenso reizlose wie
obscöne u. entstellende Badetracht der Frauen: die pralle Hose, der
Busenhalter, die eingequetschte Nacktheit dazwischen. Man könnte

darüber homosexuell werden. E. sagt vereinzelte derartige Anzüge habe sie schon in Travemünde gesehen auf unserer Autofahrt mit Grete. –

Im Dünen- oder Wilhelm Pieckhaus hängen Lenin, Bebel u. Wilhelm Pieck – wo sicherlich früher Hitler, Goehring, Göbbels hingen. Ein großer Eß- u. Tanzsaal, ein großer Vorraum als Halle, ein kleineres Eßzimmer, eine gedeckte Veranda zum Hof hin als Eß- u. Gesellschaftsräume – alles elegant, Einzeltische. Die neue Gesellschaft. Ein ganz einfacher junger Mensch, gewiß Arbeiter, viel Mittelstand, die Mädchen u. Frauen gewiß durchweg im Beruf (das Heer der Sekretärinnen) dazwischen die Höheren. Einen Abend im Gespräch mit jüngerem Juristen, der hoch oben in der Berliner Agrarcentrale sitzt. Er erzählte von einer *süßen Lupine* – 80%, ich weiß nicht ob Eiweiß oder Fett, jedenfalls »dicht an die Sojabohne herankommend«, das bringen wir jetzt heraus – nach den Amerikanern u. den Russen (Mitschurin[1]) ... Dann sprach mich ein jüngerer Mann an: Genosse Klemperer, Sie waren doch in Ottendorf ... Ich ließ mir seinen Namen sagen: *Herbert Bergner,* jetzt beim Mitteldeutschen Rundfunk: sofort wurde die Geschäftsverbindung mit Leipzig geknüpft ... Aber mein Wirt, der Schlossermeister Marzahl ist vox populi: Gegen die SED, der er selber angehört, gegen die Russen. Vorwurf des Bonzentums, der Corruption, der »Russenhörigkeit«, Polizei von Schiebern bestochen, die Bonzen schwelgen u. fressen, die Flüchtlinge hungern, wer den Mund auftut, »verschwindet«, die Russen nehmen alles fort etc etc. etc. Es ist wie zur Weimarer Zeit. Eva formulierte damals oft auf unsern Seereisen: *»Wo ist die Republik?«* Genau so heute. Wo ist die Demokratie? Ich glaube nicht an ihren Bestand, wir sitzen – wer ist das WIR? eine verhaßte Minorität, eine sehr kleine – sitzen nur auf den russischen Bajonetten. Am Tage des Russenabzugs sind wir – d. h. E. u. ich, tote Leute. Ich habe gar kein Zutrauen zur Lage. Schlimmer: ich glaube nicht an den Wert der Dinge, für die ich eintrete. Gewiß, die Idee des Marxismus ist rein. Aber sind die Russen weniger imperialistisch etc. als die andern? Und weßhalb sind wir Stettin los, haben wir die Polen in rein deutschem Land? Weil die Polen im Westen entschädigt werden für das, was ihnen Rußland im Osten nahm ... Es gibt so viele Einzelfragen, in denen die Theorie u. die Praxis so gar nicht stimmen. Und über all diesen politischen Bedenken: was geht mich die Menschheit an, was heißt Menschheit? Es gibt immer nur das

1 Iwan W. Mitschurin (1855–1935), russ. Pflanzenzüchter und Biologe.

Einzelwesen, das Ich in seinem kleinen Ichkreis. Und hier ist alles auf Mord aufgebaut – die zahllosen niedlichen jungen Hühnerchen hier, die hübschen Karnickel in Marzahls Käfigen – was hat es mit ihren unsterblichen Seelen auf sich – warum müssen wir sie fressen, u. was denken sich die Regenwürmer, wenn die Klucke … na usw. usw. Die abgelaatschte Banalität all dieser Fragen nach dem Sinn des Ganzen läßt mich nicht mehr locker – Badeaufenthalt mit Besinnlichkeit ist nichts für Leute von 66 Jahren mit Angina u. ohne Religion. – Bestimmt ohne Todesfurcht (wobei Furcht etwas anderes ist als Angst, animalische Beengung, Angst der Creatur) – aber mit der tiefen Bitterkeit des Nichtwissenkönnens, des Niewissenwerdens.

Ich notiere nur noch, was menschlichen u. kulturgeschichtlichen Wert hat, das aber so, *als wenn* ich der Fortsetzung meines Curriculi sicher wäre, als wenn ich der nächsten Jahre sicher wäre. Ich halte fest zu Marxismus u. Rußland, *als wenn* ich an sie glaubte (im doppelten Sinn a) an sie *glaubte,* b) zuversichtlich auf sie *setzte)* Und doch weiß ich nicht, ob sie die letzte Wahrheit besitzen, u. erst recht weiß ich nicht, ob sie siegen werden. Aber ich werde das Pferd nicht wechseln. Und ob mich die Angina oder eine Kugel erledigt, ist höchst egal.

Zur Weimarzeit waren die Heime noch als proletarisch angesehen. Ich erinnere mich: Ahlbeck galt für schlechter als Heringsdorf, weil dort so viele Heime waren (der Krankenkassen, Bergarbeiter etc.) *Jetzt* geht alles in die Heime. »Volksgemeinschaft«. NSDAP-entgiftet. (Wirklich entgiftet oder nur anders vergiftet?)

Di. Nachm E schlief bis gegen Mittag, schläft jetzt wieder. Gewittergüsse. Kochtopfwetter. Beim Essen begrüßt mich ein Neger, Alexandre Dumas-ähnlich: Erich Glückauf[1]. Ich habe ihn nur einzweimal gesehen, er ist Parteivorsitzender in Schwerin. Ich sagte: »ich habe dich nicht erkannt, weil Du so braun u. gut erholt aussiehst!« – Ein junger Mann erzählt, er war beim Bataillon 999 in Afrika. Hier ist die neue Republik – aber in welch geringer Anzahl! – Der neue Lebensstil: jeder bringt sein Besteck mit, wäscht es nachher in *einer* Waschschüssel, trocknet es an *einem* Handtuch. Proletarisierung im eleganten Heim. Wir nehmen das Zeug nachhause. Die Wirtin wäscht es, sie kocht uns Kaffee u. Tee. Das Haus

---

1 Erich Glückauf (1903–1977); 1922 KPD, Redakteur von Parteizeitungen; Teilnahme am span. Bürgerkrieg, 1939–1945 Exil in Norwegen; 1946 Intendant des Schweriner Rundfunks und Chefred. der »Mecklenburgischen Landeszeitung«, 1946–1950 Mitgl. der SED-Landesltg. Meckl.-Vorpommern.

wimmelt. Flüchtlinge wohnen hier, Gäste kommen. – Die mitgebrachten Bestecke, die mitgenommenen Pellkartoffeln, das Ferien-
heim Wilhelm Pieck (wie vordem etwa HJ-Heim Baldur von Schirach[1]).

Donnerstag Nachm. 5. 8
Gestern am Tisch ein Mann von 40 Jahren, già Maurer, dann Funktionär, 5 Jahre KZ – einer der von Dankbarkeit gegen die Russen
sprach u. an die SED glaubte. Sie sind dünn gesät. – Im Bücher-
schrank des Heims stehen etwa 12–15 Bücher, davon 10–12 christ-
lich-traktätlich-theologisch bestenfalls sozialchristlich; daneben Lenin über die französ. Kommune u. 2, 3 Sachen des Dietzverlages.

Sonnabend Vorm. 7 August 48 Göhren.
Zahllose Kücken überall, zahllose Kinder. Die Kücken werden ge-
schlachtet werden, die Kinder werden heil Hitler schreien und im
nächsten Krieg fallen.

Sonntag Vorm 8. August Göhren
Unser Wirt Marzahl doch nicht der treubiedere Stahlhelmer, mehr
der mecontente[2] Schwadroneur, Marinemann des ersten Weltkrieges,
jetzt SED mit Erbitterung gegen die »Bonzen« u. Festhalten an der
Kirche. Klage gegen die Standesabsonderung der FDGB-Spitzen im
Pieckhaus; die gemeine gens sei im Waldheim untergebracht, dort
übrigens besser verpflegt. Etwas Wahres mag hieran sein, auch uns
fiel die reine Intellektuellen- u. Funktionärsschicht im Pieckhaus
auf, u. daß seit gestern zwei offenbare Arbeiter, an ihrem ganzen Ha-
bitus u. Wesen kenntlich, eng an unserm Tisch saßen, fiel uns als
Ausnahme auf. (Aber ist das so verkehrt? Volksgemeinschaft hilft
doch nicht darüber hinweg, daß es die beiden Klassen der Gebildeten u. Ungebildeten gibt. Mit Geld, mit Kleidung, mit Verpflegung
hat das nichts mehr zu tun – aber noch alles mit mir u. mich, der Art
des Essens etc.)

Greifswald Donnerstag Abend 12. August 48
Zwei Tage vergeblich angebunden: dringendes Gespräch mit Halle
angemeldet, u. es kommt nicht zustande. Der Umzug zur wirklichen
Katastrophe ausgewachsen, alle Bemühungen um Wagentransport

1 Baldur von Schirach (1907–1974), 1933 »Reichsjugendführer«, 1940 Reichs-
   statthalter in Wien; 1946 in Nürnberg zu 20 Jahren Haft verurteilt.
2 mécontent (frz.) unzufrieden, mißvergnügt.

gescheitert. Ich sprach mit Schwerin: die dortige GSS, auf die ich hoffte, hat die Veranstaltung vom 22. 8. auf Sept. verlegt, weil aller Treibstoff fehlt. Hier war Mikutta stundenlang bei uns, versuchte telefonisch dies u. das: alles umsonst, Benzin fehlt, Reifen fehlen, Wagen fehlen, alles ist lahmgelegt. Nun müssen wir die Sachen doch irgendwie der Bahn anvertrauen ... Und unser Handgepäck, u. der Kater u. der Zugwechsel in Berlin – Kahanes sind in Sommerferien –, und was erwartet uns in Halle? Es mag später einmal komisch klingen: im Augenblick ist es wahrhaft tragisch.

15 August, Sonntag Morgen Greifswald.
Der Umzug. Ich fürchte in Halle auf eine genau so fertige Wohnung zu stoßen wie im Dezember hier. – Die Bemühung um den Bahntransport, Tage während, scheiterte wie die um das Auto. Jetzt ist durch Judith ein Schiffsweg entdeckt. Die Sachen gehen über den *russischen* Hafen Stettin am polnischen Stettin vorbei nach Berlin, werden dort auf ein anderes Schiff nach Halle umgeladen, sollen – sollen – in 14 Tagen in Halle sein. Fehlen nur noch zwei Kisten. Und die Nägel dazu. Bleibt unendliches Gepäck, das mit uns gehen muß, darunter der Kater u. die Schreibmaschine ...

Ich bin so müde, ich wünschte manchmal wirklich, es wäre »Schlafenszeit«. Und immer die innere Unsicherheit. Wie lange wird man mich unter die »Prominenz« zählen? Tut man es heute noch? Wann werde ich mich einmal endgiltig blamieren?

Viel mehr noch quält die andere Fragenreihe, die ganz banale nach dem Sinn oder Nichtsinn der Vita, nach dem famosen bon Dieu. Barbusses Atheismus ist flach. – Ich lese (u. notiere) in mich hinein, um nicht nachzudenken.

Sonntag 22. 8. 48 Greifswald.
Zwei erfreuliche Milderungen der Greifswalder Bitterkeit; ich gehe nun doch nicht in allzuschlimmem Bruch u. nicht als Besiegter hier fort. Erst Freitag Abend. Ruth Sepke telefonierte, ich möchte noch an einer GSS-Sitzung teilnehmen. Ich fand zu peinlicher Überraschung als stellvertretenden Vorsitzenden – Markowski in Urlaub – Schmidt-Walter, den ich zu den Toten geworfen hatte. Am Schluß der Sitzung widmete er mir überschwängliche Abschiedsworte, es wurde Liqueur gebracht, man feierte mich.

Dann gestern Abschied bei der Partei. Besondere Herzlichkeit Sepkes, erst in seinem Zimmer, dann unten in der Kantine wieder zu Likören. S. entschuldigte sich einigermaßen u. machte mir viele

Elogen. Er müsse mir doch zum großen Teil rechtgeben, er habe meine »überragende Geistigkeit« nicht genug geschätzt, wir hätten uns zu wenig berührt. Und wie sehr Ruth Sepke mich schätze, u. wie E. »zu gut« gewesen sei für die »primitiven« Weiber vom Dem. Frauenbund u. einen Kulturposten im Parteisekretariat haben sollte … Alles war eitel Herzlichkeit, u. wir schieden in großer Freundschaft … Mir ging bei dieser Gelegenheit auf, daß S keinen ganz geringen Posten bekleidet. Der Einblick in die Parteihierarchie ist für mich sehr wesentlich, hat in Dresden begonnen, sich hier fortgesetzt. Sowjetdeutschland ist jetzt ein in sich geschlossenes Piccolo mondo, die SED Centralpunkt darin, kein ungefährlicher aber der wichtigste Aufenthaltsort. Und überall in ständigem Hin u. Her die gleichen Menschen darin. –

Was bleibt als Sinneseindruck Greifswald? Die kahlen Zimmer, in denen jedes Niesen u. Räuspern wie Donner brüllte, die kahlen Fenster mit ihrer ewigen Blendung, das unbrauchbare Badezimmer, der ständige Zustand der Bohème, des aeternisierten Umzugs, der Unbehaustheit. Erfreulicher nur vom Schlafzimmerfenster aus zur Linken die beiden hohen Pappeln, hinten rechts auf hohem Schornstein das Storchennest – bisweilen stand das Ménage nebeneinander, aber an- oder abfliegen habe ich die Tiere nie gesehen.

Genau 256 Tage waren wir hier: v. 9. XII 47–23. VIII 48.

Halle 23. August 48

Halle Kiefernweg 10
Freitag Morgen 27. August 48
An der äußersten NW Grenze der Stadt, mitten im Heidewald, halb Hellerau, halb Straußberg – E. ist immer neu beglückt von dieser Landschaft, sie ist auch sehr einverstanden mit der gepflegten Großstadt Halle – über 300 000 E –, u. so wie mich ihre ständige Verdüsterung u. Erbitterung über Greifswald lähmte, so tröstet mich hier ihr sofortiger u. täglich verstärkter Einklang mit den Gegebenheiten der physikalischen u. politischen Geographie. Im übrigen glaube ich wird sich für mich weniges geändert haben, weder im Guten noch im Bösen. Nur ist das chaotische Anfangsstadium neu zu überstehen.

Ich kann mich kurz fassen, denn alles sind ja nur Variationen geläufiger Erscheinungen u. Zustände. Die Reise am Montag teilweise qualvoll. Schmerzen auf dem Frühweg zum Bhf, hinter dem Handwagen des Dienstmanns her. 6 schwere u. unhandliche Gepäckstücke, dazu der Kater im Carton, der ausfüllend E in Anspruch nahm. Am Stettiner Bhf. glücklicherweise der Wagen des ADN (durch Fernschreiber besorgt); aber sehr verspätete Zugankunft u. dann am Anh. Bhf ein allersturster Capo, der mir mit der Zulassung zum »D. D.-Zug« Schwierigkeiten machte u. mich treppauf und -ab wiederholt zwischen Schalter u. Perron herumjagte. In letzter Sekunde in den fast schon anfahrenden Zug mit unsern buchstäblichen Sieben Sachen – E. schleppte, eine Schaffnerin half … Schwerste Schmerzen, das Herz am Versagen, allerhöchste Depression. Um ½ 4 in Halle; nach einigem Warten u. Telefonieren erschien Himpich mit Wagen. –

Hier das erwartete Chaos des dürftigsten Provisoriums – aber allseitig guter Wille u., s. o., gute Stimmung E's. Die Kisten aus Dresden sind da – wann werden die Sachen aus Greifswald kommen? Himpich hat ein paar unmögliche Möbelstücke in die an sich hübsche u. anständig renovierte Wohnung stellen lassen. Ein Ehebett, in das die Matratzen nicht hineinpassen – ich liege auf dem Fußboden, keine Aufbewahrungen, keine Tische usw. Ein wildes Durcheinander. Aber die Volkssolidarität wird weitere provisorische u. – sie schwört glaubhaft – in kurzem neue u. uns gehörige Stücke liefern. (Das übliche: »es fehlt an Leim« … »die Russen haben« etc.) Überall Papiere, halb ausgepackte Kisten, ein Küchenherd ohne Ofenrohr, Lampen ohne Birnen usw. usw. Äußerste Entfernung von der Stadt – aber herrliche Waldheide … Diese ganzen Tage über keine Zeile gelesen oder geschrieben, immerfort unterwegs u. Abends um 10, ½11 totmüde ins Bett. Es wird noch tagelang so weitergehen.

Montag 13. Sept. 48 Halle.
Von den großen VVN-Feiern hielt ich mich gestern zurück, obwohl mir *Schwerin* eine Einladung nach Berlin geschickt hatte. Nur gestern Mittag mit Eva zur kleinen Feier im Haus der Universität, Einladung des Rektors, der sehr herzenswarm (u. wenig optimistisch) sprach. 50 Personen geladen, 38 anwesend: kleines Mittagessen – der erste Blick bei solchen Gelegenheiten jetzt: welche Bestecke? Mit oder ohne Messer = mit oder ohne Fleisch. Dies war *ohne* Messer. Ein bisschen Musik, ein bisschen geredet, ein bisschen langweilig von 11–1. Aber mich, mein »geistvolles Buch« (nicht meine Romanistik!) meine »tapfere Frau« begrüßte Winter ausdrücklich u. herzlich. Auch trug uns dieser Aufenthalt die leihweise sofortige Überlassung eines kleinen Tisches mit 4 Stühlen als Provisorium ein. – Mir ist es peinlich die VVN-Nadel zu tragen, ich fürchte, ich

kenne den neuen Antisemitismus. – Ich holte heute das prunkvolle
u. überschwere Geburtstagspaket von Berthold Meyerhof für E. von
der Bahnpost u. hatte dabei aus Versehen die Nadel noch an mir. Nadel plus Auslandspaket: décidément trop[1]! Ein Herr sprach mich an:
»Juif[2]?« Er sei es auch, er werde mit dem Flugzeug nach Palaestina
geholt, der Staat Israel[3] habe eigene Luftflotte … Ich werde immer
zwischen den Stühlen bleiben. –

Otto Klemperer, Musicus, hat gestern in Dresden dirigiert, Mo-
zart u. Mahler; wir hörten am Radio zu, Eva rühmt ihn ausserordentlich. Er sollte auch in Halle spielen. Das zerschlug sich. Lotte
telegrafierte aus Dresden in seinem Auftrag Grüße für uns, wir sollen ihm in Leipzig (impossibile) oder Berlin begegnen … Psychologie des kleinen Mannes: früher habe [ich] mich vor Otto gefürchtet, neidisch gefürchtet. Jetzt bin ich der Autor der LTI, Praesidialrat,
doppelter Univ.-Ordinarius, Prominenz. Aber bei alledem fühle ich
mich innerlich unsicher u. klein. –

Merkwürdiges Gefühl: ich habe aus dem Honorar der LTI zwei-
tausend Mark an Anny Kl. geliehen. Ich als Geldleiher an Bertholds
Witwe. Das Leben ist sehr merkwürdig, sozusagen moyenâgeux[4].

Sonntag Abend 19. Sept.
Nachzuholen: eine Sitzung der Sowjetgesellschaft, Landesleitung –
Vorsitz Winter. Zwei Dutzend Leute, auswärtige Gruppenleiter. Die
gleichen Nöte, Klagen, Reden, Pläne wie in Greifswald. Eine Frau
aus Wernigerode: Bitte keine Vorträge über den Zweijahresplan[5];
die Leute sind abgestumpft dagegen, wollen besser genährt sein –
besonders bei uns an der Zonengrenze; die Amerikaner versorgen,
zur Propaganda, wohl gerade ihre Grenzbezirke sehr gut – so gibt
es drüben »alles«.

Donnerstag 23 Sept.
Telegramm von Dressel[6]: »Annemarie 17. 9. heimgegangen.« Es hat
uns erschüttert u. auch wieder nicht erschüttert. Für uns war sie längst
erstarrt u. eigentlich tot. Aber dies viele Überleben! Wir sind uralt.

1 (frz.) entschieden zuviel!
2 (frz.) Jude.
3 Am 14. 5. 1948 wurde in Tel Aviv der selbständige Staat Israel ausgerufen.
4 (frz.) mittelalterlich; hier: das Mittlere ergebend, ausgleichend.
5 Mit dem Entwurf des Zweijahrplans 1949/50 folgte die Wirtschaft der Sowjetischen Zone dem Vorbild des sowjet. Systems der Wirtschaftsplanung.
6 Friedrich Dreßel (1892–1991); Chirurg, eröffnete 1937 mit Annemarie Köhler
   eine Privatklinik in Pirna; heiratete im Mai 1938 Katharina Noth.

»Heimgegangen« – welch ein Glück, wer so denken kann. Dressel ist mit der Tochter eines Theologieprofessors verheiratet. Aber ich höre u. sehe noch Annemarie vor mir. Ich weiß die Gelegenheit nicht mehr. Ich fragte sie in irgendeinem Zusammenhang: »Kannst Du *das* wirklich glauben?« *Das* war Gott u. Unsterblichkeit. Darauf sie mit fast zärtlichem Entsetzen: *»Aber Victor – Du nicht??«*

Gestern Nachm. (22/9) vor geladenem Publikum der GSS in der Villa der Sowjetgesellschaft (Neuwerk) der Film »Das Lied von Sibirien«[1]. Prachtvollste Farbaufnahmen. Der kriegsverletzte Pianist, aus der Laufbahn geworfen. Geht ins heimatliche Sibirien, ins Volk. Akkordeonspieler. Der Aufbau, die landschaftliche Schönheit Sibiriens. Der Mann wird Componist, findet schließlich doch Ruhm u. die Geliebte – das ist die happy end- u. kindlich optimistische Erzählung. Der eigentliche Inhalt: Sibirien! Sibirien im sowjetischen Reich. Als Tendenzfilm natürlich kindlich – aber als Farb- u. sonstiges Kunstwerk wunderschön. Trotzdem wird es als Werbung nicht wirken. Die Gegnerschaft wider Rußland ist zu tief u. weit basiert. Nach der Vorführung sollte Kritik geübt werden. Ein weißhaariger Schwätzer erging sich in völlig nazistischen Rassebetrachtungen.

Dienstag Vorm 28/Sept. Halle.
LQI: Luftbrücke. Jeden Abend, jede Nacht Geräusch der Flugzeuge. Ich dachte immer: Russen üben. Dann las ich eine Artikelüberschrift im »Aufbau«: Anna Seghers: »Passagiere der Luftbrücke.« Da fiel mir ein: das sind Anglo-amerikan. Flugzeuge der »Luftbrücke«.

Vielleicht sollte ich den Rest meines Lebens nicht an die Lit. Gesch, sondern an das Curriculum setzen. Der Erfolg der LTI zeigt doch, daß ich etwas zu sagen habe u. gehört werde.

Donnerstag Abend 30. Sept.
Heute der ganze Tag ausgefüllt von einer Sitzung der KB-Landesleitung in der Gustav-Nachtigalstr. Die mir bekannte Form: Frühstück, Mittag, Referate, eine Scene vor den paar von auswärts gekommenen Ortsgruppenleitern – das Wesentliche macht der »engere Vorstand«. Am Schluß wurde ich, wie mir der Edelberg neulich gesagt hatte, in den engeren Vorstand gewählt. – Im Ganzen: es wird überall mit demselben Wasser gekocht; ich sollte, statt meine Zeit zu vergeuden, wie E. sagen: »Danke, getanzt hab ich schon!« u. meine Sachen schreiben. Stattdessen ließ ich mich in Sitzungen u. Referate einspannen.

1 Sowjet. Farbfilm (1948; R.: Iwan Pyrjew).

Brief von *Julius Bab*[1] aus New York, man hat ihm von meiner LTI geschrieben. Es gehe ihm »*sehr* bescheiden«, er habe »gute Angebote« nach Deutschland, werde aber nicht kommen. Ihm seien 100 Freunde u. Verwandte ermordet, die Nazis liefen frei herum, er würde immer fürchten, jemandem die Hand zu schütteln, der vielleicht seine kleine Nichte in den Gasofen gestoßen habe. – Ich will ihm antworten: »Sie müßten trotzdem kommen.«

Sonntag gegen Abend 10. Oktober 48
Am Sonnabend also – E hatte sehr viel Kuchen gebacken u. mir einen richtigen Geburtstagstisch aufgebaut: einen Papierkorb mit eigener Bemalung, einen Bettvorleger, einen Füllfederhalter, einen Elektroanzünder –, kamen Winters zur Gratulation.

Mittwoch 13 Oktober Abends.
Gestern habe ich also zum erstenmal hier an der Univ. Halle gelesen, wovor ich etwas Lampenfieber hatte. Werde ich bis zum Ende meine Ignoranz auch hier verbergen können? – Weniger Hörer als in Greifswald; dort war ich Attraktion, hier bin ich einer unter vielen. Im Voltaire – Hörsaal faßt 98 Leute – etwa 50, Rita H[2] sagt, soviele seien hier nie in ein romanist. Colleg gekommen.

Sonntag Abend 31. Oktober. Halle.
Am *Sonntag 24. X* Lotte Sußmann[3] hier, die einen psychiatrischen Curs in Leipzig absolvierte. Sie klagte bitter über Antisemitismus. In der psychiatr. Abteilung weigere sich eine Patientin, sich von »der Jüdin« behandeln zu lassen … Dann erzählte L. vom Zusammensein mit Otto Kl. Er dirigiere genial, er sei sehr herzlich zu ihr gewesen. Aus Los Angeles sei er fort des Antisemitismus halber. Er habe für sein Orchester 10 neue Leute einstellen müssen. Man habe ihm die von ihm getroffene Wahl verweigert, weil 8 von den 10 Juden gewesen seien. In Budapest dagegen sei er gut aufgehoben, man nenne die Stadt Judapest. Er hat einen Sohn Schauspieler in New

---

1 Julius Bab (1880–1955), Schriftsteller, Dramaturg und Theaterkritiker; nach 1933 Emigration; Kl. aus seinen Berliner Kindheitsjahren bekannt.
2 Rita Hetzer, später verehel. Schober (geb. 1918), Romanistin; seit 1946 Hochschullehrerin, 1954–1978 Professorin an der Humboldt-Universität zu Berlin; Arbeiten zu Zola und Herausgabe seiner Werke, Untersuchungen u. a. zur frz. Klassik und zum Strukturalismus.
3 Lotte Sußmann (1903–?), Ärztin; Nichte Kl.s, Tochter seiner Schwester Wally und ihres Mannes, des Arztes Martin Sußmann; während der NS-Zeit in der Schweiz; ab 1947 in Dresden tätig.

York u. eine Tochter[1] Sekretärin oder Correspondentin in London oder Paris. Er habe sehr nach mir gefragt u. Lotte habe ihm sofort die LTI geben müssen, von der ihm Wangenheims[2] in Berlin erzählt hätten. Sie habe in seinem Auftrag an mich telegrafiert. (Aber geschrieben hat er mir bisher nicht. *Ich* kann dem berühmten Vetter – »Sind Sie mit dem berühmten Musiker verwandt?« – nicht nachlaufen. Immerhin: so schlimm wie vordem ist jetzt die Differenz doch nicht mehr. Ich bin prominent u. LTI-Autor, der »berühmte Dr Stümcke«[3])

Eine dicke Frau, Umsiedlerin aus polnischem Gebiet, der Mann gerade unterwegs, vordem Fuhrgeschäft in Danzig oder dortherum, wegen russisch-polnischer Sprachkenntnisse von den Russen in den ihm neuen Beruf gesetzt, eben Molkereimeister geworden. Die Frau zutunlich, vernünftig – aber: »wir müssen *unser* Land wiederhaben, die Polen lassen es brachliegen, sie sagen, sie behielten es ja doch nicht ... Uns geht es gut, mein Mann wirtschaftet mit neuen Maschinen mehr heraus, als er abliefern muß, aber die Bevölkerung hungert, es müssen zuviel Zuckerrüben angebaut werden, des Sprengstoffs halber ... von 100 Leuten sind hier 100 russenfeindlich ... « Wir wurden mit Milch u. Butter u. Käsebröden bewirtet – »schmieren Sie dicker auf!« –, wir erhielten jeder als Gastgeschenk ein halbes Pfund Butter u. einen nicht kleinen fetten Sahnekäse auf den Weg. Eine Schüssel Käse, die auf dem Tisch stand, wurde nicht leer. Der Fahrer sagte zu mir, als die Frau einmal hinausging: »Für Sie schickt es sich nicht, aber ich als Chauffeur kann bitten, daß wir den Rest einpacken u. auch noch mitnehmen!« Das geschah dann auch. Dazu gab es noch süßen Liqueur, und so waren wir in gehobener Stimmung. Auf der Rückfahrt Mondschein. Umrisse eines Schlosses auf einem Hügel. Ein blinkendes Wasser: der »süße See«.

Am Di. 26 fielen die Nachm.-Kollegs aus, weil Grotewohl (mit dem Hamburger s-t, fast kokett wissenschaftlich dozierend) im Volkspark um 14 h vor der gesamten Studentenschaft im riesigen mit der

1 Werner Klemperer (1922–2000); Lotte Klemperer (geb. 1923).
2 Gustav von Wangenheim (1895–1975), Dramatiker, Filmautor, Schauspieler und Regisseur, vor 1933 einer der Repräsentanten des proletarisch-revolutionären Theaters, und seine Frau Inge von Wangenheim (1912–1993), Erzählerin und Essayistin, zunächst Schauspielerin; 1933 Emigration über Frankreich in die UdSSR, dort u. a. Redakteurin für das NKFD.
3 Heinrich Stümcke (1872–1923), Publizist, Schriftsteller; Hrsg. der Halbmonatsschrift »Bühne und Welt«, in der Kl. zwischen 1906 und 1912 wiederholt veröffentlichte; pflegte von sich selbst als »der berühmte Heinrich Stümcke« zu sprechen.

gesamten umlaufenden Galerie vollen Saal über »lebendigen Sozialismus« sprach. Er sagte in fast 2 Stunden alles was 1000 x über
das Thema gesagt worden ist – jeder Politiker muß sich 1000 x wiederholen u. variieren, u. ich tue das ja nun auch, u. jedesmal ist es
doch eine neue Kraftausgabe. Eines war neu u. ging dann auch ein
paar Tage später durchs Radio, war übrigens vorher schon in unserer neulichen Fakultätssitzung entsprechend beschlossen worden:
»Wir werden es fortan nicht dulden, daß die Studenten ohne Kennt-
nis der marxistischen Philosophie bleiben.« Marxismus: eine Ge-
samtphilosophie, keine nur politische oder nur wirtschaftliche
Doctrin, das ist jetzt die überall central gestellte Deklaration und
Fundamentierung der LQI –

Trude Ö. ist ohne allen Zweifel Todescandidatin. Eine schauerli-
che Ähnlichkeit mit feu Annemarie. Das dick verschwollene Gesicht, die furchtbar verschwollenen Hände. Sie sagt: Hungerödem,
sie wiege nur noch 70 ℔. Furchtbar kalt läßt mich dieses Hinster-
ben wieder. Und wieder, wie so oft in den letzten Jahren, dieses
ekelhafte Triumphgefühl: ich bin 12 Jahre älter u. überlebe. Und immer diese Mischung aus Indifferenz u. stumpfer Angst: wann ist es
an mir?

Der berufliche Mittelpunkt der Fahrt war die peinliche LTI-Be-
sprechung mit Wendt[1], zu der Abusch[2] zugezogen wurde. Das
Zioncapitel wird als unmöglich empfunden; Wendt sagt, selbst ne-
gativer Vergleich mit Hitler sei Beleidigung, Abusch erklärt stur,
jede Ähnlichkeit, weil Herzl[3] kein Faschist sei. Man stellt mich als
Antisemiten hin, setzt mir die Pistole auf die Brust. Das Capitel
streichen oder gründlich ändern, sonst könne die neue Auflage nicht
erscheinen. Einen Augenblick wollte ich auf das Erscheinen ver-
zichten, aber das würde Bruch mit dem KB bedeuten. Die Sache
blieb in der Schwebe. Wendt will mir von sich aus Vorschläge machen. – E. verhandelte mit Tschesnow = Volk u. Welt. Sie wird dort

---

1 Erich Wendt (1902–1965), Verleger und Kulturpolitiker; seit 1921 in kommunist. Verlagen tätig, 1931–1947 in der UdSSR, ab 1947 bis 1951 Leiter des Aufbau-Verlages, 1957–1965 Stellv. Minister für Kultur.
2 Alexander Abusch (1902–1982), Publizist, Kulturpolitiker; Mitgl. der KPD seit
  Gründung, 1933–1946 Exil in Frankreich und Mexiko, 1946–1953 Bundessekretär des KB, 1958–1961 Minister für Kultur, 1961–1971 Stellv. Ministerpräsident der DDR.
3 Theodor Herzl (1860–1904), österr. Schriftsteller; vertrat in seiner Schrift »Der
  Judenstaat« (1896) die Idee der Gründung eines eigenen jüdischen Staates und
  gab damit den Anstoß zur Entstehung des politischen Zionismus; berief 1897 in
  Basel den ersten Zionistischen Weltkongreß ein.

sehr geehrt, sie erhielt neuen spanischen Auftrag. LTI u. Tschesnow
sind der eigentliche Grund dieser Fahrt gewesen.

Freitag 5 Nov. 48
Paul Wandel – das war Zweck u. Centrum des Abends – hielt eine
ernsthafte Rede über den neuen Curs der Univ. Das entscheidende
Wort: *»Die zweite Phase hat begonnen«* Da wir vom Westen vorläufig endgiltig abgetrennt sind, u. da unsere SED-Kräfte an den
Hochschulen ein wenig gewachsen sind, so können wir jetzt energi-
scher reformieren. Wir haben die sozialistische Republik im Auge
u. bereiten sie vor. Wir können vorläufig mit den Demokraten zusammengehen, wir brauchen nicht alle Bürgerlichen herauszuwer-
fen – aber wo einer uns ernsthaft hemmt, da muß er gehen. Ein bisschen naïv versuchte »Tarnung« war natürlich im Spiel, wenn W.
sagte, vorläufig dürften die Bürgerlichen bleiben. Im Ganzen war
die Rede eine offenbare Erklärung, nun würden wir mit der roten
Universität Ernst machen.

Sonntag 14. November 48 Halle
Bei E. hat Ratschow schwere Herzerweiterung festgestellt, sie ist offenbar ernstlich leidend.
    Am Sonntag 7. der große u. anstrengende Jubiläumstag der Ok-
toberrevolution. Vorm. von 11–2 ein großes alkoholreiches Festessen im Stadtschützenhaus (der Saal, in dem der Alexandroffchor gesungen hat.) Über 200 Personen, hohe Offiziere der SMA. Toaste mit
Dolmetscher. Deutsche Redner: Winter, Koenen, Hübner, der Ministerpraesident. Sieht aus wie ein vertrockneter Rechnungsrat, spricht
gut, gebildet, mit Humor, merklich kühler als unsere Leute. Es soll
eine »Neigungsehe« werden, von der Vernunftehe herkommend –
Liebesehen ergeben so viele Scheidungen, aus Neigung kann Liebe
werden … Alle andern, auch die Russen, sprachen von Freundschaft, gemeinsamer Arbeit für Frieden, für einiges Deutschland …
Sehr abgespannt (das viele Essen, das viele Trinken!) zurück, mit
dem Druck des Abends vor mir. – Im Volkspark dann (wo neulich
Grotewohl gesprochen) über 1000 Leute. Dann ich. Im Sprechen
hatte ich immerfort das Gefühl: passt es vor der Masse, passt es vor
dieser Überzahl von Arbeitern? Kultur, Civilisation, Humanismus –
ganz ohne Clichés u. Gebrüll der Funktionäre. Danach schüttelte
mir Tape die Hand: »Jetzt sehe ich erst, was für einen guten Fang für
die Univ. wir an Ihnen gemacht haben!« Zweideutiges Compliment
an diesem Ort! Kein anderer sagte mir ein Wort des Dankes. Hübner,

den ich doch apostrophiert: »Herr Ministerpräsident, meine Herren Minister« etc. verschwand wie die andern Großkopfeten der Parteien usw. Ich stand allein. Die Sekretärin Albrecht sagte: »Die Parteibonzen werden sagen, es war nicht politisch genug.« In den nächsten Tagen bekam ich überall auf meine Frage zu hören: Sehr schön, aber für die Arbeiter (mit deren massenhaftem Erscheinen man wohl nicht gerechnet) wohl ein bisschen zu hoch. Das Ganze hat mir eine gewisse Bitterkeit hinterlassen. Ich vergeude mich.

Donnerstag Nachm 25 Nov.
Mein jetziges Leben muß zur Katastrophe führen; es wird immer überhetzter u. zersplitterter – u. ich kann mich nicht entschließen es zu ändern – ich kann es auch rebus sic stantibus[1] wirklich nicht ändern. Weise sagte mir: »es wird einmal heißen: ›er hat früher große Sachen geschrieben, dann ist er in die Politik abgeglitten.‹« Etwas Wahres ist daran.

Freitag 3 Dezember 48 Halle, Spätnachm.
Di. 30 wieder ganz voll von Collegvorbereitung. Qualvolle Arbeit bis 3 h Nachts, was ich dann am Mi 1. XII in Leipzig am Herzen büßte. Das wird nun allmählich zum selbstverständlichen Zustand. In L. ist das Schlimmste das Herumsitzen, -stehen, -laufen. Zwei interessante Momente: auf der Hinfahrt im überfülltesten Zug Gespräch mit einem bessern Kaufmann u. einem Kellner. Beide erbittert u. verbohrt russen- u. Sedfeindlich. Kommunismus eine Utopie, *ich* ein »Saloncommunist«. Hennecke- u. Stachanowaktionen[2]: Lügen. Maßlose Überheblichkeit den Slaven gegenüber, den Slaven aber auch allen andern Völkern gegenüber. Schuld an all unserm Elend nur der Neid u. die Minderwertigkeit der andern. Alle Erfindungen u. Fortschritte sind von Deutschen gemacht. »Wenn wir nur 5 Jahre frei arbeiten könnten, stünden wir wieder an erster Stelle.« Der Kellner: »Man hat ja z. B. gesehen, wie unsere Autos in allen internationalen Rennen siegten.« Mich erfüllte das mit tiefem Pessimismus. Es entwickelt sich alles genauso wie 1919. Eine neue Hitlerei wird kommen.

1 (lat.) wie die Dinge stehen.
2 Adolf Hennecke (1905–1975), Bergarbeiter; Begründer der Aktivistenbewegung in der DDR; stellte am 13. 10. 1948 mit 387 % des Tagessolls einen neuen Förderrekord auf; folgte damit dem Beispiel des sowjet. Bestarbeiters Alexej Stachanow (1906–1977), der im August 1935 das 14fache der bisherigen Schichtleistung erzielte.

Thape der Volksbildungsminister ist nach Berlin W u. hat von da aus an die Partei geschrieben, er komme nicht wieder. Verrat! Das verwaiste Ministerium. Otto Halle in Klein-Machnow, Thape in Berlin W., Ludwig Einecke[1] homo novus[2], Vahlen jung u. leidend. Wer wird Minister? Magnifica Winter sagte: »*Sie* wären der geeignete Mann.« Ich wäre es wirklich u. es könnte mich locken. Aber natürlich wird es irgendein nichtakademischer Funktionär, wahrscheinlich Einicke.

Sonntag Vorm. 12. Dezember.
Am Fr. 10. Nachm. Sitzung im KB. Ein sehr guter Vortrag von Menner über Ertragssteigerung durch das Thermiten-Vitamin T u. anschließend auch Erwägungen über die Biologieprobleme Mitschurins. (Und wieso diese Dinge als marxistisch anzusprechen seien. Disputator Mende) Da höre ich mit allen Ohren zu, schnappe dies u. das auf, bin ungemein ahnungslos u. interessiert. Im weiteren Verlauf dieser Sitzung, an dem ich nicht mehr teilnahm, bin ich dann zum zweiten Landesvorsitzenden des KB gewählt worden, anstelle Agrikolas, den sein Prorektorat u. Politisches überlastet. Die Wahl war natürlich vorher abgekartet. – Gegen ½6 fuhr ich in einem Mietwagen mit älterem zaghaftem Fahrer nach Magdeburg. Wir kamen gegen 8 ans Ziel, der Vortrag war auf 7h angesetzt, ein bißchen Zuhörerschaft schon fortgegangen, aber auf etwa 50 Leute machte ich doch – *Barbusse* – einen sehr großen Eindruck u. der Erfolg war groß. Ich wurde geradezu gefeiert. Um 2h zuhaus, E stand auf, wir tranken Tee – dann, Gedächtnisarbeit, Praeparation für die »Innere Schulung« (mein »Arbeiterblut, Studentenblut« mit ausgebautem Teil über die Studenten in der Moderne). Um 5 zu Bett, 7 heraus, gegen 8 im Wagen zur Univ. Von ¼9 – fast 10 Uhr ganz frisch u. eindringlich geredet. Die Aula wirklich halbvoll. Aber wer folgte, wer verstand? Diese Schulungsstunden sind Pflicht, werden als Sedzwang feindselig abgelehnt, man soll in den hinteren Reihen schlafen, lesen etc. Und nichts glauben ... Und dann: wer versteht? Hörer: von der Scheuerfrau bis zum Curator – die ganze Angestelltenschaft. Was kann Frau Stahl[3] verstehen, wenn ich von Frau von Staël spreche? Und dann: unsere »Agitprop«-Redner sind zu schroff, zu scha-

---

1 Ludwig Einicke (1904–1975), 1924 KPD, 1935–1945 Zuchthaus und KZ; 1948 bis 1950 Ministerialdirektor im Ministerium für Volksbildung Sachsen-Anhalt; 1953–1962 Direktor des Instituts für Marxismus-Leninismus beim ZK der SED.
2 (lat.) Neuling.
3 Maria Stahl, Reinemachefrau des Romanischen Seminars in Halle.

blonisiert. Vor mir soll *Kofler*[1] überradikal u. verletzend geredet haben. Aber ich bilde mir ein, doch den u. jenen angefaßt zu haben … In gewisser Hinsicht kann ich vor meiner Leistung Respekt haben: Do LTI, Fr. Barbusse, Sa: Studentenschaft 48 – 48 – Gewiß meine alten Themen, aber ich muß sie doch immer wieder neu herausspinnen, gedächtnismäßig vorbereiten, mich concentrieren … Ob es lohnt? Ich verbrauche u. mißbrauche den Rest meiner Kräfte. Das ewige Dilemma. Vanitas.

Donnerstag 16. Dezember Vorm.
Am Do Vormittag endlich – es geht mir wieder schlecht – in der Hautklinik. Erneute Schwefeleinreibung, die mir natürlich wieder die Haut angegriffen hat. Prof Jacoby[2] (etatsmäßiger AO), war im Lager Sachsenhausen, ist im Vorstand der VVN, spricht sehr pessimistisch. Ständiges Wachsen des Antisemitismus, auch in der SED. Seine Tochter sei in der Schule isoliert u. benachteiligt. Zögen die Russen ab, bekämen wir sofort neue Hitlerei. – Hierhin gehört ein Brief von Julius Bab. Er wolle nicht zurück, er sei geschworener Bürger des Staates, der ihm »das Leben gerettet«, u. für den sein Sohn im Felde gestanden habe. (USA). Er glaube nicht an Deutschland; er sehe nur die Alternative, daß Deutschland entweder »russisch werde oder zum Schlachtfeld eines dritten Weltkrieges«, u. beides sei ihm gleich wenig »reizvoll«.

Ein Brief meiner Scherknichten, sie hätten mir ein Paket schicken wollen, u. die Post in London habe keine Pakete für die Ostzone angenommen. –

Zur LQI: das Adjektiv »spalterisch«. – Sanierstelle. – Venerologe.

Freitag Mittag 17. 12. 48
Gestern Vorm. nahm ich zum erstenmal in meinem Leben eine Doctorprüfung vor. Mit 67 Jahren, nachdem ich seit 28 Jahren Ordinarius bin. Gisela von Remitz, 32 Jahre, Witwe eines Oberregierungsrates.

Weihnachtsabend Freitag 24. Dez. 48
Das heuchlerischste Fest in allgemeiner wie in privater Hinsicht, mir immer unsympathisch gewesen u. auch heute mich tief deprimie-

---

1 Leo Kofler (1907–1995), Philosoph u. Soziologe; 1938 Emigration in die Schweiz, ab 1947 Professor in Halle, nach ideolog. Angriffen (»idealist. Marxist«) und Amtsenthebung 1950 Flucht nach Westberlin.
2 Georg Jacoby, Dermatologe; ab 1946 Professor in Halle; ging 1949 nach Westdeutschland.

rend. Obwohl eigentlich kein besonderer Anlaß zur Depression.
Wären wir nicht beide herzkrank u. ziemlich dicht vor dem sinnlosen Ende der ziemlich sinnlosen Vita, u. quälte mich nicht fürchterlich die Krätze u. noch fürchterlicher die mod. frz. Lyrik[1], so könnten wir eigentlich zufrieden sein – vor allem im Vergleich mit der
vorigen Weihnacht in Greifswald. – Für E. habe ich ein ℔ grünen
Kaffee für 110 M. gekauft – hintenherum durch ein Fräulein von der
Landesbank, u. »gute« Cigaretten, das Stück für 80 Pf u. ein bisschen Parfüm, u. sie soll ein Bild von dem hingerichteten Schulz für
600 oder 700 M bekommen.

Freitag 31 XII 48 Abends.
Vorm. bei rauhem Wind mit E – seltener gemeinsamer Spaziergang – über die Brandberge, frisch gegrabene Schützenlöcher u.
Grabenstücke von einer Übung der Russen her, vereiste Pfützen, die
eigentümlich wildkahle Landschaft, die Waldstücke, der winterliche
Nebel, am Rand der Stadt … Zum Polizeibureau um den neuen Paß,
den einheitlichen für Ostdeutschland. Povera piccola Germania.

Heute Abend sollten wir im kleinsten Kreis mit den Freunden der
GSS im Gästehaus zusammensein; es fehlte am Wagen, wir sind
hier für uns. Im Radio wie üblich: 9. Symphonie u. Fledermaus[2].
Gedanken: wieviele Tote! Und ob man einmal wissen wird, welchen
Sinn das Ganze gehabt hat? Vor dem »ewigen Richter« habe ich gar
keine Angst – nur das Nichts ist mir ärgerlich.
Resumé 48. Eigentlich gar nichts produziert. Die Dies-Rede u. ein
paar Artikelchen. Aber mich als Universitätslehrer behauptet. In
Greifswald, in Halle, in Leipzig. Und viele Vorträge.

Die neu hinzugekommene Sorge: E's leidender Zustand.

In den letzten Tagen: die Mod. frz. Lyrik.

Der Zion-Ärger um die LTI.

---

1 Kl. arbeitete an einer erweiterten Neuauflage seines Buches »Die moderne französische Lyrik von 1870 bis zur Gegenwart« (Berlin, Leipzig 1929), die jedoch
erst 1957 (mit dem Anhang »Vom Surrealismus zur Résistance«) erschien.
2 »Die Fledermaus«, Operette (1874) von Johann Strauß (1825–1899), österr.
Komponist.

1949

Mo. Vorm. 3. 1. 49.
Alte Leute sollten keine Festtage haben. Ich bin froh, daß dies wiedermal überstanden ist.

An der Sylvesterfeier der GSS konnten wir aus Transportnot nicht teilnehmen.

Freitag Vorm 28. I 49
Keine Möglichkeit das Tagebuch ernstlich zu führen. Sorgen aller Art u. Hetze, Arbeit u. Leerlauf, zu wenig Schlaf u. immer öfter das Gefühl: Ich wollt' es wäre Schlafenszeit, u. immer von Toten umgeben, u. immer mit dem erbitterten Ekel vor dem Nichts!

Verpflegung: auf die Fülle der Weihnachtstage ist seit Wochen steigender Mangel gefolgt, sehr quälend im Punkte Tee u. Kaffee. Amerikanische u. englische Sendungen scheinen gesperrt, wenn nicht gar confisciert. Wir haben uns vor ein paar Wochen 1℔ Kaffee für 110 M gekauft, davon bekommt E. täglich eine Tasse. Tee haben wir noch für 2 Tage im Haus, u. Tee ist auch schwarz nicht auftreibbar … In meinen u. E's Papieren u. Büchern wird das Chaos immer quälender: es fehlt an Regalen u. Schränken … All das zusammen: eine ständig peinvollere Belastung.

Die Mod. Prosa ist jetzt endgiltig im Handel[1]. Aber aller Buchhandel nach dem Westen ist gesperrt. –

In der Fakultätssitzung am letzten Sonnabend (22/I) habe ich ein Ehrendoktorat für Voßler beantragt, den formalistischen Einwand, ein Doctor phil könne nicht noch Dr phil h. c. werden, bekämpft, die Sache wahrscheinlich schon zum Siege geführt.

Mittwoch Nachm. 16 h. 2. II. 49 Leipzig Gewifa Sekretariat.
Praesidialrat, Berlin, Di. 1. II. Morgens um 7 h im Wagen mit Hopp gefahren. Scheussliches Schnee- u. Frostwetter am Tag vorher, jetzt klarer Frost. Sehr rasche Fahrt um ½11 in B. An der Sektorgrenze

---

1 V. Kl., »Die moderne französische Prosa. Studie und erläuterte Texte«, 3. erneuerte Auflage, Leipzig 1948.

schärfste Controle. Deutscher Polizist: »Es kommen Juden (!) aus dem Westen, ich lasse sie aussteigen, wenn sie steif gehen, haben sie eine Röhre mit Devisen in der Hose, ich habe schon 4 von 13 geschnappt ...« Wieso Juden?? Unausrottbar.

Sonnabend Nachm. 12. II 49
Vaters Todestag. Wenn ich den Kinderglauben hätte, er sähe »von oben herab« mir zu. Er hätte ungemischtere Freude an meinem Leben als ich selber. Ich reibe mich auf u. fliehe vor meiner eigentlichen Arbeit. Jeden Tag müder, innerlich unbefriedigter – u. immer wieder Neues auf mich nehmend, u. immer wieder in einem leichten Rausch, wenn ich die Dasselbigkeit meiner paar Themen durcheinandermische u. Beifall finde. Kaum ein Tag noch ohne Sitzung oder Referat oder Ähnliches, der Terminkalender immer voller, jeder Vortrag bringt die Einladung zu drei weiteren, u. ich lehne nie ab. Correspondenz u. Arbeiten häufen sich, zu nichts bleibt mir Sammlung. – Immer bedrückter, immer geschwächter mein Herz. Und wachsend die Sorge um Eva, die täglich Herzbeschwerden hat, ohne daß die angewandten Mittel das geringste nützen.

Sehr rührend ein Arbeiter, der von vielem wirr, von der Enge des Arbeiters sehr überzeugend sprach. Furchtbar sein Satz: die Arbeiter müssen zusehen, wie alle Russenpakete an die Intelligenz gehen – ich muß den Leuten immer wieder sagen, es sei eben ganz notwendig, die Intelligenz zu gewinnen! Furchtbar nach zwei Seiten hin: wie gering schätzt er die *so* zu gewinnende Intelligenz ein, u. wie groß ist der Futterneid der Arbeiter, die doch selber jede Art von Zulage erhalten.

Vom KB-Tag zuvor habe ich das Wichtigste vergessen: Adolf Hennicke. Er kam von einer großen Versammlung im gleichen Haus u. sprach ein paar Worte bei uns. Stattlicher Mann mit gut geschnittenem energischem Kopf, könnte ebensogut hoher SS-Offizier sein. Spricht durchaus gut u. klar, sagt das Wesentliche: daß er nicht *mehr* Arbeit u. Überlastung, daß er Vereinfachung u. Überlegung bringe. Alles natürlich im Ton des Funktionärs, des Geübten, der die selbe Sache zum 1000. Male sagt, des offiziell Gefeierten u. Gestützten. Ein kleines Gefolge kommt mit ihm, es bleiben auch zwei Polizeileute am Saaleingang stehen. Nachher der Fahrer Kreuzig: es sei immer Polizei in seinem Gefolge, man fürchte einen Anschlag gegen ihn. Ich erinnere mich, wie vor einiger Zeit in Bitterfeld auf ihn gescholten, wie erzählt wurde, daß man im Kino pfeife, wenn er auf der Leinwand erscheine. Eine Menge von Arbeitern halte ihn für

einen Ausbeuter u. Tothetzer der unterernährten Arbeiter. (Cf die
Russenpakete an die Intelligenz!) Wo ist die Wahrheit. Was leistete
er wirklich? Was hat es mit ihm u. den *Aktivisten* (LQI) in Wirklichkeit auf sich? –

Unter den Begrüßenden u. Gefeierten befanden sich beim Volkscongreß etliche Delegierte der Aktivistenbewegung aus verschiedenen Werken u. *Combinaten*[1]. Hennicke saß neben mir u. wir reichten
uns die Hand. Ist er Puppe, ist er nur eine künstliche Taschenaus-
gabe u. Imitation Stachanows? Oder hat er eigenes Verdienst? Welches? Jemand sagte mir, er habe eine besondere Bohrerhaltung im
Bergbau eingeführt. Andere wieder: er lasse andere für sich arbeiten,
er habe »Vorgaben«.

Der israelische Staat hofft auf finanzielle Unterstützung durch das
»WELTJUDENTUM« (um dem Marshallplan[2] ausweichen zu können.) offizielle Radionachricht vom 7. II 49

Dienstag 8 März. Vorm. Nachträge.
Gegen ½6 begann unsere Expedition zu Judith Kwiet, Schulärztin
im amerik. Sektor, Friedenau Offenbacherstr. 30. Schneesturm, Kälte,
Glätte, Dunkelheit, kein Auto. U-Bahn zum Rüdesheimer Platz. Dann
durchgetastet. Die Lebensgefahr des Weges zwischen Ruinen, von
denen Steine etc. herabstürzten. Der Sturm so stark, daß er uns fast
umwarf. Keine Hausnummer zu erkennen, das schließlich gefun-
dene Haus verschlossen. Gebrülle, Gebrülle von E. u. mir. Endlich
von 4 Treppen herab die Hilfe. Mit wenigen Streichhölzern hinauf-
gelotst. Der Westen hat nur zweimal am Tag je 2 Stunden Strom.
Oben Lichter, Bunkerlichter, eine winzigste Petrolküchenlampe.
Aber herzliche Aufnahme im geheizten Zimmer. Etliche Kinder im
Ausland, Rena, Hans u. die beiden Kleinsten samt Ursel da. Alles,
innerlich u. äußerlich wie in Greifswald. Gutes Essen u. Herzlichkeit. Noch erschien ein Ehepaar in den Fünfzigern, betont confes-
sionell jüdisch, Arzt, der lange Jahre in China gelebt. Nicht unin-
teressant. Glaubt nicht an baldige Europäisierung des Volkes. Die
Bildung, der sowjetische Communismus nur auf kleine Schicht be-
schränkt ... Nacht in ungeheiztem Zimmer, die Fenster nicht löcher-

1 Kombinat: in der DDR industrieller Großbetrieb, vielfach entstanden durch Zusammenschluß mehrerer Volkseigener Betriebe oder von Betriebsteilen.
2 Hilfsprogramm der USA (European Recovery Program, ERP) zum Wiederaufbau Europas nach dem 2. Weltkrieg, ins Leben gerufen auf Initiative von George
  C. Marshall (1880–1959), amerikan. General und Politiker, 1939–1945 General-
  stabschef, 1947–1949 Außenminister der USA.

frei, aber unter warmen Decken. – E blieb bis zum Nachm. u. fuhr dann im Wagen mit Hopp u. dem inzwischen hinzugekommenen Dr Hoffmeister nach Halle zurück. Ich mit Hans dem Theaterschüler zum Bh. Friedrichstr. Von etwa ½ 10 h bis 1 nach *Magdeburg gefahren.* Danach der Vortrag, mein üblicher Kultursalat, mal als »Deutschland zwischen Ost u. West« mal als »Die Russen u. wir« oder so ähnlich serviert, mal milder, mal radikaler gepfeffert, jedesmal anders, jedesmal das gleiche u. immer, wahrhaftig immer erfolgreich.

Sonntag Vorm. 13. März 49
Am Mi. 8. der große Tagesausflug mit E. Um 6 h. gestartet nach Schierke. Die Landschaft ließ mich kühl, das kenn ich alles so xfach, u. das ist überall dasselbe, ob Erzgebirge oder Harz, ob Quedlinburg oder ein anderes Nest – deutsches Mittelgebirge, u. alte deutsche Klein- u. Kleinststädte mit Türmen, Holzschnitzereien, alten Häusern, Rathäusern. Ich bemühe mich nicht mehr, die Orte auseinanderzuhalten … Bis dicht vor Schierke sehr wenig Schnee … Dann verschneiter Tann, zuletzt Schneekette notwendig, das allerletzte Stück streikte der Wagen u. wir stampften zu Fuß. Neu war mir ein die Straße sperrender Schneepflug mit 8 Pferden davor – an irgendeiner Wegstelle klappt er die Flügel zusammen u. läßt passieren … Im FDGB-Heim Bahrmann ein Cursus für Funktionäre der Volksbühne, etwa 60 – 70. Das Heim kalt, das Essen schlecht. Mein Russensalat mit kleiner Discussion – das Übliche. Nachmittags weiter nach *Halberstadt.* Dort für den KB die LTI. Es ist mir alles – das Äußere u. das Innere – schon so entsetzlich gewohnt, es ist nur noch Zeitvergeudung u. Anstrengung – es ist schade um die Bücher, die ich nicht mehr schreiben werde.

Freitag gegen Abend 18. März.
Gestern 17/III mein triumphaler Tag. Welch tiefe Befriedigung, daß ich – ich der Mann mit den gebrochenen Verträgen[1], die Festrede zur Sozialisierung der Firma halten durfte. Sie glückte, es war ein offenbarer Erfolg, sie soll nun sobald als möglich gedruckt werden – aber noch ist keine Zeile davon geschrieben – u. wo die Zeit dazu hernehmen u. woher die Schreibmaschine? Wir haben gestern einen winzigen Notofen in das Schlafzimmer gesetzt bekommen, wir

---

1 Der Verlag B. G. Teubner rückte Anfang 1934 von seinen Verträgen über die Publikation von Kl.s »Geschichte der französischen Literatur im 18. Jahrhundert« ab.

schlafen im eisigen Arbeitszimmer, haben hier zwei Tische ein-, die
Betten ausgebaut, u. nun will E. versäumte Arbeitszeit aufholen u.
braucht die Maschine für den Aragon[1].

Sonntag 10/4.
Complex Sachsenfahrt 21–23. März. Die Hinfahrt mit dem braven
Kühne als Fahrer. Sehr hübsch u. erinnerungsreich die Elbstrecke
von Meißen ab. In Leipzig vorher zwei Minuten Rast: die rechte
Hand Weises bei Teubner, Frl. Zillner bekam Auftrag, einen Kranz
für Trude Öhlmann zu besorgen, deren Todesanzeige Tags zuvor
gekommen. Eine Erlösung für Trude Ö. u. für uns. Wir schleppten
eine Tote mit uns. – In Dresden zuerst Peinlichkeit: Im KB. war
ein Empfang für Otto Dix[2] vorbereitet, Malercollegen begrüßten
ihn, ein Min. Director Pusch begrüßte ihn – ich war ein Niente u.
drückte mich bei Tee, Kuchen, Wein, die nicht mir galten, etwas
gedemütigt herum, Immerhin: der Dezernent nannte mich in der
Begrüßung neben Dix – als wenn ich auch ein Maler wäre. Abends
kam ich dann mit meinem Aragon-Vortrag besser zur Geltung. Ich
habe doch eine gewisse Gemeinde in Sachsen ... Auf der Treppe des
Waldparkhôtels in der Prellerstr. (vordem ein Sanatorium) traf
ich zufällig *Leo Löwenkopf,* den ich erst gar nicht erkannte. Kurze
nicht unfreundschaftliche Aussprache über LTI. Ich beruhigte ihn,
das Zion-Capitel falle jetzt weg. Im Gedränge nach dem Vortrag
übergab mir Erich Seidemann Dölzschen das mir gewidmete LTI-
Heft der Grundschule Dölzschen: Aufsätze u. Zeichnungen 13- u.
14jähriger nach meiner LTI u. der entsprechenden Schulfunksen-
dung. Ich konnte im Augenblick nicht warm genug danken u. fuhr
am Mi. Mittag nach D. hinauf. S. informierte mich, es stehe gerade
die Lektion »Gegenwartskunde« bevor, ausserordentlich wichtig
für die eben aus der Schule zu Entlassenden, stark sabotiert von der
passiven im Elternhaus unterstützten Resistenz der Kinder gegen alles Politische. Da hielt ich zum erstenmal in meinem Leben
eine kleine politische Ansprache vor Kindern einer Volksschule.
Nicht rein SEDlich, sondern zur notwendigen Politisierung des Denkens.

1 Louis Aragon (1897–1982), frz. Romancier, Lyriker und Publizist; einer der Or-
  ganisatoren der linken Schriftstellerbewegung in Frankreich. – Eva Kl. arbeitete
  an einer Übersetzung des Romans »Les beaux quartiers« (1936).
2 Otto Dix (1891–1969), Maler und Graphiker; vom Erlebnis des Krieges geprägt,
  bekannte er sich in seinen Bildern zum sozialen Engagement der Kunst; 1927
  Professor an der Kunstakademie Dresden, 1933 aus dem Lehramt entlassen und
  aus der Preuß. Akademie der Künste ausgeschlossen, 1934 Ausstellungsverbot.

Kogan gab mir Hermlins Angriff gegen die Mod. Prosa[1] in der Tägl. Rundschau. Er sagte: Erwidern Sie, dann ist es Reklame für Ihr Buch, u. Sie verdienen noch etwas dabei! Aber ganz so heiter ist ja diese sich immer mehr auswachsende Affaire nun auch nicht. Am Sonntag 27. habe ich bis 3 h Nachts einen Brief an Hermlin geschrieben, den »Misthaufen der Literaturgeschichte«, den ich inzwischen verschiedenen Leuten vorgelesen habe. Wird der Artikel erscheinen? Inzwischen hat, wesentlich sachter aber doch auch bedenklich Theodor Lücke im Aufbau[2] sehr ausführlich zur Sache geschrieben ... Ich gehe hier nicht auf das Einzelne ein, denn darüber wird ja noch allerhand publice u. im Druck zu sagen sein. Aber privat gesehen, geht es doch auch hierbei um meine Position. Zwischen den Stühlen, immer zwischen den Stühlen – das müßte mein Ex libris sein!

Am Freitag 8. war im Roten Roß ein Kursus der *Volkshochschuldozenten* Sachsen-Anhalts. Ich sprach vor 120 Leuten. *»Politische Dichtung im 19. u. 20 Jh.«* Irgendwie zusammengehauen, nichts Neues. Ein Jünger I. M. Langes[3] hat ihm gesagt: Gut – nur eben bürgerlich. (An die Stelle von »artbewußt« scheint jetzt »klassenbewußt« getreten. LQI.)

Ostermontag Vorm. 18. 4. 49

Märchenhaftes Osterwetter gestern u. heute. Blüte – kitschig – warm. Sonnabend ein ganz kleiner Spazierschlich mit E, Richtung Lettin. Freude, daß wir hier wie auf dem Lande. Froschquaken. Gestern nicht aus dem Haus. Beide Tage qualvolles Vorbereiten des Collegs. Äusserste Qual verursacht Leipzig, wo meine Position unmöglich.

Sehr erschüttert mich die Affaire mein[er] Mod. Prosa. Theodor Lücke im Aufbau doch auch im ganzen ablehnend. Peinlichst der Brief, den ich gestern von I. M. Lange erhielt. Menschlich u. politisch peinlich. Beinahe kriechend höflich, da er bei mir promovieren möchte, nachdem er bei Werner Krauss Ablehnung gefunden – mit

---

1 Stephan Hermlin, »Ein schlechter Dienst an der deutschen Jugend. (Victor Klemperer, Die moderne französische Prosa)«, in: Tägliche Rundschau, Nr. 71 vom 25. 3. 1949. – Hermlin kritisierte in seiner Rezension die gegenüber der Ausgabe von 1926 unveränderte Auswahl aus der frz. Prosaliteratur und die Aufnahme von Texten unbedeutenderer Autoren (»inzwischen auf den Misthaufen der Literaturgeschichte gewandert«), während demokratische und Résistance-Autoren keine Berücksichtigung gefunden hätten.

2 »Französische Literatur in deutscher Betrachtung«; in: »Aufbau«, H. 4/1949.

3 Eigtl. Hans Friedrich Lange (1891–1972), Publizist, Literaturkritiker, Hrsg.; 1929 KPD, 1946–1958 Cheflektor des Verlages Volk und Wissen, Berlin.

Krauss hat er theoretischen Zusammenstoß über Marxismus gehabt, er der Vicepraesident der Fehme[1] –, u. gleichzeitig entschieden gegen meine Auffassung. Dabei heuchlerisch. Das Buch muß »mit aller Sachlichkeit, mit aller wissenschaftlichen Treue, aber vor allen Dingen so (gehalten sein, daß es) den Anforderungen unserer neuen demokratischen Schulreform, die ja mutatis mutandis[2] auch für die Universitäten gilt, gerecht wird … Revolutionäre Zeiten müssen mitunter mit starken Verkürzungen arbeiten, um die politische Linie stärker hervorzuheben« … »Es handelt sich für mich als Verehrer, u. ich darf wohl ein wenig sagen, auch als Schüler Deiner Arbeiten darum, daß nicht nur Dein Ruf als international anerkannter Gelehrter gesichert bleibt, sondern daß auch der politische Fortschritt einen Anspruch auf Dich hat: und diesem Anspruch müssen wir eine allen verständliche Handhabe geben«. – Widerwärtig! Wo ist Freiheit. Linden sagt *artgetreu*. Jetzt heißt es *klassenbewusst*. Nicht ganz so giftig, aber mit Wissenschaft hat es auch nichts zu tun. (*artgetreu > klassenbewußt: LQI*)

Samstag Abend 23. 4. 49
Der Dr h. c. für Voßler ist von Berlin bewilligt worden. Es scheint, als könnte ich ihm das Diplom überbringen u. bei dieser Gelegenheit dort in einem demokratischen Klub reden. Das hat mir eben jetzt Mode berichtet. Zugleich aber auch, daß Voßler auf den Tod zu liegen scheine. (Bericht eines frisch eingetroffenen Münchener Studenten.) In völliger Fühllosigkeit sage ich mir: Dann rede ich an seinem Grabe, u. dann hat sein ältester Schüler Aussicht, ihm in der Akademie nachzufolgen.

Montag Nachm. 25/4
Wenn ich mich in all der Hetze zwischendurch sammeln will, schlafe ich, wie eben jetzt wieder, am Schreibtisch ein. Nicht nur die Arbeit, auch Correspondenzen bleiben liegen. Und immer Neues kommt hinzu.
    Mit Erbitterung constatiere ich, daß die Tägl. Rundschau meine Entgegnung an Hermlin nicht bringt.

Samstag 7/5 49.
Den Sonntag *1/5* füllte die *Maifeier*. Tram fuhr nicht, ein Wagen der Uni holte uns. Aufstellung nach Fakultäten auf dem Univ-Platz.

1 Der »Kulturelle Beirat«, der über Druckgenehmigungen entschied.
2 (lat.) nach Änderung des zu Ändernden; mit den notwendigen Abänderungen.

Paula Hertwig[1] seitlich vor ihrem wohlgeordneten Regiment weiß-
haubiger Schwestern. Von der Treppe des Hauptgebäudes aus ha-
ranguierte Bernhard Koenen. Das war gegen ½10. Langsamer Abmarsch. Eva im Wagen der Behinderten hinterher – sie hat nichts zu
sehen u. zu hören bekommen. Ich in Reih u. Glied. Neben mir Mode,
hinter mir Kofler u. etliche Studentinnen. *Diese* Reihe war gesangs-
kundig, sang sehr hübsch, sehr revolutionär u. sehr international.
Das Lied der roten Matrosen (Kreuzer Patjomkin[2] steht zum Ge-
fecht!), Alla riscossa, bandiera rossa![3] Man marschierte wohl eine
Stunde in ziemlich engem Kreis um die Uni. Viele Menschen bildeten dichtes Spalier; irgendwo eine Balustrade, fahnengeschmückt,
aufgestellt davor Polizeitruppe, hinter ihr etwa ein reichliches Dutzend schöner Pferde – die gegenwärtige Armee des Staates Sachsen-Anhalt. Wir zogen endlich auf den Marktplatz, viele Tausende
standen schon dort, wir waren jetzt ein Fleckchen in dem gleichen
Meer, das ich am 20. April von der Halle herab gesehen hatte. Von
irgendwoher brachte der Lautsprecher Fetzen der üblichen Ansprach-
en, auf die niemand hörte. Man plauderte, man reckte sich, um
den Einmarsch neuer Trupps zu sehen. Die Polizeiarmee kam, ihre
Reiter voran u. wurde beklatscht. Ein Leiterwagen mit irgendwelch
landwirtschaftlicher Aufmachung wie in einem Maskenzug … Man
stand herum, plauderte, die Lautsprecher gingen, auf die niemand
hörte. Gegen 12: »Die Kundgebung ist beendet.« Der Markt leerte
sich sehr rasch.

Gegen Abend mit einem già Oberstudiendirektor nach Oebisfelde.
Durch blühende u. waldige Landschaft nach Westen, immer dicht an
der Zonengrenze. Gewarnt vor dem Ort als höchst reaktionärer u.
Englandverseuchter Gegend. Vortrag vor etwa 50 Leuten, auch wohl
mehr, an Restaurationstischen, 60 % davon bejahrte Tanten. Ich sehr
warm pro Sowjet. Lautloses Zuhören. Dann ganz, ganz dünnes ver-
einzeltes sekundenlanges Klatschen, man hörte die Stille, man hörte
die Fassungslosigkeit des Publikums. Der Rektor sagte, mit Würde
u. Geschicklichkeit, er danke dem Professor. *Was* er gesagt habe, sei
vielleicht nicht im Sinn aller Hörer gewesen, wohl aber *wie* er es

---

1 Paula Hertwig (1889–1983), Zoologin, Genetikerin; 1927–1945 Professorin in
   Berlin; Februar–Juli 1933 Mitgl. des Preuß. Landtags (Deutsche Staatspartei);
   1946–1957 Professorin in Halle.
2 Im Juni 1905 gingen die Matrosen des russ. Panzerkreuzers »Potemkin« auf die
   Seite der Revolution über.
3 Italien. Arbeiterlied (dt. von Walter Dehmel); die erste Strophe lautet: »Avanti
   popolo alla riscossa, bandiera rossa trionfera« (Vorwärts, Volk, zum Aufstand,
   die rote Fahne wird siegen).

gesagt habe. Zwei, drei Leute mit dem Knopf der SED kamen an mich heran, freuten sich, begleiteten mich zum Wagen, alle andere Welt mied mich scheu, verschwand lautlos. Das war Oebisfelde, der Ort dessen bessere Kinder schwarz eine englische Oberschule besuchen.

Freitag Vorm 20 Mai
Noch vor dem Frühstück waren wir, quer durch den Wald, hinüber zum Waldkater gegangen u. hatten als fast die frühesten Wähler[1] uns betätigt. Gleichzeitig mit uns kam im Auto der Stadtrat Walter Schmidt[2] an. Zur Controlle. Ich hatte schon bei der Kundgebung auf dem Hallmarkt von Oppositionsarbeit gehört. Zettel waren geklebt worden: »Wer die Freiheit liebt, stimmt mit Nein«. Ein Drittel der Leute haben mit Nein gestimmt.[3] Ich bin im Innern völlig ohne Hoffnung, was eine deutsche Demokratie anlangt.

Heute nun, während ich Mittags an diesen Notizen saß u. darüber einschlief, telefonische Nachricht vom Tod Voßlers. Gestern schon im Radio, sagte die Univ – also dürfte er vorgestern 18. 5 † sein. An der Oberfläche das Nächstliegende: ich wäre so gern hingekommen, teils vanitatis halber, teils aus dem politischen Grund, dort vor den Studenten des demokr. Klubs zu reden … Auf der andern Seite: ich hätte hier vieles ausfallen lassen müssen u. hätte auch böse Strapazen erlitten. Erst nämlich jagte mir Altheim schwere Schrecken ein, wie strapaziös u. chikanös es zugehe. Nun hat die Verzögerung des Interzonenpasses alles hinfällig gemacht … Unter der Oberfläche: *meine* Welt versinkt. Mit Voßler hing ich aufs engste zusammen. Nächst Eva geht meine stärkste Beeinflussung von ihm aus.

Dienstag Mittag 24. 5.
Voßler verfolgt mich. Mit dem wehenden Schnauzbart u. Schlapphut, mit der feliden Biegsamkeit seiner Florettfigur u. -haltung, halb Brigant, halb Cavalier der Renaissance, mit der chevaleresken Theaterhaltung auf dem Katheder, eine Hand in die Seite gestemmt – einer meiner Studenten in Dresden, der von ihm kam, copierte ihn offensichtlich. – Und dann mit kurzem ergrauendem Schnurrbart, älter ge-

1 Wahlen zum 3. Deutschen Volkskongreß, die am 15./16. 5. 1949 stattfanden; zu den 77 Kandidaten des Landes Sachsen-Anhalt gehörte auch V. Kl.
2 Walter Schmidt (1890–1967), Stadtrat in Halle.
3 Bei den Wahlen zum 3. Deutschen Volkskongreß standen erstmals in der Sowjetischen Zone nicht mehr einzelne Kandidaten bzw. Parteien zur Wahl, sondern eine Einheitsliste aller Parteien und Massenorganisationen; 61,1 % der gültigen Stimmen lauteten auf »Ja«, 38,9 % auf »Nein«.

worden, aber immer noch reife Höhe der eleganten Virilität, 1928, als er *mein* Ehrendoktor in Dresden wurde. Und dann, ein alter Herr, leicht ermüdend, nicht mehr sehr gut hörend, aber immer noch sehr anteilnehmend, sehr ungebrochen 1945 in München: »Das ist der Mann, dem ich den ersten Ehrendoctor verdanke!« Und dann 1946, beim VVN-Treffen, sehr alt, weicher, fast zärtlich u. anschmiegsam; wie er mich in Hausschuhen an den Wagen brachte, die Treppe herunter u. die paar Schritte ums Maximilianeum herum; (u. Frau V. flüsterte mir zu: »Lassen Sie ihn nur – das tut er gern!«) Es war offensichtlich ein Spaziergang für ihn, eine Verbindung mit der zurückweichenden Welt. Und dann im letzten diktierten Brief mit ganz zittriger Unterschrift: Ich kann nicht mehr die Treppen herunter, ich bin zu schwach ... An V. habe ich höchste Blüte der virilitas[1] gesehen u. ihre Vergänglichkeit. Er füllt mein Leben mit seiner Erscheinung. Wo ist ER nun, spielt er mit unserm schwarzen Kater Nickelchen?

Donnerstag 26. V Himmelfahrt
Nach der Aspirantursitzung sprach ich mit Vahlen, bedauernd daß ich nicht nach München gekommen. Er: Ich solle auch jetzt noch fahren, der Witwe Voßler das Diplom bringen – Auftrag der Regierung u. der Univ.! Das wurde sofort verabredet, u. so steht mir also diese Reise doch noch bevor. Immer tiefer werde ich ins Politische gedrängt. Der rechte Weg??

Berlin-Friedenau bei Judith Kwiet Offenbacherstr 30.
29 Mai 49 Sonntag früh
Entscheidend ist das durchdringende Gefühl, im Ausland zu sein, im feindlichen, in einer absolut anderen Welt, und das ein paar Straßen vom heimatlichen Berlin entfernt. Das Geld, du kannst die Tram nicht bezahlen, die Waaren im Schaufenster. Das Rechnen der Menschen – 2 M das Kino, u. für dich sind es acht – u. das Denken, das Denken! Und dazu immerfort die Luftbrücke, immerfort, Minutenabstand. Tag u. Nacht, trotz der »aufgehobenen« Blockade[2].

Frankes, Adele, über 70, dabei frisch, lebendig. Aber: »Wir wollen nicht unter die russische Knute, das ist Hitlerei, bloß ohne die Rasse ... ich habe immer von Freunden gehört, die während der Re-

1 (lat.) Männlichkeit.
2 Am 5. 5. 1949 einigten sich die Chefdelegierten der vier Großmächte im UN-Sicherheitsrat über ein Abkommen zur Aufhebung der Blockade Westberlins, das am 12. 5. in Kraft trat; die Luftbrückentransporte wurden noch einige Zeit fortgesetzt, um die Mindestreservemengen aufzufüllen.

volution in Rußland waren ... die Alten lassen sie verhungern«, etc.
etc. Und schlimmer als das: Was ich auch sage – ungläubiges, über-
legenes, mitleidiges Lächeln, Mitleid mit der Marotte eines Umne-
belten (wobei dahingestellt bleibt u. gleichgültig ist, ob ich so ver-
kalkt oder so genial kindlich u. verschwärmt bin, dies alles zu
glauben, immer u. unausrottbar dieses mitleidige Lächeln, wenn etwas Prorussisches gesagt wird ...) So bei Frankes, ganz offen: wir
glauben es nicht, was Du erzählst, wir wissen, es ist anders. Bei Judith um einen Grad besser: sie lügen beide, aber in vielem hat doch
der Westen recht, ist SU schuldig.

Französischer Film irgendwo in Schöneberg: *Les Maudits*[1]. Auf
einem U-Boot fliehen April 45 Nazis nach Südamerika. Ein französ.
Arzt, den man gewaltsam an Bord geschafft, berichtet. Wildeste
Kriminalhandlung voller Grausamkeit u. glorification des grand
criminel[2], in unserer uncivilisierten Russenzone würde man das ver-
bieten. – Vorher die Wochenschau: amerikanisch/englische Gene-
ralität, Mr Bevin, Empfang auf einem Berliner Flugplatz, Unter-
schreiben irgendeines Europaschützenden Abkommens in London[3]
etc. Die andere Welt. Und sie wirkt. Ich werde schwankend, ich
fühle mich isoliert, im Kleinststaat Ostdeutschland, dem so viele
Einwohner untreu sind. Und ich fühle die Isolierung Rußlands. Es
muß mir erst wieder in meiner Ostpatria – 10 Minuten von hier! –
eingehämmert werden, wieviele Millionen zur Volksdemokratie
zählen. Aber sub specie des Westens sind es die Millionen des Pö-
bels, der niederen Rassen, usw.

Hans Kwiet, der Reinhardtschüler[4]: alle guten Künstler verlassen
uns, gehen nach dem Westen (dem 10 Schritt entfernten). Dort haben sie mehr Geld u. bessere Rollen, sie wollen die Stücke nicht, in
denen sie im Osten spielen müssen. Und sie riskieren nichts! Wenn
sie zurückwollen, nimmt man sie im Osten sofort wieder. Es fehlt ja
dort ganz u. gar an Künstlern! In allem also Sowjetzone mißachtet,
in armseliger Lage, versklavt. Man sieht, hört u. liest nichts anderes.
Wie sollen dem Hunderttausende von Menschen widerstehen? ...
Im Zuge hörte ich neulich: zu fressen will ich haben, das andere ist
gleichgültig! – Und Ihre Kinder werden zahlen. – Sie werden schon
nicht zahlen, die Schulden werden schon gestrichen werden!

1 Frz. Film, 1947; R.: René Clément (dt. »Boot der Verdammten«).
2 grand criminel (frz.) großer Verbrecher.
3 Am 5. 5. 1949 unterschrieben die Außenminister von 10 Ländern Westeuropas in
   London die Satzung des neugegründeten Europarats.
4 Max-Reinhardt-Schule, Schauspielschule in Berlin.

Absolut unmöglicher Zustand der Stadt. Um 1 zu Bett. Immerzu Luftbrücke, die Maschinen ganz niedrig fliegend. Und seit dem frühesten Morgen immerfort Luftbrücke.

Montag früh. 30. 5. bei Judith
Maßlose Schwüle gestern, furchtbar erschöpfend. Der Vormittag sehr öde. Alles in üblichster Weise[1]. Die drei Referate[2] untereinander gleich u. in jedem genau das, was man aus 100 000 Leitartikeln kennt u. 100 x selber gesagt hat.

Dienstag Vorm Halle 31. 5.
Um ½6 h Abends gestern mit Kreuzig nach dreistündiger Fahrt zurück.

Tief degoutiert von diesem Congreß, von Politik überhaupt. Immerfort das gleiche Phrasengemansche, kein einziger neuer Gedanke. Und lauter Lügen, die jeder als Lüge kennt. Und dann damit zusammenhängend die Farce der Wahl zum Volksrat. Du bekommst einen Zettel (fast eine Broschüre) mit etlichen hundert Namen, gegliedert nach Parteien, Organisationen, »Einzelpersönlichkeiten« u. steckst diesen torche-cul[3] in die »Urne«. Ich habe den meinen gar nicht hineingesteckt. Wer hat diese Liste aufgestellt. Der KB hat zehn Namen, darunter Leute, die den KB gar nichts angehen. Die »Persönlichkeiten«: undefinierbares Gemisch, Kraut u. Rüben. Die Landesleitung Sachsen-Anhalt fällt aus, nicht Hopp, nicht Klemperer. Ich putsche Hopp auf, wir stellen Gysi u. Abusch. Niemand ist verantwortlich. Ein Parteiausschuß hat im letzten Augenblick alles durcheinander verkuhhandelt. Die »erweiterte nationale Front«, die NDP[4], der KB – das flüstert Abusch – darf nicht zuviel SED haben, u. muß »technische Intelligenz« herausstellen.

Es ist fast sicher, daß *ich* in den Volksrat gehe, aber erfreut bin ich nicht mehr darüber. Das Ganze ist trostlos. Und nachdem ich nun 2 Tage im »Ausland« gelebt habe – dieser RIAS, diese Frankes, diese

---

1 Kl. nahm am 29. und 30. 5. 1949 an der Tagung des 3. Deutschen Volkskongresses teil; nachdem der Parlamentarische Rat der Westzonen am 23. 5. 1949 das Grundgesetz der Bundesrepublik Deutschland verkündet hatte, nahm nunmehr der Volkskongreß die Verfassung der Deutschen Demokratischen Republik an und wählte 330 Mitglieder des Volksrates.
2 Nach der Einleitung durch Wilhelm Pieck sprachen Otto Nuschke (CDU), Hermann Kastner (LDPD) und Vincenz Müller (NDPD).
3 (frz.) Arschwisch.
4 Die National-Demokratische Partei Deutschlands (NDPD) wurde am 25. 5. 1948, die Demokratische Bauernpartei Deutschlands (DBD) am 29. 4. 1948 gegründet.

Stimmung im immerhin gemäßigten Hause Kwiet, diese Russenfeindschaft des im übrigen ganz sympathischen Dr Riesenfeld (rer pol), der bei den Amerikanern die Auswanderung der Juden bearbeitet, der DP (displaced persons)[1]. Ein Trauerspiel. Man sollte alle Hoffnung auf gütige Einigung aufgeben, Diktatur des Ostens anstreben. *Man* – u. ich sollte die Politik lassen u. Literaturgeschichte arbeiten. Aber ich tue das Gegenteil.

Dienstag Abend 7. Juni
Nun soll ich morgen nach München starten, habe schon an drei Stellen (von Mode bezeichnete) telegraphiert u. bin noch immer nicht im Besitz des Passes. Auch weiß hier niemand, nicht Reichsbahn, nicht Reisebüro, wann der Schnellzug von Plauen/Ölsnitz nach München abgeht. Auch ist es nicht gewiß, ob ich am Grenzübergang eine Wechselstube finde. Alles schwebt im Ungewissen, obwohl KB, Univ. u., besonders auch, Edelberg SMA sich sehr für mich bemüht haben. An Frau Voßler, die mir wahrhaft rührend geschrieben u. mich eingeladen hat, gab ich noch keine Nachricht; ich will erst sehen, wie sich der politische Plan entwickeln läßt. – Mir ist physisch nicht gut zu Mute; vor dieser langen Reise, die schwieriger ist als eine Nilexpedition, fürchte ich mich.

Münchener Reise Mi 8 – Mo 13 Juni.
Die großen Ereignisse der Fahrt stehen in der »Expedition nach München«[2]. Aber vielleicht ist für das Curriculum viel wichtiger der Moment der Verlassenheit am 8. Juni Nachmittags, als ich in Gutenfürst ohne Geld ganz im Ungewissen und Leeren jenseits der Sowjetbarrière auf dem neutralen 500 m.-Streifen der Autobahn stand u. mir Eva von der andern Seite her zuwinkte. Ich war wie auf einem Auswandererschiff, schon in der Fremde u. Hilflosigkeit. Ich habe nie vorher derart die FREMDE gefühlt. – Und wie sehr das Heimatgefühl, als ich dann am 13. zurückpassierte u. den KB Wagen fand, u. E. ging davor auf u. ab. Es war einer der glücklichsten Momente dieser Zeit. – Dann nahm mich ein Fremder, den ich ansprach, in seinem Wagen nach Hof mit. Unterwegs ergab es sich, daß der

1 (engl.) Bez. für die 7–9 Millionen Menschen, die am Ende des Zweiten Weltkriegs heimatlos waren. Der Großteil von ihnen zählte zu den ausländ. Zwangsarbeitern und Kriegsgefangenen, die von den Deutschen verschleppt worden waren. Etwa 2 Mio. von ihnen kehrte nicht mehr in ihre Heimat zurück. Unter den D. P. befanden sich auch ca. 200 000 Juden, die den Holocaust überlebt hatten.
2 V. Kl., »Expedition nach Bayern«, in: »Die Tat«, Nr. 22 vom 13. 8. 1949; die Zeitschrift, hrsg. von der VVN, erschien 1949–1953 in Berlin/Ost.

Mann durchaus antirussisch, anticommunistisch gerichtet war – sehr
peinlich für mich. Er ließ mich, durchaus höflich, aber doch am Eingang von Hof aussteigen – es seien nur noch 10 Minuten bis zum
Bahnhof u. er habe hier zu tun. Für ihn wären es 5 Minuten gewesen,
für mich war es eine halbstündige anstrengende Wanderung mit dem
Köfferchen. Auf dem Bhf. mußte ich für 30 WM zweihundert Ostmark zahlen: üblicher Schwarzhandel der Kellner, offenbar ganz offizieller und kein übermäßiger Preis. In München bekam ich dann
auf freundschaftlichem Wege ein bißchen 1 : 4 u. eine Kleinigkeit
sogar 1 : 3 ½ eingelöst. – Ich saß bei dürftigstem Abendessen (Angst,
wie ich durchkommen würde!) lange im Wartesaal. Dann ein Schnellzug nach München (von dem in Halle niemand, auch keine Amts-
stelle, irgendetwas gewußt hatte!), etwa von Mitternacht bis gegen
6 h laufend. Überraschend friedensmäßig. Die gute Beleuchtung,
die völlige Leere – man konnte sich in jedem Abteil lang ausstre-
cken, die Sauberkeit, die Federung der Waggons, das aus dem Frieden
gewohnte gleichmäßig rasche u. sanfte Stampfen der Schienenstöße
... In diesem Punkt ist der Westen reicher. Dann früh in München
das Caférestaurant neben dem Bahnhof, vielmehr wohl zum Bahnhof als Barackenanbau gehörig, mit seinem Reichtum an Kuchen,
Bohnenkaffee etc. Das verführte natürlich sehr, das ist *die* Verfüh-
rung des Westens. Ich möchte sie im Curriculum *»die süße Lüge«*
nennen ... Ein langer Frühweg durch die Stadt zur Isar. Sie schien
mir an einigen Stellen aufgeräumter als das letztemal aber im Ganzen wenig verändert. Eine Ruinengroßstadt mit starkem Leben. In
den Schaufenstern viel Waare.

Als ich dann zu Emma Voßler kam, stand da in der raumgewalti-
gen Maximilianeum-Wohnung ein Zimmer für mich bereit, u. eine
alte (Molière'sche) Hausgetreue sorgte für alles. So siedelte ich zu
Frau V. über.

In meiner Erinnerung ist es so, als hätte ich tagelang bei Frau V. gewohnt – dabei habe ich tatsächlich dort nur zweimal übernachtet. Die
großen Räume im Maximilianeum, das Arbeitszimmer Voßlers, auf
dem Kamin hatte Frau V. sein Bild aufgestellt, davor legte sie das Diplom nieder. Seltsames Stimmungsgemisch: sie war sicherlich aufs
tiefste bewegt von seinem Tod, der aber eine Erlösung für ihn u. auch
für sie bedeutet haben muß u. der erwartet, ja auch wohl – von ihm
u. ihr – ersehnt war. Zugleich fühlte sie sich aber auch mit Stolz als
seine Witwe, als Hüterin seines Ruhms, der eben jetzt eklatant am
Tage lag, schwelgte ein wenig in den vielen Ehrungen, die ihm erwiesen wurden, beantwortete Beileidsbriefe mit Würde u. nicht ganz

ohne Genuß der Situation. Mir – das ging u. geht auch weiter aus ihren Briefen hervor – bringt sie große Sympathie entgegen.

Sonntag 17. Juli.

Das Chaos auf meinem Schreibtisch, unter meinen Büchern ist unbeschreiblich, die Geringfügigkeit meiner Schlafenszeit desgleichen. – Der Floh im Ohr heißt Nationalpreis. Erich Wendt sagt: er müsse mir »eine kalte Douche« geben. In diesem ersten Jahr müßten »die Alten abserviert werden«, im nächsten kämen die Neuen, u. im übernächsten werde man »schon Mühe [haben], Kandidaten zu finden.«

Beim feierlichen Dies, 12. Juli – der 12. Juli 1694 ist Gründungstag der Univ. Halle, er ist auch E.'s Geburtstag, u. so konnte ich mich von vielem drücken – trug ein Teil der Professorenschaft zum erstenmal wieder Ornat, u. der großen Versammlung verkündete Magnificenz Winter die Vorschläge der Univ. zur Akademie u. zum Nationalpreis. Bei beiden Kategorien bin ich mitgenannt, bei den Nationalpreisen unter wenig Leuten primo loco (Ordnung nach den Fakultäten, u. von der phil. Fak. bin ich der einzige.) – Mein Talar (dunkelviolett) übermäßig lang, schwer, einhitzend, das kantige Barett zu eng u. in die Stirn schneidend. Sehr wichtig in kulturhistorischer etc. Beziehung, daß die Ostzone wieder zum Ornat greift – Revolution nimmt Tradition auf, SU glorifiziert den Zarismus.

Freitag Nachm. 29. Juli.

Zum Zustand der Erschöpfung traten nun die Bitterkeiten:

In die Vorschlagsliste der Schriftsteller für den Nationalpreis *nicht* aufgenommen. In die Akademie gewählt Werner Krauss u. – man sollte es nicht glauben: Neubert[1]. Ich kann mir 100mal sagen: Die nationale Front[2] ist daran schuld, u. andere Leute sind auch enttäuscht: von den Hallenser Vorschlägen ist nur Eisfeld, der Alttestamentler u. Feind Winters, der ebenfalls candidierte gewählt – »nationale Front«!! – es schmerzte doch aufs bitterste u. ich dachte an Rücktritt, denn am 9/X 49 kann ich mich emeritieren lassen.

---

1 Fritz Neubert (1886–1970), Romanist; 1923 Professor in Leipzig, 1926 in Breslau, 1943 in Berlin (ab Herbst 1949 an der FU Berlin/West).
2 Seit 1948 vorbereiteter, am 7.10.1949 gegr. Zusammenschluß aller polit. Parteien und Massenorganisationen unter Führung der SED.

Dienstag 2. August Morgens

Als wir gestern aus Weimar kamen – Thomas Mann[1] – zum »engsten Kreise« des Abendempfangs nicht gehörig, fand ich in der Tägl. Rdschau die Liste der Preisträger[2]. *Ich* nicht u. *wieder* Krauss. Tötlicher Schlag für mich. Seine tötlichste Wirkung: niemals wird Teubner noch sonst jemand mein 18ième drucken, auch von einem Neuerscheinen meiner Lit. Gesch kann keine Rede sein. Weise ist aus dem Teubnerverlag ausgeschieden, Marx verängstigt durch die Affaire der Modernen Prosa. – Das Schweinchen war so sehr aufgeblasen; nun ist es nicht nur abgeschwollen, sondern endgiltig geplatzt. Es bleibt ein kleener Journalist übrig. Ein bisschen früher sterben hätte sein Gutes gehabt.

Ferienwochen Dölzschen in unserem Haus. 2/8 49 – 24. 8. 49
Freitag 5 August

Die schwere Bitterkeit. Das Schwanken. Alles aufgeben? Hier in der grünen Wildnis schreiben u. absterben? Wird das Geld reichen, werden wir Heizung haben, werden wir dies u. jenes haben? Werde ich die Ruhe ertragen? – Widerum: in dieser Schmach weiter? Wer kennt die Schmach, weiß morgen noch von ihr?

In Dölzschen das Grundstück sehr zugewachsen, grüne Wildnis, sonst in leidlichem Zustand. Schottländer ist vor einigen Wochen teils »fristlos entlassen« worden, teils verduftet – hinterher suchte Polizei.

Am Mittwoch saßen wir ganz still hier oben. Gestern in die Stadt. *Wohnungsamt.* Man wird mich im August hierlassen, dann Leute bis Februar 50 hineinsetzen, sodaß ich bei Emeritierung im März umziehen kann – falls ich *Zuzugsgenehmigung* erhalte.

Mo. nach Tisch 8. August.

Erst in den Nächten gefroren, jetzt schwerste Hitze. Wechselnde Stimmung. Soll ich zurücktreten? Wird man mich gehen lassen? – Die Bitterkeit des Affronts. – Ich suche aus diesen Ferientagen ein bisschen Lektüre, ein bisschen Notizen zu gewinnen, so viel wie möglich in unserer grünen Wildnis allein zu sitzen.

Einmal im Trubel der Besuche war der Kater »auskemma«; E fand ihn im Nachbargarten. Unruhige halbe Stunde. Manchmal

---

1 Am 1. 8. 1949 nahm Thomas Mann in Weimar den Goethepreis und die Ehrenbürgerschaft der Stadt entgegen.
2 Vorab veröffentlichte Namensliste für die erstmalige Verleihung der Nationalpreise am 25. 8. 1949.

bin ich eifersüchtig auf das sehr nette blinde Tier, manchmal macht mir E's Verhältnis zu ihm Sorge. Das ist nun eine Sache, die auch wohl nächstens goldene Hochzeit feiert. Schlimmer ist, daß E jetzt Zweifel äußert an ihrem Erleben dieses Datums.

9. August
Briefe an Willy Jelski, an Marta, an Frau Voßler. – »Sturm«[1]-Lektüre. Günther Schmidt bei mir. Er ist mir unheimlich. Von Jena, wo ihm Verhaftung drohte, weil er sich weigerte, den Russen über westorientierte Kommilitonen zu berichten, an die »freie Univ.« gegangen. Ich warnte ihn vor dem Aufenthalt hier – *ich* würde ihn nicht verraten. Er gefährdet mich. Und sein Schicksal macht mich auch schwankend in meiner inneren Stellungnahme. Gewiß, die Russen sind in Notwehr u. im höheren Recht. Aber der Einzelfall ist bitter[2] u. nicht der einzige. Wo ist Freiheit u. wo völlige Reinheit? Gestern Abend eine Weile *Lisa Heinsch* bei uns. Erwägungen, wie man mir *hier* eine Position schaffen könnte. Ich bin so universitätsmüde. Wenn die Wissenschaftler – Frings, Wartburg, Stroux – mich ablehnen, mich einen »Zeitungsschreiber« nennen, warum soll ich dann nicht zuletzt ein Zeitungsschreiber sein? Warum nicht meinen Sonderposten »zwischen den Stühlen« einnehmen? –
    Schwere Hitze, halbes Gewitter.

Sonntag 14. August.
Die heiße Zeit ist längst vorüber. Regen, Kälte, wir frieren; heute hat mir die Nachbarin Eichler leihweise eine Strickjacke gebracht. – Ich gehe möglichst wenig aus, mache Tgb-Nachträge, lese Ehrenburg. Jeder Tag ist erfüllt von Besuchern. Alle Nachbarn, jeder klatscht … Gusti. Sie brachte die Genossinnen Elsa Froehlich u. Erna Rentzsch mit. All diese kleinen Lokalgrößen u. Funktionäre. Die SED-Kulturträgerinnen mit der mangelnden Bildung. Mit den Parteischlagworten u. dem falschen Deutsch. Mit dem – meine Wortprägung, mir neulich beim Schulungscurs der Gesellschaft in Halle eingefallen – dem »Spargelspitzen-Wissen«. Sie kennen die Spargelspitzen des Marxismus. Das Sein bestimmt das Bewußtsein, die Quantität schlägt in Qualität um (neuerdings höchst beliebt) etc. …

---

1 »Burja«, Roman (1947; dt. »Der Sturm«, 1949) von Ilja Ehrenburg (1891–1967), russ.-sowjet. Romancier, Essayist und Publizist; lebte 1908–1917 im Exil in Paris; auch nach 1921 als Korrespondent vielfach im Ausland.
2 Der Vater von Günther Schmidt, Kl.s ehem. Nachbar Willy Schmidt, blieb in sowjet. Haft verschollen.

Mittwoch 17. August.
Einladung zu den Weimarer Festtagen[1] (Verteilung der Nationalpreise durch Stroux etc.) reißt die Wunde erneut auf. – Gestern in
der Stadt – unter schweren Memento-Schmerzen. Eine Vorladung
aus dem Polizeipraesidium. Ich glaubte: in Schottländers Angelegenheit. Stattdessen: »wie urteilen Sie über Lang, den Obmann der
Juden bei Bauer?« Die ganze damalige Situation lebte in mir auf.
Die Frage ging von einer sehr jungen, sehr sympathisch behutsamen
Beamtin u. Genossin aus. »Er hat einen großen Directorposten, wir
sehen ihm auf die Finger.« Ich: sein Charakter sei schlecht[2], gegen
mich vorsichtig leutselig, gegen social Tieferstehende hart ... andrerseits: Vorsicht den Anklagen der Sternträger gegenüber! Ob es
bei Lang zum Verbrechen gereicht hätte, sei zweifelhaft, »Mitarbeiter der Gestapo« ist ein böses Wort. Die junge Person sagte, meine
Reflexionen deckten sich mit allem bisher Gehörten, aber »man
müsse ihm auf die Finger sehen«. Natürlich war von Neumark die
Rede. Alle hätten Gutes über ihn ausgesagt, aber die Russen sollen
sich an Akten gehalten haben, die in Berlin lägen u. gegen ihn gesprochen hätten. Sein Schicksal unbekannt[3], ebenso das seiner Familie.

Dienstag 23 August. Dölzschen.
LQI. Werktätige. In Ehrenburg Spanien 1932[4]. Die span. Republik
nenne sich »Rep. der Werktätigen«. Muß auf russisches Wort
zurückgehen. Seit wann im Deutschen? – Auf dem paedagog. Congreß in Leipzig (dieser Tage) wird die Auszeichnung »Verdienter
Lehrer« vergeben. Sowjetisches Vorbild.

Mittwoch Morgen 24. 8. 49.
Heute soll uns der Wagen des KB. nach Halle bringen.
    Was war nun Inhalt u. Ergebnis dieser Wochen?
    Das ständige verzweifelte u. ergebnislose Für u. Wider der Eme-

---

1 Die Feierlichkeiten zum 200. Geburtstag Goethes in den Tagen um den 28. 8.
   1949.
2 Im Gegensatz zu V. Kl. heben andere, so Henny Brenner, geb. Wolf, in deren Elternhaus sich Werner Lang nach dem Angriff auf Dresden versteckt hielt, dessen
   solidarische und fürsorgliche Haltung gegenüber seinen jüdischen Leidensge-
   fährten hervor.
3 Die sowjet. Untersuchungsbehörden warfen Ernst Neumark Zusammenarbeit mit
   der Gestapo vor; über einen Prozeß gegen ihn sind keine Unterlagen bekannt;
   vermutlich ist Neumark um 1950 in der Haft in Bautzen gestorben.
4 »Spanien heute« von Ilja Ehrenburg, Berlin 1932.

ritierungs- u. Umsiedlungsfrage. Sicher ist, daß E's Neigung hierhin tendiert. Sie ist wieder tief in Baupläne verstrickt. Übrigens *muß*
das Haus zum Frühjahr renoviert werden, wenn es nicht verfallen
soll. (Anstrich u. – sofort – Gartenzaun).

Dienstag Vorm. 30. 8. Halle.
Gestern Vorstandssitzung KB. Bei dieser Sitzung übergab ich mein
Rücktrittsgesuch[1] an Agricola. Er war »erschüttert«. –

2. 9. Freitag
Am Mi. im Saal der Gesellschaft die Heimkehrer der Weltjugend[2]
in Budapest. Publikum die FDJ und Schallock, Winter, Einicke etc.
Neben dem Podium in langer Reihe weißblaue Jugend mit Fahnen,
16jährige, aber auch u. sogar reichlich 12jährige etwa u. noch jüngere Kinder beiderlei Geschlechts. Zwei der älteren werden vom
Stehen genauso ohnmächtig u. fallen um, wie das unter den char-
gierenden Studenten bei den Feierlichkeiten der T. H. Dresden [vor-
kam]. Ein kleiner Junge hält ein herzförmiges Sophakissen (»Nur
ein Viertelstündchen«!) mit der Friedenstaube, irgendwelch ungari-
schem Wappen und Datenumschrift; das erhält nachher der Minister zum Geschenk u. hält es bei der Antwort an sich gedrückt. Ein
junger Mensch, wohl Anfang 20, spricht gut, routiniert u. herzlich.
D. h. in die Üblichkeiten mischt er einzelne Concreta. Wir sind befangen hingekommen, wir sind mit wirklich herzlicher Freundschaft
aufgenommen worden; in 81 Sprachen ist unsere Freundschafts-
hymne[3] nachher gesungen worden ... Die Liebe des neuen Ungarn
zur SU. Nach dem Lied, das wohl aus SU stammt, u. das ich zuerst
wohl bei einem Russenkonzert hier gehört habe, danach häufig,
scheint die Feier beendet. Aber jetzt Musik: Fanfaren u. Pauke von
der Saaltür her u. unter diesen Klängen Auszug der Fahnen, die ste-
hend begrüßt werden. Von der Musik am Saaleingang sehe ich die
taktmäßig hochgeschwenkten u. hochoben jedesmal gekreuzten hel-
len Paukenschlegel. Diese Bewegung, diese beiden Schlegel besonders, ruft mir ganz u. gar das Bild der Nazizeit ins Licht. Pimpfe u.
HJ u. Fahnen u. Marsch u. Hymne: gewiß die Nazis stahlen es von
den Bolschewisten. Aber die Erinnerung an die Nazis bleibt doch

1 Kl.s Antrag auf Emeritierung.
2 Mitte August 1949 fanden in Budapest die II. Weltfestspiele der Jugend und Studenten statt; erstmals nahm eine Delegation der FDJ teil.
3 »Lied der Weltjugend« (»Jugend aller Nationen«) von Lew Oschanin (dt. von
  Walter Dehmel), vertont von Anatoli Nowikow.

mehr als peinlich. Und die Kernähnlichkeit des Totalitären bleibt, les extrêmes se touchent[1].

Am Nachmittag dann *Eisleben*. Ganz hübsch aber anstrengend u. auch ohne Befriedigung. Eva fuhr mit mir, sah zum erstenmal den süßen See u. das Lenindenkmal[2]. Das alte Rathaus. Langsame Versammlung der Honoratioren u. Funktionäre. Vom großen blumenreichen Altan neben der Lutherkirche[3] spricht man. Unten der Rücken Luthers, Kinder umspielen lärmend das Denkmal[4], Polizisten vertreiben sie. Über den Marktplatz hinaus sieht man in freie Weite: ein Stück gelben Getreidefeldes. Aufmarsch der Organisationen. Wie viele Leute? Auskünfte wechseln zwischen 3000 u. 10 000. Einer sagt sehr nett »Pressemäßig 8000 – es werden wohl 6000 sein«. Unser Fahrer erzählte nachher: es seien viele nach dem Demonstrationsmarsch »gleich abgerückt«. Das Scheinhafte solcher Demonstrationen. Auch von denen, die bleiben, hört ja keiner zu – braucht es auch nicht, denn der Redner kann ja nur ein paar Schlagwörter u. Clichés brüllen. *Ich* schrie so langsam als mir möglich, den Elektrolautsprecher hatte ich vor mir u. seitlich und von überallher brüllte das Echo zurück. Nach den ersten Sätzen sagte mir jemand: »Kurz fassen, die Leute brechen schon auf!« Ich sagte das wenigste von dem, was ich Vormittags ausgeführt hatte. Ich fragte nachher (fadennaß geschwitzt u. erschöpft vom Schreien – aber die anderen Redner haben viel lauter noch u. überzeugter gebrüllt), wie lange ich gesprochen hätte? Antwort 1: 35 Minuten. Antwort 2: »Ich bin Statistiker, es waren genau 17 Minuten.« Zeugenaussagen! – Jedenfalls: es strengte mich sehr an u. ich fand es sehr nichtig.

Wir mußten uns dann noch das sehr hübsche Haus der Gesellschaft ansehen. Über alledem war es ½7 geworden, u. wir fuhren direkt in die Hallesche Puschkinstr.; Abendbrod im Restaurant und dann mit einleitenden VVN-Worten der polnische Film: *Die letzte Etappe*[5]. Die erklärenden deutschen Textzeilen sind zu wenige, sodaß in der Handlung manches unklar bleibt – aber es kommt auf die Einzelhandlung gar nicht an. Das Ganze ist die furchtbare *unerträglich* furchtbare bildkünstlerisch grandiose Anklage gegen Ausch-

1 (frz.) die Extreme berühren sich.
2 Von G. Maniser; während des 2. Weltkrieges aus Puschkino (UdSSR) geraubt, jedoch vor dem Einschmelzen bewahrt; wurde im Juli 1945 auf dem Marktplatz von Eisleben aufgestellt.
3 Gemeint ist die Andreaskirche in Eisleben.
4 Das Lutherdenkmal (1882) von Rudolf Siemering.
5 »Ostatni etap« (1948); Regie führte Wanda Jakubowska (1907–1998), die ab 1942 selbst im KZ Auschwitz in Haft war.

witz. Die Nerven halten es nicht aus, man kann dieses immer-
während Grauen fast nicht mehr ansehen. Immer wieder die Trans-
portzüge, das Menschenvieh wird ausgeladen, geprügelt, brutalisiert,
deutsche Soldaten mit schußfertigem Gewehr, Aufseher als rück-
sichtlose Viehtreiber, die anrollenden Lastautos, das Vieh wird hin-
eingestoßen, die niedrigen einförmigen Gashäuser, u. dann der Rauch
u. Qualm der Verbrennungsöfen ... Die Giftspritze für den Säugling,
die Gebärende ist in Reih u. Glied zusammengebrochen, hat sich im
Dreck gewunden. Die Folterkammer, der Galgen, das »Hol die
Mütze!« u. das Abschießen beim »Fluchtversuch«, drei Tage Urlaub
für den Mörder, das Berauben u. Entkleiden der Ankömmlinge, das
Raubsortieren u. -verteilen, die Schlemmerei u. die absolute wissenschaftliche u. weltanschauliche Bestialität der Ärzte, Soldaten,
Auf*seherinnen* – alles dadurch in seiner Entsetzlichkeit erhöht, daß
es sich fast durchweg um weibliche Opfer u. weibliche Henker handelt. Zuletzt während eine Résistancefrau unter dem Galgen steht
das russische Fliegergeschwader u. das Davonlaufen der Deutschen,
die ihren »Liquidationsplan« nicht mehr durchführen können ... Die
beiden größten Momente für mich: der ganz junge u. unbeschwert
vergnügte Lagerarzt die Giftspritze sorgsam füllend u. erst einmal
die Luft probierend, während das völlig gesunde u. wohlgebaute
Kind vor ihm auf dem Tisch liegt. »Gesund – aber es könnte ja ein
Verbrecher werden«, hat er der Schwester entgegengehalten, die den
Mord verhindern wollte ... Der Film ist ein großes Kunstwerk, aber
er wird seinen Zweck verfehlen. Böswillige werden sagen: Ein Anti-
Jud Süß, u. ein gestelltes u. verlogenes Propagandawerk wie der nazistische Jud Süß[1]. Die Masse der Mitte wird sagen: es mag schlimm
gewesen sein, aber so schlimm – das glauben wir nicht, das ist unmöglich. Und dann: Das wollen wir vergessen, wir die Unschuldigen. Und die wahrhaft Gutwilligen werden es eben nicht ertragen,
es wird ihnen zu furchtbar auf die Seele fallen. Da helfen alle Worte
der Beschwörung nicht, die vor- u. nachher gesprochen wurden: dieser Film wird nicht ertragen. Es ist zuviel grenzenlose Bestialität
freigelegt, u. nicht allgemein faschistische, sondern spezifisch deutsche, spezifisch nazistische. Lauter Ilse Kochs[2] u. Heinrich Himm-

1 »Jud Süß«, antisemitischer Film (1940) des Regisseurs Veit Harlan (1899–1964).
2 Ilse Koch (1906–1967), KZ-Aufseherin, seit 1936 verheiratet mit Karl Otto
   Koch, dem Lagerleiter von Sachsenhausen und Buchenwald; 1947 von einem
   US-Militärgericht zu lebenslanger Haft verurteilt, Ende 1948 begnadigt, unmit-
   telbar danach neues Verfahren vor einem dt. Gericht, 1951 wegen Anstiftung zum
   Mord wiederum zu lebenslanger Haft verurteilt; beging 1967 in der Haftanstalt
   Selbstmord.

lers[1], rationale u. stolze Bestien. – Nicht vergessen den zum Krematorium rollenden Wagen, auf dem die Marseillaise gesungen wird; der Gesang verklingt abschwellend. Es folgt ein Wagen mit polnischen Liedern. Aber die Marseillaise …

Dienstag 6. 9. 49. Morgens.

Zur LQI: BEFREIEN. Niemand erobert mehr, jeder »befreit«: die »volksdemokratischen« Armeen tun es, die Partisanen haben es getan, u. in *Noacks* Programmschrift[2] der Neutralisierung will der Westen die Balkanländer durch *Kreuzzug befreien,* Kreuzzug für das Christentum, für Europa, für die *atlantische* Kultur.

Sonnabend 10/Sept. Abends

Ich fand die Freiexemplare der 2 Auflage meiner LTI vor. *Ohne* das Zioncapitel. Ex ossibus ultor[3] – ex tertia editione[4].

Dienstag Mittag 13. 9. 49.

Montag Nachmittag nach *Roßleben.* Der Vortrag: »Zukunft des Geistesarbeiters in der Ostzone« – es finden allmonatlich politische Vorträge statt, vor mir hatte Einicke gesprochen. Ort das Kino, fast voll, es sollen 250 – 300 Menschen gewesen sein. Den Kern bilden die Schüler der Oberklassen, leider auch recht kindliche Reihen darunter. Das Internat ist mit 160 Sekundanern u. Primanern belegt. Ich erzählte von Münchener Schülern, von Mainz, gab die Ideologie u. die Praxis der Russen – es war ein langer u. recht guter Vortrag. Dann sollte Discussion [sein]. Von ganz hinten her sprach, nicht ganz verständlich, ein junger Mensch in sehr höhnischer Weise. Ich hätte zwei Stunden geredet u. erst in den letzten 10 Minuten das

1 Heinrich Himmler (1900–1945), ab Januar 1929 »Reichsführer SS«; nach der von ihm maßgeblich durchgeführten Mordaktion gegen die SA-Führung vom Juli 1934 auch »Chef der deutschen Polizei«; mit Reinhard Heydrich Organisator des Systems der Konzentrationslager und nach 1941 (als »Reichskommissar für die Festigung des deutschen Volkstums«) der Massenverbrechen an der Bevölkerung in Osteuropa und des Genozids der europäischen Juden in den Vernichtungslagern; beging am 23. 5. 1945 Selbstmord.

2 »Die Sicherung des Friedens durch Neutralisierung Deutschlands …« (Köln 1948) von Ulrich Noack (1899–1974, Historiker; ab 1946 Prof. in Würzburg; gründete 1948 den Nauheimer Kreis, der sich für ein neutralisiertes Deutschland als Mittler zwischen Ost und West einsetzte. – Am 3./4. 9. 1949 fanden Gespräche zwischen Noack und Hallenser Professoren statt.

3 Verkürzt aus Virgils »Aeneis«, IV, 625: »Exoriare aliquis nostris ex ossibus ultor« (lat.) Mag ein Rächer erstehn dereinst aus meinen Gebeinen.

4 (lat.) aus der dritten Ausgabe.

Thema berührt, was ich von Apfelsinen in München gesagt, gehöre nicht zur Sache ... da unterbrach ihn ein junger Lehrer mit fürchterlichem Gebrüll: »Es ist eine Unverschämtheit, wie Sie ohne Respekt vor Wissenschaft u. Alter« – usw. Pause ... Gleich nahm ich das Wort: ich hielte es nicht für richtig, den Opponenten niederzuschreien, ich möchte ihn hören, würde ihm entgegnen ... Danach der Rektor: es sei besser, der Junge, bekannt als Hitzkopf u. unreif, habe hier u. öffentlich gesprochen, als daß er später im Geheimen gewühlt hätte. Der junge Mensch, Primaner, kam später zu mir u. entschuldigte sich. Er scheint das enfant terrible der Lehrer. Wirr, verbittert – man mag ihn nicht unterdrücken, weil doch demokratische Freiheit herrschen soll ... Ich redete ihm gut zu.

Freitag 14 h./16 Sept.
Abends. Um 15 h Sitzung des Kulturausschusses der Stadt im Stadthaus. Walter Schmidt berichtet über den Stadtetat. KB u. Gesellschaft[1] sollen je 40 000 M erhalten. Ich: der KB ist arm, die Gesellschaft reich, wir sind der Gesellschaft notwendig, gebt uns 50 000, ihr 30 000. Sogleich komme ich ... Ich! ... in die Lage eines Russengegners, man belehrt mich über Sowjetfreundschaft. Ich expliciere meinen Standpunkt. Einige sehen das ein, aber »aus psychologischen Gründen« wird – und ich selber muss zustimmen – wird beschlossen, daß, nachdem ich meinen Antrag zurückgezogen habe, die ganze Discussion *nicht* ins Protokoll kommt. Ich stelle das neben meine Erfahrungen mit der Mod. Prosa u. der Mod frz Lyrik u. der Tägl Rdschau etc. etc. Georg hatte recht: Hände weg von der Politik! Ich möchte nicht nach dem Westen, aber ich möchte irgendwo unendlich weit fort von Deutschland leben können. –

Im Wagen, der mich fuhr, kam Frau Ubben zu uns, schwer erregt, weinend. *Hoffmeister*[2], der heute aus Berlin zurücksein sollte u. telegraphierte, daß er morgen eintreffen werde, ist durch irgendwelchen Klatsch in den Verdacht geraten, mit seiner Frau nach dem Westen geflohen zu sein. Der Klatsch u. was ihn verursachte, ist noch ganz wirr u. dunkel, aber daß solch Gerücht sofort auftaucht u. bitter ernst genommen wird, ist ein Charakteristikum der Situation.

Donnerstag Abend 22. Sept.
Die grausige Affaire Hoffmeister beherrschte diese Woche.
Mo., Di waren dann die eigentlichen Taifuntage. H war am Mi.

---

1 »Gesellschaft zum Studium der Kultur der Sowjetunion«.
2 Rudolf Hoffmeister, Sekretär der Landesltg. Sachsen-Anhalt des KB.

14. mit E. u. mir nach Berlin gefahren. Er wollte am Do seine Se-
kretariatssitzung wahrnehmen, Geschäfte bei der Investitionsbank
erledigen etc., am Freitag zurückkommen. Er schickte Telegramm,
er sei Samstag hier. Gleich darauf Verdachtsmomente, ein Funktionär des FDGB warnte Frau Ubben, die Schwiegermutter H.'s habe
sehr verdächtig unter offenbar verlogenem Vorwand gebeten, Möbel irgendwo einstellen u. verkaufen zu können … Wir warteten bis
Montag, dann fuhren Frau Ubben u. Kreuzig nach Allrode. Dort
wohnten H's Eltern, ich war einmal bei ihnen, H. bemühte sich seit
langem um einen Interzonenpaß für den gallenkranken Vater, der
zur Kur nach Mergentheim sollte. Vielleicht daß H. in Berlin plötzlich Gelegenheit gefunden hatte, dem Vater zu helfen, oder daß man
ihn eilig zu dem Schwerkranken gerufen hatte … Ergebnis: das
Haus vollkommen leer, die Nachbarn erzählen: »Die haben alles
verkauft, sind über die Grenze! (LQI: über die Grenze … nach dem
Westen … oder auch bloß: »abhauen«).

Sonntag Vorm 25. September.
In all diesen Vorträgen, ob sie nun Goethe, Humanismus, Kultur, nationale Front, Verhältnis zur SU oder sonstwie heißen, gebe ich immer wieder im kaleidoskopischen Gemisch u. mit den neuesten
Nachrichten verbrämt, das Gleiche. Es ist ein ständiges Paraphra-
sieren, es fällt mir leicht u. regt mich doch auf u. spannt mich ab, es
ist mir Befriedigung u. doch wieder mit dem Gefühl der Leere verbunden, ich komme mir wie ein Flüchtling vor der Arbeit vor u. bin
doch abgehetzt. Das *muß* anders werden.

Sonntag Vorm. 2. X
Das Wesentliche der letzten Tage:
   Überall Fiasco des »Weltfriedenstages«, 2. X. Die Leute sind gün-
stigstenfalls übersättigt u. stumpf, schlimmeren u. häufigeren Falls
feindselig. Die abgelatschten Funktionärsformeln ziehen nicht mehr.
Alte Goebbelsware. Wir hatten den 1. Sept. als »Deutschen« Frie-
denstag, nun schon wieder der 2. Okt. als »Weltfriedenstag«. Sem-
per idem.
   Am Freitag 30/9 war der letzte u. feierlichste Tag einer Chopin-
Feiersuite[1] des KB in Quedlinburg. 100. Geburtstag, überall im
Zeichen der Polenfreundschaft herausgestellt. Wettbewerb junger
Pianisten, Einladung der Stadt zum Empfang im Schloß, vorher

1 Fryderyk Chopin (1810–1849), poln. Pianist und Komponist; 1949 beging man
   seinen 100. Todestag.

Chopinconzert. Zu spät erfuhr ich, daß Dr Jonen, der Leiter ein Conservatorium in Quedlinburg besitzt. Deshalb dieser Ort. Zu spät erfuhr ich, daß Qu. von Umsiedlern u. Reaction wimmelt... Eva kam mit mir. Eine volle Aula, hübsche Chopinrede des Musikers Prof. von Poscniak. Sehr mäßig dilettantische Musik. Im Saal eine nicht kleine Delegation der polnischen Mission in Berlin. Zwischen den Musikstücken spreche ich. Freundschaft mit Polen, Oder-Neiße: Friedensgrenze. Aus den hinteren Reihen Zwischenrufe, Scharren, Trampeln, Lärm. Ich hatte den Eindruck, dort säßen im Wesentlichen Oberschüler, u. es war wohl auch so. Ich brüllte:»Schämen Sie sich!« es wurde still, u. ich führte die »polnische Frage« mit Nachdruck zuende ... Meine Angina quittierte, u. eine große Bitterkeit war in mir. Danach Essen auf dem Schloß. Ich saß zwischen der polnischen Mission. Ein ganz junger Mann war ihr Erster[1]. Gutes Deutsch, bescheiden freundschaftliches Wesen: man müsse Geduld haben. Dozent (er) für Lit.-Gesch. an der Univ. Warschau. War 2 Jahre in Auschwitz. Mit seiner Frau sprach ich französisch. – Während ich schreibe, überträgt das Radio die »Großkundgebung« aus der Leipziger Congreßhalle. Typische Erscheinung, mir zuerst einmal in Dresden entgegengetreten: nach politischer Rede ganz schwaches kurzes Klatschen – sobald der Musiker kommt, frenetische Begrüßung, ostentativst. Der Gefahr- u. Vereisungspunkt, um den kein Sprecher herumkommt, ist das Wort »Oder-Neiße-Friedenslinie« ... Seit ein paar Tagen wird nun überall – cf meine Münchener Affaire – das Vorhandensein der russischen Atombombe[2] drohend in die Wagschale des Friedens geworfen – eine grausige Komik.

Dienstag 4. Oktober Nach Tisch.
Das Ei des Kolumbus! Dem Bonner Weststaat[3] *muß* ein Oststaat entgegengestellt werden. Wiederum heißt:»Oststaat« Anerkennung des Weststaates, der Trennung. Deßhalb weigerte sich die SED (so wie ich mich già geweigert habe, dem Bund nichtarischer Christen bei-

1 Tadeusz Borowski (1922–1951), poln. Erzähler, Lyriker und Publizist; die KZ-Haft in Auschwitz, Dautmergen und Dachau 1943–1945 wurde zum wichtigsten Gegenstand seiner Erzähl-Zyklen.
2 Nachdem am 23. 9. 1949 US-Präsident Truman erklärte, es gebe Beweise, daß in der UdSSR einige Wochen zuvor eine Atombombenexplosion stattgefunden habe, antwortete die sowjet. Regierung zwei Tage später mit der Erklärung, ihr Land sei bereits seit 1947 im Besitz der Kenntnisse zur Herstellung von Atomwaffen.
3 Nach Verkündung des Grundgesetzes (23. 5. 1949) und den Wahlen zum 1. Deutschen Bundestag (14. 8. 1949) wurde im September 1949 die Bundesrepublik Deutschland gegründet.

zutreten). Gestern nun die Lösung. Die gesamtdeutsche Regierung u. Volksvertretung wird in der gesamtdeutschen Hauptstadt Berlin constituiert. Eine Fiktion – aber sie bedeutet Tat.

– Sprachlich u. politisch ist jedenfalls hier ein Einschnitt, ein Neues. – Die Mittel der Propaganda sind natürlich bekannt: seit gestern hagelt es »Entschließungen« der Betriebe, Organisationen etc., die »einstimmig« den Volksrat auffordern, das Nötige zu tun. Eben telefonierte mir Kirsch, das Ministerium habe ihn angerufen, der KB solle ebenfalls heran. Kirsch hatte schon ein Telegramm vorbereitet, das ich ein bisschen umformte, u. das an alle Kreissekretäre u. ein paar größere Städte (Magdeburg, Halberstadt …) mit meiner Unterschrift ging: Erbitten Zustimmung zur Forderung, gesamtdeutsche Regierung u. Volksvertretung sofort in der gesamtdeutschen Hauptstadt Berlin zu constituieren. Kl. (Die genaue Formulierung ist mir entfallen)

Gegen Abend. Anruf v. Kirsch: ADN-Vertreter bei ihm: es soll sofort Erklärung des KB abgegeben werden auf Forderung einer Centralregierung in Berlin. Ich: der Vorstand, die Mitglieder, die Demokratie! – Es eile, Morgen entscheidende Volksratsitzung. – Wer schickt den Mann? – SMA. Ich zögere. Demokratie? Andrerseits: *ich* bin gewiß dafür. Ich gab durch das Telefon: »Auch der KB Sachsen-Anhalt fordert dringend die sofortige Errichtung einer Regierung u. Volksvertretung für das gesamte Deutschland in der Landeshauptstadt Gesamtdeutschlands Berlin. Gez. der erste Landesvorsitzende V. Kl.« So brauste spontan die Volksseele, so ist Demokratie – so u. nicht anders hat man es auch zur Hitlerzeit gemacht. Nur daß es jetzt um die wirkliche Republik geht. – Neugierig ob ich im Bette oder am Galgen ende. Im Grunde ist das aber egal. Und ich bin überzeugt, im letzten ideologisch u. praktisch auf der richtigen Seite zu stehen. »Und praktisch« ist die Überzeugung nicht ganz so fest wie ideologisch. Hier sollen höchstens 23 Millionen Deutsche leben, in den Westzonen 40 Mill. Von den 23 Mill. des Ostens sind allerhöchstens 10 Mill. wirklich russophil u. wirklich kommunistisch.

Donnerstag 6. Oktober
Heute wieder völlige Zerrissenheit. Immerfort Telefon u. leere Zeitvergeudung. Es war eine Sitzung des Volkscongresses einberufen. Der Volksrat morgen, der sich als Volkskammer constituieren wird. Die Volksseele muß spontan – noch mehr Zustimmungen, Anrufe, Resolutionen her! Aus Betrieben, vor allem aus Betrieben, aus allen Gruppenbildungen, im Theater, Kino, etc. sollen spontane Tele-

gramme u. Resolutionen morgen während der Volksratssitzung eintreffen – überall soll von der Sache gesprochen werden, die Sender
müssen immerfort berichten etc. etc. – Dabei bin ich überzeugt, daß
die wenigsten wissen, welch eine Kriegserklärung dies Kolumbus-
Ei bedeutet. Die meisten sind stumpf. Im Westen wird man sagen:
Russische Anordnung, russische Komoedie. (Hat man ganz unrecht?)

Montag Abend 10/Okt.
Mein Geburtstag gestern. Vormittags Winter hier, Nachm. Rita u.
Robi. Den Tag zuvor Vahlen. Man ist sehr herzlich zu mir, umwirbt
mich – läßt mich aber doch gehen u. denkt an Auerbach. Ich fühle
mich sehr am Ende. Das Herz, die Hautkrankheit, die 68 Jahre.
    Zum Geburtstag kam ein Glückwunschtelegramm: »Wir wün-
schen Dir ... ungebrochene Schaffenskraft u. eine so enge Mitarbeit
mit uns wie bisher. Becher, Abusch, Gysi, Willmann.« Die ganz großen Tiere dem geduldeten – wie lange noch geduldeten? – ganz kleinen.

Mittwoch Abend 12. Oktober.
»Die deutsche demokratische Republik«[1]. Das tobt seit gestern im
Rundfunk. Die Praesidentenwahl[2], die Aufmärsche, die Reden. Mir
ist nicht wohl dabei. Ich weiß, wie alles gestellt u. zur Spontaneität
u. Einstimmigkeit vorbereitet ist. Ich weiß, daß es nazistisch genau
so geklungen hat u. zugegangen ist. Ich weiß, wie wenig Realität dahinter steckt. 20 Millionen sind noch kein Drittel des deutschen
Volkes, u. von den 20 sind mindestens ein Dutzend antisowjetisch.
Ich weiß, daß die demokratische Republik innerlich verlogen ist, die
SED als ihr Träger will die sozialistische Republik, sie traut nicht
den Bürgerlichen, u. die Bürgerlichen mißtrauen ihr. Irgendwann
gibt es Bürgerkrieg. Ich bekam ein Hetzblatt aus Berlin zuge-
schickt – »Widerstand der Unterdrückten« ... »Abschreiben« ...
Merkt euch die Verräter ... die SED-Verbrechen werden bestraft
werden, etc. etc. Redaktion »SIE«, Zehlendorf. Briefstempel Berlin. Absender Dr Rita Hetzer Halle. Ich rief Rita an. Sie hat das gleiche Flugblatt bekommen. Absender Prof. Bennedik. Wahrscheinlich

---

1 Am 7. 10. 1949 erklärte sich in Berlin der Deutsche Volksrat zur »Provisorischen
   Volkskammer«, setzte die Verfassung in Kraft und bildete eine »Provisorische
   Regierung«; damit war die Deutsche Demokratische Republik gegründet.
2 Am 11. 10. 1949 wählten Volks- und Länderkammer in gemeisamer Sitzung einstimmig Wilhelm Pieck zum Staatspräsidenten.

and so on, der Versender muß die hiesigen Verhältnisse genau kennen u. will uns verwirren u. erschrecken. UNS. Ich rechne zu den Russenknechten, ich bin vorgemerkt, ich werde wahrscheinlich nicht »in meinem Bette sterben«.

Freitag Mittag 14. X
Mit E eine halbe Stunde bei Anny Kl. Eine sehr lehrreiche halbe Stunde. Anny spricht mit bitterer Überzeugung nach, was der Westen sagt; ich warf auch einen Blick in den »Kurier«. Die demokratische Republik ist »illegal«, ist ein russisch-kommunistisches Mach- u. Scheinwerk – Bonn dagegen ist demokratisch gewählt, drückt den Willen des Volkes aus. Und die Amerikaner wollen uns wirklich helfen, u. in Amerika gibt es »Freiheit«. Und bei uns wird man in das Uranbergwerk »verschleppt«, u. bei uns verhungern die Alten u. die Hinterbliebenen der Armee, der Offiziere besonders – hier hat A. das Elend der eigenen Angehörigen u. Freunde auf der Seele. – Trostloses Gegeneinander der zwei Deutschlands, trost- u. hoffnungslos. – E hat den Tag benützt mit »Volk u. Welt« (Aragon) endgiltig zu brechen; sie will lieber die geleistete Arbeit umsonst geleistet haben als sich von den Leuten ins Handwerk pfuschen lassen. Sie hat weiter mit Kinderbuch-Verlag u. Dietz verhandelt.

Montag Abend 17. X 49
Heute morgen Zahnarzt, »Dienststelle« – naiver Brief Hoffmeisters an mich aus Hannover: ich möge seinen »Weggang« verzeihen, vorherige Benachrichtigung an mich hätte nur mein Gewissen belastet u. er, H., sei gegangen, weil er keinen Paß nach Mergentheim für seinen Vater erhalten habe, weil er an der Menschlichkeit der sowjetischen Politik zweifle, weil er in seinem eigenen Beruf eine Zukunft brauche … Er bekommt von mir keine Antwort, er hat fraglos Verrat geübt, da er ja mir gegenüber immer den scharfen Genossen spielte.

Donnerstag 20 Oktober gegen Abend.
Der erste Schritt der Loslösung getan. Ich bin heute *nicht* in Leipzig, ich werde in Leipzig nicht mehr lesen.

Freitag Abend 23,15 h. 28 Oktober
Am Di. 25. mein Humanismus vor etlichen 30 Leuten für den KB in Falkenberg, fast 3stündige Fahrt durch Herbstabend u. -nacht. Vorher eine halbe Stunde im Antifablock im Landtagscasino. Die-

selben Menschen u. dasselbe Streiten um den Bücklingskopf der
Ministerien wie das erstemal. Ich meldete mich zum Wort u. sagte
den einen Satz: das nichtpolitische allgemeine Publikum würde die
Vermehrung der Ministerien als eine »Unsittlichkeit« *(sic)* betrachten. Dieser *eine* Satz machte mir Herzbeschwerden, noch ehe ich
ihn gesprochen hatte. Es geht mir jetzt regelmäßig so: längste Referate strengen mich nicht an, kürzeste Discussionsworte in politicis
greifen mein Herz aufs schwerste an. Wie lange werden diese
tatsächlichen anginösen Anfälle rasch abklingen, wann folgt der erste
ernste? Und was treibt mich, hier meine gloire zu suchen? Georg
wird recht behalten. – Seltsamerweise wies Bernhard Koenen, der
das erstemal gegen Ministerienvermehrung gesprochen hatte, meinen Einwurf energisch u. ausführlich zurück. *Das* sei demokratisch,
es dürfe keine Opposition geben, sondern jede Partei, auch die Minderheit müsse in der Regierung vertreten sein. Übrigens werde ein
Ministerium mehr keine sonderlichen Kosten verursachen, wenn
man es durch Teilung eines früheren größeren Ministeriums her-
stelle, u. wer solle im Landtag darüber schelten, wenn doch alle Parteien befriedigt würden? Ich hätte erwidern können: im Landtag keiner, im Publikum Tausende – »überall spart man am Notwendigen,
u. den Politikerapparat lässt man anwachsen!« –, schwieg aber.

Was mich aber mehr als alles dies bewegt, obwohl ich es nicht
wahrhaben will, obwohl ich es immer wieder zurückdränge, ist seit
Dienstag (oder ist es schon länger her?) die Affaire *Neubert,* von der
Rita in meiner Abwesenheit um Mitternacht telefonisch an E. berichtete. N. ist zur »freien Univ. Berlin« übergegangen. Es sei anzunehmen, daß man ihn aus der Akademie ausschließe, mich an seiner Stelle aufnehme, mir sein Katheder gebe. Ich halte das für
ausgeschlossen, *will* es für ausgeschlossen halten u. bin doch davon
vergiftet. – ½2 Nachts.

Sonntag Mittag. 6. Nov. 49.
Gestern E's Herzanfall bei Tisch in der SG. hat mich schwer erschüttert. Sie saß vergnügt neben mir. Frau Behnke uns gegenüber
sagt: Ihr wird schlecht. E. lehnt mit starren Augen im Stuhl, ihr Mund
ist offen, sie ringt nach Luft, ist blaß, besinnungslos. Ich fürchtete
Herzschlag. Behnke u. Ludwig Einicke zu ihr. Wir saßen dicht an der
Tür. Nach einer Weile brachten die beiden sie heraus. Im Fauteuil am
Fenster erholte sie sich. Dann neue Verschlechterung, würgendes Er-
brechen. Ganz so war es bei der Revolutionsfeier im Vorjahr gewesen, ich hatte sie diesmal nur mit Angst u. innerem Widerstreben

mitgenommen. Wir fuhren dann nachhause, sie schlief gut, schläft auch jetzt – aber die Beängstigung bei mir bleibt, u. die Bitterkeit bei E bleibt. Immer dieser Druck: »Wie lange noch?« u. »Wer wird zuerst gehen?« Und jeder philosophische u. nun gar jeder religiöse Trost fehlt. Eva sagte gestern: »Ich habe ein ganz interessantes Leben gehabt.« Als ich sie um 2 zu Bett gebracht hatte, schrieb ich – kokett u. gefühllos – meinen Molière-Essai[1] zu Ende, stellte dann noch mein Revolutionsreferat für heute zusammen u. legte mich erst um ¼5 hin.

Ein großer Theatersaal mit Galerien, viele hundert Menschen[2], Mehrzahl die Armee mit Familie. Roter Praesidiumstisch auf der Bühne. Hohe Offiziere mit vielen übervielen Dekorationen. Einer, dick, grauhaarig, halb Caesar halb Tenor aus Palermo. Vorn seitlich im Saal Militärkapelle. Leidenschaftlicher Dirigent. Die Pauken wie Handgranaten, geschleuderte Handgranaten in der Stoßbewegung seiner Arme. Der Mund immerfort mitdirigierend – stumme Sprache. Politische Führer, Minister etc. von uns ins Praesidium berufen. Danach endlos alles russisch. Rede eines Offiziers über eine Stunde. Eine etwas primitive Aneinanderreihung der Revolutionsfacta, erklärte mir mein Nebenmann, ein Slovake. Ich verstand nur die immer wiederkehrenden internationalen Worte: Germania, Imperialismus, Faschismus etc. Und immer wieder Stalin. Dreimal bei besonders feierlicher Nennung seines Namens stand alles auf u. die Musik spielte. *Primitive Vergottung weit über den Hitlerismus hinaus!!* Dies u. Primitivität mein entscheidender Eindruck. Primitiv das viele u. lange Klatschen, *der Redner selber klatscht mit.* (Ist das russisch oder amerikanisch?) Dann ein paar kürzere Reden. Eine von Bernhard Koenen in russischer Sprache stotternd u. stammelnd abgelesen, er rang mit der Aussprache. Die Fremdheit der Sprache, schon das Alphabet starrt mich aus allen Inschriften u. Spruchbändern feindlich an. Die Kinder müssen das lernen, die nächste Generation wird diese Schwierigkeit nicht mehr kennen. Es war wohl gegen 11, als dieser Akt ein Ende hatte. Wir dachten: jetzt zur Gesellschaft, zum Essen. Stattdessen eine Viertelstunde Pause u. dann Vorführungen: Chöre, Tänze, Harmonikaspieler, Solisten, eine kleine Dramenscene mit unverständlichem Inhalt – das andere so wie es uns nun schon geläufig. Die dicken Figuren der Frauen u. Männer fremdartig, eine andere Rasse. Das alles steht hemmend zwischen

1 Einleitende Studie zu einem Band mit Komödien Molières.
2 Die SMA Sachsen-Anhalt nahm zum 32. Jahrestag der russ. Oktoberrevolution von 1917 Glückwünsche entgegen.

ihnen u. uns. Und muß doch überwunden werden. Ein junger Soldat deklamierte irgendwas heroisch-Tragisches. Mit einem so unglaublichen Aufwand an Gesten der Leidenschaft u. Tragik, beide Arme in der Luft, an Gebrüll u. Geflüster, daß *wir* es nicht einmal als Karikatur bewundern würden. Stürmischster Beifall. – Der primitive Geschmack. Und doch sind diese Primitiven die Träger der kommenden Welt. Endlich, endlich Schluß. Mühsal draussen einen Wagen zu bekommen. In der Gesellschaft begann das Essen um ½ 1. Gleich nach der Vorspeise, als der Fisch eben aufgetan war, klappte E. zusammen.

Dienstag Vorm. 15. Nov. 49.
Abusch eröffnete mir: Einspruch der Russen, der Name Barbusse darf im Zusammenhang mit Stalins Geburtstag nicht erwähnt werden. Mein Aufsatz bleibt ungedruckt, das ganz ausgedruckte deutsche Stalinbuch von Barbusse bei »Volk u. Welt« darf nicht erscheinen, Abusch selber mußte aus seiner druckfertigen Monographie[1] über Stalin alle Barbussestellen streichen, natürlich ist nun auch mein Barbusse für den Aufbau-Verlag hinfällig. – Freiheit, die ich meine! M. I. Lange schreibt wegen meiner Mod. frz. Lyrik, man könnte doch mit Lücke … paktieren … Jetzt wo wir *souverän* sind, wird diese Knechtung wohl noch schärfer werden. – Nur: ist man im Westen freier? Das beste wäre: nur für den Schreibtisch u. Nachlaß arbeiten.

Ich sagte zu Becher: Ihre Nationalhymne[2] ist großartig: zwei Stränge der Tradition: Deutschland über alles[3] u. Lutherchoral. Einfachste Verse. Aber modern der gebrochene Rhythmus der Schlußzeile u. die Friedensbetonung. – »Ja (sagte er), das ist alles sehr raffiniert gemacht.« Es freute mich, daß er nicht den Poeten affektierte, sondern das Kunsthandwerk zugab. Mir fällt beim Lesen noch als »raffiniert« auf der approximative Reim: bauen – vertrauend. Ich sagte zu Becher noch (in Übereinstimmung mit E), aber die Musik gefalle mir nicht, sie habe zu wenig Schwung. Wobei ich an den Wuppdich in »Freundschaft siegt«[4] dachte. B. erwiderte, ich hätte

1 »Alexander Abusch, »Stalin und die Schicksalsfragen der deutschen Nation«, Berlin 1949.
2 »Auferstanden aus Ruinen« von Johannes R. Becher, vertont von Hanns Eisler, wurde am 5. 11. 1949 von der »Provisorischen Volkskammer« zur Nationalhymne der DDR erklärt.
3 Das 1922 zur Nationalhymne erklärte »Deutschlandlied«, eigtl. »Das Lied der Deutschen« (1841) von Heinrich Hoffmann von Fallersleben (1798–1874).
4 Zeile aus dem Refrain des »Liedes der Weltjugend«.

Unrecht. Eine Nationalhymne dürfe nicht schwungvoll sein. Er wollte wohl sagen, sie müsse sich einem Choral annähern. Er meinte noch: Öfter hören! Und ein bisschen weniger leer – bis auf eine Mittelstelle – klingt sie mir jetzt auch schon.

Die Berliner Tage[1]. Kongreß 23–27. Nov. Mittwoch bis Sonntag.
Dann hielt ich mein Seminar, an das sich ein privates Politisieren schloß: – ein Mädel sagte, nicht zu unrecht: Ihr macht Propagandafehler. Warum im Kino die allzu stürmischen Beklatschungen Stalins? Ihr fordert die Opposition heraus. (Ganz ähnlich sagte mir ein Westler in Berlin, ihn störe der allzu weitgehende Heroenkult, das ständige Sich-Erheben u. Klatschen. Ganz ähnlich erging es ja auch mir selber bei der Oktoberfeier neulich. Veliki Stalin[2] kommt manchmal dem Heil Heil Hitler in der Form allzu nahe.)

Sonnabend Vorm. 10. Dezember Halle
Aufgespeicherte Correspondenz: Emma Voßler. Otto Klemperer London. Er möchte sich Ostdeutschland ansehen u. fragt ob er »Schwierigkeiten« haben werde. Er hat offenbar – u. schreibt das auch – keine Ahnung von unseren Zuständen. Er erwähnt den *»eisernen Vorhang«.*

Freitag Nacht 16. XII
E's Befinden ist nicht gut u. verschlechtert sich durch das viele vom Nebelwetter bedingte Ans-Haus-gefesselt-sein. Heute kam ein törichter Brief vom Baumeister Linke: Der geplante Um- u. Anbau stößt auf Schwierigkeiten, u. das verdüsterte E. wieder ganz besonders. Ihre Depression wirkt auf mich, u. von mir aus fühle ich mich schon schlecht genug: dies furchtbare Nichtproduzierenkönnen u. die Bitterkeit am Ende zu stehen.

Ein Brief von Berthold Meyerhof, rührend u. quälend. Er schickt uns ein Paket u. schreibt uns einen Artikel aus dem Conversationslexikon über einen Landstrich, den er kennengelernt hat. Was soll er uns sonst schreiben. Er steht der Welt, in der wir leben, ganz ahnungslos u. feindselig gegenüber, es gibt zwischen ihm u. uns keine Gedanken-, keine Interessengemeinsamkeit mehr. Wir sind so völlig vereinsamt, die Leute unserer Welt sind tot oder geistig für uns tot. Scherner †, Annemarie † einige Meyerhöfe noch am Leben, aber

---

1 Vom 23. bis 27. 11. tagte in Berlin der II. Bundeskongreß des Kulturbundes.
2 weliki (russ.) groß; während der Zeit des sogen. Personenkults bis 1956 im Russischen ständiger Zusatz bei der Nennung von Stalins Namen.

nicht mehr für uns. Und wo ist Sebba, wo ist Frau Schaps? Etc, etc. Und manchmal, der quälendste aller Gedanken: Was bin ich noch für E, u. wieweit teilt sie meine Gedanken? Ich bin jetzt oft so müde, körperlich u. seelisch. Ich habe ein Grauen vor dem Nichts u. wünschte doch, alles wäre vorbei. Ich suche mir einzureden, an die sowjetische Sache zu glauben, u. im Innersten glaube ich doch an gar nichts u. alles scheint mir gleichermaßen unwesentlich u. gleichermaßen verlogen. Die greuliche Ähnlichkeit mit nazistischen Methoden läßt sich in der Propaganda für die Gesellschaft, in dem Lärm um Stalins Geburtstag nicht verkennen.

Donnerstag Nachm 22. 12. bis Freitag Abend 23. XII
Athemschöpfen bei völliger Erschöpfung. Übrigens in guter Stimmung. Ein bisschen Wirkung geht doch von mir aus, u. ein Atom von mir wird doch bleiben. Auch wenn ich nicht nach Berlin u. in die Akademie komme, auch wenn ich den Nationalpreis, der zum EK II[1] wird, nicht mehr bekomme. Weßwegen dieser momentane Hochstand? Weil ich gestern Redeerfolg hatte, u. weil in der eben eröffneten Werkbücherei von Agfa Wolfen meine LTI steht u. E's u. mein Cassou[2].

Üppigste Weihnacht unseres Lebens – ich habe auch eine Gans gekauft, beinahe 10℔ für 108 M. – Bald fehlt der Wein, bald der Becher; unsere Becher, E's wie meiner, sind sehr dünnwandig geworden.

Montag Abend 26. Dez.
Zur Sprache: Seit wann ist – sogar in meinem Sprachgebrauch – *Fahrer für Chauffeur* eingebürgert? – Wo kommen die *Werktätigen* her? – Romantische LQI: *Untertagekarte*[3] (ich soll als OdF eine solche bekommen).

31. Dez. genau Mitternacht, Sonnabend. 1949
Und während mir alles gleichgültig sein müßte, quälten doch die Niederlagen dieses Jahres: der verfehlte Nationalpreis, der verfehlte Sitz in der Akademie, die verfehlte Berliner Professur. Und dabei

---

1 Das Eiserne Kreuz II. Klasse wurde im Verlauf des 1. Weltkrieges durch häufige Verleihung als Auszeichnung mehr und mehr entwertet.

2 »Massaker von Paris«, Roman von Jean Cassou, aus dem Frz. von Eva Klemperer, mit einem Nachwort von Victor Klemperer; Verlag Volk und Welt, Berlin 1948.

3 Für unter Tage arbeitende Bergleute ausgegebene Lebensmittelkarte mit besonders hohen Rationen.

weiß ich, daß mir das alles in Wahrheit gar nicht zukommt, daß ich nie im Leben Philologe gewesen bin. Und daß ich, was mir seit 45 an Erfolgen zufiel, nur dem absoluten Ostmangel an Concurrenten verdanke.

Ganz ungewiß ist mein Fühlen u. unsere Situation im Punkte der Emeritierung u. der Übersiedlung nach Dresden. Das lockt mich, u. das fürchte ich gleichermaßen. – Das völlige Nachlassen meiner Schreibfähigkeit, das Versagen meines Namengedächtnisses. Wie hieß der Frankfurter Feuilletonist u. Kritiker. Eben taucht es auf: Mamroth[1]. Ein Vers von ihm verfolgt mich: »Was bleibt von allem? Asche, Asche, Asche.«

Wir sind so entsetzlich allein. Die meisten unseres Kreises tot, die Lebenden entweder unerreichbar fern – Martha, Walter Jelski, Sebba – oder noch ferner durch ihre Sowjetfeindlichkeit: Berthold Meyerhof, Frankes.

Was habe ich 1949 produziert? Kaum etwas Neues. Ein paar Vorträge, die ich dann zu dutzenden Malen »u. darüber hinaus« in x Orten hielt, öfter noch für SG als für den KB. Hundert Wiederholungen u. Combinationen u. Dasselbigkeiten. *Dazu,* wahrscheinlich nur *dazu,* langt es bei mir noch. Und wenn mir das nun in Dölzschen fehlt, u. das Schreiben gelingt nicht mehr?

Politischen Höhepunkt meines Auftretens bedeutete der 21. Dez. Vor den 6 000 Arbeitern in Wolfen Agfa u. im Theater Halberstadt. – Erster Landesvorsitzender des KB. bin ich auch erst in diesem Jahr geworden. – Im vorigen, denn es ist 1^{40} h.

1 Fedor Mamroth (1851–1907), Theaterkritiker und Novellist.

Anhang

Hermann Weber

Vorgeschichte der DDR 1945 bis 1949

Bereits vor Gründung der DDR wurden in der Sowjetisch besetzten Zone Deutschlands durch die sogenannte antifaschistisch-demokratische Umwälzung die Voraussetzungen für eine neue Gesellschaftsordnung und ein neues Herrschaftssystem geschaffen. Die vier Siegermächte, die das total zusammengebrochene Deutsche Reich 1945 in Besatzungszonen aufteilten und zunächst selbst regierten, erklärten den Aufbau eines demokratischen Deutschlands zu einem ihrer Ziele. Die unterschiedlichen Gesellschaftsstrukturen und gegensätzlichen Ideologien der Besatzungsmächte ließen jedoch die Vorstellungen einer »Demokratisierung« stark voneinander abweichen und verhinderten eine einheitliche Entwicklung Deutschlands.

Die Sowjetunion hatte für ihre Deutschlandpolitik vermutlich mehrere Alternativpläne. Neben der Zerschlagung des deutschen Faschismus und Militarismus war ihr Hauptziel, Wiedergutmachung für ihr vom Krieg schwer getroffenes Land zu erhalten. Um aus Deutschland möglichst viele Reparationen beziehen zu können, trat die UdSSR zunächst für eine gesamtdeutsche Lösung ein und strebte eine enge Zusammenarbeit mit den Westalliierten an.

Der Ost-West-Konflikt änderte die Lage. Keine der Besatzungsmächte konnte ihre Konzeption optimal verwirklichen, so daß sie sich darauf beschränkten, ihr System auf den von ihnen okkupierten Teil Deutschlands zu übertragen. Damit wurden in den drei Westzonen im Laufe der Zeit der Kapitalismus restauriert und die politische Demokratie eingeführt, eine Entwicklung, die in freien Wahlen von der Bevölkerung legitimiert wurde; die Ostzone dagegen übernahm von der Sowjetunion die zentralgesteuerte Staatswirtschaft und das politische System der stalinistischen Diktatur. Der »Kalte Krieg« forcierte die Einbeziehung der Zonen in die jeweiligen Machtblöcke und damit die Spaltung Deutschlands.

Vor diesem politischen Hintergrund vollzog sich in der Sowjetischen Besatzungszone (SBZ) die »antifaschistisch-demokratische Umwälzung«. Zunächst bestimmte in der Ostzone (wie in ganz

Deutschland) ausschließlich die Besatzungsmacht und ließ erst ab 1947 eine allmähliche Mitwirkung der deutschen Politiker zu. Die Sowjetunion verzichtete dabei vorerst auf die völlige Veränderung des gesellschaftlichen und wirtschaftlichen Systems im Sinne des Sowjetkommunismus und führte 1945 in ihrer Zone als erste Besatzungsmacht durch Zulassung demokratischer Parteien sogar das traditionelle deutsche Parteiensystem ansatzweise wieder ein.

Erst parallel zur Verschärfung der Ost-West-Spannung trieb die Besatzungsmacht die sogenannte antifaschistisch-demokratische Umwälzung voran und leitete damit die schrittweise Transformation der SBZ in eine stalinistische Diktatur ein. Wirtschaft und Gesellschaft wurden radikal verändert, und die Umwandlung des 1945 entstandenen Parteiensystems mündete in ein neues politisches Regime. Das Kernproblem war dabei die Umgestaltung der SED zur »Partei neuen Typus« sowie die Gleichschaltung der übrigen Parteien und »Massenorganisationen« durch die Blockpolitik der SED.

Das politische System

Die Sowjetunion und das Potsdamer Abkommen

Der Nationalsozialismus hatte Deutschland in eine Katastrophe gestürzt. Der Krieg zerstörte ein Drittel des Volksvermögens, 25 Millionen Deutsche verloren als Flüchtlinge, Evakuierte oder Ausgebombte ihre Heimat. Die deutsche Industrieproduktion stand 1946 bei einem Drittel des Vorkriegsniveaus. Der Wiederaufbau des zerstörten Deutschlands stellte sich damit der deutschen Bevölkerung, aber auch den Besatzungsmächten als dringendste Aufgabe. Die Alliierten hatten während des Krieges eine Reihe von Plänen für das Nachkriegsdeutschland entwickelt und sich auf den Konferenzen von Teheran (Dezember 1943) und Jalta (Februar 1945) auf eine gemeinsame Deutschlandpolitik geeinigt. Am 5. Juni, also knapp einen Monat nach der deutschen Kapitulation vom 8. Mai 1945, übernahmen die Alliierten mit der »Juni-Deklaration« die oberste Regierungsgewalt in Deutschland. Ein Kontrollrat, der sich aus den Chefs der Besatzungstruppen zusammensetzte, wurde höchstes Machtorgan für Deutschland. Daneben konnten jedoch die einzelnen Befehlshaber in ihren Zonen die Entscheidungshoheit ausüben, Befehle und Gesetze erlassen. Mit diesem Zugeständnis war bereits die Grundlage für eine unterschiedliche Entwicklung zwischen der Sowjetischen Besatzungszone und den drei Westzonen gelegt.

Die Potsdamer Konferenz der Regierungschefs der drei Großmächte (17. Juli bis 2. August 1945) sollte das weitere Schicksal
Deutschlands regeln. Das Potsdamer Abkommen, auf das sich Stalin, Truman und Attlee einigten, ließ erkennen, daß es nur noch
einen minimalen Konsens zwischen den Siegerstaaten gab: Sie rich-
teten sich auf eine lange Besatzungszeit ein und betrachteten
Deutschland zunächst nur als Objekt der Politik. Bei den Grenzfra-
gen, die erst durch einen Friedensvertrag geregelt werden sollten,
nahmen die Westmächte die von der Sowjetunion geschaffenen Tatsachen hin und billigten, daß die Gebiete östlich von Oder und Neiße
nicht zur Sowjetischen Besatzungszone, sondern »unter die Verwaltung des polnischen Staates« kamen. In den wesentlichen Punkten bot das Abkommen breiten Spielraum für unterschiedliche
Auslegungen: Deutschland sollte Wiedergutmachung leisten, die
Alliierten wollten »Militarismus und Nazismus« ausrotten, ein de-
mokratisches Staatswesen schaffen und eine einheitliche Wirtschaftsordnung erhalten. Diese Vereinbarungen dienten der UdSSR in den
folgenden Jahren als Legitimation, um ihre Politik in Deutschland
durchzusetzen.

Die sowjetische Europapolitik nach 1945 zeigte weder die klare
Absicht, ganz Europa zu sowjetisieren, noch beschränkte sie sich
auf die Schaffung von Sicherheitszonen, um die Sowjetunion notfalls
besser verteidigen zu können. Selbst die verschiedenen Konzeptio-
nen, die die Sowjetunion Stalins besaß, boten die Möglichkeit, sich
der jeweiligen konkreten Situation anzupassen, um schrittweise eigene strategische und taktische Ziele zu realisieren. Das bedeutete
aber, daß die Außenpolitik der Sowjetunion wesentlich von der Haltung der USA abhing (und umgekehrt).

Ein »Fernziel« der UdSSR bestand darin, in Deutschland ihr eigenes System zu installieren. Nur dadurch glaubte sie letztlich »Faschismus und Militarismus« ausrotten zu können, die ja nach der
sowjetischen Ideologie Folgen des Kapitalismus und der bürgerlichen Staatsform, also auch des Parlamentarismus, waren. Die ak-
tuellen Interessen der UdSSR verlangten 1945 jedoch eine flexible
Taktik. Die Sowjetunion wollte eben nicht nur ihren Machtbereich
erweitern und ihr internationales Gewicht verstärken, sie benötigte
nach den schweren Kriegsverlusten Ruhe für den Wiederaufbau,
und sie brauchte Reparationen.

Zunächst war also die Zusammenarbeit mit den West-Alliierten
notwendig. Daher mußte jeder Anschein einer »kommunistischen
Entwicklung« oder einer Übertragung des Sowjetsystems in Osteu-

ropa und erst recht im gemeinsam besetzten Deutschland vermieden werden. Ideologisch gestand Stalin deshalb allen kommunistischen Parteien einen »eigenen« Weg zum Sozialismus zu und verzichtete auf eine sofortige Sowjetisierung (die die Westmächte provoziert und die sowjetischen Reparationsansprüche gefährdet hätte). Die UdSSR gestattete vielmehr die Tätigkeit verschiedener politischer Richtungen, legte also damals »antifaschistisch-demokratisch« im Sinne der pluralistischen Demokratie aus. Mit dieser Taktik ließ sich die UdSSR verschiedene Möglichkeiten offen: Bei entsprechender Interessenlage und politischen Erfordernissen blieb der Weg für eine gesamtdeutsche und demokratische Entwicklung; die Alternative war der tatsächlich eingeschlagene Kurs der SBZ, nämlich die erneute Umstrukturierung des Parteiensystems, die über die Stufe der »antifaschistisch-demokratischen Umwälzung« führte und den Weg zur Stalinisierung freimachte.

Die Entwicklung der SED zur »Partei neuen Typus«

Die am 9. Juni 1945 als oberstes Machtorgan geschaffene Sowjetische Militäradministration (SMAD) erlaubte bereits mit ihrem »Befehl Nr. 2« vom 10. Juni die Bildung von antifaschistisch-demokratischen Parteien. Als erste Partei im Nachkriegsdeutschland konstituierte sich daraufhin am 11. Juni 1945 die Kommunistische Partei Deutschlands. Die KPD, 1918/19 unter Führung von Rosa Luxemburg und Karl Liebknecht gegründet, hatte sich Ende der zwanziger Jahre aus einer linksradikalen Arbeiterpartei zum außenpolitischen Hilfsinstrument Stalins entwickelt. Wie die gesamte Arbeiterbewegung, so war auch die KPD 1933 durch den Hitlerstaat zerschlagen, ihre Anhänger waren verfolgt worden. Die Kommunisten, die unter Hitler die größten Blutopfer zu bringen hatten, wollten nun in erster Linie die Überreste des Nationalsozialismus überwinden und jede Wiederkehr einer faschistischen Diktatur mit allen Kräften verhindern.

So war es nicht verwunderlich, daß die sowjetische Besatzungsmacht in den deutschen Kommunisten ihre wichtigsten politischen Helfer sah. Da sie identische politische und weltanschauliche Vorstellungen besaßen, galten letztlich nur sie der Sowjetunion als »echte« Antifaschisten. Viele deutsche Kommunisten waren in der UdSSR ausgebildet worden, die meisten standen dem Sowjetstaat ergeben gegenüber. Sie verteidigten alle Maßnahmen der Besatzung

(Reparationen, Übergriffe), selbst wenn sie sich damit von der Bevölkerung isolierten. Die Führung der KPD war auch bereit, in den verschiedenen Phasen bis 1949 bedingungslos die sowjetischen Weisungen zu akzeptieren und die ihr zugedachte Rolle zu spielen. Dafür begünstigte die Besatzung die Kommunisten und brachte sie in Machtpositionen, sie stärkte die KPD durch aktive Unterstützung bei der Zwangseinschmelzung der SPD 1946 und half der Ulbricht-Gruppe 1948, die SED (der man zunächst ideologische Freiheiten gelassen hatte) zur stalinistischen »Partei neuen Typus« umzuwandeln. Die KPD/SED war also bis 1949 direkt mit der Besatzungsmacht verbunden.

Der Gründungsaufruf der KPD vom Juni 1945 forderte zwar die »Liquidierung der Überreste des Hitlerregimes«, die KPD verstand darunter aber keineswegs eine sozialistische Umgestaltung, sondern die »Vollendung« der bürgerlichen Revolution von 1848. Der Aufruf wirkte in vielen Teilen wie eine Abkehr von den revolutionären Traditionen der Partei. Die KPD verzichtete nicht nur ausdrücklich auf die Einführung des Sowjetsystems und befürwortete stattdessen eine »parlamentarisch-demokratische Republik«, sondern sie forderte darüber hinaus sogar die »völlig ungehinderte Entfaltung des freien Handels und der privaten Unternehmerinitiative«.

Die deutschen Kommunisten mußten 1945 in der SBZ Lösungen für komplizierte Probleme finden. Vorrangig war auch für sie der Wiederaufbau der zerstörten Wirtschaft, den sie jedoch mit der Schaffung neuer Strukturen zu verbinden suchten. Beim Neuaufbau von Staat und Verwaltung mußten sie zwar Rücksicht auf andere Parteien nehmen, dennoch wollten sie die wichtigsten Funktionen selbst besetzen. Nach der Niederlage des NS-Regimes war der Wunsch nach geistiger Freiheit groß, und auch die KPD mußte diesem Verlangen gerecht werden; ihr Ziel blieb aber ein Meinungsmonopol.

All die schwierigen Probleme des Übergangs sollten nun mit einer Parteiorganisation gelöst werden, die eben erst aufgebaut und diszipliniert worden war und deren Funktionäre, die teilweise aus Zuchthäusern und KZs und z. T. aus der Emigration gekommen waren, durch den Kurswechsel und das Bekenntnis zur Demokratie sich nicht selten verunsichert zeigten. Als wichtigste Aufgabe galt daher der KPD-Führung (dem Sekretariat mit Wilhelm Pieck, Walter Ulbricht, Franz Dahlem und Anton Ackermann) der Ausbau des Parteiapparates und die ideologische Ausrichtung der Organisation. Eine einheitliche Arbeiterpartei, die damals von breiten Kreisen gewünscht wurde, lehnte die KPD-Spitze ab, eine Verschmelzung von SPD und KPD erschien ihr damals nicht opportun.

Im Gegensatz dazu trat ein Berliner Zentralausschuß der SPD, der am 15. Juni 1945 unter Otto Grotewohl, Max Fechner und Erich Gniffke gegründet worden war, sofort für eine sozialistische Politik ein. In ihrem Aufruf forderte die SPD Demokratie in Staat und Gemeinde und Sozialismus in Wirtschaft und Gesellschaft. Voraussetzungen dafür sahen die Berliner SPD-Führer in der Einheit der Arbeiterbewegung, also auch in der Schaffung einer Einheitspartei. Die gemeinsame antifaschistische Grundeinstellung, die Erfahrungen unter Hitler und vor allem das Bekenntnis der KPD zur parlamentarischen Demokratie schienen frühere Kontroversen verwischt zu haben; zudem glaubten viele Sozialdemokraten, aufgrund ihrer zahlenmäßigen Überlegenheit in der Einheitspartei dominieren zu können. Doch nachdem die SPD unter Kurt Schumacher im Westen jede Verschmelzung mit der KPD strikt ablehnte und bald ein Vormachtanspruch der Kommunisten zu erkennen war, machte sich in der Sozialdemokratie der SBZ zunehmend Skepsis breit. Um aus der Isolierung zu kommen, favorisierte nunmehr die KPD-Spitze im Spätherbst überraschend eine schnelle Vereinigung beider Parteien. Unter dem Druck der SMAD mußte die Ost-SPD nachgeben.

Am 20. und 21. Dezember 1945 tagte in Berlin eine Konferenz von je 30 Vertretern der KPD und SPD. Die KPD machte der kritischen Grotewohl-Führung formale Zugeständnisse, forcierte aber gleichzeitig die Vorbereitungen zur Vereinigung. Als sich in der SPD Widerstand zeigte, griff die sowjetische Besatzungsmacht mit Redeverboten und Verhaftungen von Einheitsgegnern ein. Die von Sozialdemokraten geforderte Urabstimmung durfte nicht stattfinden. Unter dem Druck der SMAD trat nun auch die SPD-Führung für die Verschmelzung ein. Nur in West-Berlin konnten die Sozialdemokraten eine Abstimmung durchsetzen, bei der sich 82 Prozent der Wählenden gegen eine Fusion mit der KPD aussprachen. Die KPD versuchte, die Zwangsvereinigung auch durch ideologische Zugeständnisse zu erleichtern. Nun galt die These vom »besonderen deutschen« und vom »demokratischen« Weg zum Sozialismus, die weithin als Distanzierung von der stalinistischen Praxis der UdSSR verstanden wurde, als programmatische Grundlage für die neue Einheitspartei, die mit Betrug und Zwang entstand.

Am 21. und 22. April 1946 tagte in Berlin der Vereinigungsparteitag, auf dem sich die Sozialistische Einheitspartei konstituierte. Angeblich hatten sich SPD und KPD »in der Mitte« getroffen. In der Tat zeigte die neugegründete SED zunächst einige wesentliche Unterschiede gegenüber herkömmlichen kommunistischen Parteien. Sie war keine Kaderpartei, sondern eine Massenpartei; zu den 600 000 KPD-Mitgliedern und den 680 000 Sozialdemokraten stießen zahlreiche neue Personen, Mitte 1948 zählte sie (bei 19 Millionen Einwohnern der SBZ) fast zwei Millionen Mitglieder (16 Prozent der Erwachsenen). Auch waren nach den Statuten alle Funktionen paritätisch zu besetzen, die Sozialdemokraten hatten zumindest formal noch erheblichen Einfluß. Der Spitzenführung der SED, dem Zentralsekretariat, gehörten sieben Kommunisten (Ackermann, Dahlem, Matern, Merker, Pieck, Elli Schmidt und Ulbricht) an und ebenso viele Sozialdemokraten (Fechner, Gniffke, Grotewohl, Karsten, Käthe Kern, Lehmann und Meier). Vor allem aber war die SED nicht auf das sowjetische Modell festgelegt; sie bekannte sich zum Marxismus, aber nicht zum Leninismus. In der praktischen Politik freilich war die SED der verlängerte Arm der sowjetischen Besatzungsmacht, mit deren Hilfe sie ihre Schlüsselpositionen in Verwaltung, Polizei, Wirtschaft und Massenmedien ausbaute.

Im Oktober 1946 erhielt die SED bei den Wahlen zu den Landtagen der Sowjetzone nur knapp die Hälfte der Stimmen, das Ziel einer absoluten Mehrheit wurde nicht erreicht.

Auf dem II. Parteitag der SED im September 1947 bekannte sich die Einheitspartei noch zu den Prinzipien ihrer Gründung. Doch bereits 1948 änderte sich die Situation radikal. Und die I. Parteikonferenz der SED im Januar 1949 trieb den Stalinisierungsprozeß voran. Nach Ausbruch des Kalten Krieges und des Konfliktes Stalins mit Jugoslawien (das unter Tito die These vom »eigenen Weg« benutzte, um eine unabhängige Politik zu betreiben), revidierte die UdSSR Stalins ihre bisherige Haltung: Sie verwarf die Auffassung von den »unterschiedlichen Wegen« zum Sozialismus, die Sowjetunion hatte nunmehr als alleiniges Modell zu gelten. Sie zog die politischen Zügel an und übte unverhohlen die Macht aus. Erste Konsequenz der neuen Linie für die SED war die Umbildung in eine »Partei neuen Typus« nach dem Vorbild der KPdSU Stalins. Konkret bedeutete dies zunächst: die Abschaffung der paritätischen Funktionsbesetzung, eine Absage an den »besonderen deutschen Weg« zum Sozialismus, schließlich die zentralistische Anleitung der SED und eine Parteisäuberung.

Der »demokratische Zentralismus« avancierte zum Prinzip des Parteiaufbaus, Fraktionen und Gruppierungen in der SED wurden streng untersagt. Die SED schrieb den Kampf gegen den »Sozialdemokratismus« auf ihre Fahnen. Das Bekenntnis zur KPdSU Stalins und zur »führenden Rolle« der Sowjetunion wurde für alle SED-Mitglieder verpflichtend. »Kontrollkommissionen« überwachten die »Reinheit« der Partei, Sozialdemokraten wurden aus Funktionen verdrängt, und Verhaftungen sogenannter Agenten schufen eine Atmosphäre der Angst, in der die verordnete Parteidisziplin einen hierarchischen Zentralismus begünstigte. An die Spitze der Partei trat ein Politbüro, in dem ehemalige KPD-Führer überwogen. Nach sowjetischem Vorbild wurden Kaderabteilungen eingeführt. Sie lösten die innere Demokratie durch Besetzung der Funktionen von oben nach unten ab. Die Transformation der SED zur stalinistischen Partei war vollzogen, sie verstand sich nun als »marxistisch-leninistische Kampfpartei ... unter dem unbesiegbaren Banner von Marx, Lenin und Stalin«.

Der Aufbau des Parteiensystems:
Blockparteien und »Massenorganisationen«

Nach der Gründung der KPD (11. Juni 1945) und der SPD (15. Juni) hatte die SMAD auch zwei »bürgerliche« Parteien zugelassen: CDU und LDP. Am 26. Juni 1945 trat die CDU mit einem Gründungsaufruf an die Öffentlichkeit. Den Kern der neuen Partei bildeten Vertreter des früheren Zentrums, des protestantisch-konservativen Lagers und der ehemaligen DDP, unter ihnen Hermes, Schreiber, Kaiser, Lemmer, Friedensburg und Nuschke. Die CDU bekannte sich zu christlicher, demokratischer und sozialer Politik, sie bejahte das Privateigentum, war aber für Verstaatlichung der Bodenschätze und Schlüsselunternehmen.

Als vierte Partei konstituierte sich am 5. Juli 1945 in Berlin die Liberal-Demokratische Partei Deutschlands. Koch, Schiffer, Külz und Lieutenant (früher alle DDP) standen an der Spitze der neuen Partei, die die Erhaltung des Privateigentums, freie Wirtschaft, unabhängiges Richtertum, aber auch die Beseitigung von Faschismus und Militarismus forderte.

Ähnlich wie KPD und SPD führten CDU und LDP programmatisch und personell die Tradition des deutschen Parteiensystems fort. Die Zulassung des Parteienpluralismus (außer der Rechten) deutete sowohl auf eine gesamtdeutsche Entwicklung wie auf Ansätze eines parlamentarischen Parteienstaates hin.

Allerdings bildeten die vier Parteien bereits am 14. Juli 1945 den

»Block«, der sich zunächst »Einheitsfront antifaschistisch-demokratischer Parteien« nannte und der kein Koalitionsbund, sondern etwas völlig Neues in der deutschen Parteiengeschichte sein sollte. Die Parteiführer gingen davon aus, daß die deutsche Nation nur durch Schaffung einer antifaschistisch-demokratischen Ordnung zu retten sei. Diese Aufgabe wollten sie gemeinsam »unter gegenseitiger Anerkennung ihrer Selbständigkeit« lösen. Was damals zählte, war die gemeinsame antifaschistische Einstellung und noch nicht der spätere Gegensatz zwischen Kommunisten und Antikommunisten. Ein Ausschuß (mit je fünf Vertretern aller vier Parteien) konnte Beschlüsse fassen, aber »auf dem Wege der Vereinbarungen, somit nicht durch Abstimmungen«. Da sich der »Block« zu den Potsdamer Beschlüssen bekannte, war es der SMAD (und auch der KPD/SED) leicht möglich, unter Berufung auf diese Konferenz den »Block« in die jeweils gewünschte Richtung zu drängen. Für die KPD und die SMAD war der Block ein entscheidendes Instrument der Formung des Parteiensystems. Versuchte die KPD bereits durch ihre »Einheitsfrontpolitik« mit der SPD, der Gefahr einer Isolierung auszuweichen, so sollte die Beteiligung der KPD im Block jede Koalitionsbildung ohne oder gar gegen die KPD ausschließen. Der »Antifa-Block« konstituierte sich auch auf Landes-, Kreis- und Ortsebene, wo die Kommunisten ihre Vormachtstellung noch stärker ausbauen konnten.

Immerhin mußte die KPD bzw. ab 1946 die SED das von der SMAD zugelassene Parteiensystem akzeptieren, eine Alleinherrschaft war erst später möglich. Die SED versuchte deshalb zunächst, diejenigen Parteiführer von CDU und LDP zu isolieren, die auf eine parlamentarische Demokratie drängten. Beide Parteien bekamen Schwierigkeiten mit der Besatzungsmacht, sie mußten Zugeständnisse machen, um unter einer kommunistischen Besatzung ihre Autonomie erhalten zu können. Da alle Parteien auf antifaschistische und demokratische Politik verpflichtet waren, bemühten sich SMAD und SED, »progressive« Gruppen in den bürgerlichen Parteiführungen gegen »reaktionäre« auszuspielen, wobei die Begriffe der jeweiligen Situation entsprechend ausgelegt wurden.

Bereits im Dezember 1945 setzte die SMAD die CDU-Führer Hermes und Schreiber ab, weil diese gegen die Bodenreform auftraten. Ihre Nachfolger Kaiser und Lemmer einten die CDU auf der Basis des »christlichen Sozialismus«. Die CDU gewann bei den Landtagswahlen im Oktober 1946 etwa ein Viertel der Stimmen und versuchte in Landtagen und Landesregierungen, die SED-Vorherrschaft zu verhindern.

Auch die LDP (etwa ebenso stark wie die CDU) sah es zunächst als ihre Aufgabe an, die Veränderungen in der SBZ zu begrenzen. Als einzige Partei verwarf sie jede Form von Sozialismus, doch auch sie hatte die Anweisungen der SMAD zu akzeptieren. Um den Widerstand beider Parteien gegen eine Veränderung des Parteiensystems zu neutralisieren, brachte die SED 1947 neben dem »Antifa-Block« eine weitere Institution ins Spiel: die Volkskongreßbewegung.

Inzwischen hatte die Außenministerkonferenz der vier Besatzungsmächte in Moskau (März/April 1947) gezeigt, daß sich die Vorstellungen über die weitere Behandlung Deutschlands immer deutlicher auseinanderentwickelten. Im November 1947 trafen sich die Außenminister wieder, diesmal in London, ohne einen Konsens zu finden. Durch die Volkskongreßbewegung wollte die SED die sowjetische Position unterstützen, gleichzeitig aber auch auf die anderen Parteien einwirken. Die eigentliche Veränderung des Parteiensystems und die endgültige Schwächung von CDU und LDP erreichte die SED 1948, und zwar einerseits durch die Schaffung zweier neuer Parteien und andererseits durch die gleichberechtigte Einbeziehung von »Massenorganisationen« in den »Block«.

Im Juni 1948 ließ die SMAD die im Mai durch die SED gegründete Nationaldemokratische Partei Deutschlands offiziell zu. Die NDPD vereinte ehemalige Offiziere, NSDAP-Mitglieder (diese durften von CDU und LDP nicht aufgenommen werden) und andere bürgerliche Kreise. Welche taktischen Freiheiten der NDP gestattet wurden, zeigte eines ihrer Gründungsplakate mit der Losung »Gegen Marxismus – für die Demokratie«. Natürlich war das Plakat »mit Genehmigung der SMAD« gedruckt worden und entsprach deren Intentionen.

Eine weitere Neugründung (im April 1948) war die Demokratische Bauernpartei Deutschlands, die, ebenfalls von der SED geschaffen, Bauern gewinnen sollte. Der Volksrat, ein vom II. Deutschen Volkskongreß im März 1948 gewähltes und von der SED gelenktes ständiges Gremium, nahm die beiden neuen Parteien sofort auf. Nachdem der Widerstand von CDU und LDP gebrochen war, konnten die DBD am 5. August 1948 und die NDPD am 7. September 1948 auch dem »Antifa-Block« beitreten. Nach und nach wurden auch die »Massenorganisationen« Mitglieder des »Antifa-Blocks« und damit integrierte Bestandteile des Parteiensystems der SBZ.

Der Freie Deutsche Gewerkschaftsbund war mit Billigung der SMAD (Befehl Nr. 2) schon früh zugelassen worden. Bereits am

15. Juni 1945 hatte sich ein vorbereitender Gewerkschaftsausschuß für Groß-Berlin gebildet, der sich formal aus sozialdemokratischen, kommunistischen und christlichen Gewerkschaftern zusammensetzte. Damit begann der Aufbau des FDGB als überparteiliche Gewerkschaft der SBZ. Durch ihre straff gelenkte Betriebs- und Organisationsarbeit und die Hilfe der SMAD hatte die SED im FDGB bald die Vormachtstellung inne. Schon auf dem 2. Kongreß im April 1947 errang sie die Mehrheit der 47 Vorstandsmitglieder. Mit der Umbildung der SED zu einer »Partei neuen Typus« veränderte sich auch die Funktion des FDGB. 1948 proklamierte die FDGB-Führung die Abkehr von »überholten« gewerkschaftlichen Traditionen, Planerfüllung sollte nun in den Mittelpunkt der Gewerkschaftsarbeit treten. Die unabhängigen Betriebsräte in der SBZ wurden aufgelöst und mit den Betriebsgewerkschaftsleitungen (BGL) »verschmolzen«. Der FDGB mußte nach dem Vorbild der UdSSR als »Massenorganisation« der SED deren Politik vertreten. Da er aber gleichzeitig bestimmte Interessen der Arbeiter wahren sollte, kam es zu einem ständigen Spannungsverhältnis zwischen seiner Funktion als »Transmissionsriemen« der SED und seinen Verpflichtungen als Arbeitnehmer-Repräsentant. Da alle Führungskräfte des FDGB inzwischen der SED angehörten, wuchs mit der Aufnahme des FDGB in den »Block« die »führende Rolle« der SED.

Eine ähnliche Entwicklung durchliefen alle »Massenorganisationen«. Im September 1945 war unter Leitung Honeckers ein zentraler Jugendausschuß für die SBZ entstanden, aus dem am 7. März 1946 die Freie Deutsche Jugend hervorging. In der Einheitsjugendorganisation FDJ besaßen die Kommunisten von Anfang an den wesentlichen Einfluß. Zwar versprach Honecker auf dem »I. Parlament« der FDJ (Juni 1946) noch, die Überparteilichkeit »wie unseren eigenen Augapfel zu hüten«, in Wirklichkeit aber bestimmten die Kommunisten schon rasch die Jugendpolitik. Auch der im Juli 1945 ins Leben gerufene »Kulturbund zur demokratischen Erneuerung Deutschlands«, eine Organisation der Intellektuellen und Kulturschaffenden, und der (aus den 1945 geschaffenen Frauenausschüssen hervorgegangene) im März 1947 gegründete Demokratische Frauenbund Deutschlands unterstützten ab 1948 die Politik der SED.

Auf diese Weise entstanden neue oder wieder die herkömmlichen gesellschaftlichen Organisationen, um breite Schichten der Bevölkerung zu erfassen. Doch wurden für jede Zielgruppe (Arbeiter, Jugend, Frauen) nur eine einzige Organisation zugelassen, die die SED beherrschte. Diese Monopolverbände sollten gesellschaftlichen Pluralismus verhindern. Ihre Einbeziehung in den »Antifa-Block« stärkte das Gewicht der Einheitspartei.

Allerdings begnügte sich die SED nicht mit der Umwandlung des Parteiensystems an der Spitze, sie praktizierte diese Transformation auf allen Ebenen. Schon vor Gründung der DDR hatte die SED das Parteiensystem grundsätzlich umgestaltet.

Der Aufbau des neuen Staates

Die Sowjetische Besatzungszone umfaßte ein Gebiet von rund 108 000 km^2 und hatte 1946 18,3 Millionen Einwohner. Die sowjetischen Kommandanten in den Städten, Orten und Kreisen, die in den ersten Wochen nach der Besetzung die Macht selbst ausübten, versuchten zunächst eine notdürftige Ordnung aufzurichten. Bereits im Juni/Juli 1945 ernannten sie deutsche Verwaltungen in den Gemeinden und Kreisen, die sich an den traditionellen Aufgaben dieser Organe orientierten und sich um die Lebensmittelversorgung und die Wohnungsverteilung kümmerten.

Im Juli 1945 setzte die SMAD für die Länder Sachsen, Mecklenburg und Thüringen Landesverwaltungen ein, für die Provinzen (die 1947 ebenfalls in Länder umgewandelt wurden) Brandenburg und Sachsen-Anhalt Provinzialverwaltungen. Ab Oktober 1945 konnten die Landes- und Provinzialverwaltungen Gesetze erlassen – allerdings nur in Übereinstimmung mit der SMAD. Bereits am 27. Juli 1945 errichtete die SMAD aber auch 11 deutsche Zentralverwaltungen (u. a. Verkehrswesen, Handel und Versorgung, Volksbildung, Justiz), die als Hilfsorgane der SMAD arbeiteten und eine Keimzelle für eine deutsche Zentralregierung sein sollten. In den Landesverwaltungen wurden zwar zunächst alle Parteien berücksichtigt (in der Landesverwaltung Sachsen waren Anfang 1946 440 Mitglieder der KPD, 512 der SPD, 90 der LDP, 87 der CDU und 901 Parteilose beschäftigt), aber vor allem in den Schlüsselpositionen der Zentralverwaltungen war die KPD überrepräsentiert.

Der Aufbau der Verwaltungen war gekennzeichnet durch eine weitgehende personelle Neubesetzung. Sie wurde – wie jede Maßnahme in den ersten Jahren nach der NS-Diktatur – mit der Beseitigung der Überreste des Hitler-Regimes begründet. Über 10 000 Angehörige der SS, 2 000 der Gestapo und 4 300 »politische Führer« der NSDAP wurden nach offiziellen Angaben angeklagt, insgesamt 12 807 verurteilt (darunter 118 zum Tode). Tatsächlich erreichte die

SMAD durch rigorose Ausschaltung der Nationalsozialisten (bis 1948 etwa 520 000 Personen) aus dem öffentlich-politischen und beruflichen Leben eine umfassende Entnazifizierung.

Im Gegensatz zu den Westzonen, wo eine recht widersprüchliche Entnazifizierung einen klaren Trennungsstrich zur Vergangenheit nicht ermöglichte und wo beim Neuaufbau des Berufsbeamtentums ehemalige NSDAP-Mitglieder wieder ihre alten Stellungen einnehmen konnten, war die Säuberung in der SBZ durchgreifend und so zunächst die »Vergangenheitsbewältigung« auch eindeutiger. Allerdings erhielten später im Zeichen des Kalten Krieges in beiden deutschen Staaten ehemalige Nazis wieder Funktionen, und es zeigte sich dann, daß auch in der DDR die Spuren von NS-Tradition und Militarismus zu finden waren. Die SMAD benutzte jedoch den radikalen Bruch mit dem faschistischen Deutschland, um alle entscheidenden Funktionen mit Kommunisten zu besetzen; diese erhielten in der SBZ alle Machtpositionen, die allmählich von der Besatzung in deutsche Hände übergingen.

Schon 1945 baute die SMAD eine deutsche Polizei auf, zunächst zuständig für Verkehrsregelung und Aufrechterhaltung der öffentlichen Ordnung. Doch bereits früh wurde auch die politische Abteilung »K 4« geschaffen, und bewährte Kommunisten übernahmen die »Kommandohöhen«. Die »Volkspolizei« unterstand anfangs den Innenministern der Länder. Mit der Bildung einer deutschen Zentralverwaltung des Innern begann 1948 jedoch der Aufbau einer zentralen Polizei, die von der SED beherrscht wurde.

Auch in der Justiz bestimmte in dieser Phase allein die Besatzungsmacht. Die sowjetische Geheimpolizei schuf Internierungslager, sogenannte Speziallager, auf deutschem Boden. In diesen Schweigelagern wurden etwa 150 000 deutsche Gefangene festgehalten, von denen 70 000 ums Leben gekommen sein sollen. 1990 bestätigte das sowjetische Innenministerium die Existenz von zehn (ab 1948 noch drei) »Speziallagern«, in denen von 1945 bis 1950 122 671 Deutsche einsaßen. Davon kam ein Drittel, nämlich 42 889 Personen ums Leben, fast 13 000 wurden »in die UdSSR gebracht« und 14 000 dem Ministerium des Innern der DDR übergeben. Nur ein kleiner Teil der Internierten waren NS-Verbrecher, viele waren willkürlich denunzierte Personen, ab 1946 gerieten auch Sozialdemokraten und sogar oppositionelle Kommunisten in die Lager. Wer in die Hände der sowjetischen Geheimpolizei fiel, fand sich rechtlos Beschuldigungen und Verdächtigungen ausgesetzt, wurde verurteilt oder auf unbestimmte Zeit eingesperrt. Es gab keine Rechtsprechung.

Auf Anweisung der SMAD wurde in der SBZ auch eine »Justiz-reform« durchgeführt, die von Anfang an unter kommunistischem Vorzeichen stand. Nach Gesetz Nr. 4 des Kontrollrates sollten alle ehemaligen »aktiven« Mitglieder der NSDAP aus dem Justizdienst entfernt werden. In der Sowjetzone legte die SMAD das Gesetz so aus, daß alle NSDAP-Mitglieder (also auch die passiven) entlassen wurden, d. h. etwa 85 Prozent aller Richter. Die KPD bzw. SED ersetzte sie durch rasch ausgebildete »Volksrichter« und schuf sich so im Laufe der Zeit einen linientreuen Justizapparat.

Bei den Gemeindewahlen im September 1946 hatte die SMAD (durch Verweigerung der Registrierung von LPD- und CDU-Orts-gruppen, ungleiche Papierzuteilung usw.) der SED günstige Ausgangspositionen verschafft, die dadurch in vielen kleinen Gemeinden siegte. In Großstädten (Leipzig, Dresden, Zwickau usw.) blieb die SED dennoch in der Minderheit. Bei den Landtagswahlen im Oktober 1946 erreichte die Partei in den Landtagen von Sachsen, Thüringen und Mecklenburg gemeinsam mit der SED-beherrschten »Vereinigung der gegenseitigen Bauernhilfe« (VdgB) die Mehrheit der Sitze, nicht aber in Brandenburg und Sachsen-Anhalt.

CDU und LDP mußten nach den Wahlen an den Länder-Regierungen beteiligt werden. Doch die SED behielt die wichtigsten Positionen, sie stellte in vier von fünf Ländern die Ministerpräsidenten (diese kamen sämtlich aus der SPD), vor allem aber die fünf Innenminister (alles frühere Kommunisten), die Kultusminister und vier von fünf Wirtschaftsministern.

In den Regierungsprogrammen standen die Sicherung der Ernährung und der Aufbau der Wirtschaft im Vordergrund, aber auch die Fortführung der antifaschistisch-demokratischen Umwälzung. Die Verfassungen und Verordnungen der Länder bestätigten das parlamentarisch-demokratische Prinzip ebenso wie die sozialen Veränderungen. Alle Landtage beschlossen 1947 Gesetze zur teilweisen Sozialisierung. Der Widerstand zahlreicher Politiker der CDU und LDP gegen die neue Auslegung des Begriffs »antifaschistisch-demokratisch« veranlaßte die SMAD zu Eingriffen in die Personalstruktur dieser Parteien. Sie hat dort mißliebige und oppositionelle Politiker 1947 und 1948 ausgewechselt, so daß die Stellung der SED unantastbar wurde. Die Veränderung des Parteiensystems durch die SED, ihre Umwandlung zur »Partei neuen Typus« und der Umbau des Staatswesens noch vor der Gründung der DDR schufen (unter der Herrschaft der sowjetischen Besatzungsmacht) ein neues politisches Regime.

Die Gesellschaftsordnung

Reformen in Gesellschaft und Wirtschaft

Parallel zur Veränderung des politischen Systems lief eine tiefgreifende Umstrukturierung der Gesellschaftsordnung in der SBZ. Bereits 1945 erfolgte die Bodenreform. Die Großagrarier östlich der Elbe waren immer eine wirtschaftliche und politische Macht gewesen. Durch die Bodenreform vom September 1945 wurden alle Grundbesitzer, die über 100 Hektar Land besaßen, enteignet. Aus dem so geschaffenen Bodenfonds erhielten 500 000 Personen (darunter 119 000 Landarbeiter und 83 000 Flüchtlinge) 2,1 Millionen Hektar Land. Die Neubauern, die damals kleine Parzellen bekamen, schlossen sich später als erste zu Landwirtschaftlichen Produktionsgenossenschaften (LPGs) zusammen. Die Bodenreform war eine radikale Maßnahme, mit der sich die Struktur auf dem Lande, vor allem im Norden der SBZ, veränderte. Alle Parteien (mit Ausnahme der Hermes-Schreiber-Führung der CDU) unterstützten diese Reform, die noch keineswegs als kommunistisch zu bezeichnen ist.

Einschneidend für die weitere Entwicklung war die sogenannte Industriereform. Durch Befehl 124 der SMAD vom 30. Oktober 1945 (bzw. Befehl 126 vom 31. Oktober) war das gesamte Eigentum des deutschen Staates, der NSDAP und ihrer Amtsleiter sowie der Wehrmacht beschlagnahmt worden. Einen Teil dieser (meist schwerindustriellen) Betriebe wandelte die SMAD in »Sowjetische Aktiengesellschaften« (SAG) um, die in den Besitz der UdSSR übergingen. Der übrige Teil wurde im März 1946 den deutschen Verwaltungsorganen zur Verfügung gestellt. Grundlage für die Verstaatlichung bildete ein von der KPD bzw. SED gegen starken Widerstand von LDP und CDU forcierter Volksentscheid in Sachsen (wo sich über die Hälfte der 7 000 enteigneten Betriebe befanden). Gedrängt von der SMAD, faßte der »Antifa-Block« einen entsprechenden Beschluß, und nach intensiver Vorbereitung fand die Abstimmung am 30. Juni 1946 statt, bei der 77,6 Prozent der Wähler für eine Überführung der Betriebe in »Volkseigentum« votierten. Unter der Parole der Enteignung der Kriegsverbrecher wurden wesentlichen Teile der Industrie auch in den anderen Ländern der SBZ verstaatlicht. Zwar war davon zunächst nur ein geringer Teil aller Betriebe (3 843) betroffen, aber ihr Anteil an der Bruttoproduktion betrug rund 40 Prozent. Denselben Anteil hatten 1948 die Privatbetriebe, rund 20 Prozent steuerten die SAGs bei. Vor allem 1948 führten Prozesse gegen Unternehmer, die als »Wirtschaftsverbrecher«

angeklagt wurden, zu Einschüchterung, Flucht und damit weiteren Verstaatlichungen. Auch Banken und Versicherungen befanden sich nach ihrer Wiedereröffnung – bereits 1945 hatte die SMAD die Schließung der Banken befohlen – in Staatsbesitz. Bis 1948/49 waren so durch Boden- und Industriereform in der SBZ die Weichen für eine völlig neue Gesellschafts- und Wirtschaftsordnung gestellt.

Der Neuaufbau der Wirtschaft

Die Ausgangslage der Wirtschaft, besonders die der Industrie, in der SBZ war ungünstig. Ihre Industrieproduktion betrug 1936 zwar ein Viertel der Reichsproduktion, doch die Schwerindustrie war unterrepräsentiert (1,3 Prozent bei Roheisen, 2,3 Prozent Steinkohle, 6,6 Prozent Walzstahl usw.). Durch die Demontage wurde die Industrie, die bereits im Krieg große Zerstörungen erlitten hatte, weiter geschwächt. Im Rahmen der Hauptdemontage wurden bis Ende 1946 weit über 1 000 Betriebe abgebaut, und auch das zweite Gleis fast aller Bahnstrecken wurde entfernt. Die Kapazitäten der Industrie reduzierten sich teilweise erheblich (eisenschaffende Industrie um 80 Prozent, Zementindustrie und Papiererzeugung um 35 Prozent). In einer zweiten Etappe entnahm dann die UdSSR Reparationen aus der laufenden Produktion. Die etwa 200 wichtigsten und größten Betriebe (die 25 Prozent der Produktion der SBZ erzeugten) blieben als »Sowjetische Aktiengesellschaften« (SAG) im Besitz der Sowjetunion. Es gab mehrere Demontagewellen, die letzte im Frühjahr 1948. Die neuesten Untersuchungen gehen davon aus, daß die Wirtschaft der SBZ/DDR bis 1953 mit der riesigen Summe von 54 Milliarden Mark zu laufenden Preisen (bzw. 14 Milliarden Dollar) belastet wurde. Damit mußte die Ostzone zur Wiedergutmachung der von Deutschland im Krieg verursachten Schäden unvergleichlich mehr beitragen als die Westzonen. Unter diesen Voraussetzungen kam der Aufbau einer Friedenswirtschaft nur langsam voran. 1945 bis 1947 mußte vor allem dafür gesorgt werden, daß die Wirtschaft das Überleben der Bevölkerung ermöglichte, deren Lebenslage katastrophal war. Doch schon bis 1949 ließ sich erkennen, daß die Sowjetunion den Wiederaufbau der Wirtschaft in der SBZ weitgehend nach ihrem eigenen Modell gestalten wollte. Da die Staatswirtschaft als Basis jeder Entwicklung zum »Sozialismus« betrachtet wurde, lag das Schwergewicht auf einer Umgestaltung der Ökonomie. Entsprechend forcierte die SED als Führungspartei der SBZ vor allem

1947/48 die Durchsetzung der Planwirtschaft und den Ausbau des »volkseigenen«, also staatlichen Sektors der Industrie. Denn sie betrachtete die Wirtschaftspolitik als Teil ihrer Gesamtstrategie zur Erringung und Festigung ihrer politischen Herrschaft und zum Ausbau der Diktatur.

Nach häufigen Kompetenzstreitigkeiten zwischen den Ländern (mit demokratisch legitimierten Regierungen) und den von der SMAD eingesetzten Zentralverwaltungen sollte die durch den Befehl Nr. 138 am 14. Juni 1947 eingesetzte Deutsche Wirtschaftskommission (DWK) die Tätigkeit der Zentralverwaltungen koordinieren und die gesamtstaatliche Wirtschaftsplanung ausbauen. Die Zahl der wieder in Gang gesetzten Betriebe wuchs (von 28 000 im Jahre 1946) bis Januar 1948 auf fast 40 000 an. Am 12. Februar 1948 gab die SMAD der DWK weitgehende Vollmachten zur selbständigen Leitung der Wirtschaft, sie wurde nun ein zentrales Führungsorgan.

Nach der Reorganisierung der DWK (9. März 1948) konnte sie für alle Organe der SBZ verbindliche Verfügungen erlassen, war also Vorstufe einer Regierung. Ab Mitte 1948 arbeitete die Wirtschaft in der SBZ nach einem »Halbjahrplan«. Es demonstrierte den wachsenden Einfluß der SED auch in der Wirtschaftspolitik, daß der erste Zweijahrplan 1949/50 vom Parteivorstand der SED am 30. Juni 1948 beschlossen wurde. Die Produktion sollte um ein Drittel erhöht (und damit auf 80 Prozent der Produktion von 1936 kommen), die Arbeitsproduktivität um 30 Prozent gesteigert werden. Um dieses Ziel zu erreichen, hatte die SED nach sowjetischem Vorbild 1948 eine Aktivistenbewegung initiiert. Im Oktober erfüllte der Kumpel Adolf Hennecke nach entsprechender Vorbereitung sein Tagessoll im Steinkohlenbergbau zu 380 Prozent. Er diente fortan als Vorbild: Entsprechend dem sowjetischen Stachanow-System sollte nun die Hennecke-Bewegung die Arbeitsproduktivität in die Höhe schrauben. Im Februar 1949 erklärte die SED die Aktivistenbewegung zum wichtigsten Hebel der Wirtschaft.

Trotz gewisser Fortschritte blieb die Wirtschaftslage aber problematisch. Auch die auf die westdeutsche Währungsreform im Juni 1948 erfolgte Währungsumstellung brachte keinen nennenswerten Aufschwung. Ende 1948 versuchten die Behörden, durch einen »freien Handel« die Lage in der SBZ zu bessern, dem Schwarzmarkt entgegenzuwirken und gleichzeitig neue Arbeitsanreize zu schaffen. Deshalb verkündete die DWK im Oktober 1948 die Bildung einer Staatlichen Handelsorganisation (HO). Diese errichtete Einzelhandelsbetriebe, in denen die Bevölkerung neben der rationierten Versorgung Konsumgüter und Lebensmittel zu stark überhöhten Preisen (z. B. ein Kilogramm Margarine zu 110 Mark) frei kaufen konnte. Die Schaffung der HO veränderte gleichzeitig die Struktur des Handels und steigerte auch hier die Staatsquote systematisch.

Veränderungen im Bildungswesen

Neben der Boden- und Industriereform brachte die Schulreform eine wichtige strukturelle Veränderung der Sowjetzone. Auch sie war zunächst keine »kommunistische« Maßnahme, sie sollte vielmehr mit der Einheitsschule gleiche Bildungschancen für alle bieten. Bereits im August 1945 hatte die SMAD mit ihrem Befehl Nr. 40 die Aufnahme des geregelten Schulunterrichts ab 1. Oktober angeordnet. Da drei Viertel aller Lehrer ausscheiden mußten, weil sie in der NSDAP gewesen waren, sollten kurzfristig ausgebildete Neulehrer eine antifaschistische Erziehung gewährleisten.

Das neu eingeführte Schulsystem der Einheitsschule umfaßte eine aus acht Klassen bestehende einheitliche Grundschule und darauf aufbauend eine vierstufige Oberschule oder dreistufige Berufsschule. Mit dem Aufbau von Zentralschulen reduzierten sich die einklassigen Dorfschulen von über 4000 im Jahre 1945 auf weniger als 700 im Jahre 1949. An den Schulen war bis 1948 ein relativ unabhängiger Unterricht möglich, reformpädagogische Ideen wurden übernommen. Ab 1948 wuchs der Einfluß der SED auf das Bildungssystem stetig. Die 1948 von der FDJ auf »Vorschlag der SED« gegründete Kinderorganisation, die »Jungen Pioniere«, sollte zusammen mit der Lehrerschaft die Kinder ideologisch beeinflussen.

Großes Gewicht maß die SED der Arbeit an den Hochschulen bei. Sie intensivierte die Förderung der Studenten aus Arbeiterkreisen durch Bildung von Vorstudienanstalten (1946) und später Arbeiter-und-Bauern-Fakultäten. Der Anteil der Arbeiterkinder an den Studierenden stieg von 19 Prozent 1945/46 auf 36 Prozent im Jahre 1949. Der materielle Aufwand für das Bildungswesen war beachtlich, die Fortschritte waren nicht zu übersehen. Mit der Nachahmung des Hochschulwesens der Sowjetunion wuchs allerdings auch der Einfluß der SED auf Lehre und Forschung.

Die Kunst konnte sich in der ersten Periode noch frei entwickeln. Im Mittelpunkt von Literatur, bildender Kunst und Film stand die Auseinandersetzung mit dem Nationalsozialismus und dem Krieg; Besatzungsmacht und SED gewährten hier zunächst einen großen Spielraum. Nach den Erfahrungen mit der NS-Zeit und ihrem Kampf gegen »entartete Kunst« wurde zunächst bewußt ein breites Spektrum akzeptiert, in dem sich auch die Moderne entfalten konnte. 1949 signalisierten Angriffe gegen die abstrakte Kunst aber bereits einen Richtungswechsel hin zum sowjetischen »sozialistischen Realismus«. Da die SMAD die Massenkommunikationsmittel früh in die Hände der deutschen Kommunisten gelegt hatte, bestimmte die Partei im Rundfunk und im Verlagswesen und – da SED-Zeitungen zahlreicher waren, höhere Auflagen und größere Papierzuteilungen hatten – auch in der Presse. Die öffentliche Meinung wie das Bildungswesen konnten so bereits bis zur DDR-Gründung 1949 stark von der SED dominiert werden.

Die Spaltung Deutschlands

Die stetigen Veränderungen der Gesellschaft und des Herrschaftssystems der SBZ von 1945 bis 1949 reflektierten den gleichzeitig verlaufenden Spaltungsprozeß Deutschlands. Als die Außenministerkonferenzen der Großmächte 1947 und 1948 in der Sackgasse endeten, brach auch die Alliierte Verwaltung für Deutschland auseinander. Am 20. März 1948 verließen die sowjetischen Vertreter den Kontrollrat und machten damit das formal oberste Machtorgan in Deutschland handlungsunfähig. Die getrennt durchgeführten Währungsreformen vom Juni 1948 zerrissen das einheitliche deutsche Wirtschaftsgebiet.

Nachdem die Sowjets am 16. Juni 1948 auch die Alliierte Kommandantur in Berlin verlassen hatten, versuchten sie durch die Blokkade West-Berlins ganz Berlin in die Hand zu bekommen. Mit ihrer elfmonatigen Luftbrücke nach Berlin konnten die West-Alliierten diese Absicht der Sowjets vereiteln. Schließlich wurde die Bildung eines eigenen Magistrats im November 1948 im Ostsektor Berlins zum sichtbaren Zeichen für die Zweiteilung der früheren deutschen Hauptstadt.

In Westdeutschland hatte sich am 1. September 1948 der Parlamentarische Rat konstituiert, der am 8. Mai 1949 das Grundgesetz für die Bundesrepublik Deutschland annahm. Nach der Verschärfung des Kalten Krieges und der Forcierung des Aufbaus der Bundesrepublik in den Westzonen richtete die Sowjetunion ihre Strategie auf die Schaffung eines eigenen Staates in ihrem Besatzungsgebiet. Entsprechend der sowjetischen Gesamtpolitik, Osteuropa nunmehr voll

in ihren Machtbereich einzugliedern, wurde Ende April 1949 der
Rat für Gegenseitige Wirtschaftshilfe (RGW) ins Leben gerufen.
Schließlich gab die UdSSR den Weg zur DDR-Gründung frei. Am
15. und 16. Mai wählte die Bevölkerung der SBZ den 3. Deutschen
Volkskongreß. Dazu gab es erstmals Einheitslisten, die aber – trotz
massiver Propaganda und Manipulationen – von über einem Drittel
der Wähler abgelehnt wurden. Der Volkskongreß bestimmte einen
Volksrat mit dem Auftrag, direkt ein eigenes Staatsgebilde zu kon-
stituieren. Am 7. Oktober 1949 wurde mit Billigung Stalins die DDR
gegründet.

Die Voraussetzungen hatten SMAD und SED geschaffen. Der
Übergang von der »volksdemokratischen Ordnung« zur »sozialistischen« Ordnung war eingeleitet. Die veränderten Eigentumsformen
und Sozialstrukturen, die neugeschaffenen Machtverhältnisse im
Parteiensystem und im Staat ermöglichten die Herrschaft der kommunistischen SED. Als »Partei neuen Typus« hatte sie die Sowjetzone nach dem Modell der stalinistischen Sowjetunion umgeformt.

Die Vorgeschichte der DDR, die Zeit von 1945 bis 1949, war für
die Sowjetische Besatzungszone – wie für die westlichen Zonen –
keineswegs nur eine Zwischenphase, in der die Militärbehörden
herrschten. Bereits 1945/46 wurden Ansätze unterschiedlicher gesellschaftlicher und politischer Systeme in Ost und West sichtbar,
die 1948 zur Teilung führten und 1949 in die Herausbildung zweier
deutscher Staaten mündeten. Es war keine zwangsläufige, aber von
den Besatzungsmächten geförderte und vor allem vom Kalten Krieg
beeinflußte Wandlung. Damit war die Besatzungszeit bis 1949 maßgeblich für die Ausformung der späteren Wirklichkeit der Diktatur
in der DDR, auch wenn dieser Prozeß 1949 noch nicht abgeschlos-
sen war.

Der Text ist ein vom Autor überarbeitetes Kapitel aus seinem Buch
»DDR. Grundriß der Geschichte 1949–1990«. Die 1. Ausgabe er-
schien 1976.

Zeittafel zur Entstehung der Deutschen Demokratischen Republik 1945–1949

1945

30. 4.	Die »Gruppe Ulbricht« trifft, aus Moskau kommend, in Berlin ein.
8./9. 5	Unterzeichnung der bedingungslosen Kapitulation Deutschlands.
5. 6.	Übernahme der obersten Gewalt in Deutschland durch die Regierungen der UdSSR, USA, Großbritanniens und Frankreichs. Bildung des Alliierten Kontrollrats.
9. 6.	Bildung der Sowjetischen Militäradministration in Deutschland (SMAD), die faktisch die Staatsgewalt in der SBZ ausübt.
10. 6.	Mit Befehl Nr. 2 der SMAD wird die Gründung antifaschistisch-demokratischer Parteien und Gewerkschaften in der SBZ erlaubt.
11. 6.	Gründungs-Aufruf der KPD.
15. 6.	Gründung der SPD in Berlin.
15. 6.	Gründung des Freien Deutschen Gewerkschaftsbundes (FDGB).
26. 6.	Gründung der CDU in Berlin.
1. – 3. 7.	Rückzug der amerikanischen und britischen Truppen aus Sachsen, Thüringen, Sachsen-Anhalt und Mecklenburg. Einzug in die Berliner Westsektoren.
5. 7.	Gründung der LDP in Berlin.
8. 7.	Gründungskonferenz des Kulturbundes zur demokratischen Erneuerung Deutschlands.
14. 7.	Gründung der »Einheitsfront der antifaschistisch-demokratischen Parteien« (KPD, SPD, CDU, LDP) in Berlin (Antifa-Block).
17. 7. – 2. 8.	Potsdamer Konferenz der Alliierten über Deutschland.
3. – 11. 9.	Die Länder- und Provinzialverwaltungen der SBZ erlassen Verordnungen zur Bodenreform.

1. 10.	Beginn des Schulunterrichts in der SBZ.
3. 10.	Mit Befehl Nr. 49 entfernt die SMAD alle NSDAP-Mitglieder aus dem Justizdienst.
20. – 21. 12.	Die Führung von KPD und SPD in der SBZ beschließen, die Vereinigung beider Parteien vorzubereiten.

1946

9. 2.	Anton Ackermann (KPD) veröffentlicht seine These über den »besonderen deutschen Weg zum Sozialismus«.
7. 3.	Gründung der Freien Deutschen Jugend (FDJ).
31. 3.	Bei einer Urabstimmung der Westberliner SPD lehnen 82 % eine Vereinigung mit der KPD ab.
19. – 20. 4.	KPD und SPD beschließen auf getrennten Parteitagen die Vereinigung zur SED.
21. – 22. 4.	Die »Sozialistische Einheitspartei Deutschlands (SED) wird in Berlin durch Zwangsvereinigung der KPD mit der SPD in der SBZ gegründet.
22. 5.	Verordnung zur Demokratisierung der Schule in Sachsen und kurz darauf in den übrigen Ländern der SBZ. Einführung der Einheitsschule. »Neulehrer« ersetzen die im Zuge der Entnazifizierung aus dem Schuldienst entlassenen Lehrer.
30. 5.	Volksentscheid in Sachsen über die Enteignung von »Kriegsverbrechern und Naziaktivisten«; 77,6 % stimmen für die Enteignung.
1. – 15. 9.	Gemeindewahlen in Sachsen, Thüringen, Sachsen-Anhalt, Brandenburg und Mecklenburg.
20. 10.	Erste Kreis- und Landtagswahlen in der SBZ. (Die SED erhält 47,5 % der Stimmen, bei den Wahlen zum Berliner Stadtparlament nur 19,8 %.)

1947

22. 2.	Gründung der Vereinigung der Verfolgten des Naziregimes (VVN).
1. 3.	Aufruf der SED für einen »Volksentscheid für die Einheit Deutschlands«.

7. – 9. 3.	Gründung des Demokratischen Frauenbundes Deutschland (DFD).
10. 3. – 4. 4.	Außenministerkonferenz der USA, Großbritanniens, Frankreichs und der UdSSR in Moskau scheitert am Dissens in der Deutschlandfrage.
6. – 9. 6.	Konferenz aller Ministerpräsidenten der deutschen Länder in München.
14. 6.	Gründung der »Deutschen Wirtschaftskommission« (DWK), der ersten zentralen Zonenverwaltung.
30. 6.	Gründung der Gesellschaft zum Studium der Kultur der Sowjetunion.
23. 7.	Das ZK der SED äußert sich ablehnend zum Marshall-Plan.
25. 11. bis 15. 12.	Die Londoner Konferenz des Rats der Außenminister scheitert, da die Differenzen in der Deutschlandpolitik (Reparationen, Demontagen, Marshall-Plan, Oder-Neiße-Linie, Friedensvertrag, deutsche Einheit und Verfassung) nicht mehr zu überbrücken sind. Die Londoner Konferenz beendet die Bemühungen der Siegermächte um eine gemeinsame Deutschlandpolitik.
6. – 7. 12.	Der »1. Deutsche Volkskongreß für Einheit und gerechten Frieden« tagt in Berlin.
19. 12.	Die Vorsitzenden des CDU-Hauptvorstandes Jakob Kaiser und Ernst Lemmer werden von der SMAD abgesetzt.

1948

26. 2.	Ende der Entnazifizierung in der SBZ.
9. 3.	Die Deutsche Wirtschaftskommission (DWK) übernimmt die zentrale Lenkung und Leitung der Wirtschaft in der SBZ.
17. – 18. 3.	»2. Volkskongreß für Einheit und gerechten Frieden«, Wahl des »Deutschen Volksrates«.
20. 3.	Die sowjetischen Vertreter verlassen den Alliierten Kontrollrat.
17. 4.	Die Überführung der Betriebe von Kriegsverbrechern in Volkseigentum wird abgeschlossen.
29. 4.	Gründung der Demokratischen Bauernpartei Deutschlands (DBD).

25. 5.	Gründung der National-Demokratischen Partei Deutschlands (NDPD).
18. 6.	Beginn der Berlin-Blockade durch die Sowjetunion.
20. 6.	Währungsreform in den drei Westzonen.
23. 6.	Währungsreform in der SBZ und ganz Berlin.
24. 6.	West-Alliierte führen D-Mark in West-Berlin ein.
3. 7.	Bildung der »Kasernierten Volkspolizei«.
15./16. 9.	Die SED verurteilt den »besonderen deutschen Weg zum Sozialismus«. Das sowjetische Modell gilt fortan als sakrosankt. Oppositionelle, die nicht »Selbstkritik« üben, werden aus der SED ausgeschlossen und z. T. verhaftet.
13. 10.	Adolf Hennecke übererfüllt sein Soll mit 380 Prozent. Start der Aktivistenbewegung.
15. 11.	Eröffnung der 1. HO-Verkaufsstelle (Staatliche Handelsorganisation).
30. 11.	Die SED-Stadtverordneten Berlins und Vertreter des Demokratischen Blocks bilden eine »provisorischen demokratischen Magistrat« Ost-Berlins unter Friedrich Ebert. Die Spaltung Berlins ist vollzogen.
13. 11.	Gründung der »Jungen Pioniere«, der Kinderorganisation der FDJ.

1949

19. 3.	Der Deutsche Volksrat billigt die Verfassung für eine »Deutsche Demokratische Republik«.
12. 5.	Ende der Berlin-Blockade.
15. – 16. 5.	Wahlen zum »3. Deutschen Volkskongreß« nach Einheitslisten.
23. 5.	Das Grundgesetz für die Bundesrepublik Deutschland wird verkündigt.
29. 5. – 3. 6.	Der »3. Deutsche Volkskongreß« nimmt die Verfassung für eine Deutsche Demokratische Republik an.
25. 8.	Erstmalige Verleihung von Nationalpreisen in Weimar.
7. 10.	Gründung der Deutschen Demokratischen Republik (DDR). Der »Deutsche Volksrat« wird Provisorische Volkskammer, die DDR-Verfassung tritt in Kraft.
8. 10.	Erstes Handelsabkommen zwischen Ost- und Westdeutschland.

10. 10.	Die sowjetische Besatzungsmacht überträgt Verwaltungsfunktionen an die Provisorische Regierung der DDR. Eine Sowjetische Kontrollkommission (SKK) löst die SMAD ab.
11. 10.	Wilhelm Pieck wird erster Präsident der DDR.
12. 10.	Die Provisorische Volkskammer bestätigt die Provisorische Regierung der DDR. Otto Grotewohl wird Ministerpräsident der DDR.
15. 10.	Aufnahme diplomatischer Beziehungen zwischen der Sowjetunion und der DDR.
7. 11.	DDR-Nationalhymne (»Auferstanden aus Ruinen ...«) wird erstmals vorgetragen.

Anregungen für den Unterricht

> *»Wie aus der Geschichtsschreibung über den Alltag der Judenverfolgung im »Dritten Reich« das Zeugnis Victor Klemperers nicht mehr wegzudenken ist, so wird man künftig über die Frühgeschichte der DDR nicht mehr urteilen können, ohne seine Tagebücher zu kennen.*
>
> *Volker Ullrich, »Die Zeit«, (25. 3. 1999)*

Zum Verständnis der Nachkriegstagebücher

Warum plant Victor Klemperer – mit 63 Jahren! – eine Hochschulkarriere?

Warum nimmt er dabei so wenig Rücksicht auf das Befinden seiner Frau Eva?

Woher das eitle und rastlose Streben nach wissenschaftlicher und gesellschaftlicher Anerkennung?

Woher das Gehetztsein, die Selbstzweifel, das mangelnde Selbstwertgefühl, der zerstörerische Ehrgeiz?

Wie lässt sich die maßlose Enttäuschung, ja Depression, über ein nicht-veröffentlichtes Manuskript erklären?

Klemperers Kollegen wandern nach und nach in den »goldenen« Westen ab – weshalb bleibt er in der SBZ und bis zu seinem Tod im Jahr 1960 in der DDR?

Warum tritt der liberal Denkende, der niemals einer Partei angehört hatte und der noch in den dreißiger Jahren vom Bolschewismus angewidert war, im November 1945 in die Kommunistische Partei Deutschlands ein?

Weshalb und wie rechtfertigt Victor Klemperer, der selbst schlimmstes Unrecht erlitten hat, das Unrecht der neuen Machthaber?

»So sitze ich denn zwischen allen Stühlen« – warum nimmt er nicht bequem auf einem Stuhl Platz?

All diese Fragen wird man nur beantworten können, wenn man Klemperers Lebensgeschichte kennt. Die posthum veröffentlichten autobiographischen Aufzeichnungen 1881–1918 (»Curriculum vitae«), 1918–1932 (»Leben sammeln, nicht fragen wozu und warum«), 1933–1945 (»Ich will Zeugnis ablegen bis zum letzten«) und 1945–1959 (»So sitze ich denn zwischen allen Stühlen«) geben hierzu buchstäblich erschöpfend Auskunft – rund 6 000 veröffentlichte Seiten bilden das umfangreichste Zeugnis eines Einzelnen im Deutschland des 20. Jahrhunderts.

Victor Klemperers Wirken in der Nachkriegszeit wird der heutige Leser erst dann begreifen, wenn die Zeit vor 1945 im Blickfeld bleibt. Für die Überlebenden des Holocaust gab es keine »Stunde Null«. Wesentliche Entscheidungen (z. B. der Eintritt in die KPD) können nicht nachvollzogen werden, wenn prägende Erfahrungen – vor allem die Entrechtung, Ausgrenzung und Verfolgung während der NS-Diktatur – ausgeklammert werden.

Die Wunden gehen jedoch noch viel tiefer: Klemperers brennender Ehrgeiz und seine immense Verletzlichkeit haben ihre eigene Geschichte, die bis in seine wilhelminischen Kindheits- und Jugendjahre zurückgeht. Der jüngste der vier Söhne des Landsberger Rabbiners stand lange Zeit im Schatten der erfolgreichen Geschwister; gar nicht zu reden von Otto, dem Cousin und berühmten Musiker.

In »Ich will Zeugnis ablegen bis zum letzten« steht das Objekt der NS-Politik, das Opfer rassistischer Willkür, im Mittelpunkt; in den Nachkriegstagebüchern begegnet uns ein »zwiespältiges Wesen« ein handelnder Mensch mit allen Fehlern, Irrtümern und Schwächen. (Victor Klemperer: eine tragische Figur? – ja, eine Ikone? – nein!)

Der »Fall« Klemperer zeigt auf exemplarische Weise, dass ein vorschnelles Urteil der Person und der Sache nicht gerecht wird; die Tagebuchaufzeichnungen lehren den genauen Blick und das abwägende Urteil. Das heißt natürlich nicht, dass Klemperer nicht kritisch betrachtet werden darf (z. B. sein politisches Engagement für die SBZ und die frühe DDR). Gerade junge Menschen – von der NS-Zeit und inzwischen bereits von der deutsch-deutschen Geschichte bis 1989 nicht belastet – werden dem »späten« Klemperer offen und unvoreingenommen entgegentreten können.

Vorwissen der Schüler –
Kontextinformationen

Die Leser der Tagebuchauswahl 1945–1949 sollten – wenigstens in
groben Zügen – über Victor Klemperers Lebensgeschichte Bescheid
wissen. Von Vorteil wäre es, wenn die Schüler bereits im Unterricht
Ausschnitte aus »Ich will Zeugnis ablegen bis zum letzten« kennen
gelernt haben (s. dazu: Victor Klemperer, Das Tagebuch 1933–1945,
Eine Auswahl für junge Leser, Aufbau-Taschenbuch 5516, und
die CD-Box »Zeugnis ablegen«, Aufbau-Verlag/DeutschlandRadio
1996).

Nur in den seltensten Fällen wird eine intensive, zeitaufwändige
Auseinandersetzung mit Victor Klemperer möglich sein. Eine iso-
lierte Betrachtung der Nachkriegstagebücher ist m. E. trotzdem
möglich und kann zu fruchtbaren Ergebnissen führen, sofern die
Lernenden vorab Informationen über Victor Klemperer erhalten. In
einem mediengestützten Vortrag kann der Lehrer den Autor vorstellen. (Der Band »Victor Klemperer – Ein Leben in Bildern«, Aufbau-Verlag 1999, enthält hervorragendes Bildmaterial und ist für
diesen Zweck sehr gut geeignet. Die Biographie »Victor Klemperer – Im Kern ein deutsches Gewächs« von Peter Jacobs, Aufbau-
Taschenbuch 2000, bietet eine Gesamtschau auf die Vita des Dresdner Professors.)

Im Sinne eines schülerorientierten Unterrichts wäre es jedoch
günstiger, wenn eine Schülergruppe den Auftrag übernimmt, die
Klasse in einer Einführung in die Unterrichtseinheit über Victor
Klemperers Lebensweg – und hier besonders über die Jahre 1933
bis 1945 – zu informieren (evtl. in Form einer Power-Point-Präsen-
tation).

Die Zeit des Nationalsozialismus nimmt inzwischen im Geschichts-
unterricht der allgemeinbildenden Schulen einen breiten Raum ein.
Man kann daher davon ausgehen, dass Leser ab 15 Jahren über
Grundkenntnisse zum Thema »Judenverfolgung« verfügen. Über
die entscheidenden Jahre nach dem Ende der NS-Diktatur bis zur
Gründung der beiden deutschen Staaten wissen selbst Gymnasiasten
viel weniger Bescheid. Kein Wunder, hat doch die Nachkriegszeit
im Curriculum des Faches Geschichte einen viel geringeren Stel-
lenwert (meßbar an den zur Verfügung stehenden Unterrichtsstun-
den). Zum besseren Verständnis der Tagebuchaufzeichnungen aus
»So sitze ich denn zwischen allen Stühlen« brauchen die Schüle-

rinnen und Schüler also zusätzliche Kontextinformationen, die in Geschichtsbüchern in dieser Ausführlichkeit nicht enthalten sind. Die wissenschaftliche Darstellung des renommierten Historikers Hermann Weber und die Zeittafel liefern die Basisinformationen, so dass man sich im Unterricht auf die Tagebucheintragungen konzentrieren kann. (Mit Hermann Weber kommt zudem ein Zeitzeuge zu Wort: Zwischen 1947 und 1949 besuchte er die SED-Parteihochschule »Karl Marx«. In seinen lesenswerten Lebenserinnerungen »Damals als ich Wunderlich hieß – Vom Parteihochschüler zum kritischen Sozialisten«, Aufbau-Verlag 2002, gibt er Einblicke in eine Hochschule, die sich rasch zur indoktrinierenden Kaderschmiede wandelte und Webers Bruch mit den Kommunisten beschleunigte.)

Zu schwierig für die Sekundarstufe I?

Die vorliegende Auswahl aus Klemperers Tagebuch richtet sich primär an Lernende der Sekundarstufe II und der Berufsschulen und an Interessierte in außerschulischen Einrichtungen; d. h. jedoch nicht, dass das Taschenbuch nur in der Bildungsarbeit mit älteren Jugendlichen und jungen Erwachsenen eingesetzt werden kann. Der Band enthält nämlich eine Fülle von Notaten, die auch jüngere Schüler gut verstehen und mit Gewinn lesen werden. Dazu gehört vor allem die anschauliche Beschreibung des Alltags in der Nachkriegszeit. (Aufschlussreich z. B. die Auflistung all der Hilfspakete, die das Ehepaar Klemperer empfangen hat und ohne die ein Überleben gar nicht möglich war.)

Für Schüler der Sekundarstufe I muss der Lehrer für seine Lerngruppe eine »Auswahl aus der Auswahl« erstellen. Denkbar – und sicherlich sehr produktiv – sind thematische Sequenzen, die in arbeitsteiliger Gruppenarbeit untersucht werden können. Schüler der 9. und 10. Jahrgangsstufe sind – entsprechende Textarrangements (z. B. über die »Gewussthabenichtse«) vorausgesetzt – durchaus in der Lage, sich mit der Frage von Schuld und Verantwortung der Deutschen für die Nazi-Verbrechen auseinander zu setzen. (Ein Thema auch für den Ethik- oder Religionsunterricht, um nur ein Beispiel für ein fächerübergreifendes Vorhaben zu nennen.)

Die Vorschläge zur Behandlung der Nachkriegstagebücher im Unterricht können hier nur von sehr allgemeiner Natur sein – zu verschieden sind die Rahmenbedingungen und Umsetzungsmöglichkeiten. (Ein wesentlicher Faktor ist z. B. die zur Verfügung stehende Zeit.)

Der von Karl-Heinz Siehr herausgegebene Band »Victor Klemperers Werk – Texte und Materialien für Lehrer« (Aufbau Taschenbuch Verlag, 2001), der nützliche Beiträge zur pädagogischen Relevanz des Werkes von Victor Klemperer enthält, sollte nach Möglichkeit zur Vorbereitung der Unterrichtseinheit herangezogen werden.

Themenkreise

Alle Aspekte der voluminösen Tagebuch-Edition werden in der Kurzfassung thematisiert. Die jungen Leser erhalten somit einen umfassenden Eindruck von allen Themen, die Eingang in das Tagebuch gefunden haben. Arbeitsgruppen bzw. einzelne Schüler könnten sich mit folgenden Schwerpunkten befassen und ihr »Expertenwissen« ins Plenum einbringen:

– Die katastrophale Versorgungslage in der SBZ in den ersten Nachkriegsjahren (Wohnung, Nahrung, Brennstoff, Energie…); zerstörte Infrastruktur (Verkehr, Transport);Versuche, die Not zu lindern (z. B. Schwarzmarkt, Interzonenschmuggel, Nachbarschaftshilfe); staatliche Maßnahmen.

– Einstellung der Bevölkerung zur Besatzungsmacht; zunehmende »Russenfeindlichkeit« (vox populi); Gründe für den Hass: Übergriffe sowjetischer Soldaten, Demontagepraxis der Sowjets, Nachwirkung der Goebbelschen Propaganda, die alte bürgerliche Furcht vor dem Kommunismus, demokratiefeindliche Tendenzen beim Aufbau der neuen politischen Strukturen.

– Die unzureichende Auseinandersetzung mit dem verbrecherischen Charakter des NS-Regimes; die Neigung der Deutschen, den Zivilisationsbruch zu verharmlosen und zu verdrängen; der frühe Wunsch nach »Normalisierung«; Täter und Mitläufer, die jegliche Verantwortung und Schuld von sich weisen und von Klemperer einen »Persilschein« haben wollen.

– Der latente und z. T. sogar offene Antisemitismus in der Gesellschaft; Klemperers Bewertung dieser mentalen Kontinuitäten; die permanente Angst vor einer Wiederkehr des Nationalsozialismus.

– Enstehungsgeschichte des Buches »LTI«; Rezeption der sprachkritischen Studie.

– QI: das Weiterleben der NS-Ideologie im Sprachgebrauch.

– Victor Klemperers Verhältnis zu KPD und SPD; Klemperers

Entscheidung und Engagement für die KPD (später SED) zwischen Loyalität und kritischer Analyse; Widersprüche zwischen öffentlichem Auftreten als Aktivist und Betrachtungen im Tagebuch; seine Einschätzung der Entwicklung in den Westzonen, seine Position zur Einheit Deutschlands.

– Victor Klemperers politisch-gesellschaftliches Wirken, seine Bemühungen, über die NS-Zeit aufzuklären; Veranstaltungen für den Kulturbund und die VHS Dresden; die Mühen der Vortragsreisen; Reaktionen der Zuhörer; Klemperers ambivalente Bewertung dieser Arbeit; seine Rolle als Funktionär; Routine, Rituale und politische Zwänge.

– Victor Klemperers akademischer Werdegang bis 1949; Hoffnungen, Enttäuschungen durch das Fortwirken alter »Seilschaften«, verletzte Eitelkeiten (vanitas); sein Bemühen um eine ordentliche Professur; der »Hickhack« um die Berufungen; Erfahrungen als Hochschullehrer in Greifswald und Halle; Auswirkungen auf das Privatleben.

– Wissenschaftliche Arbeiten; Pläne, Arbeitsschwerpunkte, Publikationen; Kontakte zu Verlagen; Schwierigkeiten bei der Veröffentlichung der Manuskripte, Zensurschikanen, Gesinnungsschnüffelei; seine Zerrissenheit zwischen Politik und Wissenschaft, zwischen konzentrierter literaturgeschichtlicher Arbeit und journalistischen Tagesaufträgen; Begegnungen mit Intellektuellen, Schriftstellern und Künstlern; Lektüreerfahrungen.

– Das Ehepaar Klemperer: physische und psychische Befindlichkeiten (Stimmungskurven, Bulletins); Bewältigung der Alltagsmisere (»Brodnot«, »Streichholznot« »Hosenträgernot«); Unterstützung in der schwierigen Zeit (u. a. durch private Hilfspakete); staatliche Hilfen; Kontakte zu Freunden, die ins Exil gingen, und zu Überlebenden des Holocaust (Bezug zu den Tagebüchern 1933 bis 1945); Klemperers problematisches Verhältnis zu seinen Verwandten; die Beziehung zu seiner Frau; Eva Klemperers Aktivitäten.

Vertiefung – Anschlussprojekte

Wünschenswert ist ein Vergleich mit der Entwicklung in den Westzonen bis zur Gründung der Bundesrepublik Deutschland im Jahr 1949: Wie praktizieren die Amerikaner, Briten und Franzosen die Entnazifizierung?

Was passiert mit den belasteten Lehrern und Rektoren?

Gibt es Kontinuitäten im Sprachgebrauch (z. B. LQI in der westlichen »Wochenschau«)? Wie werden in westdeutschen Zeitungen die Verhältnisse in der »Ostzone« dargestellt? Welche Feindbilder werden aufgebaut?

Inwiefern verändert sich das Verhältnis zwischen Siegern und Besiegten im Kalten Krieg? … Klemperers seismographische Beobachtung geschichtlicher Prozesse sensibilisiert die jungen Leser, solche Fragen zu stellen und die Zeitgeschichte – auch vor Ort (in der Gemeinde, der Region) – zu erforschen. Materialien für ein Anschlussprojekt gibt es zuhauf (nicht zuletzt in lokalen Archiven).

Die Chance, Zeitzeugen in den Unterricht einzuladen, sollte man nicht ungenutzt verstreichen lassen. Die Großeltern unserer Schüler haben über diese bewegte Zeit bestimmt viel zu erzählen; und die jungen Leute werden – geschult durch die Lektüre der Tagebücher! – aufmerksame Zuhörer sein und (kritische) Fragen stellen.

Literaturhinweise
(Eine Auswahl)

Zu Victor Klemperer:
S. die Hinweise im Text

Zur Entstehung der DDR 1945–1949
Broszat, Martin/Weber, Hermann (Hrsg.): SBZ-Handbuch, Staatliche Verwaltungen, Parteien, gesellschaftliche Organisationen und ihre Führungskräfte in der Sowjetischen Besatzungszone Deutschlands 1945–1949, München 1990

Bundeszentrale für politische Bildung (Hrsg.): Informationen zur politischen Bildung Nr. 231, Geschichte der DDR, Bonn 1998

Bundeszentrale für politische Bildung (Hrsg.): Informationen zur politischen Bildung Nr. 232, Die Teilung Deutschlands 1945–1955, Bonn 1991

Bundeszentrale für politische Bildung (Hrsg.): Informationen zur politischen Bildung Nr. 259, Deutschland 1945–1949, Besatzungszeit und Staatsgründung, Bonn 1998

Judt, Matthias (Hrsg.): DDR-Geschichte in Dokumenten, Bonn 1998 (Bundeszentrale für politische Bildung)

Kleßmann, Christoph: Die doppelte Staatsgründung, Deutsche Geschichte 1945–1955, Bonn 1986 (Bundeszentrale für politische Bildung)

Mählert, Ulrich: Kleine Geschichte der DDR, München 1998 (Beck)

Müller-Enbergs/Wielgohs, Jan/Hoffmann, Dieter (Hrsg.): Wer war wer in der DDR?, Ein biographisches Lexikon, Bonn 2000 (Bundeszentrale für politische Bildung)

Naimark, Norman M: Die Russen in Deutschland, Berlin 1997

Plato, Alexander von/Leh, Almut: »Ein unglaublicher Frühling«, Erfahrene Geschichte im Nachkriegsdeutschland 1945–1948, Bonn 1997 (Bundeszentrale für politische Bildung)

Schroeder, Klaus (unter Mitarbeit von Steffen Alisch): Der SED-Staat, Geschichte und Strukturen der DDR, München 1998

Staritz, Dietrich: Die Gründung der DDR, Von der sowjetischen Besatzungsherrschaft zum sozialistischen Staat, München 1995 (dtv)

Suckut, Siegfried: Parteien in der SBZ/DDR 1945–1952, Bonn 2000 (Bundeszentrale für politische Bildung)

Weber, Hermann: Die DDR 1945–1990, München 2000 (Oldenbourg)

Zu dieser Ausgabe

Die Textgrundlage dieser Ausgabe bildet die Edition *Victor Klemperer, So sitze ich denn zwischen allen Stühlen. Tagebücher 1945–1959. Herausgegeben von Walter Nowojski unter Mitarbeit von Christian Löser.* Aufbau-Verlag, 3. Auflage, Berlin 1999.

Übernommene Auslassungen und neue, durch die Auswahl bedingte Kürzungen sind nicht gekennzeichnet.

Soweit Wort- und Texterläuterungen in den Fußnoten vom Bearbeiter nicht speziell für diese Auswahl verfaßt wurden, sind entsprechende Anmerkungen der Edition, vollständig oder in gekürzter Form, übernommen worden.

Dank an Christian Löser für Hinweise und den Textvergleich mit dem Original.

Die *Zeittafel zur Entstehung der DDR 1945–1949* sowie *Anregungen für den Unterricht* wurden vom Bearbeiter verfaßt.

H. R.